全国高等职业教育医疗器械类专业
国家卫生健康委员会"十三五"规划教材

供医疗器械类专业用

医疗器械
管理与法规

第 2 版

主　编　蒋海洪

副主编　阎华国　谭　新

编　者　（以姓氏笔画为序）

王　燕（首都医科大学）　　　　　　阎华国（山东药品食品职业学院）

吴永东（湖北中医药高等专科学校）　蒋海洪（上海健康医学院）

宋　明（浙江医药高等专科学校）　　赖玲波（湖南食品药品职业学院）

金　京（上海健康医学院）　　　　　谭　新（广东食品药品职业学院）

饶启聪（赣南师范大学）

人民卫生出版社

图书在版编目（CIP）数据

医疗器械管理与法规/蒋海洪主编. —2 版. —北京：人民卫生出版社,2018

ISBN 978-7-117-25803-6

Ⅰ. ①医… Ⅱ. ①蒋… Ⅲ. ①医疗器械-管理-法规-中国-高等学校-教材 Ⅳ. ①D922. 16

中国版本图书馆 CIP 数据核字（2018）第 169757 号

人卫智网	www. ipmph. com	医学教育、学术、考试、健康， 购书智慧智能综合服务平台
人卫官网	www. pmph. com	人卫官方资讯发布平台

医疗器械管理与法规

第 2 版

主　　编：蒋海洪

出版发行：人民卫生出版社（中继线 010-59780011）

地　　址：北京市朝阳区潘家园南里 19 号

邮　　编：100021

E - mail：pmph @ pmph. com

购书热线：010-59787592　010-59787584　010-65264830

印　　刷：三河市潮河印业有限公司

经　　销：新华书店

开　　本：850×1168　1/16　印张：21

字　　数：494 千字

版　　次：2011 年 8 月第 1 版　　2018 年 12 月第 2 版
　　　　　2024 年 11 月第 2 版第 9 次印刷（总第 14 次印刷）

标准书号：ISBN 978-7-117-25803-6

定　　价：62. 00 元

打击盗版举报电话：**010-59787491**　**E-mail：WQ @ pmph. com**

（凡属印装质量问题请与本社市场营销中心联系退换）

全国高等职业教育医疗器械类专业
国家卫生健康委员会"十三五"规划教材
出版说明

《国务院关于加快发展现代职业教育的决定》《高等职业教育创新发展行动计划(2015—2018年)》《教育部关于深化职业教育教学改革全面提高人才培养质量的若干意见》等一系列重要指导性文件相继出台,明确了职业教育的战略地位、发展方向。同时,在过去的几年,中国医疗器械行业以明显高于同期国民经济发展的增幅快速成长。特别是随着《关于深化审评审批制度改革鼓励药品医疗器械创新的意见》的印发、《医疗器械监督管理条例》的修订,以及一系列相关政策法规的出台,中国医疗器械行业已经踏上了迅速崛起的"高速路"。

为全面贯彻国家教育方针,跟上行业发展的步伐,将现代职教发展理念融入教材建设全过程,人民卫生出版社组建了全国食品药品职业教育教材建设指导委员会。在指导委员会的直接指导下,经过广泛调研论证,人卫社启动了全国高等职业教育医疗器械类专业第二轮规划教材的修订出版工作。

本套规划教材首版于2011年,是国内首套高职高专医疗器械相关专业的规划教材,其中部分教材入选了"十二五"职业教育国家规划教材。本轮规划教材是国家卫生健康委员会"十三五"规划教材,是"十三五"时期人卫社重点教材建设项目,适用于包括医疗设备应用技术、医疗器械维护与管理、精密医疗器械技术等医疗器类相关专业。本轮教材继续秉承"五个对接"的职教理念,结合国内医疗器械类专业领域教育教学发展趋势,紧跟行业发展的方向与需求,重点突出如下特点:

1. **适应发展需求,体现高职特色** 本套教材定位于高等职业教育医疗器械类专业,教材的顶层设计既考虑行业创新驱动发展对技术技能型人才的需要,又充分考虑职业人才的全面发展和技术技能型人才的成长规律;既集合了我国职业教育快速发展的实践经验,又充分体现了现代高等职业教育的发展理念,突出高等职业教育特色。

2. **完善课程标准,兼顾接续培养** 本套教材根据各专业对应从业岗位的任职标准优化课程标准,避免重要知识点的遗漏和不必要的交叉重复,以保证教学内容的设计与职业标准精准对接,学校的人才培养与企业的岗位需求精准对接。同时,本套教材顺应接续培养的需要,适当考虑建立各课程的衔接体系,以保证高等职业教育对口招收中职学生的需要和高职学生对口升学至应用型本科专业学习的衔接。

3. **推进产学结合,实现一体化教学** 本套教材的内容编排以技能培养为目标,以技术应用为主线,使学生在逐步了解岗位工作实践、掌握工作技能的过程中获取相应的知识。为此,在编写队伍组建上,特别邀请了一大批具有丰富实践经验的行业专家参加编写工作,与从全国高职院校中遴选出的优秀师资共同合作,确保教材内容贴近一线工作岗位实际,促使一体化教学成为现实。

4. **注重素养教育,打造工匠精神** 在全国"劳动光荣、技能宝贵"的氛围逐渐形成,"工匠精神"在各行各业广为倡导的形势下,医疗器械行业的从业人员更要有崇高的道德和职业素养。教材更加强调要充分体现对学生职业素养的培养,在适当的环节,特别是案例中要体现出医疗器械从业人员的行为准则和道德规范,以及精益求精的工作态度。

5. 培养创新意识,提高创业能力　为有效地开展大学生创新创业教育,促进学生全面发展和全面成才,本套教材特别注意将创新创业教育融入专业课程中,帮助学生培养创新思维,提高创新能力、实践能力和解决复杂问题的能力,引导学生独立思考、客观判断,以积极的、锲而不舍的精神寻求解决问题的方案。

6. 对接岗位实际,确保课证融通　按照课程标准与职业标准融通、课程评价方式与职业技能鉴定方式融通、学历教育管理与职业资格管理融通的现代职业教育发展趋势,本套教材中的专业课程,充分考虑学生考取相关职业资格证书的需要,其内容和实训项目的选取尽量涵盖相关的考试内容,使其成为一本既是学历教育的教科书,又是职业岗位证书的培训教材,实现"双证书"培养。

7. 营造真实场景,活化教学模式　本套教材在继承保持人卫版职业教育教材栏目式编写模式的基础上,进行了进一步系统优化。例如,增加了"导学情景",借助真实工作情景开启知识内容的学习;"复习导图"以思维导图的模式,为学生梳理本章的知识脉络,帮助学生构建知识框架。进而提高教材的可读性,体现教材的职业教育属性,做到学以致用。

8. 全面"纸数"融合,促进多媒体共享　为了适应新的教学模式的需要,本套教材同步建设以纸质教材内容为核心的多样化的数字教学资源,从广度、深度上拓展纸质教材内容。通过在纸质教材中增加二维码的方式"无缝隙"地链接视频、动画、图片、PPT、音频、文档等富媒体资源,丰富纸质教材的表现形式,补充拓展性的知识内容,为多元化的人才培养提供更多的信息知识支撑。

本套教材的编写过程中,全体编者以高度负责、严谨认真的态度为教材的编写工作付出了诸多心血,各参编院校为编写工作的顺利开展给予了大力支持,从而使本套教材得以高质量如期出版,在此对有关单位和各位专家表示诚挚的感谢!　教材出版后,各位教师、学生在使用过程中,如发现问题请反馈给我们(renweiyaoxue@163.com),以便及时更正和修订完善。

人民卫生出版社

2018 年 3 月

全国高等职业教育医疗器械类专业
国家卫生健康委员会"十三五"规划教材
教材目录

序号	教材名称	主编	单位
1	医疗器械概论(第2版)	郑彦云	广东食品药品职业学院
2	临床信息管理系统(第2版)	王云光	上海健康医学院
3	医电产品生产工艺与管理(第2版)	李晓欧	上海健康医学院
4	医疗器械管理与法规(第2版)	蒋海洪	上海健康医学院
5	医疗器械营销实务(第2版)	金兴	上海健康医学院
6	医疗器械专业英语(第2版)	陈秋兰	广东食品药品职业学院
7	医用X线机应用与维护(第2版)*	徐小萍	上海健康医学院
8	医用电子仪器分析与维护(第2版)	莫国民	上海健康医学院
9	医用物理(第2版)	梅滨	上海健康医学院
10	医用治疗设备(第2版)	张欣	上海健康医学院
11	医用超声诊断仪器应用与维护(第2版)*	金浩宇	广东食品药品职业学院
		李哲旭	上海健康医学院
12	医用超声诊断仪器应用与维护实训教程(第2版)*	王锐	沈阳药科大学
13	医用电子线路设计与制作(第2版)	刘红	上海健康医学院
14	医用检验仪器应用与维护(第2版)*	蒋长顺	安徽医学高等专科学校
15	医院医疗设备管理实务(第2版)	袁丹江	湖北中医药高等专科学校/荆州市中心医院
16	医用光学仪器应用与维护(第2版)*	冯奇	浙江医药高等专科学校

说明:*为"十二五"职业教育国家规划教材,全套教材均配有数字资源。

全国食品药品职业教育教材建设指导委员会
成员名单

主 任 委 员： 姚文兵　中国药科大学

副主任委员：

刘　斌	天津职业大学	马　波	安徽中医药高等专科学校
冯连贵	重庆医药高等专科学校	袁　龙	江苏省徐州医药高等职业学校
张彦文	天津医学高等专科学校	缪立德	长江职业学院
陶书中	江苏食品药品职业技术学院	张伟群	安庆医药高等专科学校
许莉勇	浙江医药高等专科学校	罗晓清	苏州卫生职业技术学院
昝雪峰	楚雄医药高等专科学校	葛淑兰	山东医学高等专科学校
陈国忠	江苏医药职业学院	孙勇民	天津现代职业技术学院

委　　员（以姓氏笔画为序）：

于文国	河北化工医药职业技术学院	李群力	金华职业技术学院
王　宁	江苏医药职业学院	杨元娟	重庆医药高等专科学校
王玮瑛	黑龙江护理高等专科学校	杨先振	楚雄医药高等专科学校
王明军	厦门医学高等专科学校	邹浩军	无锡卫生高等职业技术学校
王峥业	江苏省徐州医药高等职业学校	张　庆	济南护理职业学院
王瑞兰	广东食品药品职业学院	张　建	天津生物工程职业技术学院
牛红云	黑龙江农垦职业学院	张　铎	河北化工医药职业技术学院
毛小明	安庆医药高等专科学校	张志琴	楚雄医药高等专科学校
边　江	中国医学装备协会康复医学装备技术专业委员会	张佳佳	浙江医药高等专科学校
		张健泓	广东食品药品职业学院
师邱毅	浙江医药高等专科学校	张海涛	辽宁农业职业技术学院
吕　平	天津职业大学	陈芳梅	广西卫生职业技术学院
朱照静	重庆医药高等专科学校	陈海洋	湖南环境生物职业技术学院
刘　燕	肇庆医学高等专科学校	罗兴洪	先声药业集团
刘玉兵	黑龙江农业经济职业学院	罗跃娥	天津医学高等专科学校
刘德军	江苏省连云港中医药高等职业技术学校	郏枝花	安徽医学高等专科学校
		金浩宇	广东食品药品职业学院
孙　莹	长春医学高等专科学校	周双林	浙江医药高等专科学校
严　振	广东省药品监督管理局	郝晶晶	北京卫生职业学院
李　霞	天津职业大学	胡雪琴	重庆医药高等专科学校

前　言

近年来,医疗器械以极高的发展速度唤起了人们的关注。随着人们生活水平的提高,对医疗器械质量的要求也越来越高。为了加强医疗器械的管理,国家颁布了一系列的法律法规、部门规章以及规范性文件,构建了医疗器械法规体系。特别是2014年修订颁布《医疗器械监督管理条例》以来,国家发布了大量的管理规范,大大重塑了医疗器械法规体系的面貌。为此,急需将这些管理要求形成系统的知识,以加快对新医疗器械法规体系的学习和适用。

本教材以现行《医疗器械监督管理条例》及其配套部门规章为依据进行编写,系统介绍了我国医疗器械全生命周期管理的相关制度,重点阐述了医疗器械分类、技术评价、注册、生产、经营、使用、不良事件监测与再评价、召回等方面的知识。教材内容独具特色,一是介绍了国内外医疗器械法规体系的最新成果,新颖性强;二是全面阐述医疗器械全生命周期管理的相关内容,系统性强;三是侧重于介绍医疗器械管理的重要规定和流程,实用性强。

参与本书编写的老师都是长期工作在教学、科研一线的资深教师,分别是王燕(第一章、第二章)、蒋海洪(第三章、第八章)、谭新(第四章)、宋明(第五章)、阎华国(第六章)、吴永东(第七章)、饶启聪(第九章)、赖玲波(第十章)、金京(第十一章)。全书由蒋海洪统稿。

本书可供高等职业教育医疗器械经营与管理、精密医疗器械技术、医疗器械维护与管理、康复辅助器具技术、假肢与矫形器技术、医学影像技术、医疗设备应用技术等医疗器械相关专业学习和使用,也可供医疗器械生产企业、研发机构、经营企业、使用单位以及医疗器械监管部门管理人员学习参考。

在本书的编写过程中,得到了全国食品药品职业教育教学指导委员会医疗器械专业委员会、上海健康医学院中国医疗器械政策研究与安全评价中心以及各位编者单位领导的大力支持,在此一并表示感谢!

由于编者水平有限,教材内容难免有不足之处,恳请读者批评指正。

蒋海洪

2018年10月

目　录

第一章

绪论

ER-01章PPT

导学情景 ∨

情景描述：

2018年1月，原国家食品药品监督管理总局在对一家医疗器械企业进行飞行检查时发现，该企业质量管理人员的职责未包括"负责不合格医疗器械的确认、对不合格医疗器械的处理过程实施监督"、"组织验证、校准相关设施设备"等内容。而且该企业质量管理制度未有效修正和执行，未制定与受托储运相关的质量管理制度。因此，管理部门根据《医疗器械监督管理条例》（国务院令第680号）的有关规定依法责令该企业限期整改，并跟踪复查。

学前导语：

1. 为什么要对医疗器械企业进行飞行检查？

2. 我国对医疗器械行政检查有哪些规定？

第一节 医疗器械管理概述

一、医疗器械的概念

从古至今，人类一直利用多种手段与各类疾病做斗争，医疗器械也随着人类科技水平的提高而得到发展。从新石器时期的"砭石"到现在的核磁共振都可以用于治疗和诊断疾病，那么它们是不是我们所说的医疗器械呢？

根据2017年国务院颁布的《医疗器械监督管理条例》（以下简称为现行《条例》）对医疗器械有明确的定义，它主要是指以医疗为目的而使用于人体的仪器、设备、器具、体外诊断试剂及校准物、材料以及其他类似或者相关的物品，包括所需要的计算机软件。

医疗器械品种繁多，涉及医药、机械、电子、材料、信息、组织工程等多个学科，是一个多学科交叉、知识密集型产品。医疗器械定义既是对医疗器械基本特征的概述，也是医疗器械产品共性的总结。在医疗器械的定义中我们要注意以下特点：

1. 医疗器械的使用目的 "目的"是指在生产厂商提供的数据资料、标签、产品说明或者促销宣传资料中所表示的，该产品能产生的目的或作用。医疗器械的作用是生产厂商在设计过程中确定的，界定一个产品是否是医疗器械，生产企业应根据现行《条例》中关于医疗器械的定义，提供该产品具备医疗器械功能的科学数据和证据。

只要生产厂商在产品说明书等资料中表示该产品具有医疗器械定义中的医疗功能,该产品就应纳入医疗器械范畴进行管理。或者说,未经政府审查批准,任何人无权确认医疗器械定义中的功能,无权在市场中随意声明产品具备这种功能。

2. 药物和器械的界定　为了达到医疗器械应有的作用,有一部分医疗器械可能结合药物共同发生作用。在这种情况下,根据医疗器械定义,如果对于人体体表及体内的主要作用不是用药理学、免疫学或者代谢的方式获得,但是具有这些方式参与并起一定的辅助作用的,应该作为医疗器械管理。药物,是指能影响机体生理、生化和病理过程,用以预防、治疗和诊断疾病,有目的地调节躯体生理功能,并规定用法用量和功能主治的物质。这些物质用于人类和动物生理功能的诊断、恢复、矫正、改变的,同样被认为是药物。

药物和器械的区别一般主要表现在:①预期目的不同;②主要的预期作用和作用机制不同。产品的预期作用和机制很重要,这些信息可以从生产厂商提供的产品标签、说明书所记载的内容以及提供的产品作用机制的科学数据资料中获得。

通常,医疗器械的功能是通过物理方式完成的。物理方式,一般指如机械作用、物理屏障、替换或者支持人体器官或人体某种功能等,而药物一般是通过药理学、免疫学或者新陈代谢方式达到预期目的。

以下是在国际市场中被界定为按照医疗器械管理的几个例子,根据其作用模式,这些物质都具有医疗器械的功能,且需要符合医疗器械的相应标准。即使它们含有药物,但在产品的预期作用和机制中,药物不起主要作用。如:①骨水泥(包括骨水泥中含有某种药物,但是药物仅起辅助作用);②人体组织黏合材料(如来源于非人体的纤维蛋白黏合物);③各种可以吸收的缝合线;④用于骨愈合的可吸收材料(如用聚乳酸制成的骨钉和骨螺钉);⑤用于保存和处理血液的系统(如血袋含有抗凝剂);⑥止血产品(包括栓剂、粉剂、膏剂等形式,其作用机制是依靠产品本身的物理性质或材料的表面性质产生的,材料能够血小板黏着或聚集)。

另外,用于体外诊断的设备和试剂产品属于医疗器械,这已经成为国际医疗器械监督管理中的共识。按照医疗器械管理的体外诊断试剂,包括在疾病的预测、预防、诊断、治疗监测、预后观察和健康状态评价的过程中,用于人体样本体外检测的试剂、试剂盒、校准品、质控品等。它们可以单独使用,也可以与仪器、器具、设备或者系统组合使用。但是,用于血源筛查的体外诊断试剂和采用放射性核素标记的体外诊断试剂,按照药品管理。

二、医疗器械管理的法律基础

在我国医疗器械监督管理法规体系中,法律占有极其重要的地位。法律通常是指由社会认可国家确认立法机关制定的行为规则,并由国家强制力(主要是司法机关)保证实施的,以规定当事人权利和义务为内容的,对全体社会成员具有普遍约束力的一种特殊行为规范(社会规范)。广义的法律是指国家权力机关在立法权限内按照法定的程序制定出来的所有法律规范性文件。狭义的法律则指全国人民代表大会及其常务委员会制定出来的基本法律。

（一）法律的基本特征

1. 法律是调整人的行为和社会关系的行为规范　法律是一种社会规范，调整人的行为和社会关系。它不同于技术规范。社会规范调整人与人的关系，约束人的行为；而技术规范调整人与自然界、人与劳动工具之间的关系，如度、量、衡等，这些规范不属于法律的范畴。当然，随着管理科学的出现，人类管理社会的规则技术化，又产生了所谓社会技术规范，如环境保护、食品卫生、建筑质量标准等，这些规范已经纳入了法律规范的调整范围。

2. 法律是由国家制定或认可的行为规范　法律是国家意志的表现，是由国家制定和认可的行为规范。所谓国家制定，是指由有权创制法律规范的国家机关根据调整社会关系和规范人的行为的需要，依照一定程序制定的法律规范。所谓国家认可，是指由国家立法机关或司法机关赋予社会上既存的某些习惯、教义、礼仪等以法律效力而形成的法律规范。由于法律体现的是国家意志，因此，法律具有权威性和统一性。法律的权威性是指法律的不可违抗性，任何人均应遵守执行；法律的统一性是指各个法律规范之间在根本原则上是一致的，除极特殊的情况外，一个国家只能有一个总的法律体系，且该法律体系内部各规范之间不能相互矛盾，在本国主权范围内具有普遍的约束力。其他社会组织制定的行为规范以及没有上升为法律的习惯、教义、风俗等行为规范不属于法律的范畴。

3. 法律是由国家强制力保证实施的行为规范　任何一种社会规范，都有保证其实施的社会力量，即具有某种强制性。法律依靠国家强制力保证实施，并非意味着法律的每一个实施过程，即每一个法律规范的实施都要借助于国家系统化的国家机器，也不等于国家强制力是保证法律实施的唯一力量。实际上，法律的实施主要依赖于社会主体的自觉遵守执行，只有在相关的社会主体不遵守法律规范，并依照法律规范应当就违法行为承担法律责任时，才会由国家机器保证实施。这是法律不同于其他社会规范的重要特点。

（二）法律制定

法律制定程序即立法程序，是指有法律制定权的国家机关在创制、认可、修改或者废止规范性法律文件的活动中所必须遵守的步骤和方法。狭义的立法程序仅指国家最高权力机关创制、认可、修改或废止法律的程序。广义的立法程序包括一切具有立法权的国家机关创制、认可、修改或废止规范性法律文件的程序。

1. 常用法律和法规

（1）宪法：宪法是我国的根本大法，是治国安邦的总章程。宪法具有最高的法律效力，是制定其他一切法律、法规的依据和基础。一切法律、法规的制定都必须依照宪法所确定的原则和基本精神，不得与宪法的规定相抵触，否则一律无效。

（2）法律：法律分为基本法律和非基本法律。基本法律是由全国人民代表大会制定的，是调整国家和社会生活中某些带有普遍性的社会关系的规范性文件。非基本法律是全国人民代表大会常务委员会制定的，调整国家和社会生活中某种具体社会关系，或某一方面具体内容的。比如像《药品管理法》和《食品安全法》等。

（3）行政法规：行政法规是国家最高行政机关即国务院制定的有关国家行政管理的规范性文件的总称，其法律地位和效力仅次于宪法和法律，但是要高于地方性法规和规章。现行《条例》就属于行政法规。

（4）部门规章：部门规章总体上应归属在行政法律体系的范围内，它是由国务院所属各部各委员会在各自权限内发布的规范性命令、指示及其他规范性文件。在医疗器械的监督管理中，指导具体操作和规范行政行为的文件大部分都属部门规章。行政法规和部门规章从名称上也可以作出区别。行政法规的名称可以用"条例""规定"和"办法"这三种；部门规章不能用"条例"和"规定"的名称，只能用"办法"。

（5）其他规范性文件：包括地方国家机关的地方性法规和规范性文件、民族自治地方的自治条例和单行条例、特别行政区的规范性法律文件，以及国际公约等。

2. 法律、法规的效力区别

（1）宪法是全国人民代表大会制定的，具有最高的法律效力，是国家法律体系的核心。

（2）法律是由全国人大常委会制定的，效力高于行政性法规、地方性法规和规章。

（3）行政法规的效力高于地方性法规或规章。因为国务院是国家最高行政机关，它统一领导国务院各部委和地方政府的工作，国务院制定的行政法规，国务院各部门和地方政府都必须贯彻执行。

（4）规章制定的依据之一是行政法规，因此它的效力等级要低于行政法规。

（5）地方性法规的效力要高于本级和下级地方的政府规章，上级政府规章的效力高于下级政府规章。

（6）自治区单行条例，仅在各自治区区域使用。

各级机关立法权限如表 1-1 所示。

表 1-1　各级机关立法权限表

效力	权力机关	立法权限
高	全国人大及其常委会	统一行使国家立法权，制定和修改基本法律
	国务院	制定相关法律的"实施细则"和其他单行的行政法规
	国务院组成部委	在本部门的权限范围内制定部门规章
	省级、经济特区、国务院批准的较大的市级人大及其委员会	制定地方性法规
低	省级人民政府	制定地方政府规章

3. 医疗器械的立法

2013 年 10 月 24 日，原国家食品药品监督管理总局制定了《国家食品药品监督管理总局立法程序规定》（CFDA 令第 1 号）。该规定适用于下列立法活动：①编制药品监管中长期立法规划和年度立法计划；②提出药品监管法律、行政法规的制定、修改或者废止建议；③起草、报送药品监管法律、行政法规草案；④根据总局职责制定、修改、废止和解释规章；⑤其他有关立法工作。

（三）法律要素

法律要素是指构成法律的基本元素或基本成分。通常认为，法律的要素包括：法律概念、法律规则和法律原则。

1. 法律概念　是指对同法律相关的各种事实加以概括和抽象出它们的共同特征而形成的权威性的法律术语。

2. 法律规则　是指法律中赋予一种事实状态已明确法律效果的一般性规定。它由适用条件、行为准则和法律后果构成。缺少了其中任何一个要素,均不构成法律规则。

3. 法律原则　是指在一定层次的法律体系中,可以作为众多法律规则之基础或本源的综合性、稳定性的原理和准则。它比法律规则更抽象,但更为稳定。

（四）法律实施

法律实施,是指法在社会生活中被人们实际施行,包括执法、司法、守法和法律监督。法是一种行为规范,法在被制定出来后,付诸实施之前,只是一种书本上的法律,处在应然状态。法律的实施,就是使法律从书本上的法律变成行动中的法律,使它从抽象的行为模式变成人们的具体行为,从应然状态到实然状态。

我国的法律实施有两种方式,即法律的适用和法律的遵守。法律的适用,是指被授予专门职权的国家机关及其工作人员,按照法定的程序,适用法律的过程,即通常所说的执法。法律的遵守,是指一切国家机关、企事业单位、社会团体和公民恪守法律的规定,即通常所说的守法。法律法规的选择适用以下规则:

（1）上位法优于下位法。

（2）同位阶的法律规范具有同等法律效力,在各自的权限范围内实施。如果规章之间发生冲突,应根据事项的权限范围来决定适用哪个规章。例如,治安问题属于公安管理部门的权限范围,就应该执行公安部门的治安管理条例。同样,药品和医疗器械方面的问题就应该执行国家药品监督管理局的规章。

（3）特别规定优于一般规定,也称之为特别法优于一般法。这项规则适用于同一机关制定的规范性文件不一致的情形。理论上,同一机关制定的规范性文件应该协调一致,但由于不同规范性文件调整社会关系的范围和角度不一样,制定时间有先有后,以及立法技术难免存在缺陷等原因,同一机关制定的规范性文件不一致的现象还是存在的。

（4）新的规定优于旧的规定,通常称为新法优于旧法。这项规则适用于同一机关制定的同一规范性文件不一致的情形。一切法律都是根据当时的社会关系情况而制定的,随着社会关系的发展变化,法律规范也存在着过时的问题,需要不断的修改和更新。修改和更新后的法律规范会更加符合社会的发展现状,更能体现立法机关面对新情况所作的调整,理应优先使用。

（5）法不溯及既往原则。法律规范的溯及力是指法律规范是否有溯及既往的效力。一般情况下,法律规范对生效前所发生的事件和行为是不适用的,所以称为没有溯及力。

（五）法律责任

法律责任,是指因违反了法定义务或契约义务,或不当行使法律权利、权力所产生的,由行为人承担的不利后果。法律责任具有如下特点:

（1）法律责任首先表示一种因违反法律上的义务(包括违约等)关系而形成的责任关系,它是以法律义务的存在为前提的。

（2）法律责任还表示为一种责任方式，即承担不利后果。

（3）法律责任具有内在逻辑性，即存在前因与后果的逻辑关系。

（4）法律责任的追究是由国家强制力实施或者潜在保证的。

要追究行为人的法律责任，应该在符合归责原则的基础上满足以下要求：

（1）过错。过错即承担法律责任的故意或者过失。

（2）违法行为。违法行为，是指违反法律所规定的义务、超越权利的界限行使权利以及侵权行为的总称，一般认为违法行为包括犯罪行为和一般违法行为。

（3）损害事实。损害事实是指，受到的损失和伤害的事实，包括对人身、对财产、对精神（或者三方面兼有）的损失和伤害。

（4）因果关系。因果关系即违法行为与损害之间的因果关系，它是存在于自然界和人类社会中的各种因果关系的特殊形式。

（六）司法解释

司法解释就是依法有权做出的具有普遍司法效力的解释。

（1）广义上，是指每一个法官审理每一起案件，都要对法律做出理解，然后才能够具体适用。因此，必须对法律做出解释，才能做出裁判。每一个案件都要这样做。中国的司法解释有时特指由最高人民法院和最高人民检察院根据法律赋予的职权，对审判和检察工作中具体应用法律所作的具有普遍司法效力的解释。

（2）法律即使再完备，也难以避免"法律漏洞"现象。在法律存在着漏洞的情况下，司法解释具有填补漏洞的作用。实际上，由于法律规则乃是对复杂的社会现象进行归纳、总结而作出的一般的、抽象的规定，因此人们对规则的含义常常有可能从不同的角度进行理解。因此，法律解释对任何法律的适用都是必不可少的。尤其是在司法过程中，更需要对法律规范作出明确的解释，从而正确地适用法律和公正地裁判案件。

（3）司法解释具有法律效力，但是不可以与其上位法即宪法和法律相冲突。法院判决时可以直接引用司法解释。司法解释是法律解释的一种，属正式解释。它是司法机关对法律、法规的具体应用问题所做的说明。

点滴积累　∨

1. 医疗器械的效用主要通过物理等方式获得，不是通过药理学、免疫学或者代谢的方式获得，或者虽然有这些方式参与但是只起辅助作用。
2. 我国医疗器械实行分类分级管理。
3. 在法律体系里，根据法律位阶的相对不同，在法律规范性文件之间有上位法与下位法之分。但要注意上位法与下位法彼此是相对而言的。

第二节　医疗器械管理部门与机构

医疗器械监督管理的目标是保障患者、使用者生命安全和身体健康，确保医疗器械的安全与有效。医疗器械的监管目标从保证品种和数量,到保证产品质量,最终被确定为保证医疗器械的安全和有效,这是世界各国在从事医疗器械监督管理的实践中不断探索、提炼而总结出来的经验。

纵观世界各国对于医疗器械的监督管理,都离不开行政管理和技术支撑两条主线。行政管理措施可以归纳为以下十个方面:①颁布制定国家和行业的强制性标准和推荐性标准;②对生产企业进行现场检查和日常监督;③对医疗器械市场实施监督抽查;④制定医疗器械的分类管理规则,实施行政分级管理;⑤实施医疗器械上市前的技术审查和注册审批;⑥实施生产企业质量体系的强制性认可;⑦实施医疗器械市场的综合监督;⑧实施医疗器械的广告审查和审批;⑨开展再评价,对医疗器械实施不良事件的跟踪检查和通报;⑩实施医疗器械的淘汰制度。

技术支撑措施可以归纳为以下八个方面:①开展技术验证,起草具体产品的标准;②针对具有共性和通用性的技术课题展开研究,起草制定如风险分析、电磁兼容、通用安全、生物评价等重大技术课题的通用技术标准;③依据相关的标准开展产品的检测;④实施医疗器械产品动物实验;⑤实施医疗器械的临床试验;⑥对上市前的医疗器械进行综合性的技术评价;⑦对开展质量管理体系的生产企业进行现场体系检查;⑧开展医疗器械不良事件跟踪监测和再评价。

在医疗器械的行政监管中起主导作用的部门和机构当属医疗器械行政监管部门。所谓医疗器械行政监管部门是指,根据法律法规规定的权限和程序,履行行政职责,对医疗器械相关工作进行监督管理的部门,主要包括了各级药品监督管理部门、卫生健康主管部门、市场监督管理部门等。而医疗器械的技术监管主要归属医疗器械技术支撑机构。所谓医疗器械技术支撑机构是指,在医疗器械的监管过程中对行政监管部门的监督管理工作提供技术支持的机构,主要包括医疗器械检测中心、医疗器械技术审评中心、药品不良反应监测中心、医疗器械标准管理中心等机构。

一、行政管理部门与机构

现行《条例》第三条规定:"国务院食品药品监督管理部门负责全国医疗器械监督管理工作。国务院有关部门在各自的职责范围内负责与医疗器械有关的监督管理工作。县级以上地方人民政府食品药品监督管理部门负责本行政区域的医疗器械监督管理工作。县级以上地方人民政府有关部门在各自的职责范围内负责与医疗器械有关的监督管理工作。国务院食品药品监督管理部门应当配合国务院有关部门,贯彻实施国家医疗器械产业规划和政策。"从该条内容可以看出,各级药品监督部门是医疗器械监督管理工作的主导部门,其他相关部门,如卫生健康主管部门、市场监督管理部门是医疗器械监督管理工作的辅助部门。

(一)国家市场监督管理总局

2018 年 3 月,中共中央印发《深化党和国家机构改革方案》决定不再保留国家工商行政管理总局、国家质量监督检验检疫总局、国家食品药品监督管理总局,组建国家市场监督管理总局。它主要负责市场综合监督管理,统一登记市场主体并建立信息公示和共享机制,组织市场监管综合执法工作,承担反垄断统一执法,规范和维护市场秩序,组织实施质量强国战略,负责工业产品质量安全、食品安全、特种设备安全监管,统一管理计量标准、检验检测、认证认可工作等。

2018 年国家机构改革同时决定组建国家药品监督管理局,由国家市场监督管理总局管理,主要职责是负责药品、化妆品、医疗器械的注册并实施监督管理。在国家药品监督管理局内设机构中,与医疗器械行政监督管理相关的司局主要有医疗器械注册管理司、医疗器械监管司。医疗器械注册管理司机构设置有综合处、注册一处、注册二处、研究督察处等。医疗器械监管司机构设置有综合处、生产监管处、流通监管处、监测评价处等。

我国对医疗器械的管理长期以来都是由药品监督管理部门负责,1998年我国成立了国家药品监督管理局(State Drug Administration,SDA),2000年版《条例》明确规定了医疗器械由其管理。2003年,在原国家药品监督管理局的基础上,组建了直属于国务院领导的国家食品药品监督管理局(State Food and Drug Administration,SFDA)。2008年3月,在第十一届全国人大一次会议第四次全体会议上,将原直属国务院领导的国家食品药品监督管理局改为卫生部管理。2013年,根据第十二届全国人民代表大会第一次会议批准的《国务院机构改革和职能转变方案》和《国务院关于机构设置的通知》(国发〔2013〕14号),成立国家食品药品监督管理总局(China Food and Drug Administration,CFDA),为国务院直属机构。在2018年的国家机构改革中,原国家食品药品监督管理总局不再继续保留。

现行《条例》第五十九条第二款规定:"工商行政管理部门应当依照有关广告管理的法律、行政法规的规定,对医疗器械广告进行监督检查,查处违法行为。食品药品监督管理部门发现医疗器械广告违法发布行为,应当提出处理建议并按照有关程序移交所在地同级工商行政管理部门"。该条明确了工商行政管理部门对医疗器械管理的相关职权。由于2018年国家机构改革将国家工商行政管理总局并入了新成立的国家市场监督管理总局,该职能将由各级市场监督管理部门行使。

(二) 国家卫生健康委员会

国家卫生健康委员会是2018年国家机构改革中新组建的部门,主要职责是拟定国民健康政策,协调推进深化医药卫生体制改革,组织制定国家基本药物制度,监督管理公共卫生、医疗服务和卫生应急,负责计划生育管理和服务工作,拟订应对人口老龄化、医养结合政策措施等。

现行《条例》对卫生健康主管部门参与医疗器械行政监管工作有如下规定:

(1) 一次性使用的医疗器械目录由国务院药品监督管理部门会同国务院卫生健康主管部门制定、调整并公布。

(2) 开展医疗器械临床试验,应向临床试验提出者所在地省、自治区、直辖市人民政府药品监督管理部门备案。接受临床试验备案的药品监督管理部门应当将备案情况通报临床试验机构所在地的同级药品监督管理部门和卫生健康主管部门。

国务院药品监督管理部门会同国务院卫生健康主管部门制定并公布医疗器械临床试验机构应当具备的条件及备案管理办法和临床试验质量管理规范。

(3) 准予开展临床试验的,应当通报临床试验提出者以及临床试验机构所在地省、自治区、直辖市人民政府药品监督管理部门和卫生健康主管部门。

(4) 药品监督管理部门和卫生健康主管部门依据各自职责,分别对使用环节的医疗器械质量和医疗器械使用行为进行监督管理。

（5）医疗器械不良事件监测技术机构发现不良事件或者接到不良事件报告的,应当及时进行核实、调查、分析,对不良事件进行评估,并向药品监督管理部门和卫生健康主管部门提出处理建议。

（6）省级卫生健康主管部门会同同级药品监督管理部门组织对引起突发、群发的严重伤害或者死亡的医疗器械不良事件及时进行调查和处理,并组织对同类医疗器械加强监测。

（7）医疗器械生产企业发现其生产的医疗器械不符合强制性标准、经注册或者备案的产品技术要求或者存在其他缺陷的,应当将医疗器械召回和处理情况向药品监督管理部门和卫生健康主管部门报告。

（8）非营利的避孕医疗器械管理办法以及医疗卫生机构为应对突发公共卫生事件而研制的医疗器械的管理办法,由国务院药品监督管理部门会同国务院卫生健康主管部门制定。

二、技术支撑部门与机构

医疗器械属于特殊产品,它的安全性和有效性直接关乎人身安全和健康。医疗器械作为机、光、电、医学、影像学、核物理等多学科交叉的前沿高科技产品,技术特征非常明显,这就要求建立相应的技术规范,由相应的技术支持机构负责执行和落实与医疗器械监管相关的技术规范。我国的医疗器械监管的技术支持机构主要包括中国食品药品检定研究院、医疗器械质量监督检验中心、医疗器械技术审评中心、国家药品监督管理局药品评价中心以及医疗器械标准化委员会等机构,他们在我国医疗器械技术监督管理中发挥了十分重要的作用。

（一）中国食品药品检定研究院

中国食品药品检定研究院暨国家药品监督管理局医疗器械标准管理中心,是国家药品监督管理局的直属事业单位,是国家检验药品生物制品质量的法定机构和最高技术仲裁机构,依法承担实施药品、生物制品、医疗器械、食品、保健食品、化妆品、实验动物、包装材料等多领域产品的审批注册检验、进口检验、监督检验、安全评价及生物制品批签发,负责国家药品、医疗器械标准物质和生产检定用菌毒种的研究、分发和管理,开展相关技术研究工作。

中国食品药品检定研究院下设医疗器械标准研究所,日常工作包括:①组织开展医疗器械标准体系研究,提出标准工作政策及规划建议;②组织开展医疗器械标准的制修订工作;③承担医疗器械标准拟定的相关事务性工作;④承担医疗器械命名、分类和编码技术研究工作;⑤承担全国医疗器械标准相关机构的业务指导工作;⑥承担国家药品监督管理局医疗器械标准管理中心日常工作;⑦承办院交办的其他事项。

（二）医疗器械质量监督检验中心

医疗器械质量监督检验中心是我国医疗器械监管的重要技术支持机构之一,是我国医疗器械监管机构的重要组成部分,它在医疗器械安全有效性评价中发挥了不可替代的作用。它承担着医疗器械注册检验、医疗器械生物学评价检测等重要任务,如负责植入材料、人工器官、组织工程产品、介入材料、医用卫生材料等无源医疗器械的检验;负责医疗器械相关国家标准的技术审核、修订或起草等。经过多年努力,我国已经形成以国家级医疗器械检验中心为支柱、省级医疗器械检验机构为补充的检验体系。国家级医疗器械质量监督检验中心共十所,分布在北京、济南、上海、沈阳、天津、武汉、杭州和广州等地,其中北京地区有三所,分别是中国食品药品检定研究院医疗器械质量监督检验中心、北京医疗器械质量监督检验中心和北京大学医疗器械质量监督检验中心。

(三) 医疗器械技术审评中心

国家药品监督管理局医疗器械技术审评中心是对医疗器械技术审评的职能机构,其主要职能包括:

(1) 负责对申请注册的首次进口医疗器械产品进行技术审评。

(2) 负责对医疗器械新产品和申请注册的境内医疗器械第三类产品试产和准产进行技术审评。

(3) 负责对医疗器械临床试验申报材料进行技术审查,接受临床试验方案的备案,组织起草专项临床试验方案规定。

(4) 组织开展相关的业务培训及咨询服务。

(5) 承办国家药品监督管理局交办的其他事项。

(四) 国家药品监督管理局药品评价中心

国家药品监督管理局药品评价中心(国家药品不良反应监测中心),为国家药品监督管理局直属事业单位,主要职责包括:

(1) 组织制订药品不良反应、医疗器械不良事件监测与再评价以及药物滥用、化妆品不良反应监测的技术标准和规范。

(2) 组织开展药品不良反应、医疗器械不良事件、药物滥用、化妆品不良反应监测工作。

(3) 开展药品、医疗器械的安全性再评价工作。

(4) 指导地方相关监测与再评价工作。组织开展相关监测与再评价的方法研究、培训、宣传和国际交流合作。

(5) 参与拟订、调整国家基本药物目录。

(6) 参与拟订、调整非处方药目录。

(7) 承办总局交办的其他事项。

由其主要职责可知,国家药品监督管理局药品评价中心也是医疗器械监管的重要支持机构之一。药品评价中心下设办公室、基本药物处、药品临床评价处、药品不良反应监测处和医疗器械监测与评价处5个内部机构。其中,医疗器械监测与评价处与医疗器械监管密切相关,其主要职责如下:①组织制订医疗器械不良事件监测与再评价的技术标准和规范;②开展医疗器械不良事件监测工作;③承担医疗器械不良事件报告的收集、评价、反馈和上报工作;④组织开展医疗器械安全性再评价工作;⑤承办中心交办的其他事项。

(五) 医疗器械标准化技术委员会

标准是一种重要的技术规范,在医疗器械监管中发挥着重要的作用,国家食品药品监督管理总局设立医疗器械标准化技术委员会,负责全国医疗器械标准化工作的技术指导和协调,其主要职责包括:

(1) 开展医疗器械标准体系的研究,提出医疗器械标准工作政策及标准项目规划的建议。

（2）受国务院药品监督管理部门委托,审核医疗器械国家标准、行业标准,复核进口医疗器械的产品技术要求及境内生产的第三类医疗器械产品技术要求。

（3）指导、协调各医疗器械专业标准化技术委员会工作。

（4）开展标准培训、宣传、技术指导和国内外标准化学术交流活动。

（5）通报医疗器械标准工作信息。

点滴积累 ∨

1. 医疗器械监督管理的目标为：保障患者、使用者生命安全、身体健康，确保医疗器械的安全、有效性。

2. 国务院药品监督管理局和地方各级市场监督管理局是医疗器械行政监管的主要机构。

3. 中国食品药品检定研究院、医疗器械质量监督检验中心、医疗器械技术审评中心、国家药品监督管理局药品评价中心以及医疗器械标准化委员会等机构是医疗器械监管的技术支持机构。

第三节 医疗器械监管法规体系

实施医疗器械监督管理是一项具体的行政监督管理行为,也是行使行政权力的行为,对经济和社会的发展起着重要的作用。要进行依法行政、依法监管,必须按照宪法和有关法律的规定、要求和程序建立起一套完整的法规体系加以规范和约束,具体按照《行政许可法》《行政处罚法》《行政强制法》《条例》等法律、行政法规和规章来进行行政管理。

知识链接

关于法律效力高低的相关规定

第八十八条 法律的效力高于行政法规、地方性法规、规章。

行政法规的效力高于地方性法规、规章。

第九十一条 部门规章之间、部门规章与地方政府规章之间具有同等效力，在各自权限范围内施行。

——《立法法》

根据《立法法》的规定,上位法的效力高于下位法。宪法具有最高的法律效力,包括法律在内的其他一切规范性文件均不得与宪法相抵触。法律的效力高于行政法规地方性法规、自治条例和单行条例、部门规章和地方政府规章。省、自治区人民政府制定的规章的效力高于本行政区域内的较大的市的人民政府制定的规章。部门规章之间、部门规章与地方政府规章之间具有同等效力,在各自的权限范围内施行。医疗器械监督管理相关法律规范性文件法律效力如表1-2所示。

表1-2 医疗器械监督管理相关法律规范性文件法律效力

性质	法律规范性文件	法律效力
法律	行政许可法、行政处罚法、行政强制法、产品质量法	最高
行政法规	医疗器械监督管理条例	次之
部门规章	医疗器械分类规则、医疗器械临床试验质量管理规范、医疗器械注册管理办法、体外诊断试剂注册管理办法、医疗器械说明书和标签管理规定、医疗器械生产监督管理办法、医疗器械经营监督管理办法、医疗器械使用质量监督管理办法等	最低

一、法律

在我国的法律体系中,全国人民代表大会及其常务委员会通过的法律处于一个比较高的层级,其法律效力仅次于宪法。在医疗器械行业,尽管专门的法律还没有制定出台,但相关法律行为也受我国《行政许可法》《行政处罚法》《行政复议法》《行政诉讼法》等法律的制约。

(一) 行政许可法

现行《行政许可法》自2004年7月1日起施行,为规范我国行政许可行为发挥了重要作用。它规定了行政许可的设定、实施机关、实施程序,如申请与受理、审查与决定、期限、听证、许可的变更与延续及一些特别规定等。毫无疑问,这些规定对于医疗器械行政许可的管理也是适用的。如医疗器械行业的注册许可、生产许可、经营许可以及临床试验的审批等,也需要遵守《行政许可法》的规定。

(二) 行政处罚法

现行《行政处罚法》自1996年实施以来,经历过2009年、2017年的两次修正。一旦公民、法人或者其他组织违反了行政管理的秩序和行为,就可以依照该法给予行政处罚。该法规定了行政处罚的七个种类:①警告;②罚款;③没收违法所得、没收非法财物;④责令停产停业;⑤暂扣或者吊销许可证、暂扣或者吊销执照;⑥行政拘留;⑦法律、行政法规规定的其他行政处罚。《行政处罚法》关于行政处罚的许多规定,不仅对制裁医疗器械行业的违法行为有指导作用,而且是药品监督管理部门处罚违法行为的相关依据。

(三) 行政复议法

现行《行政复议法》自1999年10月开始实施以来,至今历经2009年、2017年的两次修正。该法是进一步规范和约束行政监督和行政管理行为的重要法律。其宗旨是为了防止和纠正违法或者不当的具体行政行为,保护公民、法人和其他组织的合法权益,保障和监督行政机关依法行使职权。如果行政相对人认为行政主体的行政行为侵犯自己的合法权益的,可以向行政复议机关提起复议。该法对于维护医疗器械行业中生产经营企业、使用单位的合法权益具有不可替代的作用。

(四) 行政诉讼法

现行《行政诉讼法》自1989年实施以来,经历过2014年、2017年的两次修正。该法是为保证人民法院正确、及时审理行政案件,保护公民、法人和其他组织的合法权益,维护和监督行政机关依法行使行政职权而制订的。当公民、法人或者其他组织认为行政机关和行政机关工作人员的具体行政行为侵犯了其合法权益,有权依照该法向人民法院提起诉讼。在医疗器械行业,如果相关当事人认为药品监督管理部门的行政行为侵犯了自己的合法权益,有权通过提起行政诉讼的方式来维护自己的权益。

以上几部法律均适用于医疗器械行业,它们尽管不是专门适用于医疗器械的法律,但在医疗器械法律体系中也处于重要位置。另外,在《刑法》以及相关司法解释中也有一些直接跟医疗器械相关的条款。如《刑法》关于生产销售不符合标准的医用器材罪的规定,最高人民法院、最高人民检察院2017年联合通过的《关于办理药品、医疗器械注册申请材料造假刑事案件适用法律若干问题的解释》,这些都跟医疗器械行业息息相关。

二、行政法规

我国对医疗器械的监督管理从20世纪80年代才开始实行。1988年,我国加强了与美国食品药品监督管理局(FDA)的交流,并引进了医疗器械的定义、分类、质量体系审查、市场监督、不良事件报告等基本的监管理念。1992年,我国加强了与欧洲共同体交流,引入欧洲的监管模式。而且从1995年至今,我国每年参加由全球医疗器械协调机构(GHTF)召开的"全球医疗器械协调大会",将我国医疗器械监管的实践与其他国家进行沟通。2000年4月1日,2000年版《条例》开始施行,揭开了我国对医疗器械这一特殊产品依法监管的序幕,并陆续出台了一系列配套的规章和规范性文件,开始构建医疗器械监督管理的法规体系。2014年6月1日,《条例》经过第一次修订实施,奠定了我国新医疗器械法规体系的基础。

2017年5月4日,国务院总理李克强签署《关于修改〈医疗器械监督管理条例〉的决定》(国务院令第680号),对2014年版《条例》做了修改,并自公布之日起施行。该《决定》共10条,主要规定了大型医用设备配置许可的法定条件、实施部门等内容,并规定大型医用设备目录由国务院部门提出、报国务院批准后执行。同时,《决定》强化了许可后的监督管理,规定由卫生健康主管部门对大型医用设备的使用状况进行监督和评估;发现违规使用以及与大型医用设备相关的过度检查、过度治疗等情形,要立即纠正、依法处理,并增设了相应的法律责任。此外,《决定》将医疗器械临床试验机构的资质管理由许可改为备案,并增加医疗器械经营企业、使用单位的免责情形。

纵观现行《条例》的内容,可以发现实际上它授权了医疗器械监督管理部门三项基本权力:审批权、监督管理权、处罚权。审批权包括对产品的审批,也包括对企业的审批,基本上由设区的市级以上药品监督管理部门行使;监督管理权是最广泛的权力,由县级以上各级市场监督管理部门行使;处罚权是对违反现行《条例》规定的行为实施制裁的权力,体现在罚则中,是国家法律责任制度的一部分,处罚权由县级以上市场监督管理部门行使,包括国家药品监督管理局也可以行使。

(一) 现行《条例》鼓励和推动医疗器械创新

现行《条例》总则明确提出,国家鼓励医疗器械的研究与创新,促进医疗器械新技术的推广和应用,推动医疗器械产业的发展。现行《条例》从优化审评审批、减轻企业负担、鼓励创新等角度进行了一系列具体制度设计,为促进医疗器械产业发展、鼓励企业做大做强提供了有力的法律依据和政策基础。

在2000年版《条例》的"先生产许可、后产品注册"模式下,生产企业取得医疗器械生产许可后,还应当取得产品注册证方可生产、经营医疗器械。在企业申请生产许可时,要求其具备与所生产医疗器械相适应的人员、场地、设备和质量检验能力等条件,但由于此时企业生产产品尚未经过注册审查,难以界定其生产条件是否与所生产产品相适应。生产企业在取得生产许可到完成产品注册这一过程中,造成了企业人员、场地和设备的闲置,加大了企业负担,不利于产业发展。同时,部分科研机构因无法取得生产许可,限制了其对医疗器械的创新研究。现行《条例》采取"先产品注册,后生产许可"的模式,减少了企业早期的资金投入压力,进一步释放行业创新需求,鼓励创新型企业的出现。现行《条例》还要求除三种不予延续注册的法定情形外均应准予延续注册,规定了免于临床试验的情形,减免了企业申报资料的要求,既减轻了企业负担,又节省了行政监管资源,有利于企业的快速成长。

现行《条例》进一步简化和下放了医疗器械生产经营审批,按照医疗器械风险程度,对生产经营活动实施分类管理。将第一类医疗器械生产由向省局备案修改为向地市局备案;将第一类医疗器械经营由原先备案管理改为不需备案直接经营;第二类、第三类医疗器械经营由原先在省级食品药品监管部门许可管理,改为现在统一在所在地地市级食品药品监管部门备案或许可管理;取消省局对第二类医疗器械临床试验的审批,同时减少国家总局的审批范围,仅第三类医疗器械临床试验中对人体具有较高风险的,才报国家药品监督管理局审批。这些改变适应我国行政审批制度改革,简政放权的需要,有利于进一步激发市场主体创造活力,增强经济发展的内生动力。

现行《条例》还特别注重发挥行业组织在保证医疗器械安全有效和促进医疗器械产业发展中的积极作用,要求医疗器械行业组织应当加强行业自律,推进诚信体系建设,引导企业诚实守信。现行《条例》明确规定国务院药品监督管理部门制定、调整、修改《条例》规定的目录以及与医疗器械监督管理有关的规范,应当公开征求意见,听取专家、医疗器械生产经营企业和使用单位、消费者以及相关组织等方面的意见。规范有序、诚信守法的经营秩序是行业健康发展的重要保障,现行《条例》赋予了行业协会推进诚信体系建设的光荣使命,为行业协会加强行业自律,规范行业行为,完善行业规划,推进行业产品创新和科技进步,提供了有力的法制保障。

(二) 建立科学规范的医疗器械审评审批机制

现行《条例》以分类管理为基础,突出风险管理的科学性,合理设计并完善审评审批机制,进一步规范了医疗器械上市前备案和许可制度。医疗器械根据其风险高低分为一、二、三类。现行《条例》贯穿医疗器械风险管理理念,对医疗器械的分类要求更为细化、严谨、明确,更具有可操作性。一是明确对医疗器械按照风险程度实行分类管理,风险程度高低作为分类标准,这既与国际接轨,也充分体现出风险管理的要求。二是在三个类别的定义上,按照"风险程度低"、"中度风险"和"较高风险",分别采取"常规管理"、"严格控制管理"和"特别措施严格控制管理",以保证相应类别的医疗器械安全和有效。其中,对第二类和第三类医疗器械,较以往的"应当加以控制"和"必须严格控制"修改为"严格控制管理"和"特别措施严格控制管理",体现出以最严格的监管要求。三是明确评价医疗器械风险程度应考虑的因素,包括医疗器械的预期目的、结构特征、使用方法等。四是明确规定根据医疗器械生产、经营、使用情况,及时对医疗器械的风险变化进行分析、评价,对分类目录进行调整。同时,对高风险的医疗器械设计了更加严格的监管制度。

以医疗器械分类为基础,按照简政放权、科学配置监管资源的原则,现行《条例》对医疗器械产品实行分级备案和注册制度。其中,境内第一类医疗器械产品备案,由备案人向所在地设区的市级药品监督管理机构提交备案资料。境内第二类医疗器械注册由省、自治区、直辖市药品监督管理部门审查,批准后发给医疗器械注册证书。境内第三类医疗器械以及境外第二类、第三类医疗器械注册由国家药品监督管理局审查,批准后发给医疗器械注册证书。境外第一类医疗器械向国家药品监督管理局备案。国家药品监督管理局还负责制定医疗器械的分类规则和分类目录以及免于进行临床试验的医疗器械目录;会同国务院卫生健康主管部门制定、调整并公布一次性使用的医疗器械目录等。

现行《条例》关于医疗器械审评审批制度的设置更加科学合理。例如,产品注册后再实行生产许可,减少了企业早期的资金投入压力;将重新注册修改为延续注册,规定了免于临床试验的情形,减免了企业申报资料的要求,既节省了行政监管资源,又减轻了企业负担,有利于企业的快速成长,促进医疗器械产业的发展。现行《条例》还强化了对申请注册的医疗器械产品的技术实质性审查,提出了产品安全有效的评价依据,首次提出了产品技术要求。产品技术要求是医疗器械成品所具备的为了实现产品预期用途的产品性能指标以及检验方法,应当包括反映产品特性的功能参数、为实现产品预期用途必须具备或者达到的各项性能参数和特性以及检验方法。

医疗器械技术审评工作是注册管理工作的重要技术支撑。现行《条例》提升了医疗器械技术审查的重要性,进一步推动国家和地方医疗器械技术审评机构的机制改革。目前,地方医疗器械技术审评能力不足、审评人员配备不充足、审评制度建设滞后的现象普遍存在,医疗器械技术审评的能力和水平亟待全面提升。只有进一步加强医疗器械技术审评体系建设,不断创新医疗器械技术审评工作机制,合理配置审评人员,提升医疗器械技术审评能力,使审评工作更加制度化、规范化、科学化,才能对医疗器械注册管理和监管工作提供有力的技术支撑,为公众用械安全、有效提供有力保障。

(三) 现行《条例》强化医疗器械上市后监管

现行《条例》根据我国医疗器械监管实际,借鉴国际上医疗器械监管的先进经验,大幅度增加了医疗器械上市后监管的相关要求,突出高风险产品建立可追溯制度,明确提出建立医疗器械不良事件监测、再评价、召回等上市后监管制度,构建了与国际医疗器械监管全面接轨的产品上市后监管制度,形成了产品上市前、上市后联动的医疗器械监管机制,为实现医疗器械全寿命周期监管,奠定了坚实的法律基础。

一是实行医疗器械不良事件监测制度,有利于预警和防范产品风险。随着我国经济社会发展和人民生活水平、健康意识提高,公众对用械安全需求越来越高,医疗器械生产、经营企业和使用单位对产品安全性、有效性需要加强监测,药品监督管理部门需要不断提高医疗器械不良事件监测和评价工作能力,通过收集、评价不良事件报告,提取风险信号,发现和及时控制上市后医疗器械产品的风险,消除隐患。加强对医疗器械不良事件的监测,既能为药品监管部门提供监管依据,采取必要措施减少或者避免类似不良事件的重复发生,降低患者、医务人员和其他人员使用医疗器械的风险,保障广大人民群众用械安全;又能有力促进企业对产品的改进升级,推动新产品研发,有利于促进我国医疗器械行业的健康发展。

二是开展医疗器械再评价,有利于控制医疗器械产品上市后风险。医疗器械再评价工作是医疗器械产品上市后监管工作的重要组成部分,是保障公众用械安全的重要环节。对较高风险产品上市后开展再评价,实际上就是对这类产品的安全性、有效性进行重新评价的过程。开展医疗器械再评价的原因有多种,主要有不良事件报告数量异常增多,特别是严重不良事件发生较多,企业质量体系有缺陷,产品投诉较多及监管工作需要等。再评价需要结合医疗器械风险管理的特征,采用适宜的分析评价方法,得出科学的结论,进而采取有效的监管措施。

三是建立医疗器械召回制度,有利于保障公众用械安全。召回制度是针对已经流入市场的缺陷产品而建立的。由于缺陷产品往往具有批量性的特点,当这些产品投放到市场后,如不加以干预,其潜在的危害是很大的,可能会对消费者的生命、财产安全或环境造成损害,对社会和公众带来安全隐患。只有及时采取控制措施,才能有效消除隐患,避免危害进一步扩大。对问题医疗器械实行召回是控制医疗器械上市后风险的最主要管理手段,建立召回制度有利于落实企业的主体责任,切实保障公众的身体健康和生命安全。

三、部门规章

医疗器械全程监管包括上市前管理和上市后管理。对上市前后两个阶段中的所有环节,我国均出台了相应的配套部门规章来作为管理依据,从而基于其产品全生命周期构建了医疗器械全程管理法规体系。医疗器械产品全生命周期各环节对应的配套规章如表 1-3 所示。

表 1-3 医疗器械产品全生命周期配套规章对应表

上市前环节	规 范 名 称	实施时间	上市后环节	规 范 名 称	实施时间
研制	医疗器械标准管理办法	2017.7	经营	医疗器械经营监督管理办法	2014.10
命名	医疗器械通用名称命名规则	2016.4		医疗器械网络销售监督管理办法	2018.3
分类	医疗器械分类规则	2016.1	广告发布	医疗器械广告发布标准	2009.5
临床试验	医疗器械临床试验质量管理规范	2016.6	广告审查	医疗器械广告审查办法	2009.5
注册	医疗器械注册管理办法	2014.10	使用	医疗器械使用质量监督管理办法	2016.2
	体外诊断试剂注册管理办法	2014.10	监测	医疗器械不良事件监测和再评价管理办法	尚未发布
	医疗器械说明书和标签管理规定	2014.10	召回	医疗器械召回管理办法	2017.5
生产	医疗器械生产监督管理办法	2014.10	飞行检查	药品医疗器械飞行检查办法	2015.9

上表中罗列的重要部门规章,是各个医疗器械管理制度的载体,每一部规章都是医疗器械全程管理中相关环节的管理依据。自 2000 年版《条例》实施以来,法规体系的建设就一直是管理部门工作的重中之重。2017 年版《条例》确立了大型医疗设备的配置许可,进一步完善了法规体系。时至今日,一个以《条例》为核心,以部门规章为主体,以规范性文件为补充,且覆盖医疗器械监管各个环

节的多层次、全过程的医疗器械管理制度体系终于初现雏形。这是医疗器械行业管理中最重要的变化。

医疗器械上市前管理制度主要包括研发、分类、临床评价、注册以及生产等方面的制度。2016年1月1日，经修订的《医疗器械分类规则》开始施行，进一步强化了医疗器械分类的风险管理原则，明确了科学分类应该考虑的多种因素。为了配合科学分类的进行，同年4月1日，《医疗器械通用名称命名规则》开始施行，这将改变此前命名乱象，并推动新版《医疗器械分类目录》早日出台。2016年6月1日，我国开始实施《医疗器械临床试验质量管理规范》，将医疗器械临床试验纳入过程管理，对临床试验数据真实性与合规性的要求将大大加强。另外，在2014年10月1日，新修订的《医疗器械注册管理办法》以及《医疗器械生产监督管理办法》已经实施。其中，《医疗器械注册管理办法》在承接现行《条例》相关注册改革规定外，还对创新医疗器械的注册申报做出了规定。《医疗器械生产监督管理办法》也对医疗器械的异地生产管理、创新医疗器械的委托生产做了补充规定。2017年4月26日，原国家食品药品监督管理总局发布了最新修改的《医疗器械标准管理办法》，理顺了医疗器械标准体系，明确了医疗器械标准制修订的程序，细化立项、起草、征求意见、审查、批准发布、复审和废止等各环节要求，同时还建立了标准复审制度。经过上述立法活动，医疗器械上市前管理制度的内容基本得到了大幅重塑！

医疗器械上市后管理制度主要包括经营、使用、不良事件监测与再评价、召回等方面的制度。2014年10月1日，《医疗器械经营监督管理办法》与其他规章一并实施，在经营资质以及经营质量方面的新规定对近20万家经营企业产生了影响。2016年2月1日，《医疗器械使用质量监督管理办法》正式实施，弥补了此前使用环节管理规章的缺失，医疗机构对在用医疗器械的质量管理成为当务之急。2017年5月1日，经修订的《医疗器械召回管理办法》开始实施，强化了医疗器械生产企业召回缺陷医疗器械的义务，并且明确了召回的类别和程序，这对本土医疗器械企业的召回管理将产生直接影响。这些立法活动，使得医疗器械上市后管理制度也得到了深度调整，平衡了此前偏重于医疗器械上市前监管的立法倾向，使全程监管理念在医疗器械管理实践中得到了贯彻。

四、行政规范性文件

在医疗器械监管法规体系中，除了行政法规、部门规章之外，管理部门还通过通知、公告、通告等形式发布了大量的行政规范性文件。如2017年2月10日，原国家食品药品监督管理总局以食药监械监〔2017〕14号通知的形式发布了关于印发一次性使用塑料血袋等21种医疗器械生产环节风险清单和检查要点的通知。2014年12月29日，原国家食品药品监督管理总局以2014年第64号公告的形式发布了《医疗器械生产质量管理规范》；2016年9月30日，原国家食品药品监督管理总局以2016年第133号通告的形式发布了《第二批免于进行临床试验医疗器械目录》。这些行政规范性文件是医疗器械监管法规体系的重要组成部分，对行业企业产生了直接的影响，值得相关医疗器械生产企业、经营企业以及使用单位重视。

点滴积累 V ....

    1. 医疗器械监督管理可以根据产品全生命周期将它分为上市前、上市后两个阶段。

    2. 根据《医疗器械监督管理条例》，由国家药品监督管理局等医疗器械监督管理部门制定一
       系列涉及医疗器械监督管理方方面面的具体的规章。

第四节 医疗器械飞行检查

一、概述

    医疗器械飞行检查,是指药品监督管理部门针对医疗器械研制、生产、经营、使用等环节开展的不预先告知的监督检查。医疗器械飞行检查是行政检查的一种表现形式,是一种不事先告知的突击检查方式,具有突击性、独立性、高效性等特点,对医疗器械领域的违规违法行为有很强的威慑力!

    2006 年,原国家食品药品监督管理局发布了《药品 GMP 飞行检查暂行规定》(国食药监安〔2006〕165 号),2012 年发布《医疗器械生产企业飞行检查工作程序(试行)》(国食药监械〔2012〕153 号),在调查问题、管控风险、震慑违法行为等方面发挥了重要作用。随着监管形势的变化,上述规定在实施过程中暴露出一些缺陷,需要修订完善。为此,重新制定了《药品医疗器械飞行检查办法》(国家食品药品监督管理总局令第 14 号)(以下简称《飞行检查办法》),自 2015 年 9 月 1 日起施行。《飞行检查办法》共 5 章 35 条,包括总则、启动、检查、处理及附则,本节主要介绍医疗器械飞行检查的相关知识。

    《飞行检查办法》将药品和医疗器械研制、生产、经营和使用全过程纳入飞行检查的范围,突出飞行检查的依法、独立、客观、公正,以问题为导向,以风险管控为核心,按照"启得快、办得实、查得严、处得准"的要求,详细规定了启动、检查、处理等相关工作程序,严格各方责任和义务,提升飞行检查的科学性、有效性和权威性。《飞行检查办法》具有以下五大特点:

(一) 规范飞行检查的启动和实施,充分体现依法独立原则

    《飞行检查办法》明确"药品医疗器械飞行检查应当围绕安全风险防控展开"(第四条),规定了通过投诉举报、检验、不良反应监测发现产品可能存在质量安全风险等可以启动飞行检查的七种情形(第八条),确定现场检查实行组长负责制,对检查组人员构成、进入现场、亮证执法、实施检查并做好记录和证据采集、检查过程中的报告事项和申请结束检查、撰写检查报告等提出要求。为保证检查的依法独立和客观公正,《飞行检查办法》明确提出飞行检查的"两不两直"原则,即:不得事先告知被检查单位检查行程和检查内容,第一时间直接进入检查现场,直接针对可能存在的问题开展检查,不得透露检查进展情况和发现的违法线索等信息(第十二条)。为保障被检查单位的合法权益,《飞行检查办法》还规定,检查组到达检查现场后应当通报检查要求及被检查单位的权利和义务(第十五条),被检查单位对检查结束通报情况享有陈述和申辩权的权利(第二十二条)等。

(二) 建立风险研判和分层处理措施,解决风险有效管控的问题

    准确的风险研判和适宜的风险处置是及时有效控制风险的基础。《飞行检查办法》按照风险不

同分层设计了风险管控措施:在飞行检查前,检查组应当按照检查方案明确现场检查重点,并可以根据风险研判提出风险管控预案(第十一条);检查过程中,对需要立即采取暂停产品生产、销售、使用或者召回等风险控制措施的,检查组应当立即报组织实施部门及时作出处理决定(第二十条);检查结束后,药品监督管理部门可以根据检查结果采取限期整改、发告诚信、约谈被检查单位、召回产品、收回或者撤销资格认证认定证书,以及暂停研制、生产、销售、使用等风险控制措施(第二十五条)。需要给予行政处罚或者移送司法机关的,应当分别依法处理(第二十六条、第二十七条)。

(三) 强调全方位多层次的衔接配合,建立顺畅的协调机制

部门分工明确、责任清晰是构建顺畅的衔接机制、形成监管合力的基础。《飞行检查办法》明确要求组织飞行检查的药品监督管理部门应当加强对检查工作的指挥(第十四条)。"对内",可以根据现场检查反馈的情况及时启动注册、安监、稽查等各部门应对协调机制,在检查过程中和检查结束后发现违法行为时均可以立案查处。"对外",可以联合公安机关等有关部门共同开展飞行检查(第九条),被检查单位不配合甚至抗拒的,可请公安机关协助执行公务;检查发现违法行为涉嫌犯罪的,可移送公安机关处理。"对下",则明确要求被检查单位所在地药品监督管理部门派员协助检查(第十三条),根据检查组的要求,及时采取证据保全、行政强制措施或者抽样检验等措施(第十八条、第十九条)。

针对实践中反映突出的检查与稽查脱节的问题,《飞行检查办法》以现场检查记录可以直接转化为行政处罚证据为突破口,通过为检查人员出具委托执法证明文件解决检查人员的执法主体资格问题,细化现场记录要求,并明确"飞行检查过程中形成的记录及依法收集的相关资料、实物等,可以作为行政处罚中认定事实的依据"(第十七条),以保证及时固定证据,减少因检查与稽查衔接不畅而导致的证据灭失。

(四) 丰富和细化应对手段,提升飞行检查的可操作性和权威性

除规定检查人员可以采取拍摄、复印、记录、采集实物以及抽样等多种手段收集证据外,《飞行检查办法》借鉴美国FDA的做法,对被检查单位"拒绝、逃避监督检查"的不配合情形进行了细化(第二十八条);明确这些情形构成《药品管理法实施条例》《医疗器械监督管理条例》等有关规定的行政处罚从重情节(第二十九条),并进一步规定"经责令改正仍不改正,造成无法完成检查工作的,检查结论判定为不符合相关质量管理规范或者其他相关要求"(第二十八条),给予相应处罚;构成违反治安管理行为的,还可以由药品监督管理部门报请公安机关依照《治安管理处罚法》的规定进行处罚(第三十条),为遏制和惩戒被检查单位拒绝、逃避检查的行为提供了有力的法律支持,也使《飞行检查办法》更具可操作性。

(五) 落实监管部门职责,强化执法监督

《飞行检查办法》除明确地方监管部门的协助配合义务外,还规定药品监督管理部门应当对飞行检查情况予以公开的原则(第六条)和信息通报与报告的义务(第三十一条);针对飞行检查中发现的区域性、普遍性或者长期存在、比较突出的问题,上级可以约谈下级药品监督管理部门主要负责人或者当地人民政府负责人(第三十二条);对有违规违纪行为的药品监督管理部门及有关工作人员进行公开通报,对有关人员按照干部管理权限给予纪律处分和行政处分,或者提出处理建议,涉嫌

犯罪的,依法移交司法机关处理(第三十三条),对各级监管部门构成强有力的约束。

二、医疗器械飞行检查启动

国家药品监督管理局负责组织实施全国范围内的药品医疗器械飞行检查。地方各级药品监督管理部门负责组织实施本行政区域的药品医疗器械飞行检查。药品监督管理部门应当按照政府信息公开的要求公开检查结果,对重大或者典型案件,可以采取新闻发布等方式向社会公开。

1. **基本要求** 药品医疗器械飞行检查应当遵循依法独立、客观公正、科学处置的原则,围绕安全风险防控开展。被检查单位对药品监督管理部门组织实施的药品医疗器械飞行检查应当予以配合,不得拒绝、逃避或者阻碍。

2. **启动情形** 有下列情形之一的,药品监督管理部门可以开展药品医疗器械飞行检查:①投诉举报或者其他来源的线索表明可能存在质量安全风险的;②检验发现存在质量安全风险的;③药品不良反应或者医疗器械不良事件监测提示可能存在质量安全风险的;④对申报资料真实性有疑问的;⑤涉嫌严重违反质量管理规范要求的;⑥企业有严重不守信记录的;⑦其他需要开展飞行检查的情形。

3. **检查小组** 药品监督管理部门派出的检查组应当由 2 名以上检查人员组成,检查组实行组长负责制。检查人员应当是食品药品行政执法人员、依法取得检查员资格的人员或者取得本次检查授权的其他人员;根据检查工作需要,药品监督管理部门可以请相关领域专家参加检查工作。参加检查的人员应当签署无利益冲突声明和廉政承诺书;所从事的检查活动与其个人利益之间可能发生矛盾或者冲突的,应当主动提出回避。

开展飞行检查应当制定检查方案,明确检查事项、时间、人员构成和方式等。需要采用不公开身份的方式进行调查的,检查方案中应当予以明确。必要时,药品监督管理部门可以联合公安机关等有关部门共同开展飞行检查。

4. **检查纪律** 药品监督管理部门及有关工作人员应当严格遵守有关法律法规、廉政纪律和工作要求,不得向被检查单位提出与检查无关的要求,不得泄露飞行检查相关情况、举报人信息及被检查单位的商业秘密。检查组成员不得事先告知被检查单位检查行程和检查内容,指定地点集中后,第一时间直接进入检查现场;直接针对可能存在的问题开展检查;不得透露检查过程中的进展情况、发现的违法线索等相关信息。检查组应当调查核实被检查单位执行药品和医疗器械监管法律法规的实际情况,按照检查方案明确现场检查重点,并可以根据风险研判提出风险管控预案。

药品监督管理部门及有关工作人员有下列情形之一的,应当公开通报;对有关工作人员按照干部管理权限给予行政处分和纪律处分,或者提出处理建议;涉嫌犯罪的,依法移交司法机关处理:①泄露飞行检查信息的;②泄露举报人信息或者被检查单位商业秘密的;③出具虚假检查报告或者检验报告的;④干扰、拖延检查或者拒绝立案查处的;⑤违反廉政纪律的;⑥有其他滥用职权或者失职渎职行为的。

三、医疗器械飞行检查进行

上级药品监督管理部门组织实施飞行检查的,可以适时通知被检查单位所在地药品监督管理部门。被检查单位所在地药品监督管理部门应当派员协助检查,协助检查的人员应当服从检查组的安排。组织实施飞行检查的药品监督管理部门应当加强对检查组的指挥,根据现场检查反馈的情况及时调整应对策略,必要时启动协调机制,并可以派相关人员赴现场协调和指挥。

1. **亮明身份**　检查组到达检查现场后,检查人员应当出示相关证件和受食品药品监督管理部门委派开展监督检查的执法证明文件,通报检查要求及被检查单位的权利和义务。

2. **相对人义务**　被检查单位及有关人员应当及时按照检查组要求,明确检查现场负责人,开放相关场所或者区域,配合对相关设施设备的检查,保持正常生产经营状态,提供真实、有效、完整的文件、记录、票据、凭证、电子数据等相关材料,如实回答检查组的询问。

药品监督管理部门有权在任何时间进入被检查单位研制、生产、经营、使用等场所进行检查,被检查单位不得拒绝、逃避。被检查单位有下列情形之一的,视为拒绝、逃避检查:①拖延、限制、拒绝检查人员进入被检查场所或者区域的,或者限制检查时间的;②无正当理由不提供或者延迟提供与检查相关的文件、记录、票据、凭证、电子数据等材料的;③以声称工作人员不在、故意停止生产经营等方式欺骗、误导、逃避检查的;④拒绝或者限制拍摄、复印、抽样等取证工作的;⑤其他不配合检查的情形。

3. **检查记录**　检查组应当详细记录检查时间、地点、现场状况等;对发现的问题应当进行书面记录,并根据实际情况收集或者复印相关文件资料、拍摄相关设施设备及物料等实物和现场情况、采集实物以及询问有关人员等。询问记录应当包括询问对象姓名、工作岗位和谈话内容等,并经询问对象逐页签字或者按指纹。记录应当及时、准确、完整,客观真实反映现场检查情况。飞行检查过程中形成的记录及依法收集的相关资料、实物等,可以作为行政处罚中认定事实的依据。

4. **检查抽验**　需要抽取成品及其他物料进行检验的,检查组可以按照抽样检验相关规定抽样或者通知被检查单位所在地药品监督管理部门按规定抽样。抽取的样品应当由具备资质的技术机构进行检验或者鉴定,所抽取样品的检验费、鉴定费由组织实施飞行检查的药品监督管理部门承担。

5. **证据固定**　检查组认为证据可能灭失或者以后难以取得的,以及需要采取行政强制措施的,可以通知被检查单位所在地药品监督管理部门。被检查单位所在地药品监督管理部门应当依法采取证据保全或者行政强制措施。有下列情形之一的,检查组应当立即报组织实施飞行检查的药品监督管理部门及时作出决定:①需要增加检查力量或者延伸检查范围的;②需要采取产品召回或者暂停研制、生产、销售、使用等风险控制措施的;③需要立案查处的;④涉嫌犯罪需要移送公安机关的;⑤其他需要报告的事项。需要采取风险控制措施的,被检查单位应当按照药品监督管理部门的要求采取相应措施。

6. **结果通报**　现场检查时间由检查组根据检查需要确定,以能够查清查实问题为原则。经组织实施飞行检查的药品监督管理部门同意后,检查组方可结束检查。检查结束时,检查组应当向被检查单位通报检查相关情况。被检查单位有异议的,可以陈述和申辩,检查组应当如实记录。检查结束后,检查组应当撰写检查报告。检查报告的内容包括:检查过程、发现问题、相关证据、检查结论和处理建议等。检查组一般应当在检查结束后5个工作日内,将检查报告、检查记录、相关证据材料等报组织实施飞行检查的药品监督管理部门。必要时,可以抄送被检查单位所在地药品监督管理部门。

四、医疗器械飞行检查处理

1. 处理措施 根据飞行检查结果,药品监督管理部门可以依法采取限期整改、发告诫信、约谈被检查单位、监督召回产品、收回或者撤销相关资格认证认定证书,以及暂停研制、生产、销售、使用等风险控制措施。风险因素消除后,应当及时解除相关风险控制措施。检查组对被检查单位拒绝、逃避检查的行为应当进行书面记录,责令改正并及时报告组织实施飞行检查的食品药品监督管理部门;经责令改正后仍不改正、造成无法完成检查工作的,检查结论判定为不符合相关质量管理规范或者其他相关要求。

针对飞行检查中发现的区域性、普遍性或者长期存在、比较突出的问题,上级药品监督管理部门可以约谈被检查单位所在地药品监督管理部门主要负责人或者当地人民政府负责人。被约谈的药品监督管理部门应当及时提出整改措施,并将整改情况上报。

2. 上下级部门协调 国家药品监督管理局组织实施的飞行检查发现违法行为需要立案查处的,国家药品监督管理局可以直接组织查处,也可以指定被检查单位所在地药品监督管理部门查处。地方各级药品监督管理部门组织实施的飞行检查发现违法行为需要立案查处的,原则上应当直接查处。由下级药品监督管理部门查处的,组织实施飞行检查的药品监督管理部门应当跟踪督导查处情况。上级药品监督管理部门应当及时将其组织实施的飞行检查结果通报被检查单位所在地药品监督管理部门。下级药品监督管理部门应当及时将其组织实施的飞行检查中发现的重大问题书面报告上一级药品监督管理部门,并于每年年底前将该年度飞行检查的总结报告报上一级药品监督管理部门。

3. 治安管理处罚 被检查单位有下列情形之一,构成违反治安管理行为的,由药品监督管理部门商请公安机关依照《中华人民共和国治安管理处罚法》的规定进行处罚:①阻碍检查人员依法执行职务,或者威胁检查人员人身安全的;②伪造、变造、买卖或者使用伪造、变造的审批文件、认证认定证书等的;③隐藏、转移、变卖、损毁食品药品监督管理部门依法查封、扣押的财物的;④伪造、隐匿、毁灭证据或者提供虚假证言,影响依法开展检查的。被检查单位因违法行为应当受到行政处罚,且具有拒绝、逃避监督检查或者伪造、销毁、隐匿有关证据材料等情形的,由药品监督管理部门按照《药品管理法》《药品管理法实施条例》《医疗器械监督管理条例》等有关规定从重处罚。

4. 行刑衔接 飞行检查发现的违法行为涉嫌犯罪的,由负责立案查处的药品监督管理部门移送公安机关,并抄送同级检察机关。

点滴积累 ∨ ⋯⋯⋯⋯⋯⋯⋯⋯⋯⋯⋯⋯⋯⋯⋯⋯⋯⋯⋯⋯⋯⋯⋯⋯⋯⋯⋯⋯⋯

1. 医疗器械飞行检查具有突击性、独立性、高效性等特点。

2. 医疗器械飞行检查启动具有7大情形:①投诉举报或者其他来源的线索表明可能存在质量安全风险的;②检验发现存在质量安全风险的;③药品不良反应或者医疗器械不良事件监测提示可能存在质量安全风险的;④对申报资料真实性有疑问的;⑤涉嫌严重违反质量管

理规范要求的；⑥企业有严重不守信记录的；⑦其他需要开展飞行检查的情形。

3. 药品监督管理部门有权在任何时间进入被检查单位研制、生产、经营、使用等场所进行检查，被检查单位不得拒绝、逃避。

目标检测

一、单选题

1. 我国对医疗器械管理分（　　）类进行管理。

  A. 1　　　　　　　　B. 2　　　　　　　　C. 3　　　　　　　　D. 4

2. 在中华人民共和国境内从事医疗器械的研制、生产、经营、使用、监督管理的单位或者个人，应当遵守（　　）。

  A.《医疗器械监督管理条例》　　　　　　B.《医疗器械注册管理办法》

  C.《医疗器械标准管理办法》　　　　　　D.《医疗器械产品注册证》

3. 下列五种体外试剂，（　　）不属于医疗器械管理的体外试剂。

  A. 人类基因检测类试剂　　　　　　　　B. 临床化学类试剂

  C. 血气、电解质测定类试剂　　　　　　D. 维生素测定类试剂

4. 在中华人民共和国境内从事医疗器械的（　　）的单位或者个人，应当遵守《医疗器械监督管理条例》。

  A. 研制、生产、经营、使用、监督管理　　B. 研制、生产、经营、使用

  C. 生产、经营、使用、监督管理　　　　　D. 生产、经营、使用

5. 植入器械是指借助外科手术把器械留在体内至少（　　）。

  A. 30 日　　　　　B. 20 日　　　　　C. 24 小时以上　　　D. 10 日

6. 法律是一种（　　）。

  A. 技术规范　　　　B. 行为规范　　　　C. 操作规范　　　　D. 道德规范

7. 国务院可以制定（　　）。

  A. 基本法律　　　　B. 行政法规　　　　C. 部门规章　　　　D. 地方性法规

8. 下列法律规范性文件中，法律效力最高的是（　　）。

  A. 法律　　　　　　B. 行政法规　　　　C. 部门规章　　　　D. 地方性法规

9. 下列法规性文件中，不属于医疗器械监管法律层级的是（　　）。

  A. 行政许可法　　　B. 行政处罚法　　　C. 产品质量法　　　D. 食品安全法

10. 目前我国对医疗器械实施监督管理的主要部门是（　　）。

  A. 药品监督管理部门　　　　　　　　　B. 卫生健康主管部门

  C. 工商行政管理部门　　　　　　　　　D. 出入境检验检疫部门

二、多选题

1. 医疗器械不良事件监测有哪些意义（　　）。

A. 为医疗器械监督管理部门提供监管依据

B. 可以减少或者避免同类医疗器械不良事件的重复发生

C. 降低患者、医务人员和其他人员使用医疗器械的风险,保障广大人民群众用械安全

D. 进一步提高对医疗器械性能和功能的要求

E. 推进企业对新产品的研制

2. 下列关于医疗器械的说法正确的是( )。

A. 医疗器械是指单独或组合使用于人体的仪器、设备、器具、材料或其他物品,包括所需要的软件

B. 医疗器械用于人体体表内的作用是通过药理学、免疫学或代谢的手段获得的

C. 医疗器械与药物的区别一般可以从产品的预期目的和主要的预期作用与方法去界定

D. 医疗器械使用的预期目的包括妊娠控制

E. 体外诊断器械和诊断试剂也属于医疗器械范畴

3. 对于提高虚假资料或采取其他欺骗手段取得的医疗器械注册证,可以由( )的药品监督管理部门撤销已经取得的医疗器械注册证。

A. 国家
B. 省级以上人民政府

C. 市级以上人民政府
D. 县级以上人民政府

E. 区级人民政府

4. 以下哪些是属于医疗器械监管的部门规章( )。

A.《医疗器械监督管理条例》
B.《医疗器械注册管理办法》

C.《医疗器械生产监督管理办法》
D.《医疗器械广告审查办法》

E.《食品安全法》

5. 医疗器械行政技术部门包括( )。

A. 中国食品药品检定研究院
B. 医疗器械质量监督检验中心

C. 医疗器械技术审评中心
D. 国家药品监督管理局药品评价中心

E. 医疗器械标准化委员会

三、案例分析题

1. 某局执法人员依法对一地下非法加工生产固定义齿窝点进行了查处。当场查扣自动可编程真空烤瓷炉、喷砂机、铸造机等设备以及义齿牙冠树脂(Ⅰ型)、牙科磷酸盐铸造包埋材料(烤瓷)、自凝牙托粉等材料。同时在现场还发现义齿加工设计单、加工流程表等资料。经查证,涉案当事人为王某某,其在未取得《医疗器械生产许可证》和《医疗器械注册证》的情况下,租用民宅,雇佣工作人员,自购原辅材料以及相应的仪器设备、生产工具等,事先到牙科诊所等使用单位联系加工业务,然后进行非法生产加工固定义齿的活动。

请根据本章相关知识分析该案例中涉及的法律问题。

2. 近日,某县市场监督管理局执法人员在辖区开展药品及医疗器械日常监督检查,查处一医院

违法使用过期医疗器械。

执法人员在检查过程中发现某医院药房铁皮柜内存放过期医疗器械:①非吸收性外科缝线 87 团;②可吸收性外科缝线 1 盒;③非吸收性外科缝线 2 盒;④医用羊肠线 60 包;⑤一次性使用吸痰管 1 袋;⑥一次性使用吸痰管 98 支;⑦一次性使用子宫造影管 25 支,货值金额共计 1523.2 元。

执法人员认为,该院未将超过有效期的医疗器械及时销毁,药房铁皮柜上也没有过期产品警示标识。医疗器械的使用行为不仅局限于使用到临床患者身体上,而且包括医疗器械的购进、验收、储存、管理、养护全过程,该院存在储存、养护失当和管理疏漏。故该院上述行为违反了《医疗器械监督管理条例》第四十条的规定,已构成使用过期医疗器械行为。

县市场监管局根据《医疗器械监督管理条例》第六十六条的规定对当事人作出如下处罚:①没收过期医疗器械;②罚款 2 万元。并责令当事人认真落实药品及医疗器械管理制度,保障群众用药安全。

请结合课程内容,对以上案例谈谈你对医疗器械监管的看法。

ER-01章习题

第二章

ER-02章PPT

医疗器械分类管理

导学情景 V

情景描述：

近日，某县药品监管局执法人员对一医疗器械经营企业进行监督检查时，发现其有经营三类物理治疗及康复设备的行为。经核实，该医疗器械经营企业的经营范围只包括二类物理治疗及康复设备和外科手术器械，该企业没有变更经营范围的记录。

学前导语：

1. 为什么要对医疗器械进行分类分级管理？
2. 我国对医疗器械分类分级管理有哪些规定？

第一节　概述

一、医疗器械分类概述

用于治疗和诊断人类疾病的医疗器械，涉及了当今世界上几乎所有的先进技术，从最简单的压舌板到由几万个零件组成的CT装置和医用加速器，产品的结构、技术、品种千变万化，为了更好地监管医疗器械，必须规范医疗器械的命名，分级分类管理医疗器械。

为了控制医疗器械在使用中产生伤害人体的危险，或者说控制它的使用风险，对所有的医疗器械采用雷同的管理措施是没有必要的。"一刀切"式的管理方式将造成人力和资源的浪费，使企业成本成倍提高，医疗卫生费用增加。实施医疗器械分类的目的，是为了区别医疗器械产品设计的不同预期作用、不同的技术结构、不同的作用方式，并使之能够列入不同的管理要求，保证医疗器械使用的安全、有效性，同时提高管理的效率。因此，对医疗器械进行分类，前提是界定清楚医疗器械使用风险的高低。而评价医疗器械风险程度，应当考虑医疗器械的预期目的、结构特征、使用方法等因素。

因此，现行《条例》第四条规定国家对医疗器械按照风险程度实行分类管理：第一类是风险程度低，实行常规管理可以保证其安全、有效的医疗器械；第二类是具有中度风险，需要严格控制管理以保证其安全、有效的医疗器械；第三类是具有较高风险，需要采取特别措施严格控制管理以保证其安全、有效的医疗器械。

国务院药品监督管理部门负责制定医疗器械的分类规则和分类目录，并根据医疗器械生产、经营、使用情况，及时对医疗器械的风险变化进行分析、评价，对分类目录进行调整。制定、调整分类目录,应当充分听取医疗器械生产经营企业以及使用单位、行业组织的意见,并参考国际医疗器械分类实践。医疗器械分类目录应当向社会公布。

我国医疗器械分类实行分类规则指导下的分类目录制,分类规则和分类目录并存,以分类目录优先。现行《条例》第四条第六款规定:"国务院食品药品监督管理部门负责制定医疗器械的分类规则和分类目录"。由此,原国家食品药品监督管理总局于2015年6月3日审议通过了《医疗器械分类规则》(以下简称《分类规则》),自2016年1月1日起施行。《分类规则》要求医疗器械的分类适用分类判定表。按照现行《条例》所确定的动态调整分类的要求,《分类规则》在第八条规定:"国家食品药品监督管理总局根据医疗器械生产、经营、使用情况,及时对医疗器械的风险变化进行分析、评价,对医疗器械分类目录进行调整"。

二、医疗器械分类管理立法

(一)《医疗器械分类规则》修订

2000年4月,原国家药品监督管理局曾发布第15号令《医疗器械分类规则》(以下简称原《分类规则》),实施十余年来,在指导《医疗器械分类目录》的制定和确定新的产品注册类别方面发挥了积极作用。但是,业界也反映原《分类规则》还应进一步满足医疗器械分类工作实践的需要。为配合现行《条例》的实施,结合医疗器械分类工作积累的经验,需要对原《分类规则》部分条款和分类判定表予以细化完善。现行《分类规则》的主要内容如下:

1. 将原《分类规则》中的医疗器械"注册类别"改为"管理类别",以明确管理类别不仅为注册服务,也涉及生产、监管等方面。

2. 根据现行《条例》第四条的规定,现行《分类规则》第四条中明确表述了对医疗器械基于风险程度进行分类,并且对风险程度的判定依据由原《分类规则》中"结构特征、使用形式、使用状况"三方面,修改为"医疗器械风险程度,应当根据医疗器械的预期目的,通过结构特征、使用形式、使用状态、是否接触人体等因素综合判定。"

3. 对原《分类规则》第五条分类判定的依据进行了部分调整。现行《分类规则》第五条在分类情形中作了如下修改、补充和完善:

(1)根据医疗器械科技和产业发展状况,在有源器械类别中增加了"植入器械"、"独立软件"两种医疗器械使用形式。

(2)将"一次性无菌器械"删除,以避免无菌器械和其他无源接触人体器械使用形式间的交叉。同时,现行《分类规则》在第六条第八款中通过特殊分类原则,规范以无菌形式提供的医疗器械的分类。

(3)将"药液输送保存器械"改为"液体输送器械"。一方面不再强调仅为药液输送,其他形式的液体输送也被纳入这一使用形式,使其覆盖范围更大;另一方面,不再强调"保存"功能,以区别于药品包装材料。

(4)将无源医疗器械项下的"消毒清洁器械"改为"医疗器械清洗消毒器械",将有源医疗器械项下的"医疗消毒灭菌设备"改为"医疗器械消毒灭菌设备",以明确只有用于"医疗器械"消毒灭菌的器械和设备按照医疗器械管理;另外,将"医疗器械清洗消毒器械"从分类判定表的"接触人体器械"项下调整到"非接触人体器械"项下,以符合产品的使用形式。

（5）将"实验室仪器设备"改为"临床检验仪器设备",以避免非医用实验室仪器设备在管理属性上的混淆。

（6）将"其他无源接触和辅助医疗器械"改为"其他无源医疗器械",将"其他有源医疗器械或有源辅助设备"改为"其他有源医疗器械",使其描述更加准确。

（7）将"腔道"改为"腔道（口）",使其涵盖了风险程度基本相同的腔道和永久性人造开口,为造口腔类器械等产品提供了分类依据。

4. 对原《分类规则》第六条判定原则具体内容进行了修改、补充和完善,并对之间的关系和顺序进行了调整。现行《分类规则》首先表明,医疗器械的分类适用分类判定表,有本条规定的特殊情形的,则同时适用相应的特殊分类原则。对现行《分类规则》第六条中列出的十二项特殊分类原则,依次按照"通用要求"、"按第三类管理"、"按第三类或第二类管理"和"按第二类管理"的顺序,进行了归类和排序。修改内容包括:

（1）将原《分类规则》中"同一产品如果使用目的和作用方式不同,分类应该分别判定""作用于人体几个部位的医疗器械,根据风险高的使用形式、使用状态进行分类"和"如果一个医疗器械可以适用二个分类,应采取最高的分类"这三项分类原则,归纳概括为"如果同一医疗器械适用两个或者两个以上的分类,应当采取其中风险程度最高的分类"。

（2）增加了对器械包类产品的分类原则,明确"由多个医疗器械组成的医疗器械包,其分类应当与包内风险程度最高的医疗器械一致",以满足对器械包类产品分类管理的需要。

（3）修改了原《分类规则》中"附件单独进行分类"的内容,强调对可作为附件的医疗器械进行分类时,必须考虑附件对配套的主体医疗器械安全性有效性的影响,而不应只考虑附件的情况单独分类。如果附件对配套主体医疗器械有重要的影响,附件的分类不应低于配套主体医疗器械的分类。

（4）删除原《分类规则》中"与其他医疗器械联合使用的医疗器械,应分别进行分类"的表述,以消除歧义,明确每个医疗器械均为单独分类。

（5）删除原《分类规则》中"控制医疗器械功能的软件与该医疗器械按照同一类别进行分类"的表述,因为符合医疗器械定义的软件分为"嵌入式软件"和"独立软件",而"嵌入式软件"与其配套使用的硬件按一个医疗器械产品进行注册管理,无需单独分类;因此,现行《分类规则》参考国际医疗器械监管机构论坛（IMDRF）指南,增加了"独立软件"的定义,并在附件分类判定表中增加了独立软件列项。

（6）根据目前分类现状,还增加了药械组合产品、医用敷料、矫形器械等产品遵循的分类原则。

5. 按照现行《条例》所确定的动态调整分类的要求,将原《分类规则》第六条中医疗器械风险程度发生变化及管理类别调整的内容,单独列出一条,即现行《分类规则》在第八条规定:"国家食品药品监督管理总局根据医疗器械生产、经营、使用情况,及时对医疗器械的风险变化进行分析、评价,对医疗器械分类目录进行调整"。

6. 原《分类规则》的第七条为分类工作主管部门及分类程序的规定,根据修订讨论中的意见,现行《分类规则》不再重复现行《条例》中已经明确规定的原国家食品药品监督管理总局制定医疗器械分类规则及尚未列入分类目录的医疗器械的分类申请程序的内容;同时,根据改革发展的需要,现行《分类规则》第九条规定:"国家食品药品监督管理总局可以组织医疗器械分类专家委员会制定、调整医疗器械分类目录"。

7. 鉴于自 2007 年开始,除用于血源筛查和含有放射性核素外的体外诊断试剂已纳入医疗器械管理,2014 年 10 月开始实施的《体外诊断试剂注册管理办法》对体外诊断试剂的分类已经做了规定,因此,新《分类规则》增加了第七条"体外诊断试剂按照有关规定进行分类"。

8. 对原《分类规则》第八条中的用语、释义及其顺序进行了修订。现行《分类规则》将术语定义调整至第三条,删除了"风险""表面接触器械"和"中枢循环系统"等在分类判定表中不使用的用语。参照欧盟、国际医疗器械监管机构论坛(IMDRF)指南等有关分类的情况,细化了"侵入器械""植入器械"的内容,增加了"皮肤""腔道(口)""创伤""组织""血液循环系统""中枢神经系统""具有计量测试功能的医疗器械""慢性创面"等用语的说明。

修改后,"侵入器械"是指"借助手术全部或者部分通过体表侵入人体,接触体内组织、血液循环系统、中枢神经系统等部位的医疗器械,包括介入手术中使用的器材、一次性使用无菌手术器械和暂时或短期留在人体内的器械等。本规则中的侵入器械不包括重复使用手术器械。"因此,侵入器械应当满足两个条件,一是借助"手术"手段,二是侵入体内,接触体内组织,主要包括介入手术中使用的器械、一次性使用无菌手术器械和暂时或短期留置于体内的器械等。根据侵入器械的定义,穿刺针、采血针、导尿管等不借助"手术"手段的器械、或者医用敷料等不侵入人体内的器械,均非"侵入器械",这些器械在现行《分类规则》中都有相应的分类途径判断分类。

由于现行《分类规则》中"重复使用手术器械"在字面上也符合侵入器械的特征,但是为了便于准确进行分类判定,需要专门把重复使用手术器械作为一种单独的使用形式进行分类,因此,现行《分类规则》还在"侵入器械"定义中明确排除了重复使用手术器械。

修改后,现行《分类规则》中的"植入器械"是指,"借助手术全部或者部分进入人体内或腔道(口)中,或者用于替代人体上皮表面或眼表面,并且在手术过程结束后留在人体内 30 日(含)以上或者被人体吸收的医疗器械。"因此,该定义明确了植入器械必须同时符合两个条件,一是符合规定的"植入位置",二是符合规定的"植入时间",植入时间既包括留在人体内 30 日以上,也包括被人体吸收的情形。

从广义来讲,植入器械与侵入器械的范畴也有一定重合,但各自又有在分类上的特殊要求,植入器械强调在手术过程结束后留在人体内 30 日(含)以上或者被人体吸收,而侵入器械主要是暂时或短期使用,没有长期使用或者被吸收的情形。因此,现行《分类规则》在无源接触人体器械项下将侵入器械与植入器械列为两种独立的使用形式,同时在分类判定表中,将侵入器械长期使用的栏目标为"—"、将植入器械的暂时使用和短期使用的栏目标为"—"("—"代表无此情况),以便在分类判定中将侵入器械和植入器械区别开来。

(二) 国外医疗器械分类管理的实践

在欧盟、美国两大医疗器械市场中,美国将产品结构已经明确的 1750 种医疗器械归入 16 个医学专业组,并分为三大类。其中一类占46%,二类占47%,三类占7%。政府对这些产品建立了分类数据库,企业可以对需要确定分类的医疗器械,通过医疗器械分类数据库进行核对。这是一种"字典式"或者说"目录式"的分类方法。

在欧洲,为了在1995年1月实施新的医疗器械法规,在实施法规以前,当时如果要求政府向每个企业提供具体的分类帮助,工作量太大,所以实际是不可能的。同时欧共体认为"目录式"分类有一定的局限性,不能适应技术高速发展的需要。但是,希望根据目前已知产品的特性,设计一个简单的分类原则,去解决今后器械发展的所有问题,这也是不可能的。

通过研究发现,医疗器械在发展变化,医疗器械应用的对象即人体是一个相对不变的因素,所以可以根据医疗器械失效时对人体可能造成的损害程度,以及兼顾到产品的技术特征和相关的法规政策,设计一个分类原则。根据这一思路,目前将医疗器械作用时间、侵入人体的程度、作用人体的部位等三个影响人体损伤程度的因素作为设计分类原则的基础。

目前欧盟在医疗器械分类的法规中建立了18条分类原则,通过"分类原则树"的划分,可以把无创器械、有创器械、有源器械、特殊器械等所有的医疗器械归入Ⅰ类、ⅡA类、ⅡB类、Ⅲ类等四种类别中去。

点滴积累 ╲

1. 医疗器械命名应遵循《医疗器械通用名称命名规则》要求。
2. 我国医疗器械分类实行分类规则指导下的分类目录制,分类规则和分类目录并存,以分类目录优先的医疗器械分类制度。
3. 现行《医疗器械分类规则》明确表述了对医疗器械基于风险程度进行分类,医疗器械风险程度应当根据医疗器械的预期目的,通过结构特征、使用形式、使用状态、是否接触人体等因素综合判定。

第二节　医疗器械分类规则

一、医疗器械分类原则和依据

（一）医疗器械分类的原则

世界各国对医疗器械都以分类作为监督管理的前提。图2-1是目前国际上常用的医疗器械产品分类方案。

《医疗器械分类规则》

图中横坐标方向代表产品分类,产品被分为A、B、C、D四类。A类是风险最低的产品,D类是风险最高等产品。纵坐标方向代表对产品管理和控制措施。其中,对风险较低的A类产品,通过建立生产质量体系保障上市产品的安全;B类产品需要增加对产品本身的分析和一定的控制措施;C类和D类是高风险的产品,产品上市以前,除了需要采用上述措施进行控制外,还需要进行临床试验,获得临床安全使用的试验数据。图中,没有颜色的部分,表示该类产品中具有特殊性的产品。

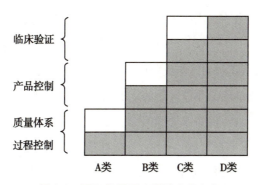

图 2-1 国际常用医疗器械分类方案

从图 2-1 中,我们可以得到以下一些关于医疗器械分类和监督管理的原则:①医疗器械产品的使用风险是产品分类的基础;②根据不同的产品分类,设定相适应的监督管理要求;③对医疗器械产品进行分类和建立监督管理措施,应贯彻"根据管理的可能,尽可能简化;根据安全的需要,尽可能严格"的原则。

(二) 医疗器械分类的依据

现行《条例》第四条明确规定:"医疗器械按照风险程度由低到高,管理类别依次分为第一类、第二类和第三类。医疗器械风险程度,应当根据医疗器械的预期目的,通过结构特征、使用形式、使用状态、是否接触人体等因素综合判定。"该条是医疗器械分类的法规依据。

医疗器械的使用风险除了受到医疗器械结构特征、使用形式、使用状态等客观因素的影响以外,还与医疗器械使用时的社会文化背景和科学技术的认识水平以及操作者的教育程度有极大的关系。不同的使用环境和不同的使用对象有不同的医疗器械风险标准。

二、医疗器械分类的方法

根据现行《分类规则》,根据产品使用风险的各种影响因素对医疗器械进行分类,这些影响因素包括:使用时间、作用部位、接触/非接触、有源/无源、作用形式、作用强度等等。

1. **预期目的** 产品的预期目的,是指产品说明书、标签或者宣传资料载明的,使用医疗器械应当取得的作用。现行《条例》中关于医疗器械的定义贯穿了整个医疗器械监督管理的法规,而由生产商提供的产品预期目的或作用是界定医疗器械范围的一个十分重要的依据,其中隐含了以下管理要求:

(1) 医疗器械的作用是生产厂商在设计过程中确定的,对于一个产品是否是医疗器械的界定,生产厂商应根据现行《条例》中医疗器械定义规定,并提供该产品具备医疗器械功能的科学数据和证据。

(2) 只要生产厂商在产品说明书等资料中表示该产品具有医疗器械定义中的医疗功能,该产品就应纳入医疗器械法规进行管理,就需要接受国家的监督;或者说,未经政府审查批准,任何人无权确认医疗器械定义中的功能,无权在市场中随意表达产品具备这种功能。

(3) 产品分类首先应按照产品的预期目的或作用进行。预期目的或作用是衡量该产品使用风险的前提,它决定了该产品的分类。

2. **根据结构特征的不同,分为无源医疗器械和有源医疗器械。**

(1) 无源医疗器械,是指不依靠电能或者其他能源,但是可以通过由人体或者重力产生的能量,发挥其功能的医疗器械。

（2）有源医疗器械,是指任何依靠电能或者其他能源,而不是直接由人体或者重力产生的能量,发挥其功能的医疗器械。

医疗器械依靠事先储存在里边的气体或者真空作为工作的能源,应作为有源器械。

需要注意的是,人体产生的能量并没有使医疗器械本身变成"有源"器械。除非这一个能量储存在里边,为了器械以后的释放。例如,需要用手工旋紧弹簧后,注射器依靠弹簧将物质送入人体,这一器械并包括弹簧就是一个有源器械。总之,要注意器械的工作是否通过其转换能量而产生作用。用于在器械和患者之间进行传输能量和物质的器械,本身没有发生显著变化的,不是有源器械。

3. 根据是否接触人体,分为接触人体器械和非接触人体器械。

所谓接触人体器械,是指直接或间接接触患者或者能够进入患者体内的医疗器械。在接触人体器械中,又分为无源接触人体器械和有源接触人体器械。前者是指,液体输送器械、改变血液体液器械、医用敷料、侵入器械、重复使用手术器械、植入器械、避孕和计划生育器械、其他无源接触人体器械。他们根据使用时限分为暂时使用、短期使用、长期使用;接触人体的部位分为皮肤或腔道(口)、创伤或组织、血液循环系统或中枢神经系统。后者是指能量治疗器械、诊断监护器械、液体输送器械、电离辐射器械、植入器械、其他有源接触人体器械等。根据失控后可能造成的损伤程度分为轻微损伤、中度损伤、严重损伤。

在非接触人体器械中,包括无源非接触人体器械,如护理器械、医疗器械清洗消毒器械、其他无源非接触人体器械,以及有源非接触人体器械,如临床检验仪器设备、独立软件、医疗器械消毒灭菌设备、其他有源非接触人体器械。对于非接触人体器械,可将对医疗效果的影响程度可分为基本不影响、轻微影响、重要影响。

根据接触人体器械使用的具体方式,还可以将它分为侵入器械、植入器械、重复使用手术器械。侵入器械,是指借助手术全部或者部分通过体表侵入人体,接触体内组织、血液循环系统、中枢神经系统等部位的医疗器械,包括介入手术中使用的器材、一次性使用无菌手术器械和暂时或短期留在人体内的器械等。分类规则中的侵入器械不包括重复使用手术器械。外科手术侵入,总是意味着医疗器械通过一个人工形成的开口进入体内,开口可以是手术切口,也可以是一个针孔。因此,外科手术手套、注射针是外科侵入器械。植入器械,是指借助手术全部或者部分进入人体内或腔道(口)中,或者用于替代人体上皮表面或眼表面,并且在手术过程结束后留在人体内30日(含)以上或者被人体吸收的医疗器械。重复使用手术器械,是指用于手术中进行切、割、钻、锯、抓、刮、钳、抽、夹等过程,不连接任何有源医疗器械,通过一定的处理可以重新使用的无源医疗器械。

4. 根据使用时间,可分为连续、暂时、短期和长期使用器械。这里指的使用时间都是指器械的连续使用时间,连续使用时间即医疗器械按预期目的、不间断的实际作用时间。

（1）暂时使用:医疗器械预期的连续使用时间在24小时以内。

（2）短期使用:医疗器械预期的连续使用时间在24小时(含)以上、30日以内。

（3）长期使用:医疗器械预期的连续使用时间在30日(含)以上。

5. **特定的医疗器械**

（1）独立软件,是指具有一个或者多个医疗目的,无需医疗器械硬件即可完成自身预期目的,运行于通用计算平台的软件。

（2）具有计量测试功能的医疗器械,是指用于测定生理、病理、解剖参数,或者定量测定进出人体的能量或物质的医疗器械,其测量结果需要精确定量,并且该结果的准确性会对患者的健康和安全产生明显影响。

三、医疗器械分类的实践

（一）医疗器械判定表

我国现行《分类规则》列举了各种影响产品使用风险的因素,其中包括:使用时间、作用部位、接触/非接触、有源/无源、作用形式、作用强度等。为了简化分类规则的实施,现行《分类规则》在附件中设计了一个表格,将所有的影响分类的作用因素按规律集中起来,较直观地用于指导医疗器械进行分类。根据上述分类方法,给出了医疗器械判定表,如图 2-2 所示。

接触人体器械										
使用状态 使用形式		暂时使用			短期使用			长期使用		
		皮肤/腔道（口）	创伤/组织	血循环/中枢	皮肤/腔道（口）	创伤/组织	血循环/中枢	皮肤/腔道（口）	创伤/组织	血循环/中枢
无源医疗器械	1 液体输送器械	Ⅱ	Ⅱ	Ⅲ	Ⅱ	Ⅱ	Ⅲ	Ⅱ	Ⅲ	Ⅲ
	2 改变血液体液器械	-	-	Ⅲ	-	-	Ⅲ	-	-	Ⅲ
	3 医用敷料	Ⅰ	Ⅱ	Ⅱ	Ⅰ	Ⅱ	Ⅱ	-	Ⅲ	Ⅲ
	4 侵入器械	Ⅰ	Ⅱ	Ⅲ	Ⅱ	Ⅱ	Ⅲ	-	-	-
	5 重复使用手术器械	Ⅰ	Ⅰ	Ⅱ						
	6 植入器械	-	-	-	-	-	-	Ⅲ	Ⅲ	Ⅲ
	7 避孕和计划生育器械（不包括重复使用手术器械）	Ⅱ	Ⅱ	Ⅲ	Ⅱ	Ⅲ	Ⅲ	Ⅲ	Ⅲ	Ⅲ
	8 其他无源器械	Ⅰ	Ⅱ	Ⅲ	Ⅱ	Ⅱ	Ⅲ	Ⅱ	Ⅲ	Ⅲ
	使用状态 使用形式	轻微损伤			中度损伤			严重损伤		
有源医疗器械	1 能量治疗器械	Ⅱ			Ⅱ			Ⅲ		
	2 诊断监护器械	Ⅱ			Ⅱ			Ⅲ		
	3 液体输送器械	Ⅱ			Ⅱ			Ⅲ		
	4 电离辐射器械	Ⅱ			Ⅱ			Ⅲ		
	5 植入器械	Ⅲ			Ⅲ			Ⅲ		
	6 其他有源器械	Ⅱ			Ⅱ			Ⅲ		

（a）接触人体器械

非接触人体器械					
无源医疗器械		使用状态 / 使用形式	基本不影响	轻微影响	重要影响
	1	护理器械	I	II	-
	2	医疗器械清洗消毒器械	-	II	III
	3	其他无源器械	I	II	III
有源医疗器械		使用状态 / 使用形式	基本不影响	轻微影响	重要影响
	1	临床检验仪器设备	I	II	III
	2	独立软件	-	II	III
	3	医疗器械消毒灭菌设备	-	II	III
	4	其他有源器械	I	II	III

（b）非接触人体器械

图 2-2　医疗器械分类判定表

（二）分类的判断

现行《分类规则》第六条规定,医疗器械的分类应当根据医疗器械分类判定表(图 2-2)进行分类判定。根据被分类器械的预期目的和作用,器械的特征、使用形式和作用人体的部位,在"分类判定表"中选择相应的分类因素,如果没有特殊情况,一般通过表格中的该产品的位置即可得到其分类。考虑医疗器械分类类别时要注意:

1. **医疗器械的使用时间**　医疗器械的使用时间包括:暂时,短期以及长期三种情况。这里指的使用时间都是指器械的连续使用时间。连续使用时间,是指无间断地进行预期作用的实际时间。如:手术刀对同一患者进行手术可能需要几个小时,但是,对一个患者的组织进行切割,一次只需要几秒钟,所以手术刀是一个暂时使用的器械。但是,如果一个导尿管,虽然没有连续使用,它在患者体内留置是为了等待产生作用的时机,或者等待另一个导尿管的置换,这时应该考虑其连续使用时间的延长。

2. **造成损伤的程度**　医疗器械的潜在风险造成人体损伤的种类分为三种:①轻微损伤:潜在的风险对人体安全有一定的影响,或造成轻微损伤,但能够自行恢复,不影响人体功能,不影响日常生活;②中度损伤:潜在的风险对人体的功能或器官造成较大的创伤,或对人体健康造成伤害,可以造成患者痛苦,毁容,影响人体正常功能和生活;③严重损伤:潜在的风险对人体造成的损伤程度严重,可以造成人体功能的永久性丧失,或危及生命造成死亡。表 2-1 列举了采用分类规则进行医疗器械分类的实例。

另外,现行《分类规则》还对一些特殊情形做了分类原则要求:

（1）如果同一医疗器械适用两个或者两个以上的分类,应当采取其中风险程度最高的分类;由多个医疗器械组成的医疗器械包,其分类应当与包内风险程度最高的医疗器械一致。

表2-1　用分类规则进行医疗器械分类举例

序号	器械名称	使用情况	类别
1	一次性无菌注射器（带针）	刺入肌肉/血管进行药物传递	Ⅲ
2	心电图机	电流通过电极接触人体皮肤	Ⅱ
3	牙科治疗椅（电动/简易）	光机电综合手术支持设备	Ⅱ/Ⅰ
4	激光手术刀	光能气化组织,脑外/皮肤	Ⅲ/Ⅱ
5	缝合器	通过外科侵入手术治疗	Ⅱ

（2）可作为附件的医疗器械,其分类应当综合考虑该附件对配套主体医疗器械安全性、有效性的影响;如果附件对配套主体医疗器械有重要影响,附件的分类应不低于配套主体医疗器械的分类。

（3）监控或者影响医疗器械主要功能的医疗器械,其分类应当与被监控、影响的医疗器械的分类一致。

（4）以医疗器械作用为主的药械组合产品,按照第三类医疗器械管理。

（5）可被人体吸收的医疗器械,按照第三类医疗器械管理。

（6）对医疗效果有重要影响的有源接触人体器械,按照第三类医疗器械管理。

（7）医用敷料如果有以下情形,按照第三类医疗器械管理,包括:预期具有防组织或器官粘连功能,作为人工皮肤,接触真皮深层或其以下组织受损的创面,用于慢性创面,或者可被人体全部或部分吸收的。

（8）以无菌形式提供的医疗器械,其分类应不低于第二类。

（9）通过牵拉、撑开、扭转、压握、弯曲等作用方式,主动施加持续作用力于人体、可动态调整肢体固定位置的矫形器械（不包括仅具有固定、支撑作用的医疗器械,也不包括配合外科手术中进行临时矫形的医疗器械或者外科手术后或其他治疗中进行四肢矫形的医疗器械）,其分类应不低于第二类。

（10）具有计量测试功能的医疗器械,其分类应不低于第二类。

（11）如果医疗器械的预期目的是明确用于某种疾病的治疗,其分类应不低于第二类。

（12）用于在内窥镜下完成夹取、切割组织或者取石等手术操作的无源重复使用手术器械,按照第二类医疗器械管理。

（三）医疗器械分类目录

我国的医疗器械种类繁多,复杂多样。不仅行业没有统一的标准,不同企业生产的同一品种也有差异。随着医疗器械行业受到越来越大的关注,一些隐藏着的问题也逐渐浮出水面,成为人们关注的焦点。医疗器械分类是医疗器械管理的基础和源头。《医疗器械分类目录》是医疗器械领域重要的规范性文件,关乎生产、经营、使用以及监管各环节,是医疗器械监管法规的基础。随着医疗器械行业的高度发展,产品种类和技术手段的不断丰富,原来的医疗器械分类目录已无法满足日常实际需要,严重影响了医疗器械注册审评审批进度,也不利于医疗器械监管工作的正常有序进行,因此,建立科学的、适合我国医疗器械发展需要的医疗器械分类目录已刻不容缓。

2002 年,原国家药品监督管理局发布实施《医疗器械分类目录》（国药监械〔2002〕302 号,以下简称 2002 年版目录),自发布实施以后对医疗器械监管和行业发展起到了积极的推动作用。医疗器械行业经过 10 余年的高速发展,产品种类增长迅速,技术复杂的产品不断涌现,2002 年版目录已经不能适应形势要求,主要体现在以下几个方面:一是 2002 年版目录仅提供产品类别和品名举例信息,缺乏产品描述和预期用途等界定产品的关键信息,容易导致分类管理工作中理解不一致,影响注册审批的统一性和规范性;二是技术发展的新形势下,2002 年版目录的整体设计和层级设置显现出一定的不合理性,产品归类存在交叉。三是 2002 年版目录已不能完全覆盖近年出现的新产品,虽然多次以分类界定文件的形式明确有关产品的管理类别,部分弥补 2002 年版目录的不足,但因缺乏整体性和系统性,仍不能满足需要。为解决以上问题,原国家食品药品监督管理局自 2009 年开始组织开展 2002 年版目录修订工作,于 2012 年 8 月 28 日发布修订完成的《6823 医用超声仪器及有关设备》等 4 个子目录,并开展了其他子目录修订的研究工作。

现行《条例》对医疗器械分类工作提出更高要求,为解决 2002 年版目录与产业发展和监管要求不相适应的问题,通过归纳分析历年医疗器械分类界定文件,梳理医疗器械注册产品信息,研究国外同类医疗器械产品管理情况,为进一步推进医疗器械分类管理改革奠定了基础。原国家食品药品监督管理总局根据医疗器械分类管理改革工作部署,于 2015 年 7 月启动《医疗器械分类目录》修订工作,优化、调整医疗器械分类目录框架、结构和内容。新版《医疗器械分类目录》已于 2017 年 9 月 4日发布,自 2018 年 8 月 1 日实施。

2018 年版目录按照医疗器械技术专业和临床使用特点分为 22 个子目录(见表 2-2),子目录由一级产品类别、二级产品类别、产品描述、预期用途、品名举例和管理类别组成。判定产品类别时,应当根据产品的实际情况,结合 2018 年版目录中产品描述、预期用途和品名举例进行综合判定。

表 2-2 现行《医疗器械分类目录》22 个子目录

子目录	名称	典型产品	子目录	名称	典型产品
01	有源手术器械	外科超声手术系统	12	有源植入器械	植入式心脏起搏器
02	无源手术器械	手术刀、组织环切刀	13	无源植入器械	可吸收接骨螺钉
03	神经和心血管手术器械	神经外科用钻石刀	14	注输、护理和防护器械	麻醉注射泵
04	骨科手术器械	无菌刀头	15	患者承载器械	电动手术床(台)
05	放射治疗器械	医用电子直线加速器	16	眼科器械	眼科手术刀
06	医用成像器械	血管造影 X 射线机	17	口腔科器械	牙周袋深度探测仪
07	医用诊察和监护器械	电子听诊器	18	妇产科、辅助生殖和避孕器械	一次性使用无菌剖宫产刀
08	呼吸、麻醉和急救器械	治疗呼吸机、呼吸机	19	医用康复器械	视力训练仪
09	物理治疗器械	电位治疗仪	20	中医器械	舌诊仪、面诊仪
10	输血、透析和体外循环器械	单采血浆机	21	医用软件	放射治疗计划系统软件
11	医疗器械消毒灭菌器械	蒸汽消毒器	22	临床检验器械	全自动血型分析仪

2018 年版目录主要特点有：一是架构更具科学性，更切合临床实际。借鉴美国以临床使用为导向的分类体系，参考《欧盟公告机构用框架目录》的结构，将 2002 年版目录的 43 个子目录整合精简为 22 个子目录，将 260 个产品类别细化调整为 206 个一级产品类别和 1157 个二级产品类别，形成三级目录层级结构。二是覆盖面更广泛，更具指导性和操作性。增加 2000 余项产品预期用途和产品描述，将 2002 年版目录 1008 个产品名称举例扩充到 6609 个。三是合理调整产品管理类别，提升了产业现状与监管实际的适应性，为优化监管资源配置提供了依据。根据产品风险程度和监管实际，对上市时间长、产品成熟度高及风险可控的 40 种医疗器械产品降低管理类别。在新旧分类目录过渡过程中，分类目录的使用中应注意如下问题：①用目录分类，经常会遇到被分类的产品名称（指产品正式名称，不是商品名称）与目录记载的名称不完全一致的情况，遇到这种情况，应该按照上述分类的原则，根据其预期作用和产品特性进行判定。如：普通橡胶导尿管或硅胶或者高分子材料的导尿管，它们如果预期作用一致，应该按目录分为同一类别；②一个产品可以适应目录中不同类别时，按照产品的预期作用，如果可以适应目录中不同的类别，应按照高风险类划分；③对于分类目录中没有的新产品，可以按照"分类规则"的规定，进行分类。医疗器械使用目的和方法直接决定了产品的分类结果，这与单一的目录分类以产品名称决定分类的情况比较，更符合实际控制风险的需要。

点滴积累 ∨ ....

1. 医疗器械产品的使用风险是产品分类的基础。

2. 医疗器械分类是根据按被分类器械的预期目的和作用，器械的特征、使用形式和作用人体的部位进行的。

3. 目前我国医疗器械分类实行的"分类规则"和"分类目录"并行的分类方法，是在分类规则指导下的目录分类制。

第三节 医疗器械通用名称命名

一、命名思路

（一）医疗器械命名的总体思路

规范医疗器械通用名称的命名对于准确识别、正确使用医疗器械至关重要，这是医疗器械监管的重要基础性工作。现行《条例》第二十六条规定："医疗器械应当使用通用名称。通用名称应当符合国务院食品药品监督管理部门制定的医疗器械命名规则。"原国家食品药品监督管理总局于 2015 年 12 月 21 日发布了《医疗器械通用名称命名规则》（国家食品药品监督管理总局令第 19 号）（以下简称为《命名规则》），并于 2016 年 4 月 1 日起施行。

医疗器械产品种类繁多、技术特点复杂、组成结构差异大，规范命名难度大，要实现对每一个具体产品的规范命名，需要建立一套以"规则-术语-数据库"为架构的医疗器械命名系统。《命名规则》

主要明确了通用名称命名的基本原则、内容要求、结构组成及禁用词等,对现有产品名称中不符合基本原则和夸张绝对等内容进行规范,重点解决当前名称相对混乱、误导识别等问题,是命名工作的统领文件。依据规则,分领域对核心词和特征词制定术语,形成术语"字典",对通用名称层次、角度、词序及技术用语等进行系统规范,解决现有名称中不标准、不系统等问题,对命名工作提供技术支持。根据产品特点,选择适宜的术语,组合生成通用名称,汇总形成通用名称数据库,将命名工作具体落地。根据技术发展适时对术语和数据库进行更新,逐步形成一个科学规范高效的医疗器械动态命名体系。

医疗器械命名与分类和编码共同构成医疗器械监管的重要基础。命名解决产品是什么的问题,分类解决产品风险问题,标识编码解决产品的唯一性识别和追溯问题,三者相互关联,在医疗器械全程监管中发挥重要作用。

（二）医疗器械命名的主要内容

现行《条例》实施前,有关医疗器械命名是按照《医疗器械注册管理办法》和《医疗器械说明书、标签和包装标识管理规定》的原则性规定执行。现行《条例》发布后,参照药品通用名称命名的格式和内容,借鉴全球医疗器械术语系统(GMDN)的构建思路,参考美国、欧盟、日本等国家和地区对医疗器械命名的要求和做法,原国家食品药品监督管理总局制定了《命名规则》。《命名规则》可以对目前产品名称中存在的词语结构、禁用词等问题进行规范,解决因命名不准确、不科学而导致的医疗器械名称混乱、误导识别等问题。在此基础上,再分领域建立命名术语和通用名称数据库,对通用名称的层次、顺序、术语等进行系统规范,逐步实现医疗器械命名规范化管理。

《命名规则》共十章,主要包括以下内容:

《医疗器械通用名称命名规则》

1. 明确了立法依据和适用范围　立法依据是《条例》,适用范围是在我国上市销售、使用的医疗器械产品,规范的对象是医疗器械通用名称(第一条、第二条)。

2. 明确了命名应当遵循的原则　要求通用名称应当合法、科学、明确、真实,并且应当使用中文,符合国家语言文字规范(第三条、第四条)。

3. 明确了通用名称的内容要求和组成结构　第五条规定:"具有相同或者相似的预期目的、共同技术的同品种医疗器械应当使用相同的通用名称。"第六条对通用名称的组成结构以及核心词和特征词的内容进行了限定和说明。通用名称由一个核心词和一般不超过三个的特征词组成(如药物洗脱冠状动脉支架、一次性使用光学喉内窥镜等),已被广泛接受或者了解的特征词可以依据相关术语标准进行缺省,以简化产品通用名称(如眼科手术刀)。

4. 明确了通用名称的禁止性内容　第七条对通用名称所含内容规定了9项禁止性要求,旨在快速筛除现有产品名称中不适当、不规范的内容,并指导企业对新产品的命名进行规范。

5.《命名规则》还根据《中华人民共和国商标法》第十一条第一款的规定,明确了通用名称不得作为商标注册;第九条明确了按照医疗器械管理的体外诊断试剂的命名依照总局第5号令《体外诊断试剂注册管理办法》的规定执行。

二、命名要求

（一）通用名称的组成结构

《命名规则》明确了通用名称命名的基本原则是合法、科学、明确、真实，即通用名称命名应符合国家通用语言文字法等相关法律法规，应采用专业术语及词汇进行表述，应与产品的真实属性相一致。《命名规则》规定通用名称应当使用中文，并符合国家语言文字规范。实践中，对于一些多年应用，且形成行业共识的专业词汇，如 X 射线，C 反应蛋白等，在通用名称中使用也是被允许的。

《命名规则》规定了"具有相同或相似预期目的、共同技术同品种医疗器械应使用相同的通用名称"与 YY/T 0468-2015《医疗器械　质量管理　医疗器械术语系统数据结构》标准（等同采用 ISO 15225:2010 Medical devices-Quality management-Medical device nomenclature data structure）相一致，明确了通用名称是共性名称的定位，又与国际命名相关标准的要求接轨。

具体来说，"具有相同或相似预期目的"，是指产品的预期使用相同或相似；"共同技术"是指产品具有相同或相似的使用部位、结构特点、技术特点、材料组成、技术原理等。由于医疗器械的复杂性、形式的多样性，需要从预期目的、技术特点、结构特点和组成等方面综合考虑，且不同领域产品通用名称命名侧重点不同，如"OCu 宫内节育器"体现的是产品结构特点和预期目的；"光固化树脂水门汀"体现的是产品技术特点和材料组成。为进一步明确通用名称的组成结构，参照 YY/T 0468-2015 标准，《命名规则》规定了通用名称由一个核心词和一般不超过三个特征词组成，如药物洗脱冠状动脉支架、一次性使用光学喉内窥镜等；实施中，对已被广泛接受或者了解的特征词可以依据相关术语标准进行缺省，以简化产品通用名称。

通用名称是反映具有相同或相似预期目的、共同技术的同品种医疗器械的共性特征。药品监督管理部门不涉及对商品名称的审评审批，但未限制企业为反映产品个性特征而使用商标或商品名称，其应符合《中华人民共和国商标法》及国家相关规定的要求。

（二）通用名称中的核心词和特征词

《命名规则》第六条规定："医疗器械通用名称由一个核心词和一般不超过三个特征词组成。核心词是对具有相同或者相似的技术原理、结构组成或者预期目的的医疗器械的概括表述。

特征词是对医疗器械使用部位、结构特点、技术特点或者材料组成等特定属性的描述。使用部位是指产品在人体的作用部位，可以是人体的系统、器官、组织、细胞等。结构特点是对产品特定结构、外观形态的描述。技术特点是对产品特殊作用原理、机理或者特殊性能的说明或者限定。材料组成是对产品的主要材料或者主要成分的描述。"其中：

1. 核心词指向的是产品本身，如手术刀、注射器、呼吸机、人工晶状体、生化分析仪、监护仪、敷料、支架、缝合线等。

2. 特征词指向的是产品的主要特征，不同领域产品的主要特征各有差异。

（1）使用部位如支气管、胆道、血管、前列腺、头部、关节、心脏、血液、细胞、眼科等，但一般不建议以常见病种为作用对象，如糖尿病、癌症、前列腺炎等。

（2）结构特点如单件式、多件式、单腔、多腔、可折叠、移动式等。

（3）技术特点如电子、数字、三维、自动、半自动、无菌、植入式、一次性使用、可重复使用等。

（4）材料组成如金属、钛合金、透明质酸钠、甲壳素、硅橡胶、合成树脂、含药等。

随着命名工作的推进，国家药品监督管理部门将适时发布针对不同技术领域的命名术语指南，指导各领域产品的通用名称命名工作。

（三）通用命名中的不允许包含内容

《命名规则》第七条规定："医疗器械通用名称除应当符合本规则第六条的规定外，不得含有下列内容：①型号、规格；②图形、符号等标志；③人名、企业名称、注册商标或者其他类似名称；④'最佳''唯一''精确''速效'等绝对化、排他性的词语，或者表示产品功效的断言或者保证；⑤说明有效率、治愈率的用语；⑥未经科学证明或者临床评价证明，或者虚无、假设的概念性名称；⑦明示或者暗示包治百病，夸大适用范围，或者其他具有误导性、欺骗性的内容；⑧'美容''保健'等宣传性词语；⑨有关法律、法规禁止的其他内容。"

通用名称除符合《命名规则》规定的相应要求外，还不应含有"型号、规格""图形、符号等标志""人名、企业名称、注册商标或者其他类似名称""绝对化、排他性词语""说明有效率、治愈率"等9项禁止性要求。如KF2型生理检测仪、体液精确引流装置、KJ-5000型糖尿病治疗仪、玄极治疗仪、强心卡等名称中涉及的规格型号、夸张绝对化词语、与真实属性不符或未经科学证明的概念等将不得应用。

点滴积累 ∨ ∙∙∙

1. 《医疗器械通用命名规则》明确了通用名称命名的基本原则、内容要求、结构组成及禁用词。

2. 医疗器械通用名称由一个核心词和一般不超过三个特征词组成。

3. 《医疗器械通用命名规则》还规定了命名的禁止性要求。

目标检测

一、单选题

1. 医疗器械通用名称由一个核心词和一般不超过（　　　　）个特征词组成。

    A. 1　　　　　　　　　B. 2　　　　　　　　　C. 3　　　　　　　　　D. 4

2. 《医疗器械通用命名规则》是由（　　　）批准发布的。

    A. 原国家食品药品监督管理总局　　　　　　B. 省、自治区、直辖市药品监督管理部门

    C. 所设市药品监督管理部门　　　　　　　　D. 设区的市级药品监督管理部门

3. 下述词汇属于核心词汇的是（　　　）。

    A. 钛合金　　　　　　B. 支气管　　　　　　C. 注射器　　　　　　D. 透明质酸钠

4. 下述词汇属于特征词的是（　　　）。

    A. 手术刀　　　　　　B. 胆道　　　　　　　C. 呼吸机　　　　　　D. 人工晶状体

5.《医疗器械分类规则》由( )批准发布。

A. 原国家食品药品监督管理总局　　　B. 省、自治区、直辖市药品监督管理部门

C. 所设市药品监督管理部门　　　　　D. 设区的市级药品监督管理部门

6. 任何依靠电能或其他能源而不是直接由人体或重力产生的能源来发挥其功能的医疗器械是指( )。

A. 有源医疗器械　　　　　　　　　B. 无源医疗器械

C. 接触式医疗器械　　　　　　　　D. 植入式医疗器械

7. 如果手术包内只含有Ⅱ类和Ⅰ类医疗器械的,作为( )类产品管理。

A. Ⅰ　　　　B. Ⅱ　　　　C. Ⅲ　　　　D. 0

8. 以下属于有源医疗器械的是( )。

A. X 光机　　　B. 柳叶刀　　　C. 止血钳　　　D. 注射器

9. 植入器械是指借助手术全部或者部分进入人体内或腔道(口)中或者用于替代人体上皮表面或眼表面,并且在手术过程结束后留在人体内( )日(含)以上或者被人体吸收的医疗器械。

A. 12　　　B. 20　　　C. 24　　　D. 30

10. 不属于介入器材产品的是( )。

A. 心脏起搏器　　B. 中心静脉导管　　C. 微导丝　　D. 封堵器

二、多选题

1. 下述词汇属于核心词汇的是( )。

A. 监护仪　　　B. 胆道　　　C. 呼吸机

D. 人工晶状体　　E. 支架

2. 下述词汇属于特征词的是( )。

A. 缝合线　　　B. 支气管　　　C. 注射器

D. 透明质酸钠　　E. 手术刀

3. 据( )综合判定可将医疗器械进行分类。

A. 结构特征　　　B. 使用形式　　　C. 使用状况

D. 使用时间　　　E. 技术要求

4. 下列属于器具类的医疗器械有( )。

A. 呼吸机　　　B. 整形镊　　　C. 眼用手术剪

D. 超声波诊断仪　　E. 导尿管

5. 有源接触医疗器械失控后造成的损伤程度分为( )。

A. 轻微损伤　　　B. 中度损伤　　　C. 严重损伤

D. 特别严重损伤　　E. 极其严重损伤

三、判断下列产品类别

1. 医用缝合器(不带线)

2. 多功能超声监护仪

3. 电动防褥疮床垫

4. 玻璃体切割器

5. 整形镊

ER-02章习题

第三章

医疗器械技术评价

导学情景 ∨

情景描述：

　　2013 年 9 月，A 省某医疗器械生产企业与 B 省某县级医院签订"B 型超声诊断仪"购销合同，12 月 6 日，厂方将该器械送交医院。2015 年 3 月，院方所在地药监局检查发现：该产品铭牌上名称与批件名称不符，且未标示产品注册号。经调查确认，该"B 型超声诊断仪"确系该厂产品，产品铭牌标示与产品注册标准不符，院方已利用该器械收入检查费 9500 元。

学前导语：

1. 谁对生产不符合标准的医疗器械外销行为有管辖权？
2. 我国对医疗器械注册管理有哪些规定？

第一节　概述

一、医疗器械标准

　　医疗器械标准是医疗器械生产企业研发生产医疗器械产品和医疗器械行政管理部门行使医疗器械监督管理职权的重要依据和活动准则。现行《条例》取消了注册产品标准，明确了产品技术要求的法律地位，改变了原有医疗器械国家标准、行业标准和注册产品标准组成的三级标准体系，医疗器械标准体系随之发生了变化。

　　2017 年 4 月 26 日，原国家食品药品监督管理总局发布了新修订的《医疗器械标准管理办法》（国家食品药品监督管理总局令第 33 号）（以下简称现行《标准管理办法》），并自 2017 年 7 月 1 日起施行。现行《标准管理办法》删除了原《医疗器械标准管理办法》中"注册产品标准的制定和审核"整章及有关"医疗器械注册产品标准"的内容，增加了产品技术要求的有关内容，明确了产品技术要求与强制性标准、推荐性标准之间的关系。完善了"标准的实施与监督"章节的相关内容，进一步细化了标准管理职责及标准制修订工作程序，强调了标准公开和标准跟踪评价等内容，为指导我国医疗器械标准化管理工作、规范标准制修订以及促进标准实施等起到了积极的作用。《标准管理办法》主要包括：医疗器械标准定义和分类、标准管理职责、标准制定与修订、标准实施与监督、团体标准等内容。

（一）医疗器械标准定义与分类

　　医疗器械标准，是指由国家药品监督管理局依据职责组织制修订，依法定程序发布，在医疗器械研制、生产、经营、使用、监督管理等活动中遵循的统一的技术要求。医疗器械标准按照其效力分为强制性标准和推荐性标准。对保障人体健康和生命安全的技术要求,应当制定为医疗器械强制性国家标准和强制性行业标准。对满足基础通用、与强制性标准配套、对医疗器械产业起引领作用等需要的技术要求,可以制定为医疗器械推荐性国家标准和推荐性行业标准。强制性标准是由法律规定必须遵照执行的标准。强制性标准以外的标准是推荐性标准,又叫非强制性标准。推荐性国家标准的代号为"GB/T",强制性国家标准的代号为"GB"。行业标准中的推荐性标准也是在行业标准代号后加个"T"字,如"YY/T"即医药行业推荐性标准,不加"T"字即为强制性行业标准。医疗器械研制机构、生产经营企业和使用单位应当严格执行医疗器械强制性标准。

医疗器械标准按照其规范对象分为基础标准、方法标准、管理标准和产品标准。依法成立的社会团体可以制定发布团体标准。团体标准的管理应当符合国家相关规定。国家鼓励医疗器械研制机构、生产经营企业和使用单位积极研制和采用医疗器械推荐性标准,积极参与医疗器械标准制修订工作,及时向有关部门反馈医疗器械标准实施问题和提出改进建议。

(二) 医疗器械标准制定与修订

医疗器械标准制修订程序包括标准立项、起草、征求意见、技术审查、批准发布、复审和废止等。对医疗器械监管急需制修订的标准,可以按照国家药品监督管理局规定的快速程序开展。据统计,截至 2017 年 12 月,现行有效的医疗器械标准共有 1554 项,其中国家标准 217 项,行业标准 1337 项。我国医疗器械标准与国际标准一致性程度已经达到 90% 以上。

1. 标准制定立项 医疗器械标准管理中心应当根据医疗器械标准规划,向社会公开征集医疗器械标准制定、修订立项提案。对征集到的立项提案,由相应的医疗器械标准化技术委员会进行研究后,提出本专业领域标准计划项目立项申请。涉及两个或者两个以上医疗器械标准化技术委员会的标准计划项目立项提案,应当由医疗器械标准管理中心负责协调,确定牵头医疗器械标准化技术委员会,并由其提出标准计划项目立项申请。

医疗器械标准管理中心对医疗器械标准计划项目立项申请,经公开征求意见并组织专家论证后,提出医疗器械标准计划项目,编制标准制修订年度工作计划建议,报国家药品监督管理局审核。国家药品监督管理局审核通过的医疗器械标准计划项目,应当向社会公示。国家标准计划项目送国务院标准化行政主管部门批准下达;行业标准计划项目由国家药品监督管理局批准下达。

2. 医疗器械标准起草 医疗器械生产经营企业、使用单位、监管部门、检测机构以及有关教育科研机构、社会团体等,可以向承担医疗器械标准计划项目的医疗器械标准化技术委员会提出起草相关医疗器械标准的申请。医疗器械标准化技术委员会结合标准的技术内容,按照公开、公正、择优的原则,选定起草单位。

起草单位应当广泛调研、深入分析研究,积极借鉴相关国际标准,在对技术内容进行充分验证的基础上起草医疗器械标准,形成医疗器械标准征求意见稿,经医疗器械标准化技术委员会初步审查后,报送医疗器械标准管理中心。

3. 标准草案征求意见 医疗器械标准征求意见稿在医疗器械标准管理中心网站向社会公开征求意见,征求意见的期限一般为两个月。承担医疗器械标准计划项目的医疗器械标准化技术委员会对征集到的意见进行汇总后,反馈给标准起草单位,起草单位应当对汇总意见进行认真研究,对征求意见稿进行修改完善,形成医疗器械标准送审稿。

4. 医疗器械标准审核 承担医疗器械标准计划项目的医疗器械标准化技术委员会负责组织对医疗器械标准送审稿进行技术审查。审查通过后,将医疗器械标准报批稿、实施建议及相关资料报送医疗器械标准管理中心进行审核。

5. 医疗器械标准公布 医疗器械标准管理中心将审核通过后的医疗器械标准报批稿及审核结论等报送国家药品监督管理局审查。审查通过的医疗器械国家标准送国务院标准化行政主管部门批准、发布;审查通过的医疗器械行业标准由国家药品监督管理局确定实施日期和实施要求,以公告形式发布。医疗器械国家标准、行业标准按照国务院标准化行政主管部门的相关规定进行公开,供公众查阅。

6. 医疗器械标准修改 医疗器械标准批准发布后,因个别技术内容影响标准使用、需要进行修改,或者对原标准内容进行少量增减时,应当采用标准修改单方式修改。标准修改单应当按照标准制修订程序制定,由医疗器械标准的原批准部门审查发布。

7. 医疗器械标准复审 医疗器械标准化技术委员会应当对已发布实施的医疗器械标准开展复审工作,根据科学技术进步、产业发展以及监管需要对其有效性、适用性和先进性及时组织复审,提出复审结论。复审结论分为继续有效、修订或者废止。复审周期原则上不超过5年。

医疗器械标准复审结论由医疗器械标准管理中心审核通过后,报送国家药品监督管理局审查。医疗器械国家标准复审结论,送国务院标准化行政主管部门批准;医疗器械行业标准复审结论由国家药品监督管理局审查批准,并对复审结论为废止的标准以公告形式发布。

(三) 医疗器械标准实施与监督

医疗器械企业应当严格按照经注册或者备案的产品技术要求组织生产,保证出厂的医疗器械符合强制性标准以及经注册或者备案的产品技术要求。药品监督管理部门对医疗器械企业实施医疗器械强制性标准以及经注册或者备案的产品技术要求的情况进行监督检查。

医疗器械推荐性标准被法律法规、规范性文件及经注册或者备案的产品技术要求引用的内容应当强制执行。医疗器械产品技术要求,应当与产品设计特性、预期用途和质量控制水平相适应,并不得低于产品适用的强制性国家标准和强制性行业标准。

任何单位和个人有权向药品监督管理部门举报或者反映违反医疗器械强制性标准以及经注册或者备案的产品技术要求的行为。医疗器械标准化技术委员会对标准的实施情况进行跟踪评价。医疗器械标准管理中心根据跟踪评价情况对强制性标准实施情况进行统计分析。

知识链接

医疗器械国家标准的编号

医疗器械行业标准的代号由大写汉语拼音字母等构成。强制性行业标准的代号为"YY"，推荐性行业标准的代号为"YY/T"。

行业标准的编号由行业标准的代号、标准号和标准发布的年号构成。其形式为：YY ××××1-××××2 和 YY/T ××××1-××××2。

××××1 为标准号，××××2 为标准发布年号。

（四）标准工作的管理机构和职能

药品监督管理部门是医疗器械标准工作的管理机构，分为国家药品监督管理局和省级及其以下药品监督管理部门。2010 年 3 月 30 日，中国食品药品检定研究院加挂原国家食品药品监督管理总局医疗器械标准管理中心的牌子，宣布国家医疗器械标准管理中心正式成立。标准管理部门相关职责如表 3-1 所示。

表 3-1（a） 标准管理部门职责

国家药品监督管理局	地方药品监督管理部门
（1）组织贯彻医疗器械标准管理相关法律、法规，制定医疗器械标准管理工作制度 （2）组织拟定医疗器械标准规划，编制标准制修订年度工作计划 （3）依法组织医疗器械标准制修订，发布医疗器械行业标准 （4）依法指导、监督医疗器械标准管理工作	（1）组织贯彻医疗器械标准管理的法律法规 （2）组织、参与医疗器械标准的制修订相关工作 （3）监督医疗器械标准的实施 （4）收集并向上一级食品药品监督管理部门报告标准实施过程中的问题

表 3-1（b） 标准管理部门职责

医疗器械标准管理中心	医疗器械标准化技术委员会
（1）组织开展医疗器械标准体系的研究，拟定医疗器械标准规划草案和标准制修订年度工作计划建议 （2）依法承担医疗器械标准制修订的管理工作 （3）依法承担医疗器械标准化技术委员会的管理工作 （4）承担医疗器械标准宣传、培训的组织工作 （5）组织对标准实施情况进行调研，协调解决标准实施中的重大技术问题 （6）承担医疗器械国际标准化活动和对外合作交流的相关工作 （7）承担医疗器械标准信息化工作，组织医疗器械行业标准出版 （8）承担国家药品监督管理局交办的其他标准管理工作	（1）开展医疗器械标准研究工作，提出本专业领域标准发展规划、标准体系意见 （2）承担本专业领域医疗器械标准起草、征求意见、技术审查等组织工作，并对标准的技术内容和质量负责 （3）承担本专业领域医疗器械标准的技术指导工作，协助解决标准实施中的技术问题 （4）负责收集、整理本专业领域的医疗器械标准资料，并建立技术档案 （5）负责本专业领域医疗器械标准实施情况的跟踪评价 （6）负责本专业领域医疗器械标准技术内容的咨询和解释 （7）承担本专业领域医疗器械标准的宣传、培训、学术交流和相关国际标准化活动

二、医疗器械产品技术要求

2014 年版《条例》首次明确了产品技术要求的法律地位。第一类医疗器械产品备案和申请第二类、第三类医疗器械产品注册,应当提交产品技术要求等资料;医疗器械生产企业应当严格按照经注册或者备案的产品技术要求组织生产,保证出厂的医疗器械符合强制性标准以及经注册或者备案的产品技术要求。

产品技术要求主要包括医疗器械成品的性能指标和检验方法,其中哪些项目需要出厂检验,不在产品技术要求中规定。企业应当根据产品技术要求、产品特性、生产工艺、生产过程、质量管理体系等确定生产过程中各个环节的检验项目,最终以产品检验规程的形式予以细化和固化,用以指导企业的出厂检验和放行工作,确保出厂的产品质量符合强制性标准以及经注册或者备案的产品技术要求。

医疗器械注册申请人应当根据医疗器械成品的性能指标和检验方法编制产品技术要求,在注册申请时提交产品技术要求及其他注册申报资料。承担注册检验的医疗器械检验机构应当依据产品技术要求对相关产品进行注册检验,并根据原国家食品药品监督管理总局《关于印发医疗器械检验机构开展医疗器械产品技术要求预评价工作规定的通知》(食药监械管〔2014〕192 号)的要求,对注册申请人提交的产品技术要求进行预评价。医疗器械技术审评机构在对申请注册医疗器械进行技术审评时,应当根据产品技术要求及其他注册申报资料,对其安全性、有效性研究和结果进行系统评价,提出结论性审评意见。

医疗器械生产企业发现其生产的医疗器械不符合强制性标准、经注册或者备案的产品技术要求或者存在其他缺陷的,应当立即停止生产,通知相关生产经营企业、使用单位和消费者停止经营和使用,召回已经上市销售的医疗器械,采取补救、销毁等措施,记录相关情况,发布相关信息,并将医疗器械召回和处理情况向药品监督管理部门和卫生健康主管部门报告。

药品监督管理部门应当加强本行政区域医疗器械生产企业的监督检查,并对医疗器械生产企业是否按照经注册或者备案的产品技术要求组织生产等事项进行重点监督检查。产品技术要求是载明产品性能指标和检验方法的文件,可作为监督抽验的抽验依据。

产品技术要求是针对一个具体注册申报产品制定的,依据产品技术要求认可医疗器械检验机构检验资质,不能解决承检范围覆盖问题,应该按照检验项目和参数来进行检验机构资质认定,以便满足注册检验和监督抽验的要求。

知识链接

医疗器械产品技术要求编写指导原则

根据《医疗器械监督管理条例》等相关规定,制定本指导原则。

一、基本要求

(一)医疗器械产品技术要求的编制应符合国家相关法律法规。

（二）医疗器械产品技术要求中应采用规范、通用的术语。如涉及特殊的术语，需提供明确定义，并写到"4. 术语"部分。

（三）医疗器械产品技术要求中的检验方法各项内容的编号原则上应和性能指标各项内容的编号相对应。

（四）医疗器械产品技术要求中的文字、数字、公式、单位、符号、图表等应符合标准化要求。

（五）如医疗器械产品技术要求中的内容引用国家标准、行业标准或中国药典，应保证其有效性，并注明相应标准的编号和年号以及中国药典的版本号。

二、内容要求

医疗器械产品技术要求的内容应符合以下要求：

（一）产品名称。产品技术要求中的产品名称应使用中文，并与申请注册（备案）的中文产品名称相一致。

（二）产品型号/规格及其划分说明。产品技术要求中应明确产品型号和（或）规格，以及其划分的说明。

对同一注册单元中存在多种型号和（或）规格的产品，应明确各型号及各规格之间的所有区别（必要时可附相应图示进行说明）。

对于型号/规格的表述文本较大的可以附录形式提供。

（三）性能指标

1. 产品技术要求中的性能指标是指可进行客观判定的成品的功能性、安全性指标以及质量控制相关的其他指标。产品设计开发中的评价性内容（例如生物相容性评价）原则上不在产品技术要求中制定。

2. 产品技术要求中性能指标的制定应参考相关国家标准/行业标准并结合具体产品的设计特性、预期用途和质量控制水平且不应低于产品适用的强制性国家标准/行业标准。

3. 产品技术要求中的性能指标应明确具体要求，不应以"见随附资料"、"按供货合同"等形式提供。

（四）检验方法。检验方法的制定应与相应的性能指标相适应。应优先考虑采用公认的或已颁布的标准检验方法。检验方法的制定需保证具有可重现性和可操作性，需要时明确样品的制备方法，必要时可附相应图示进行说明，文本较大的可以附录形式提供。

对于体外诊断试剂类产品，检验方法中还应明确说明采用的参考品/标准品、样本制备方法、使用的试剂批次和数量、试验次数、计算方法。

（五）对于第三类体外诊断试剂类产品，产品技术要求中应以附录形式明确主要原材料、生产工艺及半成品要求。

（六）医疗器械产品技术要求编号为相应的注册证号（备案号）。拟注册（备案）的产品技术要求编号可留空。

三、医疗器械技术规范体系的发展

医疗器械技术规范是医疗器械安全有效性评价的主要依据，一直是影响企业产品质量和上市许可的关键因素。原有的医疗器械技术规范体系,主要由国家标准、行业标准和注册产品标准等内容组成。2014 年,《条例》修订时,由于以"产品技术要求"替代了"注册产品标准",使之演变成了由标准(包括了国家标准和行业标准)、产品技术要求和注册技术审查指导原则构成的现行技术规范体系。

医疗器械标准是医疗器械研发、注册检验、技术审评、抽验检验的主要依据,根据现行《标准管理办法》规定,对保障人体健康和生命安全的技术要求,应当制定为医疗器械强制性国家标准和强制性行业标准;对满足基础通用、与强制性标准配套、对医疗器械产业起引领作用等需要的技术要求,制定为医疗器械推荐性国家标准和推荐性行业标准。2015 年,原国家食品药品监督管理总局审核发布了《有源植入式医疗器械》等 28 项国家标准和《血液透析及相关治疗用水》等 90 项行业标准。2016 年,原国家食品药品监督管理总局确定《医用电气设备第 2 部分:轻离子束医用电气设备的基本安全和基本性能专用要求》等 106 项医疗器械行业标准计划项目,审定发布外科植入物、消毒设备等 250 项医疗器械行业标准(其中强制性标准 48 项,推荐性标准 202 项)。2017 年组织开展 86 项医疗器械行业标准制修订工作,审核发布《医疗器械质量管理体系用于法规的要求》等 98 项医疗器械行业标准。

产品技术要求取代此前的"注册产品标准",既有利于跟国际接轨,也有利于企业根据标准制定对应的产品技术要求。根据规定,产品技术要求一经备案或注册时核定,将不得随意变更。它的作用在于全面规定了产品的性能要求和所适用的相关标准,是指导医疗器械生产、使用的重要技术文件。它在医疗器械研制生产环节的重要性,甚至可与其他相关强制性标准相提并论。医疗器械生产企业必须严格按照标准和产品技术要求组织生产,经营企业、使用单位经营或使用不符合产品技术要求的产品,将要承担违法责任。

医疗器械注册技术审查指导原则,是引导企业进行注册检验、申报的指导性规范。它是对生产企业和审查人员的指导性文件,不包括审评审批所涉及的行政事项,亦不作为法规强制执行。2015 年,原国家食品药品监督管理总局继续推动医疗器械注册技术审查指导原则的制修订工作,共发布乙型肝炎病毒基因分型检测试剂等 12 个产品注册技术指导原则和"软性亲水接触镜"等 2 项说明书编写指导原则。2016 年制修订并发布了磁疗产品、牙科种植体(系统)、可吸收缝线等 52 项医疗器械注册技术审查指导原则,其中制定 30 项,修订 22 项。2017 年发布了人工耳蜗植入系统、医用磁共振成像系统、髋关节假体系统等 80 项医疗器械注册技术审查指导原则,其中制定 52 项,修订 28 项。通过指导原则的发布,进一步统一了特定医疗器械在全国范围内的注册尺度,也为管理相对人办理注册申报提供了有效指导。

现行《条例》第九条规定,医疗器械注册申请人或者备案人在申请注册或备案时应当提交与产品相适应的产品技术要求。产品技术要求与医疗器械标准一样,都是医疗器械注册检验以及注册后产品生产的依据。申请人或者备案人应当编制拟注册或者备案医疗器械的产品技术要求。第一类医疗器械的产品技术要求由备案人办理备案时提交药品监督管理部门。第二类、第三类医疗器械的产品技术要求由药品监督管理部门在批准注册时予以核准。

产品技术要求主要包括医疗器械成品的性能指标和检验方法,其中性能指标是指可进行客观判定的成品的功能性、安全性指标以及与质量控制相关的其他指标。在中国上市的医疗器械应当符合经注册核准或者备案的产品技术要求。医疗器械注册申请人和备案人应当编制拟注册或者备案医疗器械的产品技术要求。

2014 年 5 月 30 日,国家食品药品监督管理总局以 2014 年第 9 号通告的形式发布了《医疗器械产品技术要求编写指导原则》,用于指导医疗器械产品技术要求的编写。

点滴积累 ∨

1. 医疗器械标准分为国家标准、地方标准、行业标准以及团体标准。
2. 医疗器械产品技术要求的法律地位不仅体现在注册、生产过程中,还体现在使用过程中。
3. 医疗器械标准与产品技术要求是医疗器械安全有效性评价的两大基础。

第二节　医疗器械临床评价

一、医疗器械注册检验

早在 1995 年,当时由原国家医药管理局发布了第一版《医疗器械产品注册管理办法》(局令第 16 号),对全国的医疗器械产品注册管理中明确提出了产品的注册检测规定;在随后的 2000 年 4 月 5 日原国家药品监督管理局发布了第二版《医疗器械注册管理办法》(局令第 16 号)、2004 年 8 月 9 日原国家食品药品监督管理局发布的第三版《医疗器械注册管理办法》(局令第 16 号)和目前正在实施的 2014 年 7 月 30 日发布的《医疗器械注册管理办法》(CFDA 局令第 4 号)均对医疗器械产品注册管理中的产品的注册检验作出了明确规定。

1. **注册检验的范围**　申请第二类、第三类医疗器械注册,应当进行注册检验。医疗器械检验机构应当依据产品技术要求对相关产品进行注册检验。办理第一类医疗器械备案的,备案人可以提交产品自检报告。注册检验样品的生产应当符合医疗器械质量管理体系的相关要求,注册检验合格的方可进行临床试验或者申请注册。办理第一类医疗器械备案的,备案人可以提交产品自检报告。

2. **注册检验机构**　医疗器械检验机构应当具有医疗器械检验资质,在其承检范围内进行检验,并对申请人提交的产品技术要求进行预评价。预评价意见随注册检验报告一同出具给申请人。2014 年 8 月 21 日,原国家食品药品监督管理总局发布了《医疗器械检验机构开展医疗器械产品技术要求预评价工作规定》的通知(食药监械管〔2014〕192 号),医疗器械检验机构对注册申请人提交的产品技术要求进行预评价,应当主要从以下方面进行评价:

(1) 产品技术要求中性能指标的完整性与适用性;检验方法是否可具有可操作性和可重复性,是否与检验要求相适应。

(2) 依据现行强制性或推荐性国家标准、行业标准检验的,所用强制性国家标准、行业标准的完整性,所用标准与产品的适宜性,所用条款的适用性。

(3) 如检验内容涉及引用《中国药典》的相关内容,其引用的完整性、适宜性和适用性。

国家对医疗器械检验机构实行资格认可制度。经国务院药品监督管理部门会同国务院质量技术监督部门认可的检验机构(简称医疗器械检验机构),方可对医疗器械实施检验。目前,经国家药品监督管理局会同国家质量监督检验检疫总局认可的医疗器械检验机构目前共 53 家,其中,国家级医疗器械检验机构有 10 家。

3. 注册检验实施 申请注册检验,申请人应当向检验机构提供注册检验所需要的有关技术资料(包括:产品技术要求、产品使用说明书和相关安全件的证明材料等)、注册检验用样品(包括整机及安全零部件等)。注册检验样品的生产应当符合医疗器械质量管理体系的相关要求,注册检验合格的方可进行临床试验或者申请注册。

医疗器械检验机构应当具有医疗器械检验资质,在其承检范围内进行检验,出具检测报告(检测报告仅对企业送检的样品负责),并对申请人提交的产品技术要求进行预评价。预评价意见随注册检验报告一同出具给申请人。尚未列入医疗器械检验机构承检范围的医疗器械,由相应的注册审批部门指定有能力的检验机构进行检验。同一注册单元内所检验的产品应当能够代表本注册单元内其他产品的安全性和有效性。

医疗器械检测机构及其人员对被检测单位的技术资料负有保密义务,并不得从事或者参与同检测有关的医疗器械的研制、生产、经营和技术咨询等活动。检验人员应具有相应的检验能力,经培训取得资格后方能实施医疗器械注册检测工作。

二、医疗器械临床评价

医疗器械临床评价是指申请人或者备案人通过临床文献资料、临床经验数据、临床试验等信息对产品是否满足使用要求或者适用范围进行确认的过程。临床评价资料是指申请人或者备案人进行临床评价所形成的文件,是企业证明产品临床使用安全、有效性重要的技术支持资料。依据现行《条例》,医疗器械产品注册应当提交临床评价资料。

2015 年 5 月 19 日,原国家食品药品监督管理总局发布了《关于医疗器械临床评价技术指导原则的通告》(2015 年第 14 号)。该通告发布的医疗器械临床评价技术指导原则适用于第二类、第三类医疗器械注册申报时的临床评价工作,不适用于按医疗器械管理的体外诊断试剂的临床评价工作。指导原则包括 7 部分,分别为编制目的、法规依据、适用范围、基本原则、列入《免于进行临床试验的第二类医疗器械目录》《免于进行临床试验的第三类医疗器械目录》产品的临床评价要求、通过同品种医疗器械临床试验或临床使用获得的数据进行分析评价要求、临床试验相关要求。该指导原则规范和统一了进口和境内医疗器械临床评价要求,通过区分不同临床评价情况,合理设置相应要求,提高了临床评价的针对性,科学性,相对减少了管理人的负担。

按照指导原则要求,列入免于临床试验医疗器械目录的产品,注册申请人需提交申报产品相关信息与免于临床试验医疗器械目录所述内容的对比资料。另外,还需提交申报产品与已获准境内注册的免于临床试验医疗器械目录中产品的对比说明,如相关对比说明能够证明产品是免于临床试验医疗器械目录中的产品,则企业无需进行临床试验。若无法证明申报产品与免于临床试验医疗器械目录中的产品具有等同性,则应按照该指导原则开展相应工作。

对于通过同品种医疗器械临床试验或临床使用获得的数据进行分析评价,证明医疗器械安全、有效的情况(即现行《医疗器械注册管理办法》第二十二条第三款设定的情况),申报注册的产品应先选择与已在境内获准注册的同品种医疗器械进行对比,证明二者基本等同,即申报产品与同品种医疗器械的差异不对产品的安全有效性产生不利影响。差异性对产品的安全有效性是否产生不利影响,应通过申报产品自身的数据进行验证和(或)确认。在此基础上,提供同品种医疗器械临床文献和临床经验数据并进行分析评价,完成临床评价工作。指导原则明确了相应文献检索和筛选要求、文献检索和筛选方案、文献检索和筛选报告格式、通过同品种医疗器械临床试验或临床使用获得的数据进行的分析评价报告格式等内容。

对于在中国境内进行临床试验的产品,其临床试验应在取得资质的临床试验机构内,按照医疗器械临床试验质量管理规范的要求开展。对于列入《需进行临床试验审批的第三类医疗器械目录》中的医疗器械应当在中国境内进行临床试验。对于在境外进行临床试验的进口医疗器械,如其临床试验符合中国相关法规、注册技术指导原则中相关要求(如样本量、对照组选择、评价指标及评价原则、疗效评价指标等),注册申请人在注册申报时,可提交在境外上市时提交给境外医疗器械主管部门的临床试验资料。资料至少应包括伦理委员会意见、临床试验方案和临床试验报告,申请人还需提交论证产品临床性能和/或安全性是否存在人种差异的相关支持性资料。

2018 年 1 月 11 日,原国家食品药品监督管理总局又发布了《接受医疗器械境外临床试验数据技术指导原则》,对接受医疗器械境外临床试验数据订立了技术指导原则。该指导原则用于指导医疗器械在我国申报注册时,接受申请人采用境外临床试验数据作为临床评价资料的工作。指导原则提出了接受境外临床试验数据的伦理原则、依法原则和科学原则,明确了境外临床试验数据的资料要求和技术要求。指导原则从技术审评要求、受试人群、临床试验条件的差异等方面,阐述了接受境外临床试验资料时的考虑因素及技术要求,并给出了不同因素对临床数据产生有临床意义影响的具体实例。该指导原则的发布将有助于避免或减少重复性临床试验,加快医疗器械在我国上市进程。

点滴积累 ∨

1. 医疗器械临床试验管理的三大做法是豁免、备案和审批。
2. 医疗器械临床试验是当前评价医疗器械安全有效性的最主要方式。
3. 医疗器械注册检验是注册审评的前提和基础。

第三节 医疗器械临床试验质量管理

通过良好的临床试验质量管理(Good Clinical Practice,GCP)获得有效数据是评估医疗器械是否安全有效的重要方式之一。发达国家和地区以及国际机构经过长期的监管实践逐步制定了较为成熟的医疗器械临床试验标准或规范要求,如国际标准化组织制定的《医疗器械临床研究质量管理体系标准》(ISO 14155)。医疗器械临床试验是对医疗器械产品进行技术评价最主要的手段,它需要按照法定的规范进行。为此,我国曾于 2004 年 1 月 17 日发布《医疗器械临床试验规定》(原国家食品药品监督管理局第 5 号令),开始对医疗器械临床试验进行规范。该规范对医疗器械临床试验的前提条件、医疗机构的资格、临床试验机构和实验人员的职责、医疗器械临床试验的实施和临床试验方案、临床试验报告等方面做出了规定。该规定对规范医疗器械临床试验发挥了积极的作用。但随着对医疗器械临床试验认知的不断深入,其不足也逐步显露,如该规定过于原则和粗放,条款不够全面和清晰,而且随着生物技术、电子信息技术和新材料科学的迅速应用,该规定已难以满足目前医疗器械临床试验管理现状,尽快制定适合我国实际情况,具有较强指导性和操作性的管理规范十分必要。

因此,我国于2016年6月1日正式施行《医疗器械临床试验质量管理规范》(以下简称医疗器械GCP规范)。医疗器械GCP规范涵盖医疗器械临床试验全过程,包括临床试验的方案设计、实施、监查、核查、检查,以及数据的采集、记录、分析总结和报告等,但并不适用于按照医疗器械管理的体外诊断试剂进行的临床试验。医疗器械GCP规范共十一章九十六条,涵盖医疗器械临床试验全过程,包括临床试验的方案设计、实施、监查、核查、检查、以及数据的采集、记录、分析总结和报告等。医疗器械GCP规范从保护受试者权益、规范医疗器械临床试验行为出发,明确了医疗器械临床试验申办者、临床试验机构及研究者和监管部门等各方职责,突出伦理委员会作用和受试者知情同意,强调临床试验过程中的风险控制。

第一章 "总则"共五条,对医疗器械GCP规范立法目的与依据,适用范围做出规定,并明确了各监管部门的职责。

第二章 "临床试验前准备"共七条,明确了启动医疗器械临床试验必须具备的软硬件条件,规定了临床试验伦理审查、行政审批、属地备案等要求。

第三章 "受试者权益保障"共十三条,对保障受试者合法权益做出具体规定。首先强调了遵循伦理准则的重要性,明确提出伦理审查与知情同意是保障受试者权益的主要措施。其后明确了实施伦理保护的具体措施,规定在试验前和试验过程中应当向伦理委员会提交的资料和报告。该章节还规定了受试者享有知情、随时退出的权利和具体执行的方法,并对知情同意书的内容、修改和签署前的准备、一般情况和特定情况下如何获取知情同意等做出了详细的规定。

第四章 "临床试验方案"共四条。主要是对临床试验方案的组织制定、内容和修订等方面做出具体的规定。明确了申办者是医疗器械临床试验方案制定的组织者。对安全性和有效性未经证实的全新产品临床试验方案设计提出要求。明确了医疗器械多中心临床试验的定义和实施的要求。

第五章 "伦理委员会职责"共八条,主要阐述了伦理委员会的组成、构建、工作程序、职责、需要审议的要点等内容。明确了伦理审查中应当包括对该临床试验科学性的审查。在赋予伦理委员会同意临床试验开展权利的同时,还赋予其可以暂停或终止临床试验的权力,切实保障了受试者权益。

第六章 "申办者职责"共二十一条,对申办者主要职责和提供的文件做出了具体规定,还规定了监查员及核查员的选定、工作范围和承担的责任,明确了申办者对临床试验的真实性和可靠以及试验用医疗器械临床试验中的安全性负责。

第七章 "临床试验机构和研究者职责"共二十一条,是对临床试验机构和研究者的职责要求。规定了研究者的资格条件,明确了临床试验机构和研究者在试验前、过程中、试验后的职责,重点提出研究者应采取有关措施,保护受试者的生命和健康,维护受试者的权利。

第八章　"记录与报告"共七条,是对临床试验过程任何观察与发现的记录要求和临床试验报告编制要求。

第九章　"试验用医疗器械管理"共三条,对试验用医疗器械标识、记录和使用进行了规定。

第十章　"基本文件管理"共三条,是对医疗器械临床试验前、过程中和试验后形成的有关文件保管的规定。

第十一章　"附则"共四条,用于规定一些用语的含义,特定事项的说明,实施日期等事项。

ER-3-1

医疗器械临床试验质量管理规范

为进一步规范医疗器械临床试验过程,管理部门还制定了医疗器械临床试验伦理审查申请与审批表、知情同意书、医疗器械临床试验方案、医疗器械临床试验报告、医疗器械临床试验病历报告表等格式范本和医疗器械临床试验应当保存的基本文件目录六个文件,与医疗器械 GCP 规范同步实施。

知识链接

医疗器械 GCP 规范与原规定的主要不同点

（一）医疗器械 GCP 规范取消了"医疗器械临床试验分医疗器械临床试用和医疗器械临床验证"要求。由于目前国际上医疗器械监管的通行做法并未严格区分临床试用和临床验证,而且在实际工作中难以操作,故予以删除。但对于未在境内外批准上市的新产品,安全性以及性能尚未经医学证实的,为了充分保护受试者权益,医疗器械 GCP 规范规定了临床试验方案设计时应当先进行小样本可行性试验,而后根据情况方可开展较大样本的安全有效性试验。

（二）医疗器械 GCP 规范明确了监管职责,落实条例关于备案和审批的要求。医疗器械 GCP 规范明确了食品药品监督管理部门和卫生计生主管部门的监管职责,同时还落实了条例中有关临床试验管理的规定,一是"备案",即在医疗器械临床试验开始前申办者应当向所在地省、自治区、直辖市食品药品监督管理部门备案。二是"审批",对列入需进行临床试验审批目录的第三类医疗器械,其临床试验必须获得总局的批准后方可实施。取消了"市场上尚未出现的第三类植入体内或借用中医理论制成的医疗器械,临床试验方案应当向医疗器械技术审评机构备案"的要求。

（三）医疗器械 GCP 规范明确了"试验用医疗器械的研制应当符合适用的医疗器械质量管理体系相关要求",试验用医疗器械直接用于人体,其质量和稳定性必须得到保证,因此要求试验用医疗器械的研制必须符合适用的医疗器械质量管理体系相关要求,并由申办者提供相关声明提交伦理委员会。

（四）医疗器械 GCP 规范特别注重对受试者权益的保护,在制度和要求上进行了完善。明确了伦理委员会的组成、职责和审查要求;严格受试者的知情同意,明确知情同意书的内容和知情同意的方法要求;医疗器械 GCP 规范还要求申办者应当为发生与临床试验相关的伤害或者死亡的受试者承担治疗的费用以及相应的经济补偿。

（五）医疗器械 GCP 规范提出多中心临床试验的概念,并对多中心临床试验的方案设计和实施提出了多项具体要求,更加符合国际趋势。

（六）　医疗器械 GCP 规范对临床试验各方责任和义务予以强化，分章节对申办者、伦理委员会、临床试验机构和研究者的职责进行了明确规定。规定申办者负责发起、申请、组织、监查临床试验，对临床试验的真实性、可靠性负责；伦理委员会应当按照伦理准则和临床试验管理有关规定，按照工作程序履行审查职责并监督试验的实施；临床试验机构和研究者应当按照临床试验方案、有关协议及临床试验相关规定实施临床试验，出现不良事件应当及时报告并采取适当治疗措施。

（七）　医疗器械 GCP 规范引入器械缺陷的概念，详细规定了医疗器械临床试验中发生严重不良事件、可能导致严重不良事件的器械缺陷的处理和报告程序。

（八）　医疗器械 GCP 规范完善了临床试验记录、试验用医疗器械、基本文件等临床试验重要环节管理的要求。规定临床试验机构、研究者和申办者应当准确、完整记录临床试验中的相关信息，建立基本文件保存制度，明确了试验用医疗器械的标识、使用和处置等要求。

一、医疗器械临床试验的管理

医疗器械临床评价是指申请人或者备案人通过临床文献资料、临床经验数据、临床试验等信息对产品是否满足使用要求或者适用范围进行确认的过程。临床试验是当前医疗器械临床评价的最主要方式。医疗器械临床试验，是指在符合条件的医疗器械临床试验机构中，对拟申请注册的医疗器械在正常使用条件下的安全性和有效性进行确认或者验证的过程。医疗器械临床试验的目的是评价受试产品是否具有预期的安全性和有效性。

省级以上药品监督管理部门负责对医疗器械临床试验进行监督管理。卫生健康主管部门在职责范围内履行医疗器械临床试验的管理。两个部门之间应当建立医疗器械临床试验质量管理信息通报机制，加强第三类医疗器械、列入国家大型医用设备配置管理品目的医疗器械开展临床试验审批情况以及相应的临床试验监督管理数据的信息通报。

（一）　医疗器械临床试验豁免

现行《条例》第十七条规定，第一类医疗器械产品备案，不需要进行临床试验。申请第二类、第三类医疗器械产品注册，应当进行临床试验；但是，有下列情形之一的，可以免于进行临床试验：

（1）工作机理明确、设计定型，生产工艺成熟，已上市的同品种医疗器械临床应用多年且无严重不良事件记录，不改变常规用途的；

（2）通过非临床评价能够证明该医疗器械安全、有效的；

（3）通过对同品种医疗器械临床试验或者临床使用获得的数据进行分析评价，能够证明该医疗器械安全、有效的。

免于进行临床试验的医疗器械目录由国家药品监督管理局制定、调整并公布。2014 年 8 月 21 日，原国家食品药品监督管理总局发布了《关于发布免于进行临床试验的第二类医疗器械目录的通告》（2014 年 12 号）和《关于发布免于进行临床试验的第三类医疗器械目录的通告》（2014 年 13 号），从 2014 年 10 月 1 日起施行。2016 年 9 月 30 日，原国家食品药品监督管理总局制定发布了《关于发布第二批免于进行临床试验医疗器械目录的通告》（2016 年第 133 号），其包括《免于进行临床试验的第二类医疗器械目录(第二批)》和《免于进行临床试验的第三类医疗器械目录(第二批)》,并自发布之日起施行。2017 年 10 月 31 日,原国家食品药品监督管理总局发布了《关于发布第三批免于进行临床试验医疗器械目录的通告》(2017 年第 170 号),首次包括了免于进行临床试验的体外诊断试剂目录。

在所有的医疗器械产品中,第一类医疗器械不需要进行临床试验,第二类、第三类医疗器械除了进入免于临床试验目录中的医疗器械外都需要进行临床试验。需要进行临床试验的,除需要进行临床试验审批手续的,都应该履行临床试验备案手续。

(二) 医疗器械临床试验备案

现行《条例》第十八条对医疗器械临床试验机构的管理有重大修改,将医疗器械临床试验机构的资质认定改为备案管理。该条规定,开展医疗器械临床试验,应当按照医疗器械临床试验质量管理规范的要求,在具备相应条件的临床试验机构进行,并向临床试验提出者所在地省、自治区、直辖市人民政府药品监督管理部门备案。接受临床试验备案的药品监督管理部门应当将备案情况通报临床试验机构所在地的同级药品监督管理部门和卫生健康主管部门。

为了落实医疗器械临床试验机构的备案管理,2018 年 1 月 1 日起,我国正式施行《医疗器械临床试验机构条件和备案管理办法》。该办法要求在我国境内开展医疗器械临床试验的医疗机构和其他承担体外诊断试剂临床试验的血液中心和中心血站、设区的市级以上疾病预防控制中心、戒毒中心等非医疗机构应当按照该办法实行备案管理。根据规定,对列入需进行临床试验审批目录的第三类产品,应当在三级甲等医疗机构专业范围内开展临床试验,而且开展创新医疗器械产品或需进行临床试验审批的第三类医疗器械产品临床试验的主要研究者应具有高级技术职称并且参加过 3 个以上医疗器械或药物临床试验。

知识链接

医疗器械临床试验机构应当具备的条件

(1) 具有医疗机构执业资格;

(2) 具有二级甲等以上资质;

(3) 承担需进行临床试验审批的第三类医疗器械临床试验的,应为三级甲等医疗机构;

(4) 具有医疗器械临床试验管理部门,配备适宜的管理人员、办公条件,并具有对医疗器械临床试验的组织管理和质量控制能力;

(5) 具有符合医疗器械临床试验质量管理规范要求的伦理委员会;

(6) 具有医疗器械临床试验管理制度和标准操作规程;

(7) 具有与开展相关医疗器械临床试验相适应的诊疗科目,且应与医疗机构执业许可诊疗科目一致;

(8) 具有能够承担医疗器械临床试验的人员,医疗器械临床试验主要研究者应当具有高级职称,其中开展创新医疗器械产品或需进行临床试验审批的第三类医疗器械产品临床试验的主要研究者应参加过 3 个以上医疗器械或药物临床试验;

（9）已开展相关医疗业务，能够满足医疗器械临床试验所需的受试人群要求等；

（10）具有防范和处理医疗器械临床试验中突发事件和严重不良事件的应急机制和处置能力；

（11）国家药品监督管理局、国家卫生健康委员会规定的其他条件。

（三）医疗器械临床试验审批

临床试验审批是指国家药品监督管理局根据申请人的申请，对拟开展临床试验的医疗器械的风险程度、临床试验方案、临床受益与风险对比分析报告等进行综合分析，以决定是否同意开展临床试验的过程。

根据现行《条例》的规定，大部分临床试验并不需要审批管理，只对部分第三类高风险临床试验要求审批管理。现行《条例》第十九条规定，第三类医疗器械进行临床试验对人体具有较高风险的，应当经国务院食品药品监督管理部门批准。临床试验对人体具有较高风险的第三类医疗器械目录由国务院食品药品监督管理部门制定、调整并公布。根据2014年8月25日原国家食品药品监督管理总局发布的《关于需进行临床试验审批的第三类医疗器械目录的通告》（2014年第14号）的规定，以下八类产品进行临床试验时需要审批：①植入式心脏起搏器、植入式心脏除颤器、植入式心脏再同步复律除颤器；②植入式血泵；③植入式药物灌注泵；④境内市场上尚未出现的血管内支架系统；⑤境内市场上尚未出现的植入性人工器官、接触式人工器官、骨科内固定产品及骨科填充材料；⑥可吸收四肢长骨内固定产品；⑦纳米骨科植入物；⑧定制增材制造（3D打印）骨科植入物。

国家药品监督管理局审批临床试验，应当对拟承担医疗器械临床试验的机构的设备、专业人员等条件，该医疗器械的风险程度、临床试验实施方案、临床受益与风险对比分析报告等进行综合分析。准予开展临床试验的，应当通报临床试验提出者以及临床试验机构所在地省、自治区、直辖市人民政府药品监督管理部门和卫生健康主管部门。

国家药品监督管理局受理医疗器械临床试验审批申请后，应当自受理申请之日起3个工作日内将申报资料转交医疗器械技术审评机构。技术审评机构应当在40个工作日内完成技术审评。国家药品监督管理局应当在技术审评结束后20个工作日内作出决定。准予开展临床试验的，发给医疗器械临床试验批件；不予批准的，应当书面说明理由。

技术审评过程中需要申请人补正资料的，技术审评机构应当一次告知需要补正的全部内容。申请人应当在1年内按照补正通知的要求一次提供补充资料。技术审评机构应当自收到补充资料之日起40个工作日内完成技术审评。申请人补充资料的时间不计算在审评时限内。

申请人逾期未提交补充资料的，由技术审评机构终止技术审评，提出不予批准的建议，国家药品监督管理局核准后作出不予批准的决定。有下列情形之一的，国家药品监督管理局应当撤销已获得的医疗器械临床试验批准文件：①临床试验申报资料虚假的；②已有最新研究证实原批准的临床试验伦理性和科学性存在问题的；③其他应当撤销的情形。

医疗器械临床试验应当在批准后3年内实施；逾期未实施的，原批准文件自行废止，仍需进行临床试验的,应当重新申请。

二、医疗器械临床试验参与者

(一)临床试验申办者

医疗器械申办者,是指临床试验的发起、管理和提供财务支持的机构或者组织。申办者通常为医疗器械生产企业。申办者为境外机构的,应当按规定在我国境内指定代理人。申办者负责发起、申请、组织、监查临床试验,并对临床试验的真实性、可靠性负责。

1. 选择试验机构及其研究者 申办者应当根据试验用医疗器械的特性,在符合条件的医疗器械临床试验机构中选择试验机构及其研究者。申办者在与临床试验机构签署临床试验协议前,应当向临床试验机构和研究者提供最新的研究者手册以及其他相关文件,以供其决定是否可以承担该项临床试验。

申办者应当保证实施临床试验的所有研究者严格遵循临床试验方案,发现临床试验机构和研究者不遵从有关法律法规、GCP 规范和临床试验方案的,应当及时指出并予以纠正;如情况严重或者持续不改,应当终止试验,并向临床试验机构所在地省、自治区、直辖市药品监督管理部门和国家药品监督管理局报告。

2. 组织制定和修改研究者手册 研究者手册应当包括下列主要内容:①申办者、研究者基本信息;②试验用医疗器械的概要说明;③支持试验用医疗器械预期用途和临床试验设计理由的概要和评价;④试验用医疗器械的制造符合适用的医疗器械质量管理体系要求的声明。

临床试验协议
重点

申报者除了制定和修改研究者手册外,还要负责制定临床试验方案、知情同意书、病例报告表(指按照临床试验方案所规定设计的文件,用以记录试验过程中获得的每个受试者的全部信息和数据)、有关标准操作规程以及其他相关文件,并负责组织开展临床试验所必需的培训。

3. 派遣监查员 申办者应当对临床试验承担监查责任,并选择符合要求的监查员履行监查职责。所谓监查员,是指申办者选派的对医疗器械临床试验项目进行监查的专门人员。监查员应当有相应的临床医学、药学、生物医学工程、统计学等相关专业背景,并经过必要的培训,熟悉有关法规和GCP 规范,熟悉有关试验用医疗器械的非临床和同类产品临床方面的信息、临床试验方案及其相关的文件。监查员应当遵循由申办者制定的试验用医疗器械临床试验监查标准操作规程,督促临床试验按照方案实施。监查员人数以及监查的次数取决于临床试验的复杂程度和参与试验的临床试验机构数目。

监查,是指申办者为保证开展的临床试验能够遵循临床试验方案、标准操作规程、GCP 规范和有关适用的管理要求,选派专门人员对临床试验机构、研究者进行评价调查,对临床试验过程中的数据进行验证并记录和报告的活动。这里所指的标准操作规程,是指为有效地实施和完成临床试验中每项工作所拟定的标准和详细的书面规程。

知识链接

医疗器械临床试验监查员职责

（一）在试验前确认临床试验机构已具有适当的条件，包括人员配备与培训符合要求，实验室设备齐全、工作情况良好，预期有足够数量的受试者，参与研究人员熟悉试验要求。

（二）在试验前、中、后期监查临床试验机构和研究者是否遵循有关法规、GCP 规范和临床试验方案。

（三）确认每位受试者在参与临床试验前签署知情同意书，了解受试者的入选情况以及试验的进展状况；对研究者未能做到的随访、未进行的试验、未做的检查，以及是否对错误、遗漏做出纠正等，应当清楚、如实记录；对修订的知情同意书，确认未结束临床试验流程并受影响的受试者重新签署。

（四）确认所有病例报告表填写正确，并与原始资料一致；所有错误或者遗漏均已改正或者注明，经研究者签名并注明日期；每一试验的病种、病例总数和病例的性别、年龄、治疗效果等均应当确认并记录。

（五）确认受试者退出临床试验或者不依从知情同意书规定要求的情况记录在案，并与研究者讨论此种情况。

（六）确认所有不良事件、并发症和其他器械缺陷均记录在案，严重不良事件和可能导致严重不良事件的器械缺陷在规定时间内作出报告并记录在案。

（七）监查试验用医疗器械样品的供给、使用、维护以及运输、接收、储存、分发、处理与回收。

（八）监督临床试验过程中相关设备的定期维护和校准。

（九）确保研究者收到的所有临床试验相关文件为最新版本。

（十）每次监查后应当书面报告申办者，报告应当包括监查员姓名、监查日期、监查时间、监查地点、监查内容、研究者姓名、项目完成情况、存在的问题、结论以及对错误、遗漏做出的纠正等。

4. 派遣核查员 申办者为保证临床试验的质量，可以组织独立于临床试验、并具有相应培训和经验的核查员对临床试验开展情况进行核查，评估临床试验是否符合试验方案的要求。所谓核查员，是指受申办者委托对医疗器械临床试验项目进行核查的人员。核查员应当根据临床试验的重要性、受试者数量、临床试验的类型以及复杂性、受试者风险水平等制定核查方案和核查程序。

核查，是指由申办者组织的对临床试验相关活动和文件进行系统性的独立检查，以确定此类活动的执行、数据的记录、分析和报告是否符合临床试验方案、标准操作规程、GCP 规范和有关适用的管理要求。核查可以作为申办者临床试验质量管理常规工作的一部分，也可以用于评估监查活动的有效性，或者针对严重的或者反复的临床试验方案偏离（是指有意或者无意地未遵循临床试验方案要求的情形）、涉嫌造假等情况开展核查。

5. 汇报不良事件 对于严重不良事件和可能导致严重不良事件的器械缺陷，申办者应当在获知后 5 个工作日内向所备案的药品监督管理部门和同级卫生健康主管部门报告，同时应当向参与试验的其他临床试验机构和研究者通报,并经其医疗器械临床试验管理部门及时通知该临床试验机构的伦理委员会。这里所指的不良事件,是指在临床试验过程中出现的不利的医学事件,无论是否与试验用医疗器械相关。严重不良事件,是指临床试验过程中发生的导致死亡或者健康状况严重恶化,包括:①致命的疾病或者伤害;②身体结构或者身体功能的永久性缺陷;③需住院治疗或者延长住院时间;④需要进行医疗或者手术介入以避免对身体结构或者身体功能造成永久性缺陷;⑤导致胎儿窘迫、胎儿死亡或者先天性异常、先天缺损等。这里所指的器械缺陷,是指临床试验过程中医疗器械在正常使用情况下存在可能危及人体健康和生命安全的不合理风险,如标签错误、质量问题、故障等。

6. 多中心临床试验管理 所谓多中心临床试验,是指按照同一临床试验方案,在三个以上(含三个)临床试验机构实施的临床试验。对于多中心临床试验,申办者应当保证在临床试验前已制定文件,明确协调研究者和其他研究者的职责分工。对于多中心临床试验,申办者应当按照临床试验方案组织制定标准操作规程,并组织对参与试验的所有研究者进行临床试验方案和试验用医疗器械使用和维护的培训,确保在临床试验方案执行、试验用医疗器械使用方面的一致性。在多中心临床试验中,申办者应当保证病例报告表的设计严谨合理,能够使协调研究者获得各分中心临床试验机构的所有数据。

7. 承担民事责任 申办者应当为发生与临床试验相关的伤害或者死亡的受试者承担治疗的费用以及相应的经济补偿,但在诊疗活动中由医疗机构及其医务人员过错造成的损害除外。

(二)伦理委员会

伦理委员会,是指临床试验机构设置的对医疗器械临床试验项目的科学性和伦理性进行审查的独立的机构。医疗器械伦理委员会应当遵守《世界医学大会赫尔辛基宣言》伦理准则和药品监督管理部门的规定,建立相应的工作程序并形成文件,按照工作程序履行职责。伦理委员会中独立于研究者和申办者的委员有权发表意见并参与有关试验的表决。

1. 伦理委员会的组成 医疗器械临床试验机构伦理委员会应当至少由 5 名委员组成,包括医学专业人员、非医学专业人员,其中应当有不同性别的委员。非医学专业委员中至少有一名为法律工作者,一名为该临床试验机构以外的人员。伦理委员会委员应当具有评估和评价该项临床试验的科学、医学和伦理学等方面的资格或者经验。所有委员应当熟悉医疗器械临床试验的伦理准则和相关规定,并遵守伦理委员会的章程。

2. 伦理委员会会议 伦理委员会召开会议应当事先通知,参加评审和表决人数不能少于 5 人,作出任何决定应当由伦理委员会组成成员半数以上通过。研究者可以提供有关试验的任何方面的信息,但不应当参与评审、投票或者发表意见。伦理委员会在审查某些特殊试验时,可以邀请相关领域的专家参加。伦理委员会接到医疗器械临床试验的申请后应当召开会议,审阅讨论,签发书面意见、盖章,并附出席会议的人员名单、专业以及本人签名。

伦理委员会的意见可以是:①同意;②作必要的修改后同意;③不同意;④暂停或者终止已批准的试验。伦理委员会应当保留全部有关记录至临床试验完成后至少 10 年。

3. 伦理委员会审议要点 伦理委员会应当从保障受试者权益的角度严格审议试验方案以及相

关文件,并应当重点关注下列内容:①研究者的资格、经验以及是否有充分的时间参加该临床试验;②临床试验机构的人员配备以及设备条件等是否符合试验要求;③受试者可能遭受的风险程度与试验预期的受益相比是否合适;④试验方案是否充分考虑了伦理原则,是否符合科学性,包括研究目的是否适当、受试者的权益是否得到保障、其他人员可能遭受风险的保护以及受试者入选的方法是否科学;⑤受试者入选方法,向受试者或者其监护人提供的有关本试验的信息资料是否完整、受试者是否可以理解,获取知情同意书的方法是否适当;必要时,伦理委员会应当组织受试人群代表对资料的可理解程度进行测试,评估知情同意是否适当,评估结果应当书面记录并保存至临床试验结束后 10年;⑥受试者若发生与临床试验相关的伤害或者死亡,给予的治疗和保险措施是否充分;⑦对试验方案提出的修改意见是否可以接受;⑧是否能够在临床试验进行中定期分析评估对受试者的可能危害;⑨对试验方案的偏离可能影响受试者权益、安全和健康,或者影响试验的科学性、完整性,是否可以接受。

4. 多中心临床试验的伦理审查　多中心临床试验的伦理审查应当由牵头单位伦理委员会负责建立协作审查工作程序,保证审查工作的一致性和及时性。

各临床试验机构试验开始前应当由牵头单位伦理委员会负责审查试验方案的伦理合理性和科学性,参加试验的其他临床试验机构伦理委员会在接受牵头单位伦理委员会审查意见的前提下,可以采用会议审查或者文件审查的方式,审查该项试验在本临床试验机构的可行性,包括研究者的资格与经验、设备与条件等,一般情况下不再对试验方案设计提出修改意见,但是有权不批准在其临床试验机构进行试验。

5. 伦理委员会的中止权　伦理委员会应当对本临床试验机构的临床试验进行跟踪监督,发现受试者权益不能得到保障等情形,可以在任何时间书面要求暂停或者终止该项临床试验。被暂停的临床试验,未经伦理委员会同意,不得恢复。

(三) 临床试验受试者

为了保证医疗器械临床试验的顺利进行,还需要有受试者的参与。所谓受试者,是指被招募接受医疗器械临床试验的个人。伦理审查与知情同意是保障受试者权益的主要措施。参与临床试验的各方应当按照试验中各自的职责承担相应的伦理责任。

1. 受试者的选取　应当尽量避免选取未成年人、孕妇、老年人、智力障碍人员、处于生命危急情况的患者等作为受试者;确需选取时,应当遵守伦理委员会提出的有关附加要求,在临床试验中针对其健康状况进行专门设计,并应当有益于其健康。

2. 签订知情同意书　受试者参加临床试验,要签订知情同意书。知情同意书,是指受试者表示自愿参加临床试验的证明性文件。知情同意,是指向受试者告知临床试验的各方面情况后,受试者确认自愿参加该项临床试验的过程,应当以签名和注明日期的知情同意书作为证明文件。

ER-3-3

在受试者参与临床试验前,研究者应当充分向受试者或者无民事行为能力人、限制民事行为能力人的监护人说明临床试验的详细情况,包括已知的、可以预见的风险和可能发生的不良事件等。经充分和详细解释后由受试者或者其监护人在知

知情同意书内容

情同意书上签署姓名和日期,研究者也需在知情同意书上签署姓名和日期。知情同意书应当采用受试者或者监护人能够理解的语言和文字。知情同意书不应当含有会引起受试者放弃合法权益以及免除临床试验机构和研究者、申办者或者其代理人应当负责任的内容。获得知情同意还应当符合下列要求:

(1) 对无行为能力的受试者,如果伦理委员会原则上同意、研究者认为受试者参加临床试验符合其自身利益时,也可以进入临床试验,但试验前应当由其监护人签名并注明日期;

(2) 受试者或者其监护人均无阅读能力时,在知情过程中应当有一名见证人在场,经过详细解释知情同意书后,见证人阅读知情同意书与口头知情内容一致,由受试者或者其监护人口头同意后,见证人在知情同意书上签名并注明日期,见证人的签名与研究者的签名应当在同一天;

(3) 未成年人作为受试者,应当征得其监护人的知情同意并签署知情同意书,未成年人能对是否参加试验作出意思表示的,还应当征得其本人同意;

(4) 如发现涉及试验用医疗器械的重要信息或者预期以外的临床影响,应当对知情同意书相关内容进行修改,修改的知情同意书经伦理委员会认可后,应当由受试者或者其监护人重新签名确认。

知情同意书应当注明制定的日期或者修订后版本的日期。如知情同意书在试验过程中有修订,修订版的知情同意书执行前需再次经伦理委员会同意。修订版的知情同意书报临床试验机构后,所有未结束试验流程的受试者如受影响,都应当签署新修订的知情同意书。

3. 规避不当影响或误导　受试者有权在临床试验的任何阶段退出并不承担任何经济责任。申办者应当避免对受试者、临床试验机构和研究者等临床试验参与者或者相关方产生不当影响或者误导。临床试验机构和研究者应当避免对受试者、申办者等临床试验参与者或者相关方产生不当影响或者误导。申办者、临床试验机构和研究者不得夸大参与临床试验的补偿措施,误导受试者参与临床试验。

(四) 临床试验机构与研究者

研究者,是指在临床试验机构中负责实施临床试验的人。如果在临床试验机构中是由一组人员实施试验的,则研究者是指该组的负责人,也称主要研究者。

1. 研究者资质　负责临床试验的研究者应当具备下列条件:①在该临床试验机构中具有副主任医师、副教授、副研究员等副高级以上相关专业技术职称和资质;②具有试验用医疗器械所要求的专业知识和经验,必要时应当经过有关培训;③熟悉申办者要求和其所提供的与临床试验有关的资料、文献;④有能力协调、支配和使用进行该项试验的人员和设备,且有能力处理试验用医疗器械发生的不良事件和其他关联事件;⑤熟悉国家有关法律、法规以及本规范。

2. 评估与申请　临床试验机构在接受临床试验前,应当根据试验用医疗器械的特性,对相关资源进行评估,以决定是否接受该临床试验。临床试验前,临床试验机构的医疗器械临床试验管理部门应当配合申办者向伦理委员会提出申请,并按照规定递交相关文件。临床试验开始后,研究者应当严格遵循临床试验方案,未经申办者和伦理委员会的同意,或者未按照规定经国家药品监督管理局批准,不得偏离方案或者实质性改变方案。但在受试者面临直接危险等需要立即消除的紧急情况下，也可以事后以书面形式报告。

3. **相关人员管理**　研究者应当确保参与试验的有关工作人员熟悉试验用医疗器械的原理、适用范围、产品性能、操作方法、安装要求以及技术指标，了解该试验用医疗器械的临床前研究资料和安全性资料，掌握临床试验可能产生风险的防范以及紧急处理方法。

研究者应当保证所有临床试验参与人员充分了解临床试验方案、相关规定、试验用医疗器械特性以及与临床试验相关的职责，并确保有足够数量并符合临床试验方案入选标准的受试者进入临床试验、确保有足够的时间在协议约定的试验期内，按照相关规定安全地实施和完成临床试验。

研究者负责招募受试者、与受试者或者其监护人谈话。研究者有责任向受试者说明试验用医疗器械以及临床试验有关的详细情况，告知受试者可能的受益和已知的、可以预见的风险，并取得受试者或者其监护人签字和注明日期的知情同意书。研究者或者参与试验的其他人员，不应当强迫或者以其他不正当方式诱使受试者参加试验。研究者可以根据临床试验的需要，授权相应人员进行受试者招募、与受试者持续沟通、临床试验数据记录、试验用医疗器械管理等。研究者应当对其授权的人员进行相关的培训并形成相应的文件。

4. **管理不良事件**　研究者在临床试验中发现试验用医疗器械预期以外的不良事件时，应当和申办者共同对知情同意书相关内容进行修改，按照相关工作程序报伦理委员会审查同意后，由受影响的受试者或者其监护人对修改后的知情同意书进行重新签名确认。

研究者负责作出与临床试验相关的医疗决定，在发生与临床试验相关的不良事件时，临床试验机构和研究者应当保证为受试者提供足够、及时的治疗和处理。当受试者出现并发疾病需要治疗和处理时，研究者应当及时告知受试者。

在临床试验中出现严重不良事件的，研究者应当立即对受试者采取适当的治疗措施，同时书面报告所属的临床试验机构医疗器械临床试验管理部门，并经其书面通知申办者。医疗器械临床试验管理部门应当在 24 小时内书面报告相应的伦理委员会以及临床试验机构所在地省、自治区、直辖市药品监督管理部门和卫生健康主管部门。对于死亡事件，临床试验机构和研究者应当向伦理委员会和申办者提供所需要的全部资料。研究者应当记录临床试验过程中发生的所有不良事件和发现的器械缺陷，并与申办者共同分析事件原因，形成书面分析报告，提出继续、暂停或者终止试验的意见，经临床试验机构医疗器械临床试验管理部门报伦理委员会审查。研究者应当保证将临床试验数据准确、完整、清晰、及时地载入病例报告表。

5. **记录临床试验数据**　病例报告表由研究者签署姓名，任何数据的更改均应当由研究者签名并标注日期，同时保留原始记录，原始记录应当清晰可辨识。临床试验机构和研究者应当确保临床试验所形成数据、文件和记录的真实、准确、清晰、安全。临床试验机构应当按照与申办者的约定妥善保存临床试验记录和基本文件。临床试验结束时，研究者应当确保完成各项记录、报告。同时，研究者还应当确保收到的试验用医疗器械与所使用的、废弃的或者返还的数量相符合，确保剩余的试验用医疗器械妥善处理并记录存档。

6. **履行汇报义务**　在临床试验过程中发生下列情况之一的，研究者应当及时向临床试验机构的医疗器械临床试验管理部门报告,并经其及时通报申办者、报告伦理委员会:①严重不良事件;②进度报告,包括安全性总结和偏离报告;③对伦理委员会已批准文件的任何修订,不影响受试者权益、安全和健康,或者与临床试验目的或终点不相关的非实质性改变无需事前报告,但事后应当书面告知;④暂停、终止或者暂停后请求恢复临床试验;⑤影响受试者权益、安全和健康或者临床试验科学性的临床试验方案偏离,包括请求偏离和报告偏离。

为保护受试者权益、安全和健康,在紧急情况下发生的偏离无法及时报告的,应当在事后以书面形式尽快按照相关规定报告。

7. **接受监督** 临床试验机构和研究者应当接受申办者的监查、核查以及伦理委员会的监督,并提供所需的与试验有关的全部记录。药品监督管理部门、卫生健康主管部门派检查员开展检查的,临床试验机构和研究者应当予以配合。

临床试验机构和研究者发现风险超过可能的受益,或者已经得出足以判断试验用医疗器械安全性和有效性的结果等,需要暂停或者终止临床试验时,应当通知受试者,并保证受试者得到适当治疗和随访,同时按照规定报告,提供详细书面解释。必要时,报告所在地省、自治区、直辖市药品监督管理部门。

研究者接到申办者或者伦理委员会需要暂停或者终止临床试验的通知时,应当及时通知受试者,并保证受试者得到适当治疗和随访。临床试验机构和研究者对申办者违反有关规定或者要求改变试验数据、结论的,应当向申办者所在地省、自治区、直辖市药品监督管理部门或者国家药品监督管理局报告。

三、医疗器械临床试验的开展

(一) 临床试验前准备

1. **准备试验用医疗器械** 临床试验前,申办者应当完成试验用医疗器械的临床前研究,包括产品设计(结构组成、工作原理和作用机理、预期用途以及适用范围、适用的技术要求)和质量检验、动物试验以及风险分析等,且结果应当能够支持该项临床试验。质量检验结果包括自检报告和具有资质的检验机构出具的一年内的产品注册检验合格报告。临床试验前,申办者应当准备充足的试验用医疗器械。试验用医疗器械的研制应当符合适用的医疗器械质量管理体系相关要求。

2. **确定临床试验机构** 医疗器械临床试验应当在两个或者两个以上医疗器械临床试验机构中进行。所选择的试验机构应当是符合条件的医疗器械临床试验机构,且设施和条件应当满足安全有效地进行临床试验的需要。研究者应当具备承担该项临床试验的专业特长、资格和能力,并经过培训。

临床试验前,申办者与临床试验机构和研究者应当就试验设计、试验质量控制、试验中的职责分工、申办者承担的临床试验相关费用以及试验中可能发生的伤害处理原则等达成书面协议。

3. **获得伦理委员会同意** 临床试验应当获得医疗器械临床试验机构伦理委员会的同意。进行医疗器械临床试验应当有充分的科学依据和明确的试验目的,并权衡对受试者和公众健康预期的受益以及风险,预期的受益应当超过可能出现的损害。

临床试验前,申办者应当通过研究者和临床试验机构的医疗器械临床试验管理部门向伦理委员会提交下列文件:①临床试验方案;②研究者手册;③知情同意书文本和其他任何提供给受试者的书面材料;④招募受试者和向其宣传的程序性文件;⑤病例报告表文本;⑥自检报告和产品注册检验报告;⑦研究者简历、专业特长、能力、接受培训和其他能够证明其资格的文件;⑧临床试验机构的设施和条件能够满足试验的综述;⑨试验用医疗器械的研制符合适用的医疗器械质量管理体系相关要求的声明;⑩与伦理审查相关的其他文件。伦理委员会应当秉承伦理和科学的原则,审查和监督临床试验的实施。

4. 履行备案或审批手续 临床试验前,申办者应当向所在地省、自治区、直辖市药品监督管理部门备案。接受备案的药品监督管理部门应当将备案情况通报临床试验机构所在地的同级药品监督管理部门以及卫生健康主管部门。列入需进行临床试验审批的第三类医疗器械目录的,还应当获得国家药品监督管理局的批准。

(二) 制定临床试验方案

开展医疗器械临床试验,申办者应当按照试验用医疗器械的类别、风险、预期用途等组织制定科学、合理的临床试验方案。申办者在组织临床试验方案的制定中不得夸大宣传试验用医疗器械的机理和疗效。

1. 临床试验方案内容 医疗器械临床试验方案应当包括下列内容:①一般信息;②临床试验的背景资料;③试验目的;④试验设计;⑤安全性评价方法;⑥有效性评价方法;⑦统计学考虑;⑧对临床试验方案修正的规定;⑨对不良事件和器械缺陷报告的规定;⑩直接访问源数据、文件;⑪临床试验涉及的伦理问题和说明以及知情同意书文本;⑫数据处理与记录保存;⑬财务和保险;⑭试验结果发表约定。

上述部分内容可以包括在方案的其他相关文件如研究者手册中。临床试验机构的具体信息、试验结果发表约定、财务和保险可以在试验方案中表述,也可以另行制定协议加以规定。

2. 多中心临床试验方案设计 多中心临床试验由多位研究者按照同一试验方案在不同的临床试验机构中同期进行。其试验方案的设计和实施应当至少包括以下内容:

(1) 试验方案由申办者组织制定并经各临床试验机构以及研究者共同讨论认定,且明确牵头单位临床试验机构的研究者为协调研究者。

(2) 协调研究者负责临床试验过程中各临床试验机构间的工作协调,在临床试验前期、中期和后期组织研究者会议,并与申办者共同对整个试验的实施负责。

(3) 各临床试验机构原则上应当同期开展和结束临床试验。

(4) 各临床试验机构试验样本量以及分配、符合统计分析要求的理由。

(5) 申办者和临床试验机构对试验培训的计划与培训记录要求。

(6) 建立试验数据传递、管理、核查与查询程序,尤其明确要求各临床试验机构试验数据有关资料应当由牵头单位集中管理与分析。

(7) 多中心临床试验结束后,各临床试验机构研究者应当分别出具临床试验小结,连同病历报告表按规定经审核后交由协调研究者汇总完成总结报告。

未在境内外批准上市的新产品,安全性以及性能尚未经医学证实的,临床试验方案设计时应当先进行小样本可行性试验,待初步确认其安全性后,再根据统计学要求确定样本量开展后续临床试验。

(三) 临床试验记录与报告

临床试验记录作为原始资料,不得随意更改;确需作更改时应当说明理由,签名并注明日期。对显著偏离临床试验方案或者在临床可接受范围以外的数据应当加以核实,由研究者作必要的说明。

1. 研究者临床试验记录 在临床试验中,研究者应当确保将任何观察与发现均正确完整地予以记录,并认真填写病例报告表。记录至少应当包括:①所使用的试验用医疗器械的信息,包括名称、型号、规格、接收日期、批号或者系列号等;②每个受试者相关的病史以及病情进展等医疗记录、护理记录等;③每个受试者使用试验用医疗器械的记录,包括每次使用的日期、时间、试验用医疗器械的状态等;④记录者的签名以及日期。

2. 申办者临床试验记录 申办者应当准确、完整地记录与临床试验相关的信息,内容包括:①试验用医疗器械运送和处理记录,包括名称、型号、规格、批号或者序列号,接收人的姓名、地址,运送日期,退回维修或者临床试验后医疗器械样品回收与处置日期、原因和处理方法等;②与临床试验机构签订的协议;③监查报告、核查报告;④严重不良事件和可能导致严重不良事件的器械缺陷的记录与报告。

申办者若采用电子临床数据库或者远程电子临床数据系统,应当确保临床数据的受控、真实,并形成完整的验证文件。

3. 临床试验小结 研究者应当按照临床试验方案的设计要求,验证或者确认试验用医疗器械的安全性和有效性,并完成临床试验报告。多中心临床试验的临床试验报告应当包含各分中心的临床试验小结。

对于多中心临床试验,各分中心临床试验小结应当至少包括临床试验概况、临床一般资料、试验用医疗器械以及对照用医疗器械的信息描述、安全性和有效性数据集、不良事件的发生率以及处理情况、方案偏离情况说明等,并附病例报告表。多中心临床试验中,各分中心临床试验小结应当由该中心的研究者签名并注明日期,经该中心的医疗器械临床试验管理部门审核、注明日期并加盖临床试验机构印章后交牵头单位。

4. 临床试验报告 临床试验报告应当由研究者签名、注明日期,经临床试验机构医疗器械临床试验管理部门审核出具意见、注明日期并加盖临床试验机构印章后交申办者。临床试验报告应当与临床试验方案一致,主要内容如表3-2 所示。

(四) 医疗器械临床试验文件管理

临床试验机构、研究者、申办者应当建立基本文件保存制度。临床试验基本文件按临床试验阶段分为三部分:准备阶段文件、进行阶段文件和终止或者完成后文件。

临床试验机构应当保存临床试验资料至临床试验结束后 10 年。申办者应当保存临床试验资料至无该医疗器械使用时。

表 3-2　临床试验报告内容

内容一	内容二
（1）一般信息	（10）临床评价标准
（2）摘要	（11）临床试验的组织结构
（3）简介	（12）伦理情况说明
（4）临床试验目的	（13）临床试验结果
（5）临床试验方法	（14）临床试验中发现的不良事件以及其处理情况
（6）临床试验内容	（15）临床试验结果分析、讨论，尤其是适应证、适用范围、禁忌证和注意事项
（7）临床一般资料	（16）临床试验结论
（8）试验用医疗器械和对照用医疗器械或者对照诊疗方法	（17）存在问题以及改进建议
（9）所采用的统计分析方法以及评价方法	（18）试验人员名单

临床试验基本文件可以用于评价申办者、临床试验机构和研究者对本规范和食品药品监督管理部门有关要求的执行情况。食品药品监督管理部门可以对临床试验基本文件进行检查。

（五）临床试验的中止或终止

申办者决定暂停或者终止临床试验的，应当在 5 日内通知所有临床试验机构医疗器械临床试验管理部门，并书面说明理由。临床试验机构医疗器械临床试验管理部门应当及时通知相应的研究者、伦理委员会。对暂停的临床试验，未经伦理委员会同意，不得恢复。临床试验结束后，申办者应当书面告知其所在地省、自治区、直辖市药品监督管理部门。

在临床试验过程中，申办者得到影响临床试验的重要信息时，应当及时对研究者手册以及相关文件进行修改，并通过临床试验机构的医疗器械临床试验管理部门提交伦理委员会审查同意。

临床试验过程中，如修订临床试验方案以及知情同意书等文件、请求偏离、恢复已暂停临床试验，应当在获得伦理委员会的书面批准后方可继续实施。

四、试验用医疗器械管理

试验用医疗器械，是指临床试验中对其安全性、有效性进行确认或者验证的拟申请注册的医疗器械。研究者应当保证将试验用医疗器械只用于该临床试验的受试者，并不得收取任何费用。申办者应当参照国家食品药品监督管理总局有关医疗器械说明书和标签管理的规定，对试验用医疗器械作适当的标识，并标注"试验用"。

试验用医疗器械的记录包括生产日期、产品批号、序列号等与生产有关的记录，与产品质量和稳定性有关的检验记录，运输、维护、交付各临床试验机构使用的记录，以及试验后回收与处置日期等方面的信息。

试验用医疗器械的使用由临床试验机构和研究者负责，研究者应当保证所有试验用医疗器械仅用于该临床试验的受试者，在试验期间按照要求储存和保管试验用医疗器械，在临床试验后按照国家有关规定和与申办者的协议对试验用医疗器械进行处理。上述过程需由专人负责并记录。研究者不得把试验用医疗器械转交任何非临床试验参加者。

申办者对试验用医疗器械在临床试验中的安全性负责。当发现可能影响受试者安全或者试验实施可能改变伦理委员会对继续试验的批准情况时,申办者应当立即通知所有临床试验机构和研究者,并作出相应处理。

点滴积累 ∨

1. 医疗器械临床试验的重要参与者分别是申办者、临床试验机构和研究者、受试者、伦理委员会。
2. 医疗器械临床试验中涉及的重要人员有检查员、监查员、核查员、受试者。
3. 医疗器械临床试验数据的真实性与合规性是医疗器械 GCP 规范的核心关注点。

第四节 法律责任

一、违法开展临床试验法律责任

现行《条例》第六十九条第一款对违法进行临床试验的法律责任进行了新的修改。该款规定:违反本条例规定开展医疗器械临床试验的,由县级以上人民政府食品药品监督管理部门责令改正或者立即停止临床试验,可以处 5 万元以下罚款;造成严重后果的,依法对直接负责的主管人员和其他直接责任人员给予降级、撤职或者开除的处分;该机构 5 年内不得开展相关专业医疗器械临床试验。

申请人未按照现行《条例》和《医疗器械注册管理办法》的规定开展临床试验的,由县级以上人民政府食品药品监督管理部门责令改正或者立即停止临床试验,可以处 5 万元以下罚款;造成严重后果的,依法对直接负责的主管人员和其他直接责任人员给予降级、撤职或者开除的处分;该机构 5 年内不得开展相关专业医疗器械临床试验。该项处罚措施的实质是,剥夺其继续开展医疗器械临床试验业务的权利,使其不仅在经济效益上受到制裁,而且在业务资质上受到限制。

二、出具虚假临床试验报告法律责任

现行《条例》第六十九条第二款对出具虚假临床试验报告的法律责任进行了新的修改。该款规定:医疗器械临床试验机构出具虚假报告的,由县级以上人民政府食品药品监督管理部门处 5 万元以上 10 万元以下罚款;有违法所得的,没收违法所得;对直接负责的主管人员和其他直接责任人员,依法给予撤职或者开除的处分;该机构 10 年内不得开展相关专业医疗器械临床试验。

上述"医疗器械临床试验机构",指的是符合医疗器械临床试验机构条件,履行备案手续依法成立的机构。在实行备案管理前,是指合法获得资质、处于国家公布的资质名单中的医疗器械临床试验机构。不符合条件或没有履行备案手续的临床试验机构出具虚假报告的,按本条第一款的规定处理。这里的"虚假报告",应当指的是其内容足以掩盖医疗器械真实安全性、有效性的报告。譬如,

那些在临床试验结论处作出最终虚假结论的报告,属于虚假报告。如果临床试验报告中,某些内容不客观、不真实,但不构成报告的主体关键内容的,不影响医疗器械安全有效性的直接评价的,监管部门不宜将这样的报告定性为虚假报告。

对于医疗器械临床试验机构出具虚假报告的违法行为,现行《条例》规定的惩罚措施很严格。医疗器械临床试验机构一旦构成出具虚假报告的违法行为,10年内不能从事医疗器械临床试验工作,然后再处5万元以上10万元以下的罚款。如果出具虚假临床试验报告中有违法所得的,没收违法所得。对直接负责的主管人员和其他直接责任人员,依法给予撤职或者开除。

换言之,医疗器械临床试验机构出具虚假报告的最低违法代价,至少要丧失10年医疗器械临床试验业务机会再加上相应数额的罚款,其违法代价不可谓不大。而2000年版《条例》仅规定可责令改正,给予警告,可以处1万元以上3万元以下罚款。出现严重情节时,撤销其临床试用或者临床验证资格,并对主管人员和其他直接责任人员依法给予纪律处分。可见,现行《条例》的惩罚措施中,不仅有严厉的惩罚手段,而且有明确的惩罚内容。如同样是纪律处分,现行《条例》明确要求给予撤职或者开除,排除了其他记过、记大过等纪律处分的适用。

点滴积累 ╲

1. 现行《条例》对医疗器械临床试验机构的成立实行备案管理,放弃了此前一直实行的资质认定的管理办法。

2. 出具虚假的医疗器械临床试验报告的临床试验机构,将在10年内不得开展医疗器械临床试验活动。

3. 2014年版和2017年版《条例》均对违规开展医疗器械临床试验以及出具虚假临床试验报告规定了严格的法律责任。

目标检测

一、单选题

1. 现行有效的《医疗器械注册管理办法》发布的编号是(   )。

    A. 局令第12号   B. 总局令第4号   C. 局令第16号   D. 总局令第5号

2. 对保障人体健康和生命安全的技术要求,应当制定为(   )。

    A. 医疗器械强制性国家标准和推荐性行业标准

    B. 医疗器械推荐性国家标准和强制性行业标准

    C. 医疗器械强制性国家标准和强制性行业标准

    D. 医疗器械推荐性国家标准和推荐性行业标准

3. 对满足基础通用、与强制性标准配套、对医疗器械产业起引领作用等需要的技术要求,可以制定为(   )。

    A. 医疗器械强制性国家标准和推荐性行业标准

    B. 医疗器械推荐性国家标准和强制性行业标准

C. 医疗器械强制性国家标准和强制性行业标准

D. 医疗器械推荐性国家标准和推荐性行业标准

4. 新修订的《医疗器械标准管理办法》,自(　　)起施行。

    A. 2016 年 7 月 1 日   B. 2017 年 7 月 1 日

    C. 2016 年 9 月 1 日   D. 2017 年 9 月 1 日

5. 关于医疗器械产品技术要求,说法错误的是(　　)。

    A. 产品技术要求主要包括医疗器械成品的性能指标和检验方法

    B. 产品技术要求就是标准

    C. 产品技术要求发挥了标准的类似作用

    D. 2014 年《条例》修订时,以产品技术要求代替了注册产品标准

6. 关于医疗器械注册检验,说法错误的是(　　)。

    A. 申请第二类、第三类医疗器械注册,应当进行注册检验

    B. 医疗器械检验机构应当依据产品技术要求对相关产品进行注册检验

    C. 注册检验由具有资质的医疗器械检验机构进行

    D. 注册检验没有通过的,也可以进入临床试验环节

7. 关于医疗器械临床试验管理的说法,错误的是(　　)。

    A. 第一类医疗器械不需要临床试验

    B. 需要进行临床试验的第二类医疗器械应该进行备案

    C. 医疗器械临床试验是当前评价医疗器械安全有效性的最主要方式

    D. 医疗器械临床试验机构实行资质认定

8. 根据 2017 年版《条例》,出具虚假的医疗器械临床试验报告的临床试验机构,将在(　　)内不得开展医疗器械临床试验活动。

    A. 5 年   B. 10 年   C. 15 年   D. 20 年

9. 医疗器械临床试验机构应当具备的条件及备案管理办法和临床试验质量管理规范,由国家药品监督管理部门会同(　　)制定并公布。

    A. 国务院工商管理部门   B. 国务院质量监督管理部门

    C. 国务院卫生健康主管部门   D. 国务院发展改革委员会

10. 医疗器械临床试验一般应当在(　　)以上医疗器械临床试验机构中进行。

    A. 一个   B. 两个   C. 三个   D. 四个

二、多选题

1. 违法规定进行医疗器械临床试验的,可以由县级以上人民政府药品监督管理部门(　　)。

    A. 责令改正或者立即停止临床试验

    B. 可以处 5 万元以下罚款;造成严重后果的

    C. 该机构 5 年内不得开展相关专业医疗器械临床试验

D. 依法对直接负责的主管人员和其他直接责任人员给予降级、撤职或者开除的处分

2. 医疗器械产品在临床试验环节的三大做法(　　)。

  A. 临床试验豁免　　　　　　　　　B. 临床试验备案

  C. 临床试验审批　　　　　　　　　D. 以上说法都不对

3. 关于医疗器械临床试验伦理委员会的说法,正确的是(　　)。

  A. 应当有不同性别的委员

  B. 应当至少由 5 名委员组成,至少有一名为法律工作者

  C. 委员应当具有评估和评价该项临床试验的科学、医学和伦理学等方面的资格或者经验

  D. 所有委员应当熟悉医疗器械临床试验的伦理准则和相关规定,并遵守伦理委员会的章程

4. 医疗器械安全有效性评价的方式包括(　　)。

  A. 临床试验　　　　B. 同品种比对　　　　C. 非临床评价　　　　D. 以上说法都不对

5. 医疗器械临床试验的目的是评价受试产品是否具有预期的(　　)。

  A. 安全性　　　　B. 可靠性　　　　C. 实用性　　　　D. 有效性

ER-03章习题

第四章

ER-04章PPT

医疗器械产品备案与注册

导学情景 ∨

情景描述：

　　某药品监督管理部门两次接到举报，反映某公司生产销售产品规格为 24G 的留置针针管，该产品无医疗器械注册证。该部门同时收到上级药品监督管理部门转来的相同举报材料。经调查，该公司取得的静脉留置针针管的规格型号有 6 种（14G、16G、18G、20G、22G、23G），规格为 24G 的静脉留置针针管到该局调查之日未取得《医疗器械注册证》。

学前导语：

　　1. 医疗器械产品是否一定要具有医疗器械注册证书？

　　2. 我国对医疗器械注册管理有哪些规定？

第一节　概述

　　医疗器械注册，是指药品监督管理部门根据医疗器械注册申请人的申请，依照法定程序，对其拟上市医疗器械的安全性、有效性研究及其结果进行系统评价，以决定是否同意其申请的过程。医疗器械备案，是指医疗器械备案人向药品监督管理部门提交备案资料，药品监督管理部门对提交的备案资料存档备查。根据现行《条例》第八条的规定，国家对第二类、第三类医疗器械实行注册管理，对第一类医疗器械实行备案管理。医疗器械注册人、备案人以自己名义把产品推向市场，对产品负法律责任。

一、备案注册的基本要求

　　医疗器械注册申请人和备案人应当建立与产品研制、生产有关的质量管理体系，并保持有效运行。按照创新医疗器械特别审批程序审批的境内医疗器械申请注册时，样品委托其他企业生产的，应当委托具有相应生产范围的医疗器械生产企业；不属于按照创新医疗器械特别审批程序审批的境内医疗器械申请注册时，样品不得委托其他企业生产。

　　办理医疗器械注册或者备案事务的人员应当具有相应的专业知识，熟悉医疗器械注册或者备案管理的法律、法规、规章和技术要求。医疗器械申请人或者备案人申请注册或者办理备案，应当遵循医疗器械安全有效基本要求，保证研制过程规范，所有数据真实、完整和可溯源。申请注册或者办理备案的资料应当使用中文。根据外文资料翻译的，应当同时提供原文。引用未公开发表的文献资料时,应当提供资料所有者许可使用的证明文件。申请人、备案人对资料的真实性负责。

申请注册或者办理备案的进口医疗器械,应当在申请人或者备案人注册地或者生产地址所在国家(地区)已获准上市销售。申请人或者备案人注册地或者生产地址所在国家(地区)未将该产品作为医疗器械管理的,申请人或者备案人需提供相关证明文件,包括注册地或者生产地址所在国家(地区)准许该产品上市销售的证明文件。境外申请人或者备案人应当通过其在中国境内设立的代表机构或者指定中国境内的企业法人作为代理人,配合境外申请人或者备案人开展相关工作。

代理人除办理医疗器械注册或者备案事宜外,还应当承担以下责任:①与相应药品监督管理部门、境外申请人或者备案人的联络;②向申请人或者备案人如实、准确传达相关的法规和技术要求;③收集上市后医疗器械不良事件信息并反馈境外注册人或者备案人,同时向相应的药品监督管理部门报告;④协调医疗器械上市后的产品召回工作,并向相应的药品监督管理部门报告;⑤其他涉及产品质量和售后服务的连带责任。

二、备案注册的实践发展

医疗器械注册的目的是为了规范医疗器械的注册管理,保证医疗器械使用的安全、有效。我国对医疗器械进行管理以来,上市前的监管至今经历了以下四个历史阶段:

(一) 1996 年,原国家医药管理局发布《医疗器械注册管理办法》

我国对医疗器械实施注册管理始于 1996 年,当时的国家医药管理局发布了《医疗器械注册管理办法》(局令第 16 号),从 1997 年 1 月 1 日起执行。这是第一次对医疗器械的申请注册做出正式规定,未经注册的医疗器械不得进入市场。该规定形成了我国医疗器械分级分类管理的雏形,按照风险程度将医疗器械分为三类。因此,这也是我国首次探索医疗器械的管理制度,为后续制度的发展打下了基础。

(二) 2004 年,原国家食品药品监督管理局修订《医疗器械注册管理办法》

2000 年版《条例》自该年 4 月 1 日实施后,我国开始以法定的形式对医疗器械实行注册管理。2000 年 4 月 10 日,我国开始实施《医疗器械注册管理办法》(原国家药品监督管理局第 16 号令)。2003 年,我国成立国家食品药品监督管理局。2004 年 8 月 9 日,原国家食品药品监督管理局对《医疗器械注册管理办法》进行了修订,进一步明确了在我国境内销售、使用的医疗器械均应按《医疗器械注册管理办法》的规定申请注册,未获准注册的医疗器械不得销售使用。根据该办法,我国建立了产品检测、体系审查、技术审评、行政审批等与医疗器械注册相关的操作程序,逐步实现了审批程序和工作程序的规范化运作。医疗器械注册工作从制度建设,完善工作程序、统一技术审查尺度等方面,逐一得到了完善。

(三) 2007 年,原国家食品药品监督管理局颁布《体外诊断试剂注册管理办法》

2007 年 4 月 19 日,原国家食品药品监督管理局以《关于印发体外诊断试剂注册管理办法(试行)的通知》(国食药监械〔2007〕229 号)的形式颁布实施了《体外诊断试剂注册管理办法(试行)》。该《体外诊断试剂注册管理办法(试行)》对划归医疗器械管理的体外诊断试剂的注册工作做出了具体的规定,明确了体外诊断试剂注册的要求、程序以及法律责任。另外,为了应对紧急情况下医疗器械使用的需要,原国家食品药品监督管理局还于 2009 年 8 月 28 日发布了《关于印发医疗器械应急审批程序的通知》(国食药监械〔2009〕565 号),这对于完善医疗器械的应急管理有着重大意义。

2014 年 2 月 7 日,原国家食品药品监督管理总局发布《关于印发创新医疗器械特别审批程序(试行)的通知》(食药监械管〔2014〕13 号)。国家鼓励医疗器械的研究与创新,对创新医疗器械实行特别审批,促进医疗器械新技术的推广与应用,推动医疗器械产业的发展。发布这一特别审批程序的目的,正是为了支持医疗器械创新技术的应用,促进科技专利向产业行业的转化,更重要的是提升中国医疗器械的创新水平,脱离仿制、模仿先进技术的怪圈。该程序是药品监督管理部门为促进医疗器械创新发展而推出的重要措施,将对鼓励医疗器械的研究与创新,促进医疗器械新技术的推广和应用,推动医疗器械产业发展起到积极作用。

(四) 2014 年,国家实施新的《医疗器械注册管理办法》和《体外诊断试剂注册管理办法》

ER-4-1

医疗器械注册管理办法

2014 年 6 月 1 日,实施的《条例》对医疗器械注册制度有了新的发展,首次规定第一类医疗器械不需要实施注册,仅对第二类、第三类医疗器械实行注册管理。为了配合注册制度的改革,当年新成立的国家食品药品监督管理总局发布了新修订的《医疗器械注册管理办法》(国家食品药品监督管理总局令第 4 号)(以下简称《注册管理办法》)和《体外诊断试剂注册管理办法》(国家食品药品监督管理总局令第 5 号),两者都从 2014 年 10 月 1 日起同时施行。

点滴积累 ∨

1. 现行的医疗器械注册管理法规是《医疗器械注册管理办法》(国家食品药品监督管理总局令第 4 号)。
2. 国家对第二类、第三类医疗器械实行注册管理,对第一类医疗器械实行备案管理。
3. 医疗器械注册申请人和备案人需要熟悉医疗器械注册或者备案管理的法律、法规、规章和技术要求。

第二节　医疗器械产品备案

医疗器械备案是指医疗器械备案人向药品监督管理部门提交备案资料,药品监督管理部门对提交的备案资料存档备查。实行备案的医疗器械为第一类医疗器械产品目录和相应体外诊断试剂分类子目录中的第一类医疗器械。凡在中华人民共和国境内销售、使用的第一类医疗器械,均应当按照规定申请备案,未获准备案的第一类医疗器械,不得销售、使用。

一、产品备案要求与资料

(一) 备案基本要求

对于 2014 年 6 月 1 日前,按照 2000 年版《条例》要求已获准第一类医疗器械注册且在第一类医疗器械产品目录和相应体外诊断试剂分类子目录中的,企业应当在注册证有效期届满前,按照相关规定办理备案。注册证有效期届满前,企业可继续使用经注册审查的医疗器械说明书以及原标签、包装标识。在注册证有效期内,原注册证载明内容发生变化的,企业应当按照相关规定办理备案。

对于2014年6月1日前,按照2000年版《条例》要求已获准第一类医疗器械注册,重新分类后属于第二类或者第三类医疗器械的,企业应当按照相关规定申请注册。

(二) 医疗器械备案资料

按照现行《条例》第九条的规定,第一类医疗器械产品的备案和第二类、第三类医疗器械的注册一样,需要提交相关资料证明产品的安全有效性。办理医疗器械备案,备案人应当按照相关要求提交备案资料,并对备案资料的真实性、完整性、合规性负责。申请办理备案的资料应当使用中文。根据外文资料翻译的,应当同时提供原文。引用未公开发表的文献资料时,应当提供资料所有者许可使用的证明文件。第一类医疗器械备案需要递交的资料见表4-1。

表4-1　第一类医疗器械备案需要递交的资料

资料名称	要　　求
产品风险分析资料	
产品技术要求	产品技术要求主要包括医疗器械成品的性能指标和检验方法
产品检验报告	产品检验报告可以是备案人的自检报告
临床评价资料	临床评价资料不包括临床试验报告,可以是通过文献、同类产品临床使用获得的数据证明该医疗器械安全、有效的资料
产品说明书及标签样稿	
与产品研制、生产有关的质量管理体系文件	
证明产品安全、有效所需的其他资料	

根据现行《条例》以及配套规章的要求,国家对第一类医疗器械和体外诊断试剂实现备案。原国家食品药品监督管理总局《关于第一类医疗器械备案有关事项的公告》(2014年第26号)中,对第一类医疗器械备案资料提出了具体的要求。医疗器械企业在备案时需要提交的资料包括:

1. 第一类医疗器械备案信息表,如表4-2所示。

2. **安全风险分析报告**　应按照YY/T 0316-2008《医疗器械风险管理对医疗器械的应用》的有关要求编制安全风险分析报告,主要包括:医疗器械预期用途和与安全性有关特征的判定、危害的判定、估计每个危害处境的风险;对每个已判定的危害处境,评价和决定是否需要降低风险;风险控制措施的实施和验证结果,必要时应引用检测和评价性报告;任何一个或多个剩余风险的可接受性评定等内容。

体外诊断试剂应对产品寿命周期的各个环节从预期用途、可能的使用错误、与安全性有关的特征、已知和可预见的危害等方面来判定产品风险,对患者可能产生的风险进行分析,在风险评价及风险控制的基础上形成风险管理报告。

表 4-2　第一类医疗器械备案信息表

备案号：

备案人 名称	
备案人组织机构代码	（境内医疗器械适用）
备案人注册地址	
生产地址	
代理人	（进口医疗器械适用）
代理人注册地址	（进口医疗器械适用）
产品名称	
型号/规格	
产品描述	
预期用途	
备注	
备案单位 和日期	＊＊食品药品监督管理局 （国家食品药品监督管理总局） 备案日期：　　　年　　月　　日
变更情况	＊＊＊＊年＊＊月＊＊日,＊＊变更为＊＊。

3. **产品技术要求**　备案人应当编制拟备案医疗器械的产品技术要求。产品技术要求主要包括医疗器械成品的性能指标和检验方法。产品技术要求应按照《医疗器械产品技术要求编写指导原则》编制。

4. **产品检验报告**　产品检验报告应为产品全性能自检报告或委托检验报告,检验的产品应当具有典型性。

5. **临床评价资料**　对于临床评价资料,填表时要求:①详述产品预期用途,包括产品所提供的功能,并描述其适用的医疗阶段(如治疗后的监测、康复等),目标用户及其操作该产品应具备的技能/知识/培训;预期与其组合使用的器械;②详述产品预期使用环境,包括该产品预期使用的地点如医院、医疗/临床实验室、救护车、家庭等,以及可能会影响其安全性和有效性的环境条件(如温度、湿度、功率、压力、移动等);③详述产品适用人群,包括目标患者人群的信息(如成人、儿童或新生儿),患者选择标准的信息,以及使用过程中需要监测的参数、考虑的因素;④详述产品禁忌证,如适用应明确说明该医疗器械禁止使用的疾病或情况;⑤已上市同类产品临床使用情况的比对说明;⑥同类产品不良事件情况说明。

6. **产品说明书及最小销售单元标签设计样稿**　进口医疗器械产品说明书应符合相应法规规定,应提交境外政府主管部门批准或者认可的说明书原文及其中文译本。体外诊断试剂产品应按照《体外诊断试剂说明书编写指导原则》的有关要求,并参考有关技术指导原则编写产品说明书。进口体外诊断试剂产品应提交境外政府主管部门批准或者认可的说明书原文及其中文译本。

7. 生产制造信息　对生产过程相关情况的概述。无源医疗器械应明确产品生产加工工艺,注明关键工艺和特殊工艺。有源医疗器械应提供产品生产工艺过程的描述性资料,可采用流程图的形式,概述生产过程。体外诊断试剂应描述主要生产工艺,包括:固相载体、显色系统以及确定依据。反应体系包括样本采集及处理、样本要求、样本用量、试剂用量、反应条件、校准方法(如果需要)、质控方法等。另外还应概述研制、生产场地的实际情况。

8. 证明性文件　境内备案人提供的证明性文件包括:企业营业执照复印件、组织机构代码证复印件。境外备案人应该提供境外备案人企业资格证明文件,境外备案人注册地或生产地址所在国家(地区)医疗器械主管部门出具的允许产品上市销售的证明文件。备案人注册地或生产地址所在国家(地区)不把该产品作为医疗器械管理的,备案人需提供相关证明文件,包括备案人注册地或生产地址所在国家(地区)准许该产品合法上市销售的证明文件。如该证明文件为复印件,应经当地公证机关公证。另外,境外备案人还应准备在中国境内指定代理人的委托书、代理人承诺书及营业执照副本复印件或者机构登记证明复印件等资料。

9. 符合性声明　包括:①声明符合医疗器械备案相关要求;②声明本产品符合第一类医疗器械产品目录或相应体外诊断试剂分类子目录的有关内容;③声明本产品符合现行国家标准、行业标准并提供符合标准的清单;④声明所提交备案资料的真实性。

二、备案流程与备案变更

(一) 医疗器械备案流程

办理医疗器械备案,备案人应当按照现行《条例》第九条的规定提交备案资料。其中:境内第一类医疗器械备案,备案人向设区的市级药品监督管理部门提交备案资料;进口第一类医疗器械备案,备案人向国家药品监督管理局提交备案资料;香港、澳门、台湾地区医疗器械的注册、备案,参照进口医疗器械办理。备案机关见表4-3。

表4-3　备案机关一览表

医疗器械类别	备案机关
境内第一类医疗器械	设区的市级药品监督管理部门备案
境外第一类医疗器械	国家药品监督管理局备案
台湾、香港、澳门地区医疗器械	除另有规定外,参照境外医疗器械办理

备案资料符合要求的,药品监督管理部门应当当场予以备案。备案资料不齐全或者不符合规定形式的,应当一次告知需要补正的全部内容,由备案人补正后备案。对不予备案的,应当告知备案人并说明理由。

对予已备案的医疗器械,药品监督管理部门应当按照相关要求的格式制作备案凭证,并将备案信息表中登载的信息在其网站上予以公布。药品监督管理部门按照第一类医疗器械备案操作规范开展备案工作。备案人应当将备案号标注在医疗器械说明书和标签中。

知识链接

如何识别第一类医疗器械备案号?

第一类医疗器械备案号的编排方式为: ×1 械备 ××××2 ××××3 号。

其中:

×1 为备案部门所在地的简称:

进口第一类医疗器械为"国"字;

境内第一类医疗器械为备案部门所在的省、自治区、直辖市简称加所在设区的市级行政区域的简称（无相应设区的市级行政区域时，仅为省、自治区、直辖市的简称）;

××××2 为备案年份;

××××3 为备案流水号。

（二）医疗器械产品备案变更

已备案的医疗器械,备案信息表中登载内容及备案的产品技术要求发生变化的,备案人应当提交变化情况的说明及相关证明文件,向原备案部门提出变更备案信息。备案资料符合形式要求的,药品监督管理部门应当将变更情况登载于变更信息中,将备案资料存档。

已备案的医疗器械管理类别调整的,备案人应当主动向药品监督管理部门提出取消原备案;管理类别调整为第二类或者第三类医疗器械的,按照《注册管理办法》规定申请注册。变更备案资料包括:

1. 变化情况说明及相关证明文件　变化情况说明应附备案信息表变化内容比对列表。涉及产品技术要求变化的,应提供产品技术要求变化内容比对表。变更产品名称(体外诊断试剂为产品分类名称,以下同)、产品描述、预期用途的,变更后的内容应与第一类医疗器械产品目录和相应体外诊断试剂子目录相应内容一致。其中,产品名称应当与目录所列内容相同;产品描述、预期用途,应当与目录所列内容相同或者少于目录内容。相应证明文件应详实、全面、准确。

2. 证明性文件　境内备案人应提供:企业营业执照副本复印件、组织机构代码证副本复印件。境外备案人分不同情况提供证明性文件,如变更事项在境外备案人注册地或生产地址所在国家(地区)应当获得新的医疗器械主管部门出具的允许产品上市销售证明文件的,应提交新的上市证明文件。如该证明文件为复印件,应经当地公证机关公证。另外,境外备案人还要提供在中国境内指定代理人的委托书、代理人承诺书及营业执照副本复印件或者机构登记证明复印件。

3. 符合性声明　其内容要包括:声明符合医疗器械备案相关要求;声明本产品符合第一类医疗器械产品目录和相应体外诊断试剂分类子目录的有关内容;声明本产品符合现行国家标准、行业标准并提供符合标准的清单;声明所提交备案资料的真实性。

点滴积累 ⋁

1. 实行备案的医疗器械为第一类医疗器械产品目录和相应体外诊断试剂分类子目录中的第一

类医疗器械。

2. 境内第一类医疗器械在设区的市级药品监督管理部门备案，进口及香港、澳门、台湾地区医疗器械在国家药品监督管理局备案。

3. 已备案的医疗器械，备案信息表中登载内容及备案的产品技术要求发生变化的需要进行变更。

第三节　医疗器械产品注册

医疗器械注册是药品监督管理部门根据医疗器械注册申请人的申请，依照法定程序，对其拟上市医疗器械的安全性、有效性研究及其结果进行系统评价，以决定是否同意其申请的过程。在中华人民共和国境内销售、使用的第二类、第三类医疗器械，应当按照规定申请注册。

一、注册申请与受理

（一）注册申请

申请医疗器械注册，申请人应当按照相关要求向药品监督管理部门报送申报资料。注册申请需要提交的资料在现行《条例》第九条有具体的规定。2017 年，原国家食品药品监督管理总局依职责共受理医疗器械注册、延续注册和许可事项变更申请6834 项，与 2016 年相比注册受理项目减少23.4% 。受理境内第三类医疗器械注册申请2457 项，受理进口医疗器械注册申请4377 项。按注册品种区分，医疗器械注册申请4748 项，体外诊断试剂注册申请2086 项。按注册形式区分，首次注册申请1429 项，占全部医疗器械注册申请的20.9% ；延续注册申请3306 项，占全部医疗器械注册申请的48.4% ；许可事项变更注册申请2099 项，占全部医疗器械注册申请的30.7% 。

2014 年9 月5 日，在原国家食品药品监督管理总局《关于公布医疗器械注册申报资料要求和批准证明文件格式的公告》（2014 年第 43 号）中，以附件的形式对注册申报资料列出了具体的要求，见表4-4。

注册申报资料应有所提交资料目录，包括申报资料的一级和二级标题。每项二级标题对应的资料应单独编制页码。具体的文件要求包括：

1. 证明性文件

（1）境内申请人应当提交：①企业营业执照副本复印件和组织机构代码证复印件；②按照《创新医疗器械特别审批程序审批》的境内医疗器械申请注册时，应当提交创新医疗器械特别审批申请审查通知单，样品委托其他企业生产的，应当提供受托企业生产许可证和委托协议。生产许可证生产范围应涵盖申报产品类别。

（2）境外申请人应当提交：①境外申请人注册地或生产地址所在国家（地区）医疗器械主管部门出具的允许产品上市销售的证明文件、企业资格证明文件；②境外申请人注册地或者生产地址所在国家（地区）未将该产品作为医疗器械管理的，申请人需要提供相关证明文件，包括注册地或者生产地址所在国家（地区）准许该产品上市销售的证明文件；③境外申请人在中国境内指定代理人的委托书、代理人承诺书及营业执照副本复印件或者机构登记证明复印件。

表 4-4 医疗器械注册申报资料要求

申报资料一级标题	申报资料二级标题
申请表	
证明性文件	
医疗器械安全有效基本要求清单	
综述资料	概述
	产品描述
	型号规格
	包装说明
	适用范围和禁忌证
	参考同类产品或前代产品的情况(如有)
	其他需说明的内容
研究资料	产品性能研究
	生物相容性评价研究
	生物安全性研究
	灭菌和消毒工艺研究
	有效期和包装研究
	动物研究
	软件研究
	其他
生产制造信息	无源产品/有源产品生产过程信息描述
	生产场地
临床评价资料	
产品风险分析资料	
产品技术要求	
产品注册检验报告	注册检验报告
	预评价意见
说明书和标签样稿	说明书
	最小销售单元的标签样稿
符合性声明	

2. 医疗器械安全有效基本要求清单 说明产品符合《医疗器械安全有效基本要求清单》各项适用要求所采用的方法,以及证明其符合性的文件。对于《医疗器械安全有效基本要求清单》中不适用的各项要求,应当说明其理由。

对于包含在产品注册申报资料中的文件,应当说明其在申报资料中的具体位置;对于未包含在产品注册申报资料中的文件,应当注明该证据文件名称及其在质量管理体系文件中的编号备查。

3. 综述资料

(1) 概述:描述申报产品的管理类别、分类编码及名称的确定依据。

(2) 产品描述:①无源医疗器械,描述产品工作原理、作用机理(如适用)、结构组成(含配合使用的附件)、主要原材料,以及区别于其他同类产品的特征等内容;必要时提供图示说明;②有源医疗器械,描述产品工作原理、作用机理(如适用)、结构组成(含配合使用的附件)、主要功能及其组成部件(关键组件和软件)的功能,以及区别于其他同类产品的特征等内容;必要时提供图示说明。

(3) 型号规格:对于存在多种型号规格的产品,应当明确各型号规格的区别。应当采用对比表及带有说明性文字的图片、图表,对于各种型号规格的结构组成(或配置)、功能、产品特征和运行模式、性能指标等方面加以描述。

(4) 包装说明:有关产品包装的信息,以及与该产品一起销售的配件包装情况;对于无菌医疗器械,应当说明与灭菌方法相适应的最初包装的信息。

(5) 适用范围和禁忌证:①适用范围:应当明确产品所提供的治疗、诊断等符合现行《条例》第七十六条定义的目的,并可描述其适用的医疗阶段(如治疗后的监测、康复等);明确目标用户及其操作该产品应当具备的技能/知识/培训;说明产品是一次性使用还是重复使用;说明预期与其组合使用的器械;②预期使用环境:该产品预期使用的地点如医疗机构、实验室、救护车、家庭等,以及可能会影响其安全性和有效性的环境条件(如,温度、湿度、功率、压力、移动等);③适用人群:目标患者人群的信息(如成人、儿童或新生儿),患者选择标准的信息,以及使用过程中需要监测的参数、考虑的因素;④禁忌证:如适用,应当明确说明该器械不适宜应用的某些疾病、情况或特定的人群(如儿童、老年人、孕妇及哺乳期妇女、肝肾功能不全者)。

(6) 参考的同类产品或前代产品应当提供同类产品(国内外已上市)或前代产品(如有)的信息,阐述申请注册产品的研发背景和目的。对于同类产品,应当说明选择其作为研发参考的原因。同时列表比较说明产品与参考产品(同类产品或前代产品)在工作原理、结构组成、制造材料、性能指标、作用方式(如植入、介入),以及适用范围等方面的异同。

(7) 其他需说明的内容:对于已获得批准的部件或配合使用的附件,应当提供批准文号和批准文件复印件;预期与其他医疗器械或通用产品组合使用的应当提供说明;应当说明系统各组合医疗器械间存在的物理、电气等连接方式。

4. 研究资料 根据所申报的产品,提供适用的研究资料。

(1) 产品性能研究:应当提供产品性能研究资料以及产品技术要求的研究和编制说明,包括功能性、安全性指标(如电气安全与电磁兼容、辐射安全)以及与质量控制相关的其他指标的确定依据,所采用的标准或方法、采用的原因及理论基础。

(2) 生物相容性评价研究:应对成品中与患者和使用者直接或间接接触的材料的生物相容性进行评价。生物相容性评价研究资料应当包括:①生物相容性评价的依据和方法;②产品所用材料的描述及与人体接触的性质;③实施或豁免生物学试验的理由和论证;④对于现有数据或试验结果的评价。

(3) 生物安全性研究:对于含有同种异体材料、动物源性材料或生物活性物质等具有生物安全风险类产品,应当提供相关材料及生物活性物质的生物安全性研究资料。包括说明组织、细胞和材料的获取、加工、保存、测试和处理过程;阐述来源(包括捐献者筛选细节),并描述生产过程中对病毒、其他病原体及免疫源性物质去除或灭活方法的验证试验;工艺验证的简要总结。

（4）灭菌/消毒工艺研究：①生产企业灭菌，应明确灭菌工艺（方法和参数）和无菌保证水平（SAL），并提供灭菌确认报告；②终端用户灭菌，应当明确推荐的灭菌工艺（方法和参数）及所推荐的灭菌方法确定的依据；对可耐受两次或多次灭菌的产品，应当提供产品相关推荐的灭菌方法耐受性的研究资料；③残留毒性，如灭菌使用的方法容易出现残留，应当明确残留物信息及采取的处理方法，并提供研究资料；④终端用户消毒，应当明确推荐的消毒工艺（方法和参数）以及所推荐消毒方法确定的依据。

（5）产品有效期和包装研究：①有效期的确定，如适用，应当提供产品有效期的验证报告；②对于有限次重复使用的医疗器械，应当提供使用次数验证资料；③包装及包装完整性：在宣称的有效期内以及运输储存条件下，保持包装完整性的依据。

（6）临床前动物试验：如适用，应当包括动物试验研究的目的、结果及记录。

（7）软件研究：含有软件的产品，应当提供一份单独的医疗器械软件描述文档，内容包括基本信息、实现过程和核心算法，详尽程度取决于软件的安全性级别和复杂程度。同时，应当出具关于软件版本命名规则的声明，明确软件版本的全部字段及字段含义，确定软件的完整版本和发行所用的标识版本。

（8）其他资料：证明产品安全性、有效性的其他研究资料。

5. 生产制造信息　对于无源医疗器械，应当明确产品生产加工工艺，注明关键工艺和特殊工艺，并说明其过程控制点。明确生产过程中各种加工助剂的使用情况及对杂质（如残留单体、小分子残留物等）的控制情况。对于有源医疗器械，应当明确产品生产工艺过程，可采用流程图的形式，并说明其过程控制点。对于生产场地，有多个研制、生产场地，应当概述每个研制、生产场地的实际情况。

6. 临床评价资料　按照相应规定提交临床评价资料。进口医疗器械应提供境外政府医疗器械主管部门批准该产品上市时的临床评价资料。

7. 产品风险分析资料　产品风险分析资料是对产品的风险管理过程及其评审的结果予以记录所形成的资料。应当提供对于每项已判定危害的下列各个过程的可追溯性：①风险分析，包括医疗器械适用范围和与安全性有关特征的判定、危害的判定、估计每个危害处境的风险；②风险评价，对于每个已判定的危害处境，评价和决定是否需要降低风险；③风险控制措施的实施和验证结果，必要时应当引用检测和评价性报告，如医用电气安全、生物学评价等；④任何一个或多个剩余风险的可接受性评定。

8. 产品技术要求　医疗器械产品技术要求应当按照《医疗器械产品技术要求编写指导原则》的规定编制。产品技术要求一式两份，并提交两份产品技术要求文本完全一致的声明。

9. 产品注册检验报告　提供具有医疗器械检验资质的医疗器械检验机构出具的注册检验报告和预评价意见。

10. 产品说明书和最小销售单元的标签样稿　应当符合相关法规要求。

11. 符合性声明　①申请人声明本产品符合《医疗器械注册管理办法》和相关法规的要求；声明本产品符合《医疗器械分类规则》有关分类的要求；声明本产品符合现行国家标准、行业标准，并提供符合标准的清单。②所提交资料真实性的自我保证声明（境内产品由申请人出具，进口产品由申请人和代理人分别出具）。

（二）注册受理

药品监督管理部门收到申请后对申报资料进行形式审查,并根据下列情况分别作出处理:①申请事项属于本部门职权范围,申报资料齐全、符合形式审查要求的,予以受理;②申报资料存在可以当场更正的错误的,应当允许申请人当场更正;③申报资料不齐全或者不符合形式审查要求的,应当在5个工作日内一次告知申请人需要补正的全部内容,逾期不告知的,自收到申报资料之日起即为受理;④申请事项不属于本部门职权范围的,应当即时告知申请人不予受理。

药品监督管理部门受理或者不予受理医疗器械注册申请,应当出具加盖本部门专用印章并注明日期的受理或者不予受理的通知书,注册审批机关见表4-5。

表4-5　注册受理审批机关一览表

医疗器械类别	审批机关
境内第二类医疗器械	省、自治区、直辖市药品监督管理部门审批
境内第三类医疗器械	国家药品监督管理局审批
境外第二类、第三类医疗器械	国家药品监督管理局审批
台湾、香港、澳门地区医疗器械	除另有规定外,参照境外医疗器械办理

医疗器械注册申请直接涉及申请人与他人之间重大利益关系的,药品监督管理部门应当告知申请人、利害关系人可以依照法律、法规以及国家药品监督管理局的其他规定享有申请听证的权利;对医疗器械注册申请进行审查时,药品监督管理部门认为属于涉及公共利益的重大许可事项,应当向社会公告,并举行听证。

对于已受理的注册申请,申请人可以在行政许可决定作出前,向受理该申请的药品监督管理部门申请撤回注册申请及相关资料,并说明理由。

对新研制的尚未列入分类目录的医疗器械,申请人可以直接申请第三类医疗器械产品注册,也可以依据分类规则判断产品类别并向国家药品监督管理局申请类别确认后,申请产品注册或者办理产品备案。

直接申请第三类医疗器械注册的,国家药品监督管理局按照风险程度确定类别。境内医疗器械确定为第二类的,国家药品监督管理局将申报资料转申请人所在地省、自治区、直辖市药品监督管理部门审评审批;境内医疗器械确定为第一类的,国家药品监督管理局将申报资料转申请人所在地设区的市级药品监督管理部门备案。

二、注册审评与决定

为了做好第二类、第三类医疗器械注册的审批工作,2014年9月11日,原国家食品药品监督管理总局专门发文公布了相关注册审批操作规范,如《境内第二类医疗器械注册审批操作规范》(食药监械管〔2014〕209号)、《境内第三类和进口医疗器械注册审批操作规范》(食药监械管〔2014〕208号)。这两个规范是医疗器械注册管理部门审批第二类、第三类医疗器械注册时应该遵守的操作规范,已自2014年10月1日起施行。

（一）注册审评

受理注册申请的药品监督管理部门应当自受理之日起3个工作日内将申报资料转交技术审评机构。技术审评机构应当在60个工作日内完成第二类医疗器械注册的技术审评工作,在90个工作日内完成第三类医疗器械注册的技术审评工作。需要外聘专家审评、药械组合产品需与药品审评机构联合审评的,所需时间不计算在内,技术审评机构应当将所需时间书面告知申请人。

技术审评过程中需要申请人补正资料的,技术审评机构应当一次告知需要补正的全部内容。申请人应当在1年内按照补正通知的要求一次提供补充资料;技术审评机构应当自收到补充资料之日起60个工作日内完成技术审评。申请人补充资料的时间不计算在审评时限内。申请人对补正资料通知内容有异议的,可以向相应的技术审评机构提出书面意见,说明理由并提供相应的技术支持资料。申请人逾期未提交补充资料的,由技术审评机构终止技术审评,提出不予注册的建议,由药品监督管理部门核准后作出不予注册的决定。医疗器械注册审批流程见图4-1,注册审批规定期限见表4-6。

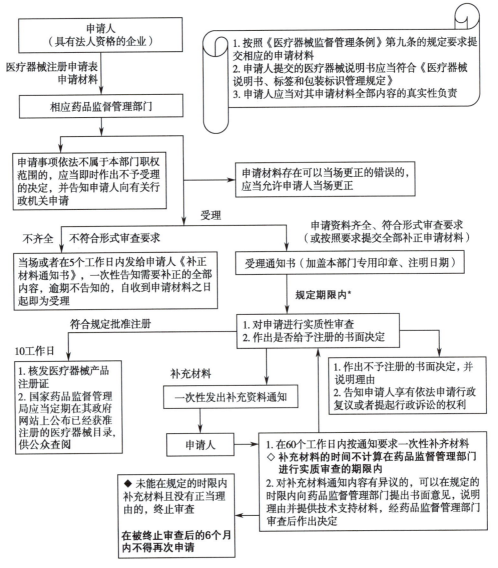

图4-1　医疗器械注册审批流程图

表4-6 注册审批规定期限

受理部门	审批时间	决定时间	备注
省、自治区、直辖市药品监督管理部门	60	20	在对注册申请进行审查的过程中,需要检测、专家评审和听证的,以及质量体系考核所需时间不计算在本条规定的期限内。药品监督管理部门应当将所需时间书面告知申请人
国家药品监督管理局	90	20	

药品监督管理部门在组织产品技术审评时可以调阅原始研究资料,并组织对申请人进行与产品研制、生产有关的质量管理体系核查。

境内第二类、第三类医疗器械注册质量管理体系核查,由省、自治区、直辖市药品监督管理部门开展,其中境内第三类医疗器械注册质量管理体系核查,由国家医疗器械技术审评中心通知相应省、自治区、直辖市药品监督管理部门开展核查,必要时参与核查。省、自治区、直辖市药品监督管理部门应当在30个工作日内根据相关要求完成体系核查。

国家医疗器械技术审评中心在对进口第二类、第三类医疗器械开展技术审评时,认为有必要进行质量管理体系核查的,通知国家药品监督管理局质量管理体系检查技术机构根据相关要求开展核查,必要时技术审评机构参与核查。质量管理体系核查的时间不计算在审评时限内。

(二) 医疗器械优先审批程序

为保障医疗器械临床使用需求,根据现行《条例》《国务院关于改革药品医疗器械审评审批制度的意见》(国发〔2015〕44号)等有关规定,原国家食品药品监督管理总局组织制定了《医疗器械优先审批程序》(2016年第168号),自2017年1月1日起施行。对符合下列条件之一的境内第三类和进口第二类、第三类医疗器械注册申请实施优先审批,符合优先审批条件见表4-7。

表4-7 符合优先审批条件一览表

申请医疗器械类别	优先审批条件
境内第三类医疗器械 进口第二类、第三类医疗器械	(一) 符合下列情形之一的医疗器械: 1. 诊断或者治疗罕见病,且具有明显临床优势 2. 诊断或者治疗恶性肿瘤,且具有明显临床优势 3. 诊断或者治疗老年人特有和多发疾病,且目前尚无有效诊断或者治疗手段 4. 专用于儿童,且具有明显临床优势 5. 临床急需,且在我国尚无同品种产品获准注册的医疗器械 (二) 列入国家科技重大专项或者国家重点研发计划的医疗器械 (三) 其他应当优先审批的医疗器械

需要按照优先程序审批的医疗器械,申请人应当向国家药品监督管理局提出优先审批申请。对于其他应当优先审批的医疗器械情形,由国家药品监督管理局广泛听取意见,并组织专家论证后确定。

国家药品监督管理局医疗器械注册申请受理部门对优先审批申请材料进行形式审查,对优先审批申请材料齐全且予以受理的注册申请项目,注明优先审批申请,转交国家医疗器械技术审评中心进行审核。对于优先审批的项目,省级药品监督管理部门优先安排医疗器械注册质量管理体系核查。

对于《医疗器械优先审批程序》第二条第(一)项情形的医疗器械优先审批申请以及其他应当优先审批的医疗器械,国家医疗器械技术审评中心每月集中组织专家论证审核,出具审核意见。经专家论证需要优先审批的,拟定予以优先审批。对于列入国家科技重大专项或者国家重点研发计划的医疗器械,国家医疗器械技术审评中心自收到申请之日起5个工作日内进行审核,符合优先审批情形的,拟定予以优先审批。

国家医疗器械技术审评中心将拟定优先审批项目的申请人、产品名称、受理号在其网站上予以公示,公示时间应当不少于5个工作日。公示期内无异议的,即优先进入审评程序,并告知申请人。对公示项目有异议的,应当在公示期内向国家医疗器械技术审评中心提交书面意见并说明理由。国家医疗器械技术审评中心应当在收到异议起10个工作日内,对相关意见进行研究,并将研究意见告知申请人和提出异议方。国家医疗器械技术审评中心经审核不予优先审批的,将不予优先审批的意见和原因告知申请人,并按常规审批程序办理。

对于优先审批的项目,国家医疗器械技术审评中心在技术审评过程中,应当按照相关规定积极与申请人进行沟通交流,必要时,可以安排专项交流。对于申请优先审批的境内医疗器械注册申请项目,国家医疗器械技术审评中心确认该产品属于第二类医疗器械的,受理部门及时将第二类医疗器械注册申报资料和分类意见转申请人所在地省级药品监督管理部门审评审批。对于优先审批的项目,国家医疗器械技术审评中心在技术审评报告中注明为优先审批项目,国家药品监督管理局优先进行行政审批。已经按照医疗器械应急审批程序、创新医疗器械特别审批程序进行审批的注册申请项目,不再执行优先审批程序。

(三) 创新医疗器械特别审批程序

为了保障医疗器械的安全、有效,鼓励医疗器械的研究与创新,促进医疗器械新技术的推广和应用,推动医疗器械产业发展,原国家食品药品监督管理总局组织制定了《创新医疗器械特别审批程序(试行)》(食药监械管〔2014〕13号),自2014年3月1日起施行。

根据《创新医疗器械特别审批程序(试行)》,药品监督管理部门对同时符合下列情形的医疗器械实施特别审批:①申请人经过其技术创新活动,在中国依法拥有产品核心技术发明专利权,或者依法通过受让取得在中国发明专利权或其使用权;或者核心技术发明专利的申请已由国务院专利行政部门公开;②产品主要工作原理/作用机理为国内首创,产品性能或者安全性与同类产品比较有根本性改进,技术上处于国际领先水平,并且具有显著的临床应用价值;③申请人已完成产品的前期研究并具有基本定型产品,研究过程真实和受控,研究数据完整和可溯源。

1. 创新医疗器械的申请　申请人申请创新医疗器械特别审批,应当填写《创新医疗器械特别审批申请表》,并提交相关申报资料,申报资料应当使用中文。原文为外文的,应当有中文译本。资料应当包括:

(1) 申请人企业法人资格证明文件。

(2) 产品知识产权情况及证明文件。

(3) 产品研发过程及结果的综述。

(4) 产品技术文件,至少应当包括:①产品的预期用途;②产品工作原理/作用机理;③产品主要技术指标及确定依据,主要原材料、关键元器件的指标要求,主要生产工艺过程及流程图,主要技术指标的检验方法。

（5）产品创新的证明性文件，至少应当包括：①信息或者专利检索机构出具的查新报告；②核心刊物公开发表的能够充分说明产品临床应用价值的学术论文、专著及文件综述；③国内外已上市同类产品应用情况的分析及对比（如有）；④产品的创新内容及在临床应用的显著价值。

（6）产品安全风险管理报告。

（7）产品说明书（样稿）。

（8）其他证明产品符合本程序第二条的资料。

（9）境外申请人应当委托中国境内的企业法人作为代理人或者由其在中国境内的办事机构提出申请，并提交以下文件：①境外申请人委托代理人或者其在中国境内办事机构办理创新医疗器械特别审批申请的委托书；②代理人或者申请人在中国境内办事机构的承诺书；③代理人营业执照或者申请人在中国境内办事机构的机构登记证明。

（10）所提交资料真实性的自我保证声明。

境内申请人应当向其所在地的省级药品监督管理部门提出创新医疗器械特别审批申请。省级药品监督管理部门对申报项目是否符合要求进行初审，并于 20 个工作日内出具初审意见。符合要求的，省级药品监督管理部门将申报资料和初审意见一并报送国家药品监督管理局行政受理服务中心。境外申请人应当向国家药品监督管理局提出创新医疗器械特别审批申请。

2. 创新医疗器械的审查　国家药品监督管理局受理创新医疗器械特别审批申请后，由创新医疗器械审查办公室组织专家进行审查，并于受理后 40 个工作日内出具审查意见。经创新医疗器械审查办公室审查，对拟进行特别审批的申请项目，应当在国家医疗器械技术审评中心网站将申请人、产品名称予以公示，公示时间应当不少于 10 个工作日。

创新医疗器械审查办公室在审查创新医疗器械特别审批申请时一并对医疗器械管理类别进行界定。对于境内企业申请，如产品被界定为第二类或第一类医疗器械，相应的省级或者设区市级药品监督管理部门可参照特别审批程序进行后续工作和审评审批。

3. 创新医疗器械的技术审评　对于创新医疗器械，医疗器械检测机构在进行注册检测时，应当及时对生产企业提交的注册产品标准进行预评价，对存在问题的，应当及时向生产企业提出修改建议。医疗器械检测机构应当在接受样品后优先进行医疗器械注册检测，并出具检测报告。经过医疗器械检测机构预评价的注册产品标准和《拟申请注册医疗器械产品标准预评价意见表》应当加盖检测机构印章，随检测报告一同出具。

创新医疗器械的临床试验应当按照医疗器械临床试验相关规定的要求进行，药品监督管理部门应当根据临床试验的进程进行监督检查。对于经审查同意按特别审批程序审批的创新医疗器械，申请人所在地药品监督管理部门应当指定专人，应申请人的要求及时沟通、提供指导。在接到申请人质量管理体系检查（考核）申请后，应当予以优先办理。

创新医疗器械临床研究工作需重大变更的，如临床试验方案修订，使用方法、规格型号、预期用途、适用范围或人群的调整等，申请人应当评估变更对医疗器械安全性、有效性和质量可控性的影响。产品主要工作原理或作用机理发生变化的创新医疗器械，应当按照特别审批程序重新申请。

对于创新医疗器械，在产品注册申请受理前以及技术审评过程中，国家医疗器械技术审评中心应当指定专人,应申请人的要求及时沟通、提供指导,共同讨论相关技术问题。对于创新医疗器械,申请人可填写创新医疗器械沟通交流申请表,就下列问题向国家医疗器械技术审评中心提出沟通交流申请:①重大技术问题;②重大安全性问题;③临床试验方案;④阶段性临床试验结果的总结与评价;⑤其他需要沟通交流的重要问题。

国家药品监督管理局受理创新医疗器械注册申请后,应当将该注册申请项目标记为"创新医疗器械",并及时进行注册申报资料流转。已受理注册申报的创新医疗器械,国家药品监督管理局医疗器械技术审评中心应当优先进行技术审评;技术审评结束后,国家药品监督管理局优先进行行政审批。

2017 年,原国家食品药品监督管理总局共收到创新医疗器械特别审批申请 273 项,完成 323 项审查(含 2016 年申请事项),确定 63 个产品进入创新医疗器械特别审批通道。批准注册分支型主动脉覆膜支架及输送系统等 12 个创新产品上市。其中,有源医疗器械 4 项,无源医疗器械 8 项,与 2016 相比总数增加 2 项。这些创新产品核心技术都有我国发明专利权或者发明专利申请已经国务院专利行政部门公开,产品主要工作原理/作用机理为国内首创,具有显著临床应用价值。

(四) 注册决定

受理注册申请的药品监督管理部门应当在技术审评结束后 20 个工作日内作出决定。对符合安全、有效要求的,准予注册,自作出审批决定之日起 10 个工作日内发给医疗器械注册证,经过核准的产品技术要求以附件形式发给申请人。对不予注册的,应当书面说明理由,并同时告知申请人享有申请复审和依法申请行政复议或者提起行政诉讼的权利。医疗器械注册证有效期为 5 年。

知识链接

教你认识医疗器械注册证书号

医疗器械注册证格式由国家药品监督管理局统一制定。

注册证编号的编排方式为:

×1 械注 ×2 ××××3 ×4 ××5 ××××6。　其中:

×1 为注册审批部门所在地的简称:

境内第三类医疗器械、进口第二类、第三类医疗器械为"国"字;

境内第二类医疗器械为注册审批部门所在地省、自治区、直辖市简称;

×2 为注册形式:

"准"字适用于境内医疗器械;

"进"字适用于进口医疗器械;

"许"字适用于香港、澳门、台湾地区的医疗器械;

××××3 为首次注册年份;

×4 为产品管理类别;

××5 为产品分类编码;

××××6 为首次注册流水号。

延续注册的, ××××3 和 ××××6 数字不变。 产品管理类别调整的,应当重新编号。

医疗器械注册证遗失的,注册人应当立即在原发证机关指定的媒体上登载遗失声明。自登载遗失声明之日起满 1 个月后,向原发证机关申请补发,原发证机关在 20 个工作日内予以补发。

（五）不予注册决定

对于已受理的注册申请,有下列情形之一的,药品监督管理部门作出不予注册的决定,并告知申请人:①申请人对拟上市销售医疗器械的安全性、有效性进行的研究及其结果无法证明产品安全、有效的;②注册申报资料虚假的;③注册申报资料内容混乱、矛盾的;④注册申报资料的内容与申报项目明显不符的;⑤不予注册的其他情形。

对于已受理的注册申请,有证据表明注册申报资料可能虚假的,药品监督管理部门可以中止审批。经核实后,根据核实结论继续审查或者作出不予注册的决定。

（六）注册救济

申请人对药品监督管理部门作出的不予注册决定有异议的,可以自收到不予注册决定通知之日起 20 个工作日内,向作出审批决定的药品监督管理部门提出复审申请。复审申请的内容仅限于原申请事项和原申报资料。药品监督管理部门应当自受理复审申请之日起 30 个工作日内作出复审决定,并书面通知申请人。维持原决定的,药品监督管理部门不再受理申请人再次提出的复审申请。

申请人对药品监督管理部门作出的不予注册的决定有异议,且已申请行政复议或者提起行政诉讼的,药品监督管理部门不受理其复审申请。注册申请审查过程中及批准后发生专利权纠纷的,应当按照有关法律、法规的规定处理。

对用于治疗罕见疾病以及应对突发公共卫生事件急需的医疗器械,药品监督管理部门可以在批准该医疗器械注册时要求申请人在产品上市后进一步完成相关工作,并将要求载明于医疗器械注册证中。

三、注册变更与延续

已注册的第二类、第三类医疗器械,医疗器械注册证及其附件载明的内容发生变化,注册人应当向原注册部门申请注册变更,并按照相关要求提交申报资料。医疗器械注册变更文件与原医疗器械注册证合并使用,其有效期与该注册证相同。取得注册变更文件后,注册人应当根据变更内容自行修改产品技术要求、说明书和标签。医疗器械注册事项包括许可事项和登记事项。许可事项包括产品名称、型号、规格、结构及组成、适用范围、产品技术要求、进口医疗器械的生产地址等;登记事项包括注册人名称和住所、代理人名称和住所、境内医疗器械的生产地址等。

（一）许可事项变更

产品名称、型号、规格、结构及组成、适用范围、产品技术要求、进口医疗器械生产地址等发生变化的,注册人应当向原注册部门申请许可事项变更。申请许可变更的企业,应该提交如下资料:①申请表;②证明性文件;③注册人关于变更情况的声明;④原医疗器械注册证及其附件复印件、历次医疗器械注册变更文件复印件;⑤变更申请项目申报资料;⑥与产品变化相关的安全风险管理报告;⑦变化部分对产品安全性、有效性影响的资料:分析并说明变化部分对产品安全性、有效性的影响,并提供相关的研究资料。适用范围变化的必须提供临床评价资料;⑧针对产品技术要求变化部分的注册检验报告;⑨符合性声明。

对于要提交的证明性文件,境内外的注册人提交的资料不同。境内注册人应当提交企业营业执照副本复印件和组织机构代码证复印件。对于境外注册人,如变更事项在境外注册人注册地或生产地址所在国家(地区),需要获得新的医疗器械主管部门出具的允许产品上市销售证明文件和新的企业资格证明文件的,应当提交相应文件;如变更事项不需要获得注册人注册地或生产地址所在国家(地区)医疗器械主管部门批准的,应当予以说明。另外,境外注册人还需要提交在中国境内指定代理人的委托书、代理人承诺书及营业执照副本复印件或者机构登记证明复印件。

对于变更申请项目申报资料要求,根据具体变更情况选择提交以下文件:①产品名称变化的对比表及说明;②产品技术要求变化的对比表及说明;③型号、规格变化的对比表及说明;④结构及组成变化的对比表及说明;⑤产品适用范围变化的对比表及说明;⑥进口医疗器械生产地址变化的对比表及说明;⑦注册证中"其他内容"变化的对比表及说明;⑧其他变化的说明。

对于符合性声明,包括:①注册人声明本产品符合《医疗器械注册管理办法》和相关法规的要求;声明本产品符合现行国家标准、行业标准,并提供符合标准的清单;②所提交资料真实性的自我保证声明(境内产品由注册人出具,进口产品由注册人和代理人分别出具)。

对于许可事项变更,技术审评机构应当重点针对变化部分进行审评,对变化后产品是否安全、有效作出评价。受理许可事项变更申请的药品监督管理部门应当在60个工作日内完成第二类医疗器械注册的技术审评工作,在90个工作日内完成第三类医疗器械注册的技术审评工作。

(二) 登记事项变更

注册人名称和住所、代理人名称和住所发生变化的,注册人应当向原注册部门申请登记事项变更;境内医疗器械生产地址变更的,注册人应当在相应的生产许可变更后办理注册登记事项变更。

登记事项变更资料符合要求的,药品监督管理部门应当在10个工作日内发给医疗器械注册变更文件。登记事项变更资料不齐全或者不符合形式审查要求的,药品监督管理部门应当一次告知需要补正的全部内容。

知识链接

登记事项变更申报资料要求

1. 申请表

2. 证明性文件

(1) 境内注册人提交:①企业营业执照副本复印件;②组织机构代码证复印件。

(2) 境外注册人提交:①如变更事项在境外注册人注册地或生产地址所在国家(地区),需要获得新的医疗器械主管部门出具的允许产品上市销售证明文件或新的企业资格证明文件的,应当提交相应文件;如变更事项不需要获得注册人注册地或生产地址所在国家(地区)医疗器械主管部门批准的,应当予以说明;②境外注册人在中国境内指定代理人的委托书、代理人承诺书及营业执照副本复印件或者机构登记证明复印件。

3. 注册人关于变更情况的声明

4. 原医疗器械注册证及其附件复印件、历次医疗器械注册变更文件复印件

5. 关于变更情况相关的申报资料要求

（1） 注册人名称变更：企业名称变更核准通知书（境内注册人）和（或）相应详细变更情况说明及相应证明文件。

（2） 注册人住所变更：相应详细变更情况说明及相应证明文件。

（3） 境内医疗器械生产地址变更：应当提供相应变更后的生产许可证。

（4） 代理人变更：①注册人出具变更代理人的声明；②注册人出具新代理人委托书、新代理人出具的承诺书；③变更后代理人的营业执照副本复印件或机构登记证明复印件。

（5） 代理人住所变更：变更前后营业执照副本复印件或机构登记证明复印件。

6. 符合性声明

（1） 注册人声明本产品符合《医疗器械注册管理办法》和相关法规的要求；声明本产品符合现行国家标准、行业标准，并提供符合标准的清单。

（2） 所提交资料真实性的自我保证声明（境内产品由注册人出具，进口产品由注册人和代理人分别出具）。

（三）注册延续

医疗器械注册证有效期届满需要延续注册的，注册人应当在医疗器械注册证有效期届满 6 个月前，向药品监督管理部门申请延续注册，并按照相关要求提交申报资料。除例外情形外，接到延续注册申请的药品监督管理部门应当在医疗器械注册证有效期届满前作出准予延续的决定。逾期未作决定的，视为准予延续。医疗器械延续注册申报资料要求见表4-8。

表4-8 医疗器械延续注册申报资料要求

申报资料名称	申报资料要求说明
申请表	
证明性文件	境内注册人应当提交企业营业执照的副本复印件和组织机构代码证复印件；境外注册人应当提交其在中国指定代理人的委托书、代理人承诺书及营业执照副本复印件或者机构登记证明复印件 注：进口医疗器械延续注册时，不需要提供注册人注册地或者生产地址所在国家（地区）批准产品上市销售的证明文件
关于产品没有变化的声明	注册人提供产品没有变化的声明
注册证有效期内产品分析报告	（一）产品临床应用情况，用户投诉情况及采取的措施 （二）医疗器械不良事件汇总分析评价报告，报告应对本产品上市后发生的可疑不良事件列表、说明在每一种情况下生产企业采取的处理和解决方案。对上述不良事件进行分析评价，阐明不良事件发生的原因并对其安全性、有效性的影响予以说明 （三）在所有国家和地区的产品市场情况说明 （四）产品监督抽验情况（如有） （五）如上市后发生了召回，应当说明召回原因、过程和处理结果 （六）原医疗器械注册证中载明要求继续完成工作的，应当提供相关总结报告，并附相应资料

申报资料名称	申报资料要求说明
产品检验报告	如医疗器械强制性标准已经修订,应提供产品能够达到新要求的产品检验报告。产品检验报告可以是自检报告、委托检验报告或符合强制性标准实施通知规定的检验报告。其中,委托检验报告应由具有医疗器械检验资质的医疗器械检验机构出具
符合性声明	(一)注册人声明本产品符合《医疗器械注册管理办法》和相关法规的要求;声明本产品符合现行国家标准、行业标准,并提供符合标准的清单 (二)所提交资料真实性的自我保证声明(境内产品由注册人出具,进口产品由注册人和代理人分别出具)
其他	如在原医疗器械注册证有效期内发生了涉及产品技术要求变更的,应当提交依据注册变更文件修改的产品技术要求一式两份

(四) 不予延续

有下列情形之一的,不予延续注册:①注册人未在规定期限内提出延续注册申请的;②医疗器械强制性标准已经修订,该医疗器械不能达到新要求的;③对用于治疗罕见疾病以及应对突发公共卫生事件急需的医疗器械,批准注册部门在批准上市时提出要求,注册人未在规定期限内完成医疗器械注册证载明事项的。

四、注册收费与监督

(一) 注册收费

1. 收费标准 2015 年 5 月 27 日,原国家食品药品监督管理总局发布了《关于发布药品、医疗器械产品注册收费标准的公告》(2015 年第 53 号),调整了药品注册收费标准,制定了医疗器械新的收费标准。新的收费标准是根据国家发改委、财政部《关于重新发布中央管理的食品药品监督管理部门行政事业性收费项目的通知》(财税〔2015〕2 号)和《关于印发〈药品、医疗器械产品注册收费标准管理办法〉的通知》(发改价格〔2015〕1006 号)进行制定的。

药品、医疗器械注册收费是国际通行做法。国家受理生产企业的药品、医疗器械注册申请和开展审评、审批,需花费大量人力、物力,这部分成本应当由申请者支付,由全体纳税人负担这部分费用是不公平的。按照现行的财务制度,注册收费收入全额上缴中央和地方国库,开展审评审批工作所需经费通过同级财政预算统筹安排。

国家药品监督管理局和省级药品监督管理部门依照法定职责,对第二类、第三类医疗器械产品首次注册、变更注册、延续注册申请以及第三类高风险医疗器械临床试验申请开展行政受理、质量管理体系核查、技术审评等注册工作,并按标准收取有关费用。小微企业提出的创新医疗器械产品首次注册申请,免收其注册费。创新医疗器械产品是指由国家药品监督管理局创新医疗器械审查办公室依据总局《创新医疗器械特别审批程序(试行)》(食药监械管〔2014〕13 号),对受理的创新医疗器械特别审批申请组织有关专家审查并在政府网站上公示后,同意进入特别审批程序的产品。具体收费标准见下表4-9。

表 4-9　医疗器械注册费标准（单位：万元）

	项目分类	境内	进口
第二类	首次注册费	由省级价格、财政部门制定	21.09
	变更注册费	由省级价格、财政部门制定	4.20
	延续注册费（五年一次）	由省级价格、财政部门制定	4.08
第三类	首次注册费	15.36	30.88
	变更注册费	5.04	5.04
	延续注册费（五年一次）	4.08	4.08
	临床试验申请费（高风险医疗器械）	4.32	4.32

注：（1）医疗器械产品注册收费按《医疗器械注册管理办法》、《体外诊断试剂注册管理办法》确定的注册单元计收
（2）《医疗器械注册管理办法》、《体外诊断试剂注册管理办法》中属于备案的登记事项变更申请，不收取变更注册申请费
（3）进口医疗器械产品首次注册收费标准在境内相应注册收费标准基础上加收境内外检查交通费、住宿费和伙食费等差额
（4）港、澳、台医疗器械产品注册收费标准按进口医疗器械产品注册收费标准执行
（5）医疗器械产品注册加急费收费标准另行制定

2. 缴费程序　不同的注册事项实行不同的缴费程序：

（1）首次注册申请。注册申请人向国家药品监督管理局提出境内第三类、进口第二类和第三类医疗器械产品首次注册申请，国家药品监督管理局受理后出具《行政许可项目缴费通知书》，注册申请人应当按要求缴纳。

（2）变更注册申请。注册申请人向国家药品监督管理局提出境内第三类、进口第二类和第三类医疗器械产品许可事项变更注册申请，国家药品监督管理局受理后出具《行政许可项目缴费通知书》，注册申请人应当按要求缴纳。《医疗器械注册管理办法》、《体外诊断试剂注册管理办法》中属于注册登记事项变更的，不收取变更注册申请费用。

（3）延续注册申请。注册申请人向国家药品监督管理局提出境内第三类、进口第二类和第三类医疗器械产品延续注册申请，国家药品监督管理局受理后出具《行政许可项目缴费通知书》，注册申请人应当按要求缴纳。

（4）临床试验申请。医疗器械注册申请人向国家药品监督管理局提出临床试验申请，国家药品监督管理局受理后出具《行政许可项目缴费通知书》，注册申请人应当按要求缴纳。需进行临床试验审批的第三类医疗器械目录由国家药品监督管理局制定、调整并公布。

（二）注册监督

已注册的医疗器械有法律、法规规定应当注销的情形，或者注册证有效期未满但注册人主动提出注销的，药品监督管理部门应当依法注销，并向社会公布。

已注册的医疗器械，其管理类别由高类别调整为低类别的，在有效期内的医疗器械注册证继续有效。如需延续的，注册人应当在医疗器械注册证有效期届满 6 个月前，按照改变后的类别向药品监督管理部门申请延续注册或者办理备案。

医疗器械管理类别由低类别调整为高类别的，注册人应当依照规定，按照改变后的类别向药品监督管理部门申请注册。国家药品监督管理局在管理类别调整通知中应当对完成调整的时限作出

规定。

国家药品监督管理局负责全国医疗器械注册与备案的监督管理工作,对地方药品监督管理部门医疗器械注册与备案工作进行监督和指导。省、自治区、直辖市药品监督管理部门负责本行政区域的医疗器械注册与备案的监督管理工作,组织开展监督检查,并将有关情况及时报送国家药品监督管理局。

省、自治区、直辖市药品监督管理部门按照属地管理原则,对进口医疗器械代理人注册与备案相关工作实施日常监督管理。设区的市级药品监督管理部门应当定期对备案工作开展检查,并及时向省、自治区、直辖市药品监督管理部门报送相关信息。

省、自治区、直辖市药品监督管理部门违反《注册管理办法》规定实施医疗器械注册的,由国家药品监督管理局责令限期改正;逾期不改正的,国家药品监督管理局可以直接公告撤销该医疗器械注册证。

药品监督管理部门、相关技术机构及其工作人员,对申请人或者备案人提交的试验数据和技术秘密负有保密义务。

点滴积累 ∨

1. 在中华人民共和国境内销售、使用的第二类、第三类医疗器械都应取得注册证书。
2. 境内第二类医疗器械在省、自治区、直辖市药品监督管理部门进行注册审批,境内第三类及境外第二类、第三类和香港、澳门、台湾地区医疗器械在国家药品监督管理局进行注册审批。
3. 医疗器械注册变更包括许可事项变更和登记事项变更。
4. 医疗器械注册证有效期届满 6 个月前,申请人应向药品监督管理部门申请延续注册,否则将按注册流程重新申请医疗器械注册证。

第四节　法律责任

本章所指的法律责任是指医疗器械申请人或备案人未严格执行现行《条例》以及《注册管理办法》《IVD 注册管理办法》等规定所要承担的责任,是各级食品药品监管部门行政检查处罚的依据,也是申请人或备案人自查自纠的依据。

主要的违法违规情节包括:不备案或虚假备案、不注册或骗取注册证、未变更证书、违规未开展临床试验等情形。

一、不备案或虚假备案法律责任

违反《注册管理办法》规定,未依法办理第一类医疗器械变更备案,由县级以上人民政府药品监督管理部门责令限期改正;逾期不改正的,向社会公告未备案单位和产品名称,可以处 1 万元以下罚款。备案时提供虚假资料的,由县级以上人民政府药品监督管理部门向社会公告备案单位和产品名称;情节严重的,直接责任人员 5 年内不得从事医疗器械生产经营活动。

二、不注册或骗取注册证法律责任

生产、经营未取得医疗器械注册证的第二类、第三类医疗器械的,由县级以上人民政府药品监督管理部门没收违法所得、违法生产经营的医疗器械和用于违法生产经营的工具、设备、原材料等物品;违法生产经营的医疗器械货值金额不足 1 万元的,并处 5 万元以上 10 万元以下罚款;货值金额 1 万元以上的,并处货值金额 10 倍以上 20 倍以下罚款;情节严重的,5 年内不受理相关责任人及企业提出的医疗器械许可申请。

提供虚假资料或者采取其他欺骗手段取得医疗器械注册证的,由原发证部门撤销已经取得的许可证件,并处 5 万元以上 10 万元以下罚款,5 年内不受理相关责任人及企业提出的医疗器械许可申请。

2017 年 8 月 14 日,最高人民法院、最高人民检察院发布了《关于办理药品、医疗器械注册申请数据造假刑事案件适用法律若干问题的解释》。该《解释》规定,药物非临床研究机构、药物或医疗器械临床试验机构、合同研究组织故意提供虚假的非临床研究报告、临床试验报告的,可以按提供虚假证明文件罪定罪处罚;对于药品注册申请人自己弄虚作假,提供虚假的非临床研究或者临床试验报告及相关材料,骗取药品批准证明文件的,可以按生产、销售假药罪定罪处罚;药物非临床研究机构、药物或医疗器械临床试验机构、合同研究组织与药品注册申请人共谋,提供虚假的非临床研究或者临床试验报告及相关材料,骗取药品批准证明文件,同时构成提供虚假证明文件罪和生产、销售假药罪的,以处罚更重的犯罪定罪处罚。

《注册管理办法》中违反有关医疗器械注册管理行为的处罚,见表 4-10。

表 4-10　违反有关医疗器械注册管理行为的处罚条款

法律条款	情形	处罚
第六十九条	提供虚假资料或者采取其他欺骗手段取得医疗器械注册证	由原发证部门撤销已经取得的许可证件,并处 5 万元以上 10 万元以下罚款,5 年内不受理相关责任人及企业提出的医疗器械许可申请
第七十条	伪造、变造、买卖、出租、出借医疗器械注册证	由原发证部门予以收缴或者吊销,没收违法所得;违法所得不足 1 万元的,处 1 万元以上 3 万元以下罚款;违法所得 1 万元以上的,处违法所得 3 倍以上 5 倍以下罚款;构成违反治安管理行为的,由公安机关依法予以治安管理处罚
第七十一条	违反《医疗器械注册管理办法》规定,未依法办理第一类医疗器械变更备案或者第二类、第三类医疗器械注册登记事项变更	由县级以上人民政府药品监督管理部门责令限期改正;逾期不改正的,向社会公告未备案单位和产品名称,可以处 1 万元以下罚款
第七十二条	违反《医疗器械注册管理办法》规定,未依法办理医疗器械注册许可事项变更	由县级以上人民政府药品监督管理部门没收违法所得、违法生产经营的医疗器械和用于违法生产经营的工具、设备、原材料等物品;违法生产经营的医疗器械货值金额不足 1 万元的,并处 5 万元以上 10 万元以下罚款;货值金额 1 万元以上的,并处货值金额 10 倍以上 20 倍以下罚款;情节严重的,5 年内不受理相关责任人及企业提出的医疗器械许可申请
第七十三条	申请人未按照《医疗器械监督管理条例》和《注册管理办法》规定开展临床试验	由县级以上药品监督管理部门责令改正,可以处 3 万元以下罚款;情节严重的,应当立即停止临床试验,已取得临床试验批准文件的,予以注销

点滴积累 ∨

1. 医疗器械注册管理行为相关的法律责任及处罚条款主要来自于2017年版《条例》以及《注册管理办法》《IVD注册管理办法》等法律法规。

2. 医疗器械注册管理行为主要的违法违规情节包括：不备案或虚假备案、不注册或骗取注册证、未变更证书、违规未开展临床试验等情形。

3. 货值金额，通常是指当事人违法生产、销售产品的数量（包括已售出的和未售出的产品）与其单件产品价格的乘积。单件产品的价格按违法生产、销售的伪劣产品的标价计算；没有标价的，按照同类合格产品的市场平均价格计算。

目标检测

一、单选题

1. 现行有效的《医疗器械注册管理办法》发布的编号是（　　）。

　A. 局令第12号　　　　B. 总局令第4号　　　　C. 局令第16号　　　　D. 总局令第5号

2. 医疗器械注册证编号的编排方式为：×1械注×2××××3×4××5××××6，其中注册形式（　　）。

　A. ×1　　　　　　B. ×2　　　　　　C. ×4　　　　　　D. ××5

3. 医疗器械注册证延续注册的，（　　）数字不变。

　A. ××××3和×4　　B. ×4和××5　　C. ××5和××××6　　D. ××××3和××××6

4. 国家对医疗器械实行分类注册管理，境内第二类医疗器械由（　　）核发注册证。

　A. 设区的市级药品监督管理部门　　　　B. 省、自治区、直辖市药品监督管理部门

　C. 国家药品监督管理局　　　　　　　　D. 国家卫生健康委员会

5. 境外医疗器械由（　　）进行审批。

　A. 国家药品监督管理局　　　　　　　　B. 设区的市级药品监督管理机构

　C. 省、自治区、直辖市药品监督管理部门　D. 国家医疗器械技术审评中心

6. 第一类医疗器械备案需要递交的资料不包括（　　）。

　A. 产品风险分析资料　　　　　　　　　B. 产品技术要求

　C. 生产制造信息　　　　　　　　　　　D. 产品说明书及标签样稿

7. 我国现行的《医疗器械注册管理办法》施行的时间是（　　）

　A. 2000年4月10日　　　　　　　　　B. 1997年1月1日

　C. 2014年10月1日　　　　　　　　　D. 2014年4月10日

8. 技术审评机构应当在（　　）个工作日内完成第二类医疗器械注册的技术审评工作，在（　　）个工作日内完成第三类医疗器械注册的技术审评工作。

　A. 30,60　　　　B. 60,90　　　　C. 30,90　　　　D. 60,120

9. 违反《医疗器械注册管理办法》规定，未依法办理第一类医疗器械变更备案，由县级以上人民政府市场监督管理部门责令限期改正；逾期不改正的，向社会公告未备案单位和产品名称，可以处（　　）。

A. 1 万元以下罚款　　　　　　　　B. 1 万元以上 3 万元以下罚款

C. 5 万元以上 10 万元以下　　　　　D. 3 万元以下罚款

10. 备案时提供虚假资料的,由县级以上人民政府市场监督管理部门向社会公告备案单位和产品名称;情节严重的,直接责任人员(　　　)年内不得从事医疗器械生产经营活动。

A. 2　　　　　　　B. 3　　　　　　　C. 4　　　　　　　D. 5

二、多选题

1. 医疗器械的注册形式包括(　　　)。

A. 准　　　　　　　B. 进　　　　　　　C. 许　　　　　　　D. 试

2. 境外备案人指定中国境内的企业法人作为代理人,除办理医疗器械注册或者备案事宜外,还应当承担以下责任(　　　)。

A. 与相应药品监督管理部门、境外申请人或者备案人的联络

B. 向申请人或者备案人如实、准确传达相关的法规和技术要求

C. 收集上市后医疗器械不良事件信息并反馈境外注册人或者备案人,同时向相应的药品监督管理部门报告

D. 协调医疗器械上市后的产品召回工作,并向相应的药品监督管理部门报告

3. 医疗器械注册登记事项包括(　　　)。

A. 注册人名称和住所　　　　　　　B. 代理人名称和住所

C. 境内医疗器械的生产地址　　　　D. 境内医疗器械的注册地址

4. 医疗器械注册许可事项包括(　　　)。

A. 产品名称、型号、规格、结构及组成　　B. 适用范围

C. 产品技术要求　　　　　　　　　D. 进口医疗器械的生产地址

5. 已注册的第二类、第三类医疗器械,医疗器械注册证及其附件载明的内容发生哪些变化时,注册人应当向原注册部门申请登记事项变更(　　　)。

A. 注册人名称和住所　　　　　　　B. 代理人名称和住所

C. 境内医疗器械的注册地址　　　　D. 境内医疗器械的生产地址

6. 国家药品监督管理局负责(　　　)的审查。

A. 香港、澳门、台湾地区医疗器械　　B. 境内第二类医疗器械

C. 境内第三类医疗器械　　　　　　D. 进口第二类、第三类医疗器械

7. 与医疗器械注册和备案相关的法律责任主要来自于(　　　)。

A.《医疗器械监督管理条例》　　　　B.《医疗器械注册管理办法》

C.《医疗器械生产监督管理办法》　　D.《体外诊断试剂注册管理办法》

8. 下列哪种医疗器械注册证书表示方法是错误的(　　　)。

A. 国械注 2016215××××号　　　　B. 赣械注 2015223××××号

C. 国械许 2016226××××号　　　　D. 渝械注 2015115××××号

9. 下列哪种医疗器械备案号表示方法是正确的(　　)。

    A. 国械备 2016 第 315××××号
    B. 沪械备 2015××××号

    C. 国械备 2016××××号
    D. 赣械备第 2016××××号

10. 以下哪种情形不予延续注册(　　)。

    A. 注册人未在规定期限内提出延续注册申请的

    B. 医疗器械强制性标准已经修订,该医疗器械不能达到新要求的

    C. 对用于治疗罕见疾病以及应对突发公共卫生事件急需的医疗器械,批准注册部门在批准上市时提出要求,注册人未在规定期限内完成医疗器械注册证载明事项的

    D. 药品监督管理部门逾期未作出是否予以延续决定的

三、案例分析题

1. 最近,某市药监局在对某医药公司检查时,发现其库存的医用脱脂纱布标示产品规格为 32S,生产日期为 2016 年 3 月,产品在 2015 年注册,注册证在有效期内,经检测发现产品的实际规格为 21S。

请问该案应如何处理?

2. 无锡市某光学有限公司曾在办理医疗器械注册申报过程中,提供审批的资料中,两份临床试验报告经标示吉林省、浙江省两家医院确认均为伪造。无锡市药监局根据调查掌握的证据,认定该企业渐变多焦视力镜医疗器械产品注册证系通过虚假资料骗取,违法所得 10.3 万元。

请问该案应如何处理?

ER-04章习题

第五章

医疗器械生产管理

导学情景 ∨ ··································

情景描述：

《医疗器械生产企业许可证》地址与实际生产地址不符处罚案：2008年1月，某药品监督管理局东城分局在日常检查时发现辖区内有家企业外挂"××神奇医疗器械厂"标牌。现场检查发现该企业实际从事电动吸引器的制造生产，并持有《医疗器械生产企业许可证》，在其成品仓库中发现由其生产的电动吸引器两台。经调查取证后查实，该医疗器械厂于2006年2月取得《医疗器械生产企业许可证》，注册地址在该市西城区，其生产的电动吸引器产品注册证上标识的地址也为该市西城区。2006年8月该企业从西城区搬迁至东城区，但未按规定办理生产场地变更手续，在东城区继续生产销售其制造生产的医疗器械电动吸引器。

学前导语：

1. 医疗器械生产管理有哪些基本制度？
2. 医疗器械生产环节的违法情形应该怎样处理？

第一节　概述

一、生产管理的定义与内容

医疗器械生产管理，是指对医疗器械生产环节的管理行为，包括医疗器械的研发设计、生产备案、生产许可、委托生产等活动的监督管理活动。

加强医疗器械生产的监督管理，规范生产秩序，保证医疗器械安全、有效，是开展医疗器械生产监管的目的。近年来，我国医疗器械产业快速发展，取得了令人瞩目的成绩。国家出台了一系列大政方针，为医疗器械产业又带来了新的发展机遇。但是，尽管生产企业数量在不断增加，我国企业在技术、规模、品牌的竞争力上却相对较弱。而且，当前的医疗器械生产领域内还存在诸多的问题，大部分生产企业的管理水平还不高，执行法律法规的能力较弱，法律意识还需提高。因此，加强对医疗器械生产环节的监管不仅必要而且还十分紧迫。

二、生产管理的现状与发展

（一）医疗器械生产管理的现状

目前，我国常规的医疗器械已基本实现自主生产，高端医疗器械也已有涉足，但低技术含量、低技术层次的中低档产品占主导的局面并未改变。截至 2017 年 11 月底，全国共有医疗器械生产企业 16 000 家，其中生产一类产品的企业有 6096 家，可生产二类产品的企业有 9340 家，能生产三类产品的企业有 2189 家。由此看出，我国的医疗器械产业中，从事第三类医疗器械生产活动的企业相对较少，创新能力亟待提高。

纵观我国医疗器械生产企业现状，最主要的特点就是发展不平衡。这种不平衡主要体现在两个方面：

1. 我国医疗器械行业集中在东、南部沿海地区　市场占有率居前六位的省份占全国市场 80% 的份额，显示了医疗器械行业较高的地域集中度。在中西部欠发达地区，医疗器械生产企业数量更少，每个省份只有几十家、十几家。

2. 企业自身发展不平衡　在我国，既有员工数万人、年产值过百亿的大型医疗器械生产企业，同时也有小作坊式医疗器械生产企业，只有几名员工，通常还是自家亲属，管理很不规范。既有能生产国际领先高技术产品的高端企业，又有只能生产简单产品的小微企业。

（二）医疗器械生产管理的发展

生产许可证管理制度实质上是一种市场准入制度。市场准入，是对企业或其他主体进入某领域市场从事活动施加限制或禁止的制度。市场准入是一种制度化的安排，主要表现为法律制度，也即调整市场准入过程中形成的社会关系的有关法律规范，存在于法律、行政法规、部门规章和地方性法规等各种法律规范中，包括有关司法解释、国际公约等。市场可以指各种交易关系的总和或者交易场所，这是一般而言或作为抽象概念的市场。而市场准入之"市场"，是指具体的市场，包括特定的产品、服务、项目、行业和产业、地域、某个国家的市场等。

市场准入规制的方法有很多，主要有许可或审批和标准两大类。许可或审批是使用最为广泛的市场准入方法，包括批准、注册、核准、登记等任何具有审批性质的政府规制方法。《医疗器械生产许可证》就是一种具体的行政许可方式。

我国医疗器械的监督管理包括上市前产品注册、上市后产品监测和生产企业、经营企业监督管理等内容。近年来，国际上对医疗器械的监管重点呈现出从上市前审查向上市后监测、从产品质量检测向生产质量体系检查转移的趋势。我国对医疗器械监管的重点也在向上市后倾斜。对医疗器械生产企业的日常监督管理，是从源头上保障医疗器械质量和安全、有效的关键环节，也是实施医疗器械生产监管的重要内容。

三、医疗器械的生产监督

医疗器械生产监管是医疗器械监管内容的重要组成部分，国家一直对此保持高度重视。随着我国医疗器械行业的快速发展，医疗器械生产企业也大量涌现。为了规范医疗器械生产的发展，现行《条例》第二条明确规定："在中华人民共和国境内从事医疗器械的研制、生产、经营、使用活动及其监督管理，应当遵守本条例。"按照该条规定，从医疗器械的研制一直到使用都是医疗器械监督管理内容的组成部分。毋庸置疑，医疗器械的生产环节也是医疗器械监督管理不可缺少的重要内容。

ER-5-1

医疗器械生产监督管理办法

（一）管理依据

为了规范医疗器械的生产秩序,保证医疗器械的安全有效,2004 年 7 月 20 日,原国家食品药品监督管理局以第 12 号令发布了《医疗器械生产监督管理办法》,并自公布之日起施行,同时废止了原《医疗器械生产企业监督管理办法》。2014 年 7 月 30 日,新版《医疗器械生产监督管理办法》(以下简称《生产管理办法》)自 2014 年 10 月 1 日起施行。目前,《生产管理办法》是我国对医疗器械生产进行监督管理的主要依据。

在修订的总体思路上,主要把握了以下三点:一是遵循现行《条例》风险管理和分类管理的原则,在具体制度设计上突出管理的科学性;二是借鉴国外先进监管经验,综合考虑当前医疗器械监管基础,体现可操作性;三是结合我国现阶段经济社会的市场成熟度和社会诚信体系情况,注重调动和发挥企业的主体责任,构建以企业为主的产品质量安全保障体系,体现管理的引导性。

新修订的《生产管理办法》体现了以下原则:一是风险管理的原则。对不同风险的生产行为进行分类管理,完善分类监管措施,突出对高风险产品生产行为的严格管理。二是落实责任的原则。细化企业生产质量管理的各项措施,要求企业按照医疗器械生产质量管理规范要求建立质量管理体系并保持有效运行,实行企业自查和报告制度,督促企业落实主体责任。三是强化监管的原则。通过综合运用抽查检验、质量公告、飞行检查、责任约谈、"黑名单"等制度,丰富监管措施,完善监管手段,推动监管责任的落实。四是违法严处的原则。完善相关行为的法律责任,细化处罚种类,加大加重对违法行为的处罚力度。

（二）管理部门

根据规定,国家药品监督管理局负责全国医疗器械生产监督管理工作。县级以上药品监督管理部门负责本行政区域的医疗器械生产监督管理工作。上级药品监督管理部门负责指导和监督下级药品监督管理部门开展医疗器械生产监督管理工作。

（三）管理原则

药品监督管理部门依照风险管理原则,对医疗器械生产实施分类分级管理。2014 年 9 月 30 日,原国家食品药品监督管理总局发布了《关于印发医疗器械生产企业分类分级监督管理规定的通知》(食药监械监〔2014〕234 号)。实施医疗器械生产企业分类分级监管,对于提高医疗器械生产企业监督管理科学化水平,明确各级药品监督管理部门的监管责任,提高监管效能,依法保障医疗器械安全有效,有着重要意义。

点滴积累 ∨ ··

1. 医疗器械生产管理,是指对医疗器械生产环节的管理行为,包括医疗器械的研发设计、生产备案、生产许可、委托生产等活动的监督管理活动。

2. 新版《医疗器械生产监督管理办法》经原国家食品药品监督管理总局局务会议审议通过,并自 2014 年 10 月 1 日起施行。

3. 2014 年 9 月 30 日,原国家食品药品监督管理总局发布了《关于印发医疗器械生产企业分类分级监督管理规定的通知》。

第二节　医疗器械生产备案与许可

案例分析

2014 年 11 月 5 日，某药品监督管理部门联合某县公安局利用四个多月的时间查处了湖南 A 公司非法制售Ⅱ类医疗器械天然橡胶避孕套案，现场查获半成品 2867 万只、成品 602 万只，案值达 2.3 亿元。非法产品销售涉及全国除西藏、港、澳、台外其他 30 个省。该案被原国家食品药品监督管理总局列为全国医疗器械"五整治"头号督办案件。

陈某注册了"湖南 A 公司"，经营范围是"电子玩具生产、组装和销售"。但是该公司却委托广东 B 有限公司和湖南 C 实业有限公司生产天然橡胶避孕套半成品。随后，在生产窝点，A 公司用生产充气娃娃、振动棒等情趣用品作掩护，制售避孕套，销往全国各地。之所以这样做是因为充气娃娃等不属于医疗器械，而避孕套属于医疗器械，如果生产需要有《医疗器械生产许可证》。

分析：

涉案企业湖南 A 公司在没有获得《医疗器械生产许可证》的情况下，非法委托广东 B 有限公司和湖南 C 实业有限公司生产天然橡胶避孕套半成品，然后在其生产窝点非法制作产品说明书和标签，并进行成品包装。违反了《条例》第二十二条。

一、医疗器械生产备案

现行《条例》第二十条规定了从事医疗器械生产活动应当具备的基本条件。这些条件主要包括：①有与生产的医疗器械相适应的生产场地、环境条件、生产设备以及专业技术人员；②有对生产的医疗器械进行质量检验的机构或者专职检验人员以及检验设备；③有保证医疗器械质量的管理制度；④有与生产的医疗器械相适应的售后服务能力；⑤产品研制、生产工艺文件规定的要求。因此，从事第一类医疗器械生产活动进行的备案以及从事第二类、第三类医疗器械生产活动进行的许可，均要提交相应资料证明具备以上基本条件。食品药品监督管理部门依法及时公布医疗器械生产许可和备案相关信息，以便申请人可以查询审批进度和审批结果，公众可以查阅审批结果。

现行《条例》第二十一条规定，从事第一类医疗器械生产的，由生产企业向所在地设区的市级人民政府食品药品监督管理部门备案并提交其符合条例第二十条规定条件的证明资料。因此，该条确立了我国医疗器械生产备案制度。医疗器械生产备案，是指从事第一类医疗器械生产活动的生产企业应该向企业所在地的设区的市级药品监督管理部门提交相关资料，进行生产备案告知的行为。备案提交的资料应该能够证明生产企业具备现行《条例》第二十条规定的条件。

（一）备案资料

开办第一类医疗器械生产企业的，应当向所在地设区的市级药品监督管理部门办理第一类医疗器械生产备案，提交备案企业持有的所生产医疗器械的备案凭证复印件以及相关资料。这些资料主要有:①营业执照、组织机构代码证复印件;②法定代表人、企业负责人身份证明复印件;③生产、质量和技术负责人的身份、学历、职称证明复印件;④生产管理、质量检验岗位从业人员学历、职称一览表;⑤生产场地的证明文件,有特殊生产环境要求的还应当提交设施、环境的证明文件复印件;⑥主要生产设备和检验设备目录;⑦质量手册和程序文件;⑧工艺流程图;⑨经办人授权证明;⑩其他证明资料。

药品监督管理部门应当当场对企业提交资料的完整性进行核对,符合规定条件的予以备案,发给第一类医疗器械生产备案凭证。一般而言,备案是生产企业履行一种信息告知义务,并不存在备案通过与不通过的审批问题。任何单位或者个人不得伪造、变造、买卖、出租、出借生产备案凭证。

知识链接

医疗器械生产备案凭证编号编排方式

第一类医疗器械生产备案凭证备案编号的编排方式为: ××食药监械生产备×××××××号。 其中:

第一位×代表备案部门所在地省、自治区、直辖市的简称;

第二位×代表备案部门所在地设区的市级行政区域的简称;

第三到六位×代表4位数备案年份;

第七到十位×代表4位数备案流水号。

(二)备案凭证变更与补发

第一类医疗器械生产备案凭证内容发生变化的,应当变更备案。变更备案是对经备案而又发生变化的内容进行更新,是对备案信息的及时补充。备案凭证遗失的,医疗器械生产企业应当及时向原备案部门办理补发手续。任何单位或者个人不得伪造、变造、买卖、出租、出借医疗器械生产备案凭证。设区的市级药品监督管理部门应当建立第一类医疗器械生产备案信息档案。

二、医疗器械生产许可

现行《条例》第二十二条第一款规定,从事第二类、第三类医疗器械生产的,生产企业应当向所在地省、自治区、直辖市人民政府药品监督管理部门申请生产许可并提交其符合本条例第二十条规定条件的证明资料以及所生产医疗器械的注册证。该款规定确立了我国医疗器械生产许可制度,实施的是"先产品注册、后生产许可"模式。医疗器械生产许可制度,是指在我国从事第二类、第三类医疗器械生产活动的企业,应向企业所在地的省级药监部门申请生产许可,提交相关资料并证明自身具备从事相关医疗器械产品生产的条件,省级药监部门核实审批后,对符合条件的生产企业发给《医疗器械生产许可证》的行为。

(一)许可申请

开办第二类、第三类医疗器械生产企业的,应当向所在地省、自治区、直辖市药品监督管理部门申请生产许可并提交相关资料。申请生产许可提交的资料,相对于生产备案提交的资料而言,多了一项"申请企业持有的所生产医疗器械的注册证及产品技术要求复印件"的资料要求。增加的资料要求是与第二类、第三类医疗器械的注册要求相适应的。医疗器械生产企业跨省、自治区、直辖市设立生产场地的，应当单独申请医疗器械生产许可。因企业分立、合并而新设立的医疗器械生产企业应当申请办理《医疗器械生产许可证》。

（二）资料受理

省、自治区、直辖市药品监督管理部门收到申请后，应当根据下列情况分别作出处理：

（1）申请事项属于其职权范围，申请资料齐全、符合法定形式的，应当受理申请。

（2）申请资料不齐全或者不符合法定形式的，应当当场或者在5个工作日内一次告知申请人需要补正的全部内容，逾期不告知的，自收到申请资料之日起即为受理。

（3）申请资料存在可以当场更正的错误的，应当允许申请人当场更正。

（4）申请事项不属于本部门职权范围的，应当即时作出不予受理的决定，并告知申请人向有关行政部门申请。

（三）许可审核

省、自治区、直辖市药品监督管理部门受理或者不予受理医疗器械生产许可申请的，应当出具受理或者不予受理的通知书。受理生产许可申请的药品监督管理部门应当自受理之日起30个工作日内对申请资料进行审核，按照国家药品监督管理局制定的医疗器械生产质量管理规范的要求进行核查。现场核查应当根据情况，避免重复核查。需要整改的，整改时间不计入审核时限。

医疗器械生产许可申请直接涉及申请人与他人之间重大利益关系的，药品监督管理部门应当告知申请人、利害关系人依照法律、法规以及国家药品监督管理局的有关规定享有申请听证的权利；在对医疗器械生产许可进行审查时，药品监督管理部门认为涉及公共利益的重大许可事项，应当向社会公告，并举行听证。医疗器械生产企业因违法生产被药品监督管理部门立案调查但尚未结案的，或者收到行政处罚决定但尚未履行的，药品监督管理部门应当中止许可，直至案件处理完毕。

（四）许可决定

药品监督管理部门经许可审核后，认为医疗器械生产企业的申请符合规定条件的，依法作出准予许可的书面决定，并于10个工作日内发给《医疗器械生产许可证》；不符合规定条件的，作出不予许可的书面决定，并说明理由。《医疗器械生产许可证》的格式由原国家食品药品监督管理总局统一制定，并由省、自治区、直辖市药品监督管理部门印制。

知识链接

医疗器械生产许可证编号编排方式

《医疗器械生产许可证》编号的编排方式为：×食药监械生产许××××××××号。 其中：

第一位×代表许可部门所在地省、自治区、直辖市的简称；

第二到五位×代表4位数许可年份；

第六到九位×代表4位数许可流水号。

《医疗器械生产许可证》有效期为 5 年,载明许可证编号、企业名称、法定代表人、企业负责人、住所、生产地址、生产范围、发证部门、发证日期和有效期限等事项。《医疗器械生产许可证》附医疗器械生产产品登记表,载明生产产品名称、注册号等信息。

（五）许可变更

增加生产产品的,医疗器械生产企业应当向原发证部门提交生产许可申请资料中发生变化的有关资料。

申请增加生产的产品不属于原生产范围的,原发证部门应当依照《生产管理办法》第十条的规定进行审核并开展现场核查,符合规定条件的,变更《医疗器械生产许可证》载明的生产范围,并在医疗器械生产产品登记表中登载产品信息。

申请增加生产的产品属于原生产范围,并且与原许可生产产品的生产工艺和生产条件等要求相似的,原发证部门应当对申报资料进行审核,符合规定条件的,在医疗器械生产产品登记表中登载产品信息;与原许可生产产品的生产工艺和生产条件要求有实质性不同的,应当依照《生产管理办法》第十条的规定进行审核并开展现场核查,符合规定条件的,在医疗器械生产产品登记表中登载产品信息。

生产地址非文字性变更的,应当向原发证部门申请医疗器械生产许可变更,并提交《生产管理办法》第八条规定中涉及变更内容的有关资料。原发证部门应当依照《生产管理办法》第十条的规定审核并开展现场核查,于 30 个工作日内作出准予变更或者不予变更的决定。因分立、合并而存续的医疗器械生产企业,应当依法申请变更许可。

企业名称、法定代表人、企业负责人、住所变更或者生产地址文字性变更的,医疗器械生产企业应当在变更后 30 个工作日内,向原发证部门办理《医疗器械生产许可证》变更登记,并提交相关部门的证明资料。原发证部门应当及时办理变更。对变更资料不齐全或者不符合形式审查规定的,应当一次告知需要补正的全部内容。变更的《医疗器械生产许可证》编号和有效期限不变。

（六）许可延续与补发

由于医疗器械生产许可证有效期为 5 年,在临近有效期届满需要延续的,生产企业需要依照有关行政许可的法律规定办理延续手续。生产企业应当自有效期满 6 个月前,向原发证部门提出《医疗器械生产许可证》的延续申请。

原发证部门应当依照生产许可审批的相关规定对延续申请进行审查,必要时开展现场核查,在《医疗器械生产许可证》有效期届满前作出是否准予延续的决定。符合规定条件的,准予延续。不符合规定条件的,责令限期整改;整改后仍不符合规定条件的,不予延续,并书面说明理由。逾期未作出决定的,视为准予延续。

《医疗器械生产许可证》遗失的,医疗器械生产企业应当立即在原发证部门指定的媒体上登载遗失声明。自登载遗失声明之日起满 1 个月后,向原发证部门申请补发。原发证部门及时补发《医疗器械生产许可证》。补发的《医疗器械生产许可证》编号和有效期限不变。延续的《医疗器械生产许可证》编号不变。

医疗器械生产企业有法律、法规规定应当注销的情形,或者有效期未满但企业主动提出注销的,省、自治区、直辖市药品监督管理部门应当依法注销其《医疗器械生产许可证》,并在网站上予以公布。因企业分立、合并而解散的医疗器械生产企业,应当申请注销《医疗器械生产许可证》。医疗器械生产企业不具备原生产许可条件或者与备案信息不符,且无法取得联系的,经原发证或者备案部门公示后,依法注销其《医疗器械生产许可证》或者在第一类医疗器械生产备案信息中予以标注,并向社会公告。省、自治区、直辖市药品监督管理部门应当建立《医疗器械生产许可证》核发、延续、变更、补发、撤销和注销等许可档案。

三、医疗器械委托生产

(一) 资质要求

1. **委托方** 委托生产医疗器械,由委托方对所委托生产的医疗器械质量负责。委托方应当加强对受托方生产行为的管理,保证其按照法定要求进行生产。委托方应当向受托方提供委托生产医疗器械的质量管理体系文件和经注册或者备案的产品技术要求,对受托方的生产条件、技术水平和质量管理能力进行评估,确认受托方具有受托生产的条件和能力,并对生产过程和质量控制进行指导和监督。

医疗器械委托生产的委托方应当是委托生产医疗器械的境内注册人或者备案人。其中,委托生产不属于按照创新医疗器械特别审批程序审批的境内医疗器械的,委托方应当取得委托生产医疗器械的生产许可或者办理第一类医疗器械生产备案。

2. **受托方** 受托方应当是符合现行条例规定、具备相应生产条件的医疗器械生产企业。医疗器械委托生产的受托方应当是取得受托生产医疗器械相应生产范围的生产许可或者办理第一类医疗器械生产备案的境内生产企业。受托方对受托生产医疗器械的质量负相应责任。受托方应当按照医疗器械生产质量管理规范、强制性标准、产品技术要求和委托生产合同组织生产,并保存所有受托生产文件和记录。委托方和受托方应当签署委托生产合同,明确双方的权利、义务和责任。

3. **禁止委托生产的医疗器械** 现行《条例》第二十八条规定具有高风险的植入性医疗器械不得委托生产,具体目录由国务院药品监督管理部门制定、调整并公布。

(二) 委托生产备案

1. **委托生产备案程序** 委托生产第二类、第三类医疗器械的,委托方应当向所在地省、自治区、直辖市药品监督管理部门办理委托生产备案;委托生产第一类医疗器械的,委托方应当向所在地设区的市级药品监督管理部门办理委托生产备案。符合规定条件的,药品监督管理部门应当发给医疗器械委托生产备案凭证。

禁止委托生产
医疗器械目录

受托生产第二类、第三类医疗器械的,受托方应当依照《生产管理办法》第十四条的规定办理相关手续,在医疗器械生产产品登记表中登载受托生产产品信息。受托生产第一类医疗器械的,受托方应当依照《生产管理办法》第二十一条的规定,向原备案部门办理第一类医疗器械生产备案变更。

2. 委托生产备案资料 备案时应当提交以下资料:①委托生产医疗器械的注册证或者备案凭证复印件;②委托方和受托方企业营业执照和组织机构代码证复印件;③受托方的《医疗器械生产许可证》或者第一类医疗器械生产备案凭证复印件;④委托生产合同复印件;⑤经办人授权证明。

委托生产不属于按照创新医疗器械特别审批程序审批的境内医疗器械的,还应当提交委托方的《医疗器械生产许可证》或者第一类医疗器械生产备案凭证复印件;属于按照创新医疗器械特别审批程序审批的境内医疗器械的,应当提交创新医疗器械特别审批证明资料。

3. 受托方增加受托生产产品信息或者第一类医疗器械生产备案变更 受托方办理增加受托生产产品信息或者第一类医疗器械生产备案变更时,除提交符合《生产管理办法》规定的资料外,还应当提交以下资料:①委托方和受托方营业执照、组织机构代码证复印件;②受托方《医疗器械生产许可证》或者第一类医疗器械生产备案凭证复印件;③委托方医疗器械委托生产备案凭证复印件;④委托生产合同复印件;⑤委托生产医疗器械拟采用的说明书和标签样稿;⑥委托方对受托方质量管理体系的认可声明;⑦委托方关于委托生产医疗器械质量、销售及售后服务责任的自我保证声明。

受托生产不属于按照创新医疗器械特别审批程序审批的境内医疗器械的,还应当提交委托方的《医疗器械生产许可证》或者第一类医疗器械生产备案凭证复印件;属于按照创新医疗器械特别审批程序审批的境内医疗器械的,应当提交创新医疗器械特别审批证明资料。

点滴积累 \\

1. 医疗器械生产备案,是指从事第一类医疗器械生产活动的生产企业应该向企业所在地的设区的市级药品监督管理部门提交相关资料,进行生产备案告知的行为。

2. 医疗器械生产许可制度,是指在我国从事第二类、第三类医疗器械生产活动的企业,应向企业所在地的省级药品监督管理部门申请生产许可,提交相关资料并证明自身具备从事相关医疗器械产品生产的条件,省级药品监督管理部门核实审批后,对符合条件的生产企业发给《医疗器械生产许可证》的行为。

3. 委托生产医疗器械,由委托方对所委托生产的医疗器械质量负责。

4. 委托生产的其他规定 ①受托方《医疗器械生产许可证》生产产品登记表和第一类医疗器械生产备案凭证中的受托生产产品应当注明"受托生产"字样和受托生产期限;②委托生产医疗器械的说明书、标签除应当符合有关规定外,还应当标明受托方的企业名称、住所、生产地址、生产许可证编号或者生产备案凭证编号;③委托生产终止时,委托方和受托方应当向所在地省、自治区、直辖市或者设区的市级药品监督管理部门及时报告;④委托方在同一时期只能将同一医疗器械产品委托一家医疗器械生产企业(绝对控股企业除外)进行生产。

第三节 医疗器械生产质量管理

案例分析

2016 年 10 月，原国家食品药品监督管理总局组织对苏州某公司进行飞行检查，发现该企业质量管理体系主要存在以下缺陷：

一、机构与人员方面

现场发现该企业车削工、脱模操作工对相关要求不熟悉，未按照作业指导书操作，企业无法提供上述人员岗前培训记录，不符合《医疗器械生产质量管理规范》及相关附录（以下简称《规范》）中从事影响产品质量工作的人员，应当经过与其岗位要求相适应的培训，具有相关理论知识和实际操作技能的的要求。

二、设备方面

该企业无法提供 2016 年 2 月以后有关洁净室空调系统中效过滤器和高效过滤器的相应更换或检漏记录，不符合《规范》中洁净室（区）空气净化系统应当经过确认并保持连续运行，维持相应的洁净度级别，并在一定周期后进行再确认的要求。

三、文件管理方面

该企业主要原材料的物料编号与对应材料卡记录的物料编号不一致，中间品仓库中中间品的材料卡未记录批号，不符合《规范》中企业应当建立记录控制程序，包括记录的标识、保管、检索、保存期限和处置等的要求。

四、生产管理方面

该企业无法提供有关一次性压力蒸汽灭菌器灭菌验证报告，不符合《规范》中企业应当对生产的特殊过程进行确认，并保存记录，包括确认方案、确认方法、操作人员、结果评价、再确认等内容的要求。

五、质量控制方面

该企业无法提供产品放行程序、条件和放行批准要求的相关文件，不符合《规范》中要求企业应当规定产品放行程序、条件和放行批准的要求。

六、不合格品控制方面

该企业《产品检验抽样规定》中规定"镜片保存液 pH 为 6.5 ~7.8"，但企业《保存液配制记录表》中 6 月 23 日保存液的 pH 为 7.84，6 月 25 日保存液的 pH 为 7.86，且无法提供重新配制记录。上述情况不符合《规范》中企业应当对不合格品进行标识、记录、隔离、评审，根据评审结果，对不合格品采取相应的处置措施的要求。

七、不良事件监测、分析和改进方面

该企业未对有关产品的国家监督抽验不合格情况进行管理评审，不符合《规范》中企业应当定期开展管理评审，对质量管理体系进行评价和审核，以确保其持续的适宜性、充分性和有效性的要求。

分析：

该企业行为不符合《医疗器械生产质量管理规范》相关规定，生产质量管理体系存在严重缺陷。该企业必须评估产品安全风险，对有可能导致安全隐患的，应按照《医疗器械召回管理办法（试行）》（卫生部令第 82 号）的规定，召回相关产品。

一、医疗器械 GMP 发展概述

医疗器械质量管理体系是实现对医疗器械生产全过程控制,保障医疗器械安全有效的重要手段,也是世界各国普遍采用的管理方式和国际上评价医疗器械质量的基本手段。发达国家不仅把质量管理体系作为产品能否进入市场的一个重要前提,而且对医疗器械的监管重点已从产品上市前审查逐步向产品生产过程监管转移。GMP(Good Manufacturing Practice)制度,意指一种良好操作规范,它最早适用于食品、药品等生产领域。由于它成为一套标准化的规范,因此许多领域包括医疗器械也引进了该制度。美国 1978 年施行《医疗器械生产质量管理规范》(GMP),1996 年对质量管理体系单独立法,公布了《医疗器械质量体系法规》(Quality SystemRegulation,QSR),并作为强制执行的要求。日本从 1999 年将医疗器械 GMP 确定为核发许可证的必要条件。欧盟也明确规定质量保证体系要求,并将其作为产品上市前控制的主要手段。

2011 年 1 月 1 日,我国开始实施《医疗器械生产质量管理规范》,该规范成为我国医疗器械行业的首版医疗器械 GMP。2014 年 12 月 29 日,原国家食品药品监督管理总局发布了《关于医疗器械生产质量管理规范的公告》(2014 年第 64 号),推出了修订后的《医疗器械生产质量管理规范》。原国家食品药品监督管理局于 2009 年 12 月 16 日发布的《医疗器械生产质量管理规范(试行)》(国食药监械〔2009〕833 号)同时废止。

在原版医疗器械 GMP 于 2011 年 1 月开始实施时,有人将它称之为医疗器械生产企业的“生死线”,形象地说明了医疗器械 GMP 对生产企业的根本性作用及其决定性影响。2015 年 3 月 1 日,新版医疗器械 GMP 开始实施,对医疗器械生产企业的生态将起到决定性的影响。实施医疗器械 GMP 规范,不仅是推进产业健康发展的需要,也是保障公众用械安全有效、完善监管机制的迫切需要。这些年来,医疗器械监管在体制、法制和制度建设方面取得了一定成效,监管工作不断加强,但对生产质量管理体系监管的薄弱问题依然存在,监管实践中仍沿用最终产品审查作为产品控制的主要方式。随着企业不断发展,原版医疗器械 GMP 措施已不适应监管需求,必须从源头上、从生产过程中确保产品质量合格,采取更为科学、严格的措施。因此,修订实施新版医疗器械 GMP 规范对于贯彻科学监管理念、改进监管方式、提高监管效率,加强医疗器械生产企业的内部管理,从而提高医疗器械产品质量至关重要,是保障公众用械安全的必要举措。

在 2011 年实施原版医疗器械 GMP 之前,我国医疗器械质量管理体系比较薄弱,规定散乱,参差不齐。医疗器械 GMP 规范实施后,这种没有龙头核心引领的质量管理体系状况才得以改观。当时 GMP 规范的实施,事实上确立了规范在质量管理体系中的核心地位,以往缺乏体系龙头的状况被打破了。同时,为配合 GMP 规范的实施,原国家食品药品监督管理总局针对不同类别医疗器械生产的特殊要求,制定了相应的附录。2015 年 7 月 10 日,原 CFDA 分别发布了无菌医疗器械附录公告、植入性医疗器械附录公告、体外诊断试剂附录公告等三个公告,基本上重塑了医疗器械质量管理体系的框架,这是医疗器械 GMP 规范体系的重大发展。

随着当前的社会的变革、经济的发展,新一轮科技产业革命的兴起对医疗器械产业产生了重大和深远的影响,医疗器械的生产方式、营销模式正在改变,特别是全球市场一体化进程的提速,导致医疗器械产业链延伸和日趋复杂,包括中国在内的世界上很多国家都对医疗器械法规进行了调整或修改,以适应全新的监管形势。为应对医疗器械产业和监管面临的共同挑战,国际标准化组织(以下简称 ISO)于 2011 年正式启动了 ISO 13485∶2003《医疗器械　质量管理体系　用于法规的要求》的修订工作,于 2016 年 3 月 1 日发布 ISO 13485∶2016《医疗器械　质量管理体系　用于法规的要求》。考虑到 ISO 13485 标准对医疗器械质量管理的重要作用,2017 年 1 月 19 日,原国家食品药品监督管理总局发布 YY/T0287-2017 /ISO 13485∶2016《医疗器械　质量管理体系　用于法规的要求》标准,已经于 2017 年 5 月 1 日起实施。该标准等同采用了 ISO 13485∶2016 标准。

新版标准进一步突出以法规为主线,更加强调贯彻法规要求的重要性和必要性,提高了法规与标准的相容性;明确了质量管理体系的标准适用于医疗器械全生命周期产业链各阶段的医疗器械组织,进一步保证了医疗器械全生命周期各阶段的安全有效;加强了基于风险分析和风险管理的新要求;对医疗器械供应链和采购提出了新要求;同时还补充了医疗器械上市后监督、改进的新要求。

新版标准的实施,将加强法规要求和医疗器械质量管理体系要求的全面融合,充分发挥标准对医疗器械监管的技术支撑作用,与医疗器械监督管理有关法律法规互为补充、有力配合,更加强化医疗器械组织的安全主体责任,加强医疗器械全生命周期的质量管理,推进监管部门、行业、第三方等参与社会共治共同保障医疗器械安全有效。同时,也有利于医疗器械新产品、新技术和质量管理体系技术的快速发展和应用,促进我国医疗器械产业发展和监管要求与国际接轨,提升医疗器械产业的健康发展和监管水平的不断提高。

二、医疗器械 GMP 的内容

现行《条例》第二十三条规定:医疗器械生产质量管理规范应当对医疗器械的设计开发、生产设备条件、原材料采购、生产过程控制、企业的机构设置和人员配备等影响医疗器械安全、有效的事项作出明确规定。原国家食品药品监督管理总局发布的新版《医疗器械生产质量管理规范》对上述内容进行了全面规定,新版医疗器械 GMP 规定了生产企业机构与人员、厂房与设施、设备、文件管理、设计开发、采购、生产管理、质量控制、销售和售后、不合格品控制、不良事件监测、分析和改进等方面的内容,内容具体,要求严实,大大夯实了医疗器械生产过程无缝监管的基础。

医疗器械生产企业在医疗器械设计开发、生产、销售和售后服务等过程中应当遵守医疗器械GMP 规范的要求。医疗器械注册申请人或备案人在进行产品研制时,也应当遵守医疗器械 GMP 规范的相关要求。企业应当按照医疗器械 GMP 规范的要求,结合产品特点,建立健全与所生产医疗器械相适应的质量管理体系,并保证其有效运行。企业应当将风险管理贯穿于设计开发、生产、销售和售后服务等全过程,所采取的措施应当与产品存在的风险相适应。

(一) 机构与人员

企业应当建立与医疗器械生产相适应的管理机构,并有组织机构图,明确各部门的职责和权限,明确质量管理职能。生产管理部门和质量管理部门负责人不得互相兼任。

企业负责人是医疗器械产品质量的主要责任人,应当履行以下职责:①组织制定企业的质量方针和质量目标;②确保质量管理体系有效运行所需的人力资源、基础设施和工作环境等;③组织实施管理评审,定期对质量管理体系运行情况进行评估,并持续改进;④按照法律、法规和规章的要求组织生产。

企业负责人应当确定一名管理者代表。管理者代表负责建立、实施并保持质量管理体系,报告质量管理体系的运行情况和改进需求,提高员工满足法规、规章和顾客要求的意识。

技术、生产和质量管理部门的负责人应当熟悉医疗器械相关法律法规,具有质量管理的实践经验,有能力对生产管理和质量管理中的实际问题作出正确的判断和处理。企业应当配备与生产产品相适应的专业技术人员、管理人员和操作人员,具有相应的质量检验机构或者专职检验人员。从事影响产品质量工作的人员,应当经过与其岗位要求相适应的培训,具有相关理论知识和实际操作技能。从事影响产品质量工作的人员,企业应当对其健康进行管理,并建立健康档案。

(二) 厂房与设施

1. 基本要求　厂房与设施应当符合生产要求,生产、行政和辅助区的总体布局应当合理,不得互相妨碍。厂房与设施应当根据所生产产品的特性、工艺流程及相应的洁净级别要求合理设计、布局和使用。生产环境应当整洁、符合产品质量需要及相关技术标准的要求。产品有特殊要求的,应当确保厂房的外部环境不能对产品质量产生影响,必要时应当进行验证。

2. 厂房设计　厂房应当确保生产和贮存产品质量以及相关设备性能不会直接或者间接受到影响,厂房应当有适当的照明、温度、湿度和通风控制条件。厂房与设施的设计和安装应当根据产品特性采取必要的措施,有效防止昆虫或者其他动物进入。对厂房与设施的维护和维修不得影响产品质量。生产区应当有足够的空间,并与其产品生产规模、品种相适应。

3. 仓储区条件　仓储区应当能够满足原材料、包装材料、中间品、产品等的贮存条件和要求,按照待验、合格、不合格、退货或者召回等情形进行分区存放,便于检查和监控。企业应当配备与产品生产规模、品种、检验要求相适应的检验场所和设施。

(三) 设备

1. 生产设备　企业应当配备与所生产产品和规模相匹配的生产设备、工艺装备等,并确保有效运行。生产设备的设计、选型、安装、维修和维护必须符合预定用途,便于操作、清洁和维护。生产设备应当有明显的状态标识,防止非预期使用。企业应当建立生产设备使用、清洁、维护和维修的操作规程,并保存相应的操作记录。

2. 检验仪器设备　企业应当配备与产品检验要求相适应的检验仪器和设备,主要检验仪器和设备应当具有明确的操作规程。企业应当建立检验仪器和设备的使用记录,记录内容包括使用、校准、维护和维修等情况。

3. 计量器具　企业应当配备适当的计量器具。计量器具的量程和精度应当满足使用要求,标明其校准有效期,并保存相应记录。

(四) 文件管理

1. 体系文件　企业应当建立健全质量管理体系文件,包括质量方针和质量目标、质量手册、程序文件、技术文件和记录，以及法规要求的其他文件。质量手册应当对质量管理体系作出规定。程序文件应当根据产品生产和质量管理过程中需要建立的各种工作程序而制定，包含本规范所规定的各项程序。技术文件应当包括产品技术要求及相关标准、生产工艺规程、作业指导书、检验和试验操作规程、安装和服务操作规程等相关文件。

2. **文件控制程序**　企业应当建立文件控制程序，系统地设计、制定、审核、批准和发放质量管理体系文件，至少应当符合以下要求：①文件的起草、修订、审核、批准、替换或者撤销、复制、保管和销毁等应当按照控制程序管理，并有相应的文件分发、替换或者撤销、复制和销毁记录；②文件更新或者修订时，应当按规定评审和批准，能够识别文件的更改和修订状态；③分发和使用的文件应当为适宜的文本，已撤销或者作废的文件应当进行标识，防止误用。企业应当确定作废的技术文件等必要的质量管理体系文件的保存期限，以满足产品维修和产品质量责任追溯等需要。

3. **记录控制程序**　企业应当建立记录控制程序，包括记录的标识、保管、检索、保存期限和处置要求等，并满足以下要求：①记录应当保证产品生产、质量控制等活动的可追溯性；②记录应当清晰、完整，易于识别和检索，防止破损和丢失；③记录不得随意涂改或者销毁，更改记录应当签注姓名和日期，并使原有信息仍清晰可辨，必要时，应当说明更改的理由；④记录的保存期限应当至少相当于企业所规定的医疗器械的寿命期，但从放行产品的日期起不少于 2 年，或者符合相关法规要求，并可追溯。

（五）设计开发

1. **设计控制程序**　企业应当建立设计控制程序并形成文件，对医疗器械的设计和开发过程实施策划和控制。在进行设计和开发策划时，应当确定设计和开发的阶段及对各阶段的评审、验证、确认和设计转换等活动，应当识别和确定各个部门设计和开发的活动和接口，明确职责和分工。验证，是指通过提供客观证据对规定要求已得到满足的认定。确认，是指通过提供客观证据对特定的预期用途或者应用要求已得到满足的认定。

设计和开发输入应当包括预期用途规定的功能、性能和安全要求、法规要求、风险管理控制措施和其他要求。对设计和开发输入应当进行评审并得到批准，保持相关记录。设计和开发输出应当满足输入要求，包括采购、生产和服务所需的相关信息、产品技术要求等。设计和开发输出应当得到批准，保持相关记录。

2. **设计开发转换**　企业应当在设计和开发过程中开展设计和开发到生产的转换活动，以使设计和开发的输出在成为最终产品规范前得以验证，确保设计和开发输出适用于生产。

3. **评审与验证**　企业应当在设计和开发的适宜阶段安排评审，保持评审结果及任何必要措施的记录。企业应当对设计和开发进行验证，以确保设计和开发输出满足输入的要求，并保持验证结果和任何必要措施的记录。

4. **设计开发确认**　企业应当对设计和开发进行确认，以确保产品满足规定的使用要求或者预期用途的要求，并保持确认结果和任何必要措施的记录。确认可采用临床评价或者性能评价。进行临床试验时应当符合医疗器械临床试验法规的要求。

5. **设计开发更改**　企业应当对设计和开发的更改进行识别并保持记录。必要时，应当对设计和开发更改进行评审、验证和确认,并在实施前得到批准。当选用的材料、零件或者产品功能的改变可能影响到医疗器械产品安全性、有效性时,应当评价因改动可能带来的风险,必要时采取措施将风险降低到可接受水平,同时应当符合相关法规的要求。企业应当在包括设计和开发在内的产品实现全过程中,制定风险管理的要求并形成文件,保持相关记录。

（六）采购

1. 采购控制程序　企业应当建立采购控制程序,确保采购物品符合规定的要求,且不低于法律法规的相关规定和国家强制性标准的相关要求。企业应当根据采购物品对产品的影响,确定对采购物品实行控制的方式和程度。

2. 供应商审核　企业应当建立供应商审核制度,并应当对供应商进行审核评价。必要时,应当进行现场审核。企业应当与主要原材料供应商签订质量协议,明确双方所承担的质量责任。

3. 采购记录　采购时应当明确采购信息,清晰表述采购要求,包括采购物品类别、验收准则、规格型号、规程、图样等内容。应当建立采购记录,包括采购合同、原材料清单、供应商资质证明文件、质量标准、检验报告及验收标准等。采购记录应当满足可追溯要求。企业应当对采购物品进行检验或者验证,确保满足生产要求。

（七）生产管理

企业应当按照建立的质量管理体系进行生产,以保证产品符合强制性标准和经注册或者备案的产品技术要求。

1. 生产规程　企业应当编制生产工艺规程、作业指导书等,明确关键工序和特殊过程。关键工序,是指对产品质量起决定性作用的工序。

2. 生产清洁　在生产过程中需要对原材料、中间品等进行清洁处理的,应当明确清洁方法和要求,并对清洁效果进行验证。企业应当根据生产工艺特点对环境进行监测,并保存记录。

3. 生产确认　企业应当对生产的特殊过程进行确认,并保存记录,包括确认方案、确认方法、操作人员、结果评价、再确认等内容。生产过程中采用的计算机软件对产品质量有影响的,应当进行验证或者确认。特殊过程,是指通过检验和试验难以准确评定其质量的过程。

4. 生产记录　每批(台)产品均应当有生产记录,并满足可追溯的要求。生产记录包括产品名称、规格型号、原材料批号、生产批号或者产品编号、生产日期、数量、主要设备、工艺参数、操作人员等内容。

5. 标识控制　企业应当建立产品标识控制程序,用适宜的方法对产品进行标识,以便识别,防止混用和错用。企业应当在生产过程中标识产品的检验状态,防止不合格中间产品流向下道工序。

6. 可追溯程序　企业应当建立产品的可追溯性程序,规定产品追溯范围、程度、标识和必要的记录。产品的说明书、标签应当符合相关法律法规及标准要求。

7. 产品防护程序　企业应当建立产品防护程序,规定产品及其组成部分的防护要求,包括污染防护、静电防护、粉尘防护、腐蚀防护、运输防护等要求。防护应当包括标识、搬运、包装、贮存和保护等。

（八）质量控制

1. 质控程序　企业应当建立质量控制程序,规定产品检验部门、人员、操作等要求,并规定检验仪器和设备的使用、校准等要求,以及产品放行的程序。

2. 质控设备　检验仪器和设备的管理使用应当符合以下要求:①定期对检验仪器和设备进行校准或者检定,并予以标识;②规定检验仪器和设备在搬运、维护、贮存期间的防护要求,防止检验结果失准;③发现检验仪器和设备不符合要求时,应当对以往检验结果进行评价,并保存验证记录;④对用于检验的计算机软件,应当确认。

3. 检验规程　企业应当根据强制性标准以及经注册或者备案的产品技术要求制定产品的检验规程,并出具相应的检验报告或者证书。

需要常规控制的进货检验、过程检验和成品检验项目原则上不得进行委托检验。对于检验条件和设备要求较高,确需委托检验的项目,可委托具有资质的机构进行检验,以证明产品符合强制性标准和经注册或者备案的产品技术要求。每批(台)产品均应当有检验记录,并满足可追溯的要求。检验记录应当包括进货检验、过程检验和成品检验的检验记录、检验报告或者证书等。

4. 放行与留样　企业应当规定产品放行程序、条件和放行批准要求。放行的产品应当附有合格证明。企业应当根据产品和工艺特点制定留样管理规定,按规定进行留样,并保持留样观察记录。

（九）销售和售后服务

1. 销售记录　企业应当建立产品销售记录,并满足可追溯的要求。销售记录至少包括医疗器械的名称、规格、型号、数量、生产批号、有效期、销售日期、购货单位名称、地址、联系方式等内容。直接销售自产产品或者选择医疗器械经营企业,应当符合医疗器械相关法规和规范要求。发现医疗器械经营企业存在违法违规经营行为时,应当及时向当地药品监督管理部门报告。

2. 售后管理　企业应当具备与所生产产品相适应的售后服务能力,建立健全售后服务制度。应当规定售后服务的要求并建立售后服务记录,并满足可追溯的要求。需要由企业安装的医疗器械,应当确定安装要求和安装验证的接收标准,建立安装和验收记录。由使用单位或者其他企业进行安装、维修的,应当提供安装要求、标准和维修零部件、资料、密码等,并进行指导。企业应当建立顾客反馈处理程序,对顾客反馈信息进行跟踪分析。

（十）不合格品控制

企业应当建立不合格品控制程序,规定不合格品控制的部门和人员的职责与权限。企业应当对不合格品进行标识、记录、隔离、评审,根据评审结果,对不合格品采取相应的处置措施。在产品销售后发现产品不合格时,企业应当及时采取相应措施,如召回、销毁等。不合格品可以返工的,企业应当编制返工控制文件。返工控制文件包括作业指导书、重新检验和重新验证等内容。不能返工的,应当建立相关处置制度。

（十一）不良事件监测、分析和改进

1. 不良事件监测　企业应当指定相关部门负责接收、调查、评价和处理顾客投诉,并保持相关记录。企业应当按照有关法规的要求建立医疗器械不良事件监测制度,开展不良事件监测和再评价

工作,并保持相关记录。

2. 不良事件分析　企业应当建立数据分析程序,收集分析与产品质量、不良事件、顾客反馈和质量管理体系运行有关的数据,验证产品安全性和有效性,并保持相关记录。企业应当建立纠正措施程序,确定产生问题的原因,采取有效措施,防止相关问题再次发生。应当建立预防措施程序,确定潜在问题的原因,采取有效措施,防止问题发生。

3. 不良事件改进　对于存在安全隐患的医疗器械,企业应当按照有关法规要求采取召回等措施,并按规定向有关部门报告。企业应当建立产品信息告知程序,及时将产品变动、使用等补充信息通知使用单位、相关企业或者消费者。

企业应当建立质量管理体系内部审核程序,规定审核的准则、范围、频次、参加人员、方法、记录要求、纠正预防措施有效性的评定等内容,以确保质量管理体系符合本规范的要求。企业应当定期开展管理评审,对质量管理体系进行评价和审核,以确保其持续的适宜性、充分性和有效性。

医疗器械生产质量管理规范

三、医疗器械生产监督检查

医疗器械新法规注重过程的监管,在医疗器械生产过程中,有许多环节均被纳入监督范围。对医疗器械生产过程的监督,体现了风险源头管理的思想。因此,现行《条例》和《生产管理办法》对医疗器械的生产过程设置了许多监督措施,以下是对生产监督措施的介绍。

(一) 生产监督

1. 生产质量体系　现行《条例》第二十四条规定,医疗器械生产企业应当按照医疗器械生产质量管理规范的要求,建立健全与所生产医疗器械相适应的质量管理体系并保证其有效运行;严格按照经注册或者备案的产品技术要求组织生产,保证出厂的医疗器械符合强制性标准以及经注册或者备案的产品技术要求。医疗器械生产企业应当在经许可或者备案的生产场地进行生产,对生产设备、工艺装备和检验仪器等设施设备进行维护,保证其正常运行。

2. 生产标准　医疗器械生产企业应当按照经注册或者备案的产品技术要求组织生产,保证出厂的医疗器械符合强制性标准以及经注册或者备案的产品技术要求。出厂的医疗器械应当经检验合格并附有合格证明文件。

3. 生产中止　现行《条例》第二十五条规定,医疗器械生产企业的生产条件发生变化,不再符合医疗器械质量管理体系要求的,医疗器械生产企业应当立即采取整改措施;可能影响医疗器械安全、有效的,应当立即停止生产活动,并向所在地县级人民政府药品监督管理部门报告。医疗器械产品连续停产一年以上且无同类产品在产的,重新生产时,医疗器械生产企业应当提前书面报告所在地省、自治区、直辖市或者设区的市级药品监督管理部门,经核查符合要求后方可恢复生产。

医疗器械生产企业生产的医疗器械发生重大质量事故的,应当在 24 小时内报告所在地省、自治区、直辖市药品监督管理部门,省、自治区、直辖市药品监督管理部门应当立即报告国家药品监督管理局。

4. 生产采购　医疗器械生产企业应当加强采购管理,建立供应商审核制度,对供应商进行评价,确保采购产品符合法定要求。为了指导医疗器械生产企业做好供应商审核工作,提高医疗器械质量安全保证水平,2015 年 1 月 19 日,原国家食品药品监督管理总局发布了《关于发布医疗器械生产企业供应商审核指南的通告》(2015 年第 1 号)。该《医疗器械生产企业供应商审核指南》对于从源头上保证生产质量有着重要作用。

5. 生产记录　医疗器械生产企业应当对原材料采购、生产、检验等过程进行记录。记录应当真实、准确、完整,并符合可追溯的要求。国家鼓励医疗器械生产企业采用先进技术手段,建立信息化管理系统。

6. 出口监督　生产出口医疗器械的,应当保证其生产的医疗器械符合进口国(地区)的要求,并将产品相关信息向所在地设区的市级药品监督管理部门备案。生产企业接受境外企业委托生产在境外上市销售的医疗器械的,应当取得医疗器械质量管理体系第三方认证或者同类产品境内生产许可或者备案。

(二) 年度自查

现行《条例》第二十四条第二款规定,医疗器械生产企业应当定期对质量管理体系的运行情况进行自查,并向所在地省、自治区、直辖市人民政府药品监督管理部门提交自查报告。医疗器械生产企业应当开展医疗器械法律、法规、规章、标准等知识培训,并建立培训档案。生产岗位操作人员应当具有相应的理论知识和实际操作技能。

(三) 检查监督

1. 检查计划与方案　省、自治区、直辖市药品监督管理部门应当编制本行政区域的医疗器械生产企业监督检查计划,确定医疗器械监管的重点、检查频次和覆盖率,并监督实施。医疗器械生产监督检查应当检查医疗器械生产企业执行法律、法规、规章、规范、标准等要求的情况,重点检查《医疗器械监督管理条例》第五十三条规定的事项。

药品监督管理部门组织监督检查,应当制定检查方案,明确检查标准,如实记录现场检查情况,将检查结果书面告知被检查企业。需要整改的,应当明确整改内容及整改期限,并实施跟踪检查。

2. 抽查检验　药品监督管理部门应当加强对医疗器械的抽查检验。省级以上药品监督管理部门应当根据抽查检验结论及时发布医疗器械质量公告。

3. 飞行检查　对投诉举报或者其他信息显示以及日常监督检查发现可能存在产品安全隐患的医疗器械生产企业,或者有不良行为记录的医疗器械生产企业,药品监督管理部门可以实施飞行检查。

(四) 责任约谈

责任约谈是《生产管理办法》规定的一种新监督举措,对有违法苗头或违法倾向的相对人,药品监督管理部门可以对医疗器械生产企业的法定代表人或者企业负责人进行责任约谈。责任约谈主要是一种事先警示措施,起到告诫、提醒以及警告等作用。责任约谈适用于以下倾向:①生产存在严重安全隐患的;②生产产品因质量问题被多次举报投诉或者媒体曝光的;③信用等级评定为不良信用企业的;④药品监督管理部门认为有必要开展责任约谈的其他情形。

（五）诚信档案

地方各级药品监督管理部门应当建立本行政区域医疗器械生产企业的监管档案。监管档案应当包括医疗器械生产企业产品注册和备案、生产许可和备案、委托生产、监督检查、抽查检验、不良事件监测、产品召回、不良行为记录和投诉举报等信息。

国家药品监督管理局建立统一的医疗器械生产监督管理信息平台,地方各级药品监督管理部门应当加强信息化建设,保证信息衔接。

地方各级药品监督管理部门应当根据医疗器械生产企业监督管理的有关记录,对医疗器械生产企业进行信用评价,建立信用档案。对有不良信用记录的企业,应当增加检查频次。对列入"黑名单"的企业,按照国家药品监督管理局的相关规定执行。

个人和组织发现医疗器械生产企业进行违法生产的活动,有权向药品监督管理部门举报,药品监督管理部门应当及时核实、处理。经查证属实的,应当按照有关规定给予奖励。

点滴积累 ∨

1. Good Manufacturing Practice，GMP。

2. 2014 年 12 月 29 日,原国家食品药品监督管理总局发布了《关于医疗器械生产质量管理规范的公告》,推出了修订后的《医疗器械生产质量管理规范》。

3. 医疗器械生产企业在医疗器械设计开发、生产、销售和售后服务等过程中应当遵守医疗器械 GMP 规范的要求。

第四节　医疗器械说明书和标签管理

案例分析

某医疗器械经营企业销售的"纳米银抗菌凝胶（Ⅲ型）"生产企业：××纳米医药科技有限公司,注册号：×食药监械（准）字 2004 第 2640331 号（更）,实物包装标识和所附的说明书上标示适用范围:适用于烧烫创伤面、机械、物理损伤导致的感染创面、体表慢性溃疡（压迫性溃疡、静脉溃疡、糖尿病下肢溃疡）的辅助治疗。 但是,该企业提供的《医疗器械注册登记表》和《医疗器械说明书批件》上限定的产品适用范围为:适用于烧烫创伤面、机械、物理损伤导致的感染创面、体表慢性溃疡（压迫性溃疡、静脉溃疡、糖尿病下肢溃疡）、皮肤浅部真菌病菌病、轻中度寻常痤疮的辅助治疗。 生产企业在实物包装标识和说明书中擅自缩小了批准适用范围,删除了其中的"皮肤浅部真菌病、轻中度寻常痤疮"内容。

分析:

现行《条例》第二十七条规定: 说明书、标签的内容应当与经注册或者备案的相关内容一致。 上述案例中,《医疗器械说明书批件》是生产企业当地的省药品监督管理局依法注册审查的医疗器械说明书标准文本,具有法定效力,非依法定程序不得随意改变。 医疗器械实物所附的说明书内容包括产品适用范围都应该与其完全一致,不能擅自增加,也不能擅自缩小。

医疗器械说明书和标签是反映医疗器械基本信息的载体,承载了医疗器械的安装、调试、操作、使用、维护和保养,用户安全警示等信息,直接关系到使用医疗器械的安全有效。因此,加强对医疗器械说明书和标签的管理,规范其内容是指导医疗器械合理使用、降低医疗器械使用风险的重要措施之一。按照现行《条例》要求,原国家食品药品监督管理总局对原《医疗器械说明书、标签和包装标识管理规定》(局令第 10 号)进行了修订,形成了《医疗器械说明书和标签管理规定》(CFDA 局令第 6 号),并自 2014 年 10 月 1 日生效实施,原《医疗器械说明书、标签和包装标识管理规定》同时废止。

一、医疗器械说明书和标签内容

医疗器械说明书是指由医疗器械注册人或者备案人制作,随产品提供给用户,涵盖该产品安全有效的基本信息,用以指导正确安装、调试、操作、使用、维护、保养的技术文件。医疗器械标签是指在医疗器械或者其包装上附有的用于识别产品特征和标明安全警示等信息的文字说明及图形、符号。凡在中华人民共和国境内销售、使用的医疗器械,应当按照规定要求附有说明书和标签。医疗器械最小销售单元应当附有说明书。医疗器械的使用者应当按照说明书使用医疗器械。

(一) 总体要求

1. 基本要求　医疗器械说明书和标签的内容应当科学、真实、完整、准确,并与产品特性相一致。医疗器械说明书和标签的内容应当与经注册或者备案的相关内容一致。医疗器械标签的内容应当与说明书有关内容相符合。

医疗器械说明书和标签对疾病名称、专业名词、诊断治疗过程和结果的表述,应当采用国家统一发布或者规范的专用词汇,度量衡单位应当符合国家相关标准的规定。医疗器械说明书和标签中使用的符号或者识别颜色应当符合国家相关标准的规定;无相关标准规定的,该符号及识别颜色应当在说明书中描述。

2. 文字与名称要求　医疗器械的产品名称应当使用通用名称,通用名称应当符合原国家食品药品监督管理总局制定的医疗器械命名规则。第二类、第三类医疗器械的产品名称应当与医疗器械注册证中的产品名称一致。产品名称应当清晰地标明在说明书和标签的显著位置。医疗器械说明书和标签文字内容应当使用中文,中文的使用应当符合国家通用的语言文字规范。医疗器械说明书和标签可以附加其他文种,但应当以中文表述为准。医疗器械说明书和标签中的文字、符号、表格、数字、图形等应当准确、清晰、规范。

(二) 医疗器械说明书的内容

医疗器械说明书既是一种重要的技术文件,也是一种重要的管理规范。它和其他资料一起构成了体现和保证医疗器械安全有效性的载体。重复使用的医疗器械应当在说明书中明确重复使用的处理过程,包括清洁、消毒、包装及灭菌的方法和重复使用的次数或者其他限制。医疗器械说明书的内容具体见表5-1。

表5-1　医疗器械说明书的内容

一般内容	注意事项、警示以及提示性内容
(1) 产品名称、型号、规格 (2) 注册人或者备案人的名称、住所、联系方式及售后服务单位,进口医疗器械还应当载明代理人的名称、住所及联系方式 (3) 生产企业的名称、住所、生产地址、联系方式及生产许可证编号或者生产备案凭证编号,委托生产的还应当标注受托企业的名称、住所、生产地址、生产许可证编号或者生产备案凭证编号 (4) 医疗器械注册证编号或者备案凭证编号 (5) 产品技术要求的编号 (6) 产品性能、主要结构组成或者成分、适用范围 (7) 禁忌症、注意事项、警示以及提示的内容 (8) 安装和使用说明或者图示,由消费者个人自行使用的医疗器械还应当具有安全使用的特别说明 (9) 产品维护和保养方法,特殊储存、运输条件、方法 (10) 生产日期,使用期限或者失效日期 (11) 配件清单,包括配件、附属品、损耗品更换周期以及更换方法的说明等 (12) 医疗器械标签所用的图形、符号、缩写等内容的解释 (13) 说明书的编制或者修订日期 (14) 其他应当标注的内容	(1) 产品使用的对象 (2) 潜在的安全危害及使用限制 (3) 产品在正确使用过程中出现意外时,对操作者、使用者的保护措施以及应当采取的应急和纠正措施 (4) 必要的监测、评估、控制手段 (5) 一次性使用产品应当注明"一次性使用"字样或者符号,已灭菌产品应当注明灭菌方式以及灭菌包装损坏后的处理方法,使用前需要消毒或者灭菌的应当说明消毒或者灭菌的方法 (6) 产品需要同其他医疗器械一起安装或者联合使用时,应当注明联合使用器械的要求、使用方法、注意事项 (7) 在使用过程中,与其他产品可能产生的相互干扰及其可能出现的危害 (8) 产品使用中可能带来的不良事件或者产品成分中含有的可能引起副作用的成分或者辅料 (9) 医疗器械废弃处理时应当注意的事项,产品使用后需要处理的,应当注明相应的处理方法 (10) 根据产品特性,应当提示操作者、使用者注意的其他事项

(三) 医疗器械标签的内容

医疗器械标签一般应当包括以下内容:①产品名称、型号、规格;②注册人或者备案人的名称、住所、联系方式,进口医疗器械还应当载明代理人的名称、住所及联系方式;③医疗器械注册证编号或者备案凭证编号;④生产企业的名称、住所、生产地址、联系方式及生产许可证编号或者生产备案凭证编号,委托生产的还应当标注受托企业的名称、住所、生产地址、生产许可证编号或者生产备案凭证编号;⑤生产日期,使用期限或者失效日期;⑥电源连接条件、输入功率;⑦根据产品特性应当标注的图形、符号以及其他相关内容;⑧必要的警示、注意事项;⑨特殊储存、操作条件或者说明;⑩使用中对环境有破坏或者负面影响的医疗器械,其标签应当包含警示标志或者中文警示说明;⑪带放射或者辐射的医疗器械,其标签应当包含警示标志或者中文警示说明。

医疗器械标签因位置或者大小受限而无法全部标明上述内容的,至少应当标注产品名称、型号、规格、生产日期和使用期限或者失效日期,并在标签中明确"其他内容详见说明书"。

现行《条例》第二十七条第二款规定第二类、第三类医疗器械说明书、标签还应当标明医疗器械注册证编号和医疗器械注册人的名称、地址及联系方式。由消费者个人自行使用的医疗器械还应当具有安全使用的特别说明。

(四) 医疗器械说明书和标签禁止的内容

除了以上必须标注的内容外,以下内容是禁止含有的:①含有"疗效最佳""保证治愈""包治

"根治""即刻见效""完全无毒副作用"等表示功效的断言或者保证的;②含有"最高技术""最科学""最先进""最佳"等绝对化语言和表示的;③说明治愈率或者有效率的;④与其他企业产品的功效和安全性相比较的;⑤含有"保险公司保险""无效退款"等承诺性语言的;⑥利用任何单位或者个人的名义、形象作证明或者推荐的;⑦含有误导性说明,使人感到已经患某种疾病,或者使人误解不使用该医疗器械会患某种疾病或者加重病情的表述,以及其他虚假、夸大、误导性的内容;⑧法律、法规规定禁止的其他内容。

二、医疗器械说明书和标签管理

医疗器械说明书应当由注册申请人或者备案人在医疗器械注册或者备案时,提交药品监督管理部门审查或者备案,提交的说明书内容应当与其他注册或者备案资料相符合。经药品监督管理部门注册审查的医疗器械说明书的内容不得擅自更改。已注册的医疗器械发生注册变更的,申请人应当在取得变更文件后,依据变更文件自行修改说明书和标签。

说明书的其他内容发生变化的,应当向医疗器械注册的审批部门书面告知,并提交说明书更改情况对比说明等相关文件。审批部门自收到书面告知之日起 20 个工作日内未发出不予同意通知件的,说明书更改生效。

已备案的医疗器械,备案信息表中登载内容、备案产品技术要求以及说明书其他内容发生变化的,备案人自行修改说明书和标签的相关内容。

说明书和标签不符合规定要求的,按照现行《条例》第六十七条的规定,由县级以上人民政府食品药品监督管理部门责令改正,处 1 万元以上 3 万元以下罚款;情节严重的,责令停产停业,直至由原发证部门吊销医疗器械生产许可证、医疗器械经营许可证。

点滴积累

1. 医疗器械说明书是指由医疗器械注册人或者备案人制作,随产品提供给用户,涵盖该产品安全有效的基本信息,用以指导正确安装、调试、操作、使用、维护、保养的技术文件。
2. 医疗器械标签是指在医疗器械或者其包装上附有的用于识别产品特征和标明安全警示等信息的文字说明及图形、符号。
3. 凡在中华人民共和国境内销售、使用的医疗器械,应当按照本规定要求附有说明书和标签。 医疗器械最小销售单元应当附有说明书。 医疗器械的使用者应当按照说明书使用医疗器械。

第五节　法律责任

一、生产备案与许可法律责任

（一）生产备案相关法律责任

生产备案,是指从事第一类医疗器械生产活动的企业向所在地的设区的市级药品监督管理部门提交相关资料证明具备生产条件的行为。对于从事第一类医疗器械生产活动未按规定向药品监督管理部门备案的,按照现行《条例》第六十五条第一款的规定处罚。由县级以上人民政府药品监督管理部门责令限期改正;逾期不改正的,向社会公告未备案单位和产品名称,可以处1万元以下罚款。

如果从事第一类医疗器械生产活动,生产企业在备案时提供虚假资料的,则按照现行《条例》第六十五条第二款的规定处罚。由县级以上人民政府药品监督管理部门向社会公告备案单位和产品名称;情节严重的,直接责任人员5年内不得从事医疗器械生产经营活动。

另外,对于伪造、变造、买卖、出租、出借医疗器械生产备案凭证的,由县级以上药品监督管理部门责令改正,处1万元以下罚款。

（二）生产许可相关法律责任

生产许可,是指从事第二类、第三类医疗器械生产活动的,生产企业应当向所在地的省级药品监督管理部门提交相关资料证明具备生产条件,由该省级管理部门颁发《医疗器械生产许可证》的行为。如果在申请生产许可时,生产企业提供虚假资料或者采取其他欺骗手段取得《医疗器械生产许可证》的,按照2017年版《条例》第六十四条第一款的规定处罚。提供虚假资料或者采取其他欺骗手段取得医疗器械生产许可证的,由原发证部门撤销已经取得的生产许可证,并处5万元以上10万元以下罚款,5年内不受理相关责任人及企业提出的医疗器械许可申请。

对于伪造、变造、买卖、出租、出借《医疗器械生产许可证》的行为,按照2017年版《条例》第六十四条第二款的规定处罚。由原发证部门予以收缴或者吊销,没收违法所得;违法所得不足1万元的,处1万元以上3万元以下罚款;违法所得1万元以上的,处违法所得3倍以上5倍以下罚款;构成违反治安管理行为的,由公安机关依法予以治安管理处罚。

二、非法生产相关法律责任

（一）非法生产

非法生产是一种最为常见的违法情形,主要指的是没有生产资质而进行的生产行为。这些行为主要包括:①生产未取得医疗器械注册证的第二类、第三类医疗器械的;②未经许可从事第二类、第三类医疗器械生产活动的;③生产超出生产范围或者与医疗器械生产产品登记表载明生产产品不一致的第二类、第三类医疗器械的;④在未经许可的生产场地生产第二类、第三类医疗器械的;⑤第二类、第三类医疗器械委托生产终止后,受托方继续生产受托产品的;⑥《医疗器械生产许可证》有效期届满后,未依法办理延续,仍继续从事医疗器械生产的。

对以上违法情形,按照2017年版《条例》第六十三条的规定处罚。由县级以上人民政府药品监督管理部门没收违法所得、违法生产的医疗器械和用于违法生产的工具、设备、原材料等物品;违法生产的医疗器械货值金额不足1万元的,并处5万元以上10万元以下罚款;货值金额1万元以上的,并处货值金额10倍以上20倍以下罚款;情节严重的,5年内不受理相关责任人及企业提出的医疗器械许可申请。

（二）生产非法产品

生产非法产品,主要是指具有合法生产资质的生产企业没有生产出符合法律要求的产品。这种违法情形包括：

1. 生产不符合强制性标准或者不符合经注册或者备案的产品技术要求的医疗器械的。

2. 医疗器械生产企业未按照经注册、备案的产品技术要求组织生产，或者未依照《生产管理办法》规定建立质量管理体系并保持有效运行的。

3. 委托不具备《生产管理办法》规定条件的企业生产医疗器械或者未对受托方的生产行为进行管理的。

对以上违法情形，按照现行《条例》第六十六条的规定处罚。由县级以上人民政府药品监督管理部门责令改正，没收违法生产的医疗器械；违法生产的医疗器械货值金额不足 1 万元的，并处 2 万元以上 5 万元以下罚款；货值金额 1 万元以上的，并处货值金额 5 倍以上 10 倍以下罚款；情节严重的，责令停产停业，直至由原发证部门吊销医疗器械注册证、医疗器械生产许可证。

（三）拒绝整改

医疗器械生产企业的生产条件发生变化、不再符合医疗器械质量管理体系要求，未依照《生产管理办法》规定整改、停止生产、报告的，按照现行《条例》第六十七条的规定处罚。由县级以上人民政府药品监督管理部门责令改正，处 1 万元以上 3 万元以下罚款；情节严重的，责令停产停业，直至由原发证部门吊销医疗器械生产许可证。

（四）未交自查报告

医疗器械生产企业未按规定向省、自治区、直辖市或者设区的市级药品监督管理部门提交本企业质量管理体系运行情况自查报告的，按照现行《条例》第六十八条的规定处罚。由县级以上人民政府药品监督管理部门责令改正，给予警告；拒不改正的，处 5000 元以上 2 万元以下罚款；情节严重的，责令停产停业，直至由原发证部门吊销医疗器械生产许可证。

（五）其他违法情形

除了上述各种违法情形外，《生产管理办法》还规定了以下情形，可由县级以上药品监督管理部门给予警告，责令限期改正，可以并处 3 万元以下罚款：①出厂医疗器械未按照规定进行检验的；②出厂医疗器械未按照规定附有合格证明文件的；③未按照《生产管理办法》第十六条规定办理《医疗器械生产许可证》变更登记的；④未按照规定办理委托生产备案手续的；⑤医疗器械产品连续停产一年以上且无同类产品在产，未经所在地省、自治区、直辖市或者设区的市级药品监督管理部门核查符合要求即恢复生产的；⑥向监督检查的药品监督管理部门隐瞒有关情况、提供虚假资料或者拒绝提供反映其活动的真实资料的。

有前款所列情形，情节严重或者造成危害后果，属于违反现行《条例》相关规定的，依照《条例》的规定处罚。

点滴积累 ∨

1. 非法生产是一种最为常见的违法情形，主要指的是没有生产资质而进行的生产活动。

2. 生产非法产品，主要是指具有合法生产资质的生产企业没有生产出符合法律要求的产品。

3. 提供虚假资料或者采取其他欺骗手段取得医疗器械生产许可证的，由原发证部门撤销已经取得的生产许可证，并处 5 万元以上 10 万元以下罚款，5 年内不受理相关责任人及企业提出的医疗器械许可申请。

目标检测

一、单选题

1. 新版《医疗器械生产监督管理办法》经原国家食品药品监督管理总局局务会议审议通过后，自(　　)起施行。

  A. 2012 年 6 月 1 日　　　　　　　　B. 2012 年 10 月 1 日

  C. 2014 年 6 月 1 日　　　　　　　　D. 2014 年 10 月 1 日

2. 药监部门经许可审核后，认为医疗器械生产企业的申请符合规定条件的，依法作出准予许可的书面决定，并于(　　)内发给《医疗器械生产许可证》。

  A. 10 天　　　　　B. 10 个工作日　　　　　C. 15 天　　　　　D. 15 个工作日

3. 关于第一类医疗器械生产备案凭证备案编号的编排方式，说法错误的是(　　)。

  A. 备案编排方式为：××食药监械生产备××××××××号

  B. 第一位×代表备案部门所在地省、自治区、直辖市的简称；

  C. 第二位×代表备案部门所在地设区的市级行政区域的简称；

  D. 第三到六位×代表 4 位数流水号；

4. 开办第二类、第三类医疗器械生产企业的，应当向所在地(　　)药品监督管理部门申请生产许可并提交相关资料。

  A. 县级　　　　　B. 市级　　　　　C. 省级　　　　　D. 国家级

5. 生产出口医疗器械的，应当保证其生产的医疗器械符合进口国(地区)的要求，并将产品相关信息向所在地设区的市级药品监督管理部门(　　)。

  A. 审核　　　　　B. 告知　　　　　C. 审批　　　　　D. 备案

6. 说明书和标签不符合规定要求的，按照《条例》第六十七条的规定，由县级以上人民政府药品监督管理部门责令改正，处(　　)罚款。

  A. 1 万元以上 4 万元以下　　　　　　B. 1 万元以上 3 万元以下

  C. 2 万元以上 3 万元以下　　　　　　D. 3 万元以上 4 万元以下

二、多选题

1. 医疗器械生产管理，是指对医疗器械生产环节的管理行为，包括医疗器械的(　　)等活动的监督管理活动。

  A. 研发设计　　　B. 生产备案　　　C. 生产许可　　　D. 委托生产

2. 医疗器械生产企业应当按照经注册或者备案的产品技术要求组织生产，保证出厂的医疗器械符合(　　)。

  A. 推荐性标准　　　B. 强制性标准　　　C. 注册产品标准　　　D. 产品技术要求

3. 医疗器械生产质量管理规范应当对医疗器械的(　　)、企业的机构设置和人员配备等影响医疗器械安全、有效的事项作出明确规定。

　　A. 设计开发　　　　　B. 生产设备条件　　　C. 原材料采购　　　　D. 生产过程控制

4. 对于生产不符合强制性标准或者不符合经注册或者备案的产品技术要求的医疗器械的违法情形,县级以上人民政府药品监督管理部门可以(　　)。

　　A. 责令改正,没收违法生产的医疗器械

　　B. 违法生产的医疗器械货值金额不足 1 万元的,并处 2 万元以上 10 万元以下罚款

　　C. 货值金额 1 万元以上的,并处货值金额 5 倍以上 10 倍以下罚款

　　D. 情节严重的,责令停产停业,直至由原发证部门吊销医疗器械注册证、医疗器械生产许可证

5.《医疗器械生产监督管理办法》修订,体现的原则有(　　)。

　　A. 风险管理的原则,对不同风险的生产行为进行分类管理

　　B. 落实责任的原则,要求企业建立质量管理体系并保持有效运行

　　C. 强化监管的原则,运用抽查检验、质量公告、飞行检查、责任约谈、"黑名单"等制度

　　D. 违法严处的原则,加大加重对违法行为的处罚力度

6. 从事医疗器械的生产要符合的条件主要包括(　　)。

　　A. 有与生产的医疗器械相适应的生产场地、环境条件、生产设备以及专业技术人员

　　B. 有对生产的医疗器械进行质量检验的机构或者专职检验人员以及检验设备

　　C. 有保证医疗器械质量的管理制度

　　D. 产品研制、生产工艺文件规定的要求

三、简答题

1. 请简述医疗器械生产管理环节法规的最新变化。

2. 什么是医疗器械生产许可制度?

3.. 请简述哪些活动属于非法生产。

四、案例分析题

1. 某药监局接到举报,反映某医疗器械生产企业长期从事国外进口二手医用直线加速器的翻新、销售。调查人员至该生产企业进行调查发现,该企业持有相应的生产资质和 GK-100 型医用直线加速器的《医疗器械注册证》。现场检查该企业的生产车间,发现该企业正在生产 GK-2100 型和 GK-100 型医用直线加速器。经过向该企业的主要管理者的了解沟通,并现场检查了该企业的生产经营记录后,该企业承认自 2004 年以来其一直用进口翻新的医用直线加速器的部件生产了 GK-2100 型和 GK-100 型医用直线加速器;其中 GK-2100 型未取得产品注册证;GK-100 型从试制、注册以及生产时,一直采用美国翻新的零部件,没有改变过。上述的翻新零部件约占整机的 80%。

针对上述生产企业持有产品注册证,用进口翻新零部件生产 GK-100 型医用直线加速器,并以其自己的品牌进行销售的行为是否违法,经函询国家局,国家局复函未定性该行为,但要求对该企业目前的生产情况以及过去的采购、生产、检验、销售和不良事件记录等进行调查。调查人员根据国家局

的要求至该企业随机检查了生产医用直线加速器的采购、生产、检验、销售和不良事件记录,发现有相关的记录,没有不良事件报告。调查人员还走访了一些使用单位,了解使用过程中的质量情况。使用单位的评价为"还过得去"。

请根据相关法律规定分析以上案例。

2. 某药品监督管理局对辖区内 A 企业进行飞行检查,发现如下问题:该企业不能提供部分设备的维护保养规程及记录;灭菌柜的维护保养记录未按照文件规定进行,内容频次均不一致;部分设备锈蚀严重;制水级 RO 管破裂漏水;在生产现场未查见输液器检漏装置;检验室未配备"无氨水"制备所需的蒸馏器具;净化车间一更(普通区)和二更(十万级净化区)之间压差计在两室连通后不能归零;制定的工艺用水检验规程与其依据的药典规定不一致,未见"无氨水"及其标准溶液的配制记录,不能证明以往检测"氨"项目所需"无氨水"的来源;内包装封口工序未确定为产品实现过程中的特殊过程,也未设置该工序的质量检验要求;未对部分识别出的关键工序制定作业指导书,部分工艺文件未规定具体工艺参数;未按强制性标准要求对不同产品进行灭菌参数确认,环氧乙烷灭菌工艺参数发生变化,未对灭菌过程重新再确认;不能提供部分仪器的年度检定校准记录;生产现场部分仪表无编号,不能一一对应并提供相应的仪表检验校准报告;未按最终产品检验规程进行检验等。

请问:该企业违反了医疗器械生产质量管理规范的哪些规定?

ER-05章习题

第六章

医疗器械经营管理

ER-06章PPT

情景描述:

  上海 A 公司 2015 年 3 月在未取得第二类医疗器械经营备案凭证和医疗器械经营许可证的情况下, 从 B 公司购进规格型号为 CI24RE(ST)的人工耳蜗植入体(三类器械), 从 C 公司购进规格型号为 Nucleus CP 802 的声音处理器及附件(二类器械), 于 2015 年 4 ~ 12 月将上述人工耳蜗植入体和声音处理器销售给上海 D 医院, 经患者确认后给患者植入使用。 经食药监部门调查, A 公司经营货值金额为 163 000 元人民币, 违法所得为 88 926 元。 2016 年 2 月 22 日, A 公司向药品监督管理部门提出申请依法取得《医疗器械经营许可证》。

学前导语:

  1. 经营第二类医疗器械需要办理哪些手续?

  2. 经营第三类医疗器械需要办理哪些手续?

  3. 该案中 A 公司行为如何定性? 如何处罚?

  4. 本案中 B、C 公司、D 医院行为是否违法? 如何处罚?

第一节 概述

一、医疗器械经营的现状

  随着人民生活水平提高, 人口老龄化加剧, 人们对健康的关注度越来越高。近年来医疗器械行业保持高速增长势头, 有资料显示, 我国医疗器械行业多年来保持了 20% 以上的增长速度。截止 2017 年, 全国医疗器械经营企业达 41 万家, 从业人员达几百万人。但是, 医疗器械经营领域也存在"多、小、低、散"的特点, 多是指企业数量多, 小是指经营规模小, 低是指市场集中度低, 散是指企业经营网点分散。医疗器械经营作为医疗器械全生命周期的重要组成部分, 包括采购、验收、储存、销售、运输、售后服务。由于医疗器械的安全性有效性要求高, 其经营质量要求也较高。

二、医疗器械经营监管制度的发展

  我国医疗器械监管开始于 20 世纪 90 年代, 1998 年, 国务院政府职能改变, 成立了国家药品监督管理局,结束了医疗器械监管政出多门的局面,2000年版《条例》实施后,对医疗器械研制、生产、经营、使用及监督管理各环节作出了原则性规定,与之配套的《医疗器械经营企业监督管理办法》(原国家药品监督管理局第19号令)于2000年4月20日颁布。2014年,在原《医疗器械经营企业监督管理办法》基础上制定的《医疗器械经营企业许可证管理办法》开始实施。

随着医疗器械行业的高速发展,产品种类、企业数量、规模、从业人员数量不断增加,原来的医疗器械法规不再适应医疗器械行业的需要。2014年10月,原国家食品药品监督管理总局颁发的《医疗器械经营监督管理办法》(以下简称《经营管理办法》)开始实施。医疗器械经营管理主要是针对医疗器械全过程监管中的经营环节,其内容主要包括:经营许可、经营备案、经营质量管理、医疗器械GSP、经营监督、法律责任等。经营流通过程的医疗器械监管,是保证医疗器械安全性有效性的重要环节,也是上市后监管的重点。为了配合2014年版《条例》和《经营管理办法》的实施,原国家食品药品监督管理总局还发布了一系列规范性文件,主要有:《医疗器械经营质量管理规范》(2014年12月12日)、《医疗器械经营质量管理规范现场检查指导原则》(2015年10月15日)、《医疗器械经营企业分类分级监督管理规定》(2015年8月17日)、《医疗器械经营环节重点监管目录及现场检查重点内容》(2015年8月17日)。

新法规体现了医疗器械分类管理基础上全过程监管的理念,在企业开办上,经营风险较大的第三类医疗器械的企业申请经营许可,而经营第二类医疗器械的经营企业只需要备案,经营第一类医疗器械的企业既不需要许可也不需要备案。根据医疗器械产品特点和经营现状,采取分级分类管理,对经营产品风险大、企业质量管理水平低、以前检查中出现过问题的企业加大监督管理力度;对经营产品风险小、企业质量管理水平较高、遵守法规较好的企业减少检查频次,提高医疗器械经营监管的效率。在监管模式上,原来法规注重许可证发放审批,现在法规减少事前审批事项,注重事后监管,体现医疗器械经营全过程监管,要求经营企业在医疗器械采购、验收、储存、销售、运输、售后服务等环节采取有效的质量控制措施,保障经营过程中产品质量安全。强化企业质量责任,要求经营企业按照医疗器械经营质量管理规范要求,建立覆盖质量管理全过程的经营管理制度,保证经营条件和经营行为持续符合要求。明确企业法定代表人是医疗器械经营质量的主要责任人,企业质量负责人负责医疗器械经营企业质量管理工作。

三、医疗器械网络销售管理

医疗器械行业高速发展,催生了很多新业态,第三方物流、第三方设备管理,给医疗器械经营带来了活力,政府对医疗器械经营领域的整治,"两票制"实施,给医疗器械领域带来重大变化,数量多、规模小的医疗器械经营企业面临着重新洗牌,主要方向是优胜劣汰、压缩利润空间、强化医疗器械质量管理,原来规模较小、质量管理水平低、经常出现问题的企业逐步淘汰,信誉好、经营规模大、质量管理水平高的企业会获得较快发展。

随着"互联网+"行动不断向前推进,医疗器械产业与互联网融合不断加快,医疗器械网络销售日趋活跃。为加强医疗器械网络销售和医疗器械网络交易服务监督管理,保障公众用械安全,我国于2018年3月1日起开始实施《医疗器械网络销售监督管理办法》。要求从事医疗器械网络销售的企业,其申请主体应当是依法取得医疗器械生产许可、经营许可或者办理备案的实体医疗器械生产经营企业以及销售条件符合《医疗器械监督管理条例》和《办法》要求的医疗器械上市许可持有人(即医疗器械注册人或者备案人),运营模式为通过自建网站(包含网络客户端应用程序)或医疗器械网络交易服务第三方平台销售医疗器械。医疗器械网络交易服务第三方平台提供者,是指在医疗器械网络交易中仅提供网页空间、虚拟交易场所、交易规则、交易撮合、电子订单等交易服务,供交易双方或者多方开展交易活动,不直接参与医疗器械销售的企业。

从事医疗器械网络销售的企业和医疗器械网络交易第三方平台提供者应当依法取得《互联网药品信息服务资格证书》,具备与其规模相适应的办公场所以及数据备份、故障恢复等技术条件,设置专门的医疗器械网络质量安全管理机构或者医疗器械质量安全管理人员。医疗器械网络经营范围不得超出其生产经营许可或者备案的范围。医疗器械批发企业从事医疗器械网络销售,应当销售给具有资质的医疗器械经营企业或者使用单位。医疗器械零售企业从事医疗器械网络销售,应当销售给消费者个人。

从事医疗器械网络销售的企业,应当按照医疗器械标签和说明书标明的条件贮存和运输医疗器械。委托其他单位贮存和运输医疗器械的,应当对被委托方贮存和运输医疗器械的质量保障能力进行考核评估,明确贮存和运输过程中的质量责任,确保贮存和运输过程中的质量安全。

从事医疗器械网络销售的企业和医疗器械网络交易第三方平台提供者应当记录医疗器械交易信息,记录应当保存至医疗器械有效期后 2 年;无有效期的,保存时间不得少于 5 年;植入类医疗器械交易信息应当永久保存。应当采取技术措施,保障医疗器械网络销售数据和资料真实完整、安全可追溯。

点滴积累　∨

1. 医疗器械经营,是指以购销的方式提供医疗器械产品的行为,包括采购、验收、贮存、销售、运输、售后服务等。 医疗器械经营包括医疗器械批发与零售。

2. 医疗器械批发,是指将医疗器械销售给具有资质的经营企业或者使用单位的医疗器械经营行为。 医疗器械零售,是指将医疗器械直接销售给消费者的医疗器械经营行为。

3. 医疗器械网络经营范围不得超出其生产经营许可或者备案的范围。 医疗器械批发企业从事医疗器械网络销售,应当销售给具有资质的医疗器械经营企业或者使用单位。

第二节　医疗器械经营备案与许可

根据医疗器械分类监管的原则,对医疗器械经营实施分类管理,根据所经营医疗器械风险不同采取不同的监管模式,《经营管理办法》第四条规定:按照医疗器械风险程度,医疗器械经营实施分类管理。概言之,经营第一类医疗器械不需许可和备案,经营第二类医疗器械实行备案管理,经营第三类医疗器械实行许可管理。

ER-6-1

医疗器械经营
监督管理办法

一、医疗器械经营条件

从事医疗器械经营活动,应该具备基本的经营条件:①具有与经营范围和经营规模相适应的质量管理机构或者质量管理人员,质量管理人员应当具有国家认可的相关专业学历或者职称;②具有与经营范围和经营规模相适应的经营、贮存场所;③具有与经营范围和经营规模相适应的贮存条件,全部委托其他医疗器械经营企业贮存的可以不设立库房;④具有与经营的医疗器械相适应的质量管理制度;⑤具备与经营的医疗器械相适应的专业指导、技术培训和售后服务的能力,或者约定由相关机构提供技术支持。

从事第三类医疗器械经营的企业还应当具有符合医疗器械经营质量管理要求的计算机信息管理系统,保证经营的产品可追溯。鼓励从事第一类、第二类医疗器械经营的企业建立符合医疗器械经营质量管理要求的计算机信息管理系统。

二、医疗器械经营备案

现行《条例》第三十条规定,从事第二类医疗器械经营的,由经营企业向所在地市级药品监督管理部门备案并提交其相关证明资料。

1. 备案资料　申请医疗器械经营备案需要提交的资料有:①营业执照复印件;②法定代表人、企业负责人、质量负责人的身份证明、学历或者职称证明复印件;③组织机构与部门设置说明;④经营范围、经营方式说明;⑤经营场所、库房地址的地理位置图、平面图、房屋产权证明文件或者租赁协议(附房屋产权证明文件)复印件;⑥经营设施、设备目录;⑦经营质量管理制度、工作程序等文件目录;⑧经办人授权证明;⑨其他证明材料。

2. 备案程序　药品监督管理部门应当当场对企业提交资料的完整性进行核对,符合规定的予以备案,发给第二类医疗器械经营备案凭证。医疗器械经营备案凭证应当载明编号、企业名称、法定代表人、企业负责人、住所、经营场所、经营方式、经营范围、库房地址、备案部门、备案日期等事项。设区的市级药品监督管理部门应当在医疗器械经营企业备案之日起3个月内,按照医疗器械经营质量管理规范的要求对第二类医疗器械经营企业开展现场核查。

3. 备案变更　医疗器械经营备案凭证中企业名称、法定代表人、企业负责人、住所、经营场所、经营方式、经营范围、库房地址等备案事项发生变化的,应当及时变更备案。医疗器械经营备案凭证遗失的,医疗器械经营企业应当及时向原备案部门办理补发手续。医疗器械经营备案凭证见图6-1。

三、医疗器械经营许可

现行《条例》第三十一条规定:从事第三类医疗器械经营的,经营企业应当向所在地设区的市级药品监督管理部门申请经营许可并提交相关证明资料。

1. 许可资料　申请医疗器械经营许可需要提交的资料:①营业执照复印件;②法定代表人、企业负责人、质量负责人的身份证明、学历或者职称证明复印件;③组织机构与部门设置说明;④经营

第二类医疗器械经营备案凭证（样表）

备案编号：××食药监械经营备×××××××号

企业名称	
法定代表人	
企业负责人	
经营方式	
住所	
经营场所	
库房地址	
经营范围	

备案部门（公章）

备案日期：　　　　年　　　月　　　日

图6-1　医疗器械经营备案凭证

范围、经营方式说明；⑤经营场所、库房地址的地理位置图、平面图、房屋产权证明文件或者租赁协议（附房屋产权证明文件）复印件；⑥经营设施、设备目录；⑦经营质量管理制度、工作程序等文件目录；⑧计算机信息管理系统基本情况介绍和功能说明；⑨经办人授权证明；⑩其他证明材料。

2. 审查过程　对于申请人提出的第三类医疗器械经营许可申请,设区的市级药品监督管理部门应当根据下列情况作出处理：

（1）形式审查：申请事项属于其职权范围,申请资料齐全、符合法定形式的,应当受理申请；申请资料不齐全或者不符合法定形式的,应当当场或者在5个工作日内一次告知申请人需要补正的全部内容,逾期不告知的,自收到申请资料之日起即为受理；申请资料存在可以当场更正的错误的,应当允许申请人当场更正；申请事项不属于本部门职权范围的,应当即时作出不予受理的决定,并告知申请人向有关行政部门申请。设区的市级药品监督管理部门受理或者不予受理医疗器械经营许可申请的,应当出具受理或者不予受理的通知书。

（2）现场核查：设区的市级药品监督管理部门应当自受理之日起30个工作日内对申请资料进

行审核,并按照医疗器械经营质量管理规范的要求开展现场核查。需要整改的,整改时间不计入审核时限。

（3）许可决定:经审核符合规定条件的,依法作出准予许可的书面决定,并于 10 个工作日内发给《医疗器械经营许可证》(图 6-2);不符合规定条件的,作出不予许可的书面决定,并说明理由。《医疗器械经营许可证》有效期为 5 年,载明许可证编号、企业名称、法定代表人、企业负责人、住所、经营场所、经营方式、经营范围、库房地址、发证部门、发证日期和有效期限等事项。

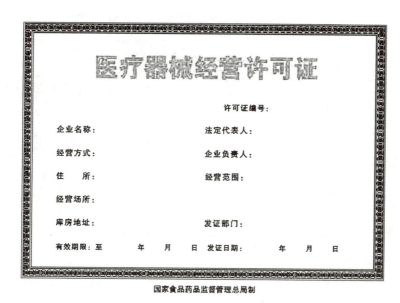

图6-2　医疗器械经营许可证

《医疗器械经营许可证》编号的编排方式为:××食药监械经营许××××××××号。其中:

第一位×代表许可部门所在地省、自治区、直辖市的简称;

第二位×代表所在地设区的市级行政区域的简称;

第三到六位×代表 4 位数许可年份;

第七到十位×代表 4 位数许可流水号。

第二类医疗器械经营备案凭证备案编号的编排方式为:××食药监械经营备××××××××号。其中:

第一位×代表备案部门所在地省、自治区、直辖市的简称;

第二位×代表所在地设区的市级行政区域的简称;

第三到六位×代表 4 位数备案年份;

第七到十位×代表 4 位数备案流水号。

3. 许可变更　《医疗器械经营许可证》事项的变更分为许可事项变更和登记事项变更。许可事项变更包括经营场所、经营方式、经营范围、库房地址的变更。许可事项变更的,应当向原发证部门提出《医疗器械经营许可证》变更申请,并提交涉及变更内容的有关资料。原发证部门应当自收到变更申请之日起 15 个工作日内进行审核,并作出准予变更或者不予变更的决定;需要按照医疗器械经营质量管理规范的要求开展现场核查的,自收到变更申请之日起 30 个工作日内作出准予变更或者不予变更的决定。不予变更的,应当书面说明理由并告知申请人。变更后的《医疗器械经营许可证》编号和有效期限不变。

登记事项变更,是指经营场所、经营方式、经营范围、库房地址以外其他事项的变更。登记事项变更的,医疗器械经营企业应当及时向设区的市级药品监督管理部门办理变更手续。

> **案例分析**
>
> 医疗器械经营企业未依照规定办理许可事项变更
>
> A 公司是医疗器械经营企业,于 2015 年 5 月向药品监督管理部门申请获得了《医疗器械经营许可证》,许可证上公司经营地址及仓库地址是某市 B 路 627 号 3 号楼,由于经营需要,A 公司与 2016 年 4 月将经营地址和仓库搬迁到某市 C 路 271 弄 18 号楼,从事三类医疗器械经营活动,未办理相关手续。
>
> 问题:
>
> 1.《医疗器械经营许可证》载明事项变更有几种?　经营场所、经营范围变更需要办理什么手续?
>
> 2. 该案如何处罚?

4. 许可延续　《医疗器械经营许可证》有效期届满需要延续的,医疗器械经营企业应当在有效期届满 6 个月前,向原发证部门提出《医疗器械经营许可证》延续申请。

原发证部门应当按照规定对延续申请进行审核,必要时开展现场核查,在《医疗器械经营许可证》有效期届满前作出是否准予延续的决定。符合规定条件的,准予延续,延续后的《医疗器械经营许可证》编号不变。不符合规定条件的,责令限期整改;整改后仍不符合规定条件的,不予延续,并书面说明理由。逾期未作出决定的,视为准予延续。

> **案例分析**
>
> 《医疗器械经营许可证》有效期届满后未办理延续仍从事医疗器械经营案
>
> 2016 年 1 月 28 日,药品监督管理部门执法人员对 A 公司的经营场所进行了现场检查。　现场查见:A 公司《医疗器械经营企业许可证》许可期限自 2010 年 6 月 28 日至 2015 年 6 月 27 日。　经查证,2015 年 7 月 1 日,当事人在《医疗器械经营企业许可证》有效期届满后未依法办理延续的情况下,仍继续从事第三类医疗器械产品微导管(国械注进 20153773125)销售,至案发,当事人共违法销售上述微导管 2 根,涉嫌违法金额共计人民币 7470 元,违法所得共计 3693.8 元。
>
> 问题:
>
> 1.《医疗器械经营许可证》有效期几年?　有效期届满继续经营的需要办理什么手续?
>
> 2. 本案如何处罚?

5. 证书补发　《医疗器械经营许可证》遗失的,医疗器械经营企业应当立即在原发证部门指定的媒体上登载遗失声明。自登载遗失声明之日起满 1 个月后,向原发证部门申请补发。原发证部门及时补发《医疗器械经营许可证》,补发的《医疗器械经营许可证》编号和有效期限与原证一致。

四、医疗器械经营资质管理

医疗器械经营企业跨行政区域设置库房的,应当向库房所在地设区的市级药品监督管理部门办理备案。经营企业新设立独立经营场所的,应当单独申请医疗器械经营许可或者备案。

因分立、合并而存续的医疗器械经营企业,应当依照《经营管理办法》规定申请变更许可;因企业分立、合并而解散的,应当申请注销《医疗器械经营许可证》;因企业分立、合并而新设立的,应当申请办理《医疗器械经营许可证》。

医疗器械注册人、备案人或者生产企业在其住所或者生产地址销售医疗器械,不需办理经营许可或者备案;在其他场所贮存并现货销售医疗器械的,应当按照规定办理经营许可或者备案。

医疗器械经营企业有法律、法规规定应当注销的情形,或者有效期未满但企业主动提出注销的,设区的市级药品监督管理部门应当依法注销其《医疗器械经营许可证》,并在网站上予以公布。

设区的市级药品监督管理部门应当建立《医疗器械经营许可证》核发、延续、变更、补发、撤销、注销等许可档案和医疗器械经营备案信息档案。

任何单位以及个人不得伪造、变造、买卖、出租、出借《医疗器械经营许可证》和医疗器械经营备案凭证。

知识链接

新旧经营许可证的衔接

《经营管理办法》于2014年10月1日实施,对于经营企业按照《条例》和《医疗器械经营许可证管理办法》获得的《医疗器械经营企业许可证》在有效期内仍然有效,《经营管理办法》实施后,对于医疗器械经营企业申请变更、延续、补发的,涉及经营第三类医疗器械,应当按照《经营管理办法》有关要求进行审核,必要时进行现场核查,符合规定条件的,发给新的《医疗器械经营许可证》,有效期自发证之日起计算;涉及经营第二类医疗器械,应当按照《经营管理办法》有关要求办理备案。

第三节　医疗器械经营监督管理

ER-6-2

医疗器械经营企业分类分级监督管理规定

一、医疗器械经营企业分类分级

由于医疗器械经营企业众多,不同经营企业经营产品风险不同、质量管理水平不同,对不同的经营企业应该采取不同程度的监管方式。2015 年 8 月 17 日，原国家食品药品监督管理总局颁布了《医疗器械经营企业分类分级监督管理规定》，对医疗器械经营企业采取分类分级监管的模式。该模式根据经营产品风险程度、质量管理水平和遵守法规情况，结合医疗器械不良事件及产品投诉状况，将医疗器械经营企业分为不同的类别，并按照属地监管的原则，实施分级动态管理。

1. 分类分级　医疗器械经营企业监管分为三个监管级别，其中三级监管是最高监管级别，主要是对医疗器械经营环节重点监管目录涉及的经营企业、为其他医疗器械生产经营企业提供贮存和配送服务的经营企业、上一年度受到行政处罚且整改不到位和存在不良信用记录的经营企业进行的监管。二级监管为一般监管级别，主要是对除三级监管外的第二、三类医疗器械批发企业进行的监管。一级监管为最低监管级别，主要是对除二、三级监管外的其他医疗器械经营企业进行的监管。医疗器械经营企业涉及多个监管级别的，按最高级别进行监管。

2. 监管措施　国家药品监督管理局负责指导和检查全国医疗器械经营企业分类分级监督管理工作。省级药品监督管理部门负责按年度编制医疗器械经营企业监督检查计划并监督实施。设区的市药品监督管理部门负责确定并按年度向社会公布辖区内各监管级别医疗器械经营企业目录，依据年度医疗器械经营企业监督检查计划制定监督检查方案并组织实施。县级药品监督管理部门按照监督检查方案要求，对辖区内医疗器械经营企业实施监督检查。

实施三级监管的经营企业，由设区的市药品监督管理部门组织监督检查，每年检查不少于一次。角膜接触镜类和计划生育类产品各地可根据监管需要确定检查频次，对整改企业跟踪检查覆盖率要达到 100%，直至企业整改到位。

实施二级监管的经营企业，由县级药品监督管理部门实施监督检查，每两年检查不少于一次。实施一级监管的经营企业，由县级药品监督管理部门实施随机抽查，每年抽查数量不少于企业总数的 1/3，3 年达到全覆盖。

药品监督管理部门应当综合运用全项目检查、飞行检查、专项检查和跟踪检查，采取"双随机、一公开"的方式强化监督管理，及时向社会公开检查结果。省药品监督管理部门每年随机抽查一定比例的医疗器械经营企业。

医疗器械经营环节重点监管目录及现场检查重点内容见表6-1。

二、医疗器械经营质量管理

（一）进货查验与销售记录

医疗器械经营企业，在自我购进与向其他经营者销售医疗器械时，应该履行进货查验与销售记录制度。根据现行《条例》第三十二条的规定，医疗器械经营企业、使用单位购进医疗器械，应当查验供货者的资质和医疗器械的合格证明文件，建立进货查验记录制度。从事第二类、第三类医疗器械批发业务以及第三类医疗器械零售业务的经营企业，还应当建立销售记录制度。该条是医疗器械进货查验与销售记录制度得以确立的法律依据。

1. 记录事项　进货查验记录和销售记录应当真实，并按照国家药品监督管理局规定的期限予

表6-1　医疗器械经营环节重点监管目录及现场检查重点内容

类别	品种（类）目录	经营环节风险点	现场检查重点内容
一、无菌类	1. 一次性使用无菌注射器（含自毁式、胰岛素注射、高压造影用） 2. 一次性使用无菌注射针（含牙科、注射笔用） 3. 一次性使用输液器（含精密、避光、压力输液等各型式） 4. 一次性使用静脉输液针 5. 一次性使用静脉留置针 6. 一次性使用真空采血器 7. 一次性使用输血器 8. 一次性使用塑料血袋 9. 一次性使用麻醉穿刺包 10. 人工心肺设备辅助装置（接触血液的管路、滤器等） 11. 血液净化用器具（接触血液的管路、过滤/透析/吸附器械） 12. 氧合器 13. 血管内造影导管 14. 球囊扩张导管 15. 中心静脉导管 16. 外周血管套管 17. 动静脉介入导丝、鞘管 18. 血管内封堵器械（含封堵器、栓塞栓子、微球） 19. 医用防护口罩、医用防护服	1. 合法资质 2. 仓储管理 3. 质量追溯	1. 检查合法资质： （1）所经营产品是否取得医疗器械注册证、合格证明文件 （2）医疗器械经营许可证或备案凭证、营业执照，经营范围是否覆盖所经营产品 （3）供货者的医疗器械生产（经营）许可证或备案凭证、营业执照，经营范围是否覆盖所经营产品 （4）销售人员的授权书是否符合要求 2. 检查仓储管理： （1）仓库设施设备及维护记录 （2）温湿度日常监控记录 （3）产品存储状态是否与说明书要求一致 （4）产品包装有否开封或破损 （5）效期预警记录 3. 检查质量追溯： （1）计算机信息管理系统能否保证经营的产品可追溯（第三类） （2）供货者随货同行单 （3）进货验收记录 （4）出库复核查验记录 （5）销售记录（批发） （6）退货产品或不合格品的处置记录 （7）说明书和标签的内容是否与经注册的相关内容一致，是否存在标签标示不全、储存要求标示不清，进口产品是否有中文说明书、中文标签
二、植入材料和人工器官类	1. 普通骨科植入物（含金属、无机、聚合物等材料的板、钉、针、棒、丝、填充、修复材料等） 2. 脊柱内固定器材 3. 人工关节 4. 人工晶体 5. 血管支架（含动静脉及颅内等中枢及外周血管用支架） 6. 心脏缺损修补/封堵器械 7. 人工心脏瓣膜 8. 血管吻合器械（含血管吻合器、动脉瘤夹） 9. 组织填充材料（含乳房、整形及眼科填充等） 10. 医用可吸收缝线 11. 同种异体医疗器械 12. 动物源医疗器械	1. 合法资质 2. 仓储管理 3. 质量追溯 4. 售后管理	1. 检查合法资质（内容同上） 2. 检查仓储管理（内容同上） 3. 检查质量追溯（内容同上） 4. 检查售后管理： （1）是否配备医学相关专业大专以上学历，并经过生产企业或者供应商培训的人员 （2）购销协议是否明确质量责任和售后服务责任

类别	品种（类）目录	经营环节风险点	现场检查重点内容
三、体外诊断试剂类	1. 人传染高致病性病原微生物（第三、四类危害）检测相关的试剂 2. 与血型、组织配型相关的试剂 3. 其他需要冷链储运的第三类体外诊断试剂	1. 合法资质 2. 仓储管理 3. 质量追溯 4. 冷链运输	1. 检查合法资质（内容同上） 2. 检查仓储管理（内容同上） 3. 检查质量追溯（内容同上） 4. 检查冷链运输： （1）设施设备是否符合医疗器械储运过程中对温度控制的要求 （2）运输方式及运输过程的温度记录等是否完整并符合规定要求 （3）计量器具使用和检定记录
四、角膜接触镜类	软性角膜接触镜	1. 合法资质 2. 仓储管理 3. 质量追溯 4. 验光专业要求	1. 检查合法资质（内容同上） 2. 检查仓储管理（内容同上） 3. 检查质量追溯（内容同上） 4. 检查验光专业要求： （1）是否配备验光专业或有职业资格的人员 （2）是否设有检查区（门店） （3）是否配备电脑验光仪、裂隙灯显微镜等仪器设备，查看使用维护记录（门店）
五、设备仪器类	1. 人工心肺设备 2. 血液净化用设备 3. 婴儿保育设备（含各类培养箱、抢救台） 4. 麻醉机/麻醉呼吸机 5. 生命支持用呼吸机 6. 除颤仪 7. 心脏起搏器 8. 一次性使用非电驱动式输注泵 9. 电驱动式输注泵 10. 高电位治疗设备	1. 合法资质 2. 仓储管理 3. 质量追溯 4. 售后管理	1. 检查合法资质（内容同上） 2. 检查仓储管理（内容同上） 3. 检查质量追溯（内容同上） 4. 检查售后管理： （1）售后服务人员是否取得企业售后服务上岗证 （2）购销协议是否明确质量责任和售后服务责任（包括提供安装、维修、技术培训等），并保存相关安装调试和验收记录
六、计划生育类	避孕套（含天然胶乳橡胶和人工合成材料）	1. 合法资质 2. 仓储管理 3. 质量追溯	批发企业： 1. 检查合法资质（内容同上） 2. 检查仓储管理（内容同上） 3. 检查质量追溯（内容同上） 零售企业： 1. 检查合法资质 2. 检查进货验收记录

以保存。国家鼓励采用先进技术手段进行记录。应当记录的事项有：①医疗器械的名称、型号、规格、数量；②医疗器械的生产批号、有效期、销售日期；③生产企业的名称；④供货者或者购货者的名称、地址及联系方式；⑤相关许可证明文件编号等。

医疗器械经营企业应当建立并执行进货查验记录制度。从事第二类、第三类医疗器械批发业务以及第三类医疗器械零售业务的经营企业应当建立销售记录制度。进货查验记录和销售记录信息应当真实、准确、完整。鼓励其他医疗器械经营企业建立销售记录制度。

案例分析

未执行医疗器械进货查验记录制度案

2016年9月5日，药品监督管理部门对经营企业A眼镜店检查时发现，A眼镜店是合法的医疗器械经营企业，经营范围包括角膜接触镜（隐形眼镜），经查，A眼镜店在经营某品牌软性亲水接触镜等第三类医疗器械过程中，未留存相关产品医疗器械注册证等材料，也未对进货情况进行记录。

问题：

A眼镜店有何违法行为？ 如何处罚？

2. 记录保存时限 从事医疗器械批发业务的企业，其购进、贮存、销售等记录应当符合可追溯要求。进货查验记录和销售记录应当保存至医疗器械有效期后2年；无有效期的，不得少于5年。植入类医疗器械进货查验记录和销售记录应当永久保存。

（二）销售监督

1. 销售授权书 医疗器械经营企业对其办事机构或者销售人员以本企业名义从事的医疗器械购销行为承担法律责任。医疗器械经营企业销售人员销售医疗器械，应当提供加盖本企业公章的授权书。授权书应当载明授权销售的品种、地域、期限，注明销售人员的身份证号码。

2. 购进渠道 医疗器械经营企业应当从具有资质的生产企业或者经营企业购进医疗器械。医疗器械经营企业应当与供货者约定质量责任和售后服务责任，保证医疗器械售后的安全使用。

与供货者或者相应机构约定由其负责产品安装、维修、技术培训服务的医疗器械经营企业，可以不设从事技术培训和售后服务的部门，但应当有相应的管理人员。

案例分析

一、经营未注册的医疗器械及从不具有资质的企业购进医疗器械案

A公司是合法的医疗器械经营企业，持有《医疗器械经营备案凭证》，经营范围包括天然乳胶橡胶避孕套，A公司于2016年1月从B公司购进三个品种天然乳胶橡胶避孕套，B公司没有经营第二类医疗器械的经营资质，经过调查A公司采购的天然乳胶避孕套没有取得医疗器械注册证，A公司于2016年2~4月销售了橡胶避孕套货值金额总计为2538.24元，违法所得为205元。

问题：

1. A公司有哪些违法行为？ 如何处罚？

2. B公司有哪些违法行为？ 如何处罚？

二、从事批发业务的企业将医疗器械销售给不具有资质的个人的行为

A公司2016年3月14日取得《第二类医疗器械经营备案凭证》，经营场所：某市某路833弄4049号，仓库地址：某市某路833弄4049号，经营范围为：第二类医疗器械（不含体外诊断试剂）＊＊＊；

经营方式：批发。 至案发，当事人未对其《第二类医疗器械经营备案凭证》经营方式进行过变更。 经

查证，2016 年 5 月 5 日至 2016 年 5 月 17 日期间，当事人将第二类医疗器械产品硅凝胶贴膜（注册证

号：沪械注准 20152640506 号）销售给个人，货值金额 4506 元。

问题：

请依据现行《条例》的相关规定分析上述案例。

3. 销售对象　医疗器械经营企业不得经营未经注册或者备案、无合格证明文件以及过期、失效、淘汰的医疗器械。从事医疗器械批发业务的经营企业应当销售给具有资质的经营企业或者使用单位。

案例分析

经营企业经营不符合产品技术要求的医疗器械案

2015 年 1 月，药品监督管理部门对 A 医疗器械经营企业经营的矫形骨针进行抽查检验，抽取部分样品送医疗器械质量检验机构检验，1 月 26 日，药品监督管理部门收到天津医疗器械质量监督检验中心的《检验报告》，报告显示在 A 公司抽验的矫形骨针经检验，表面粗糙度不符合经注册备案的技术要求，综合判定为不合格。

问题：

A 公司有哪些违法行为？　如何处罚？

4. 售后管理　医疗器械经营企业应当配备专职或者兼职人员负责售后管理，对客户投诉的质量问题应当查明原因，采取有效措施及时处理和反馈，并做好记录，必要时应当通知供货者及医疗器械生产企业。

（三）运输与贮存监督

运输、贮存医疗器械，应当符合医疗器械说明书和标签标示的要求；对温度、湿度等环境条件有特殊要求的，应当采取相应措施，保证医疗器械的安全、有效。

医疗器械经营企业应当采取有效措施，确保医疗器械运输、贮存过程符合医疗器械说明书或者标签标示要求，并做好相应记录，保证医疗器械质量安全。说明书和标签标示要求低温、冷藏的，应当按照有关规定，使用低温、冷藏设施设备运输和贮存。

医疗器械经营企业为其他医疗器械生产经营企业提供贮存、配送服务的，应当与委托方签订书面协议，明确双方权利义务，并具有与产品贮存配送条件和规模相适应的设备设施，具备与委托方开展实时电子数据交换和实现产品经营全过程可追溯的计算机信息管理平台和技术手段。医疗器械经营企业委托其他单位运输医疗器械的，应当对承运方运输医疗器械的质量保障能力进行考核评估，明确运输过程中的质量责任，确保运输过程中的质量安全。

（四）经营中止

1. 许可注销与备案失效　医疗器械经营企业不具备原经营许可条件或者与备案信息不符且无法取得联系的,经原发证或者备案部门公示后,依法注销其《医疗器械经营许可证》或者在第二类医疗器械经营备案信息中予以标注,并向社会公告。

2. 经营中止　第三类医疗器械经营企业自行停业一年以上,重新经营时,应当提前书面报告所在地设区的市级药品监督管理部门,经核查符合要求后方可恢复经营。

医疗器械经营企业经营的医疗器械发生重大质量事故的,应当在 24 小时内报告所在地省、自治区、直辖市药品监督管理部门,省、自治区、直辖市药品监督管理部门应当立即报告国家药品监督管理局。

三、监管部门监督措施

（一）年度自查

药品监督管理部门应当定期或者不定期对医疗器械经营企业符合经营质量管理规范要求的情况进行监督检查,督促企业规范经营活动。对第三类医疗器械经营企业按照医疗器械经营质量管理规范要求进行全项目自查的年度自查报告,应当进行审查,必要时开展现场核查。

第三类医疗器械经营企业应当建立质量管理自查制度,并按照医疗器械经营质量管理规范要求进行全项目自查,于每年年底前向所在地设区的市级药品监督管理部门提交年度自查报告。

（二）检查监督

1. 检查计划与方案　省、自治区、直辖市药品监督管理部门应当编制本行政区域的医疗器械经营企业监督检查计划,并监督实施。设区的市级药品监督管理部门应当制定本行政区域的医疗器械经营企业的监管重点、检查频次和覆盖率,并组织实施。

药品监督管理部门组织监督检查,应当制定检查方案,明确检查标准,如实记录现场检查情况,将检查结果书面告知被检查企业。需要整改的,应当明确整改内容以及整改期限,并实施跟踪检查。

药品监督管理部门应当建立医疗器械经营日常监督管理制度,加强对医疗器械经营企业的日常监督检查。

2. 现场检查　有下列情形之一的,药品监督管理部门应当加强现场检查:①上一年度监督检查中存在严重问题的;②因违反有关法律、法规受到行政处罚的;③新开办的第三类医疗器械经营企业;④药品监督管理部门认为需要进行现场检查的其他情形。

3. 抽查检验　药品监督管理部门应当加强对医疗器械的抽查检验。省级以上药品监督管理部门应当根据抽查检验结论及时发布医疗器械质量公告。

4. 飞行检查　对投诉举报或者其他信息显示以及日常监督检查发现可能存在产品安全隐患的医疗器械经营企业,或者有不良行为记录的医疗器械经营企业,药品监督管理部门可以实施飞行检查。

（三）责任约谈

有下列情形之一的,药品监督管理部门可以对医疗器械经营企业的法定代表人或者企业负责人进行责任约谈:①经营存在严重安全隐患的;②经营产品因质量问题被多次举报投诉或者媒体曝光的;③信用等级评定为不良信用企业的;④药品监督管理部门认为有必要开展责任约谈的其他情形。

(四) 诚信档案

药品监督管理部门应当建立医疗器械经营企业监管档案,记录许可和备案信息、日常监督检查结果、违法行为查处等情况,并对有不良信用记录的医疗器械经营企业实施重点监管。

点滴积累 ╲

1. 医疗器械经营企业销售人员销售医疗器械,应当提供加盖本企业公章的授权书。授权书应当载明授权销售的品种、地域、期限,注明销售人员的身份证号码。

2. 从事第二类、第三类医疗器械批发业务以及第三类医疗器械零售业务的经营企业应当建立销售记录制度。

3. 对投诉举报或者其他信息显示以及日常监督检查发现可能存在产品安全隐患的医疗器械经营企业,或者有不良行为记录的医疗器械经营企业,食品药品监督管理部门可以实施飞行检查。

四、医疗器械招标采购

医疗器械采购数量大、金额高,关系到患者的切身利益,为了加强医疗器械采购管理,保护国家利益、社会公共利益和招标投标活动当事人的合法权益,防止腐败现象滋生,国家制定了一系列法律法规,主要有《中华人民共和国政府采购法》《政府采购货物和服务招标投标管理办法》《卫生部关于进一步加强医疗器械集中采购管理的通知》。

(一) 招标采购的范围与方式

1. 政府招标采购的范围　在中华人民共和国境内各级国家机关、事业单位和团体组织,使用财政性资金采购依法制定的集中采购目录以内的或者采购限额标准以上的货物、工程和服务,按相关要求采用招标采购。

2. 政府采购方式　政府采购可采用以下方式:①公开招标;②邀请招标;③竞争性谈判;④单一来源采购;⑤询价;⑥国务院政府采购监督管理部门认定的其他采购方式。公开招标应作为政府采购的主要采购方式。公开招标,是指招标人在指定的报刊、网站或其他媒体上发布招标公告,邀请不特定的法人或者其他组织投标,招标人从中择优选择中标单位的招标方式。

3. 政府采购当事人　采购人是指依法进行政府采购的国家机关、事业单位、团体组织。采购代理机构是依法设立、从事采购代理业务并提供相关服务的社会中介组织。采购人采购纳入集中采购目录的医疗器械,必须委托集中采购机构代理采购;采购未纳入集中采购目录的医疗器械,可以自行采购,也可以委托集中采购机构在委托的范围内代理采购。

采购人有权自行选择采购代理机构,任何单位和个人不得以任何方式为采购人指定采购代理机构。采购人依法委托采购代理机构办理采购事宜的,应当由采购人与采购代理机构签订委托代理协议,依法确定委托代理的事项,约定双方的权利义务。供应商是指向采购人提供医疗器械产品或者服务的法人、其他组织或者自然人。

供应商参加政府采购活动应当具备下列条件：①具有独立承担民事责任的能力；②具有良好的商业信誉和健全的财务会计制度；③具有履行合同所必需的设备和专业技术能力；④有依法缴纳税收和社会保障资金的良好记录；⑤参加政府采购活动前三年内，在经营活动中没有重大违法记录；⑥法律、行政法规规定的其他条件。

（二）招标采购的程序

1. **招标**　招标人在指定的报刊、信息网络或者其他媒介发布。招标公告应当载明招标人的名称和地址、招标项目的性质、数量、实施地点和时间以及获取招标文件的办法等事项，还可以按照规定要求投标人提供有关资质证明文件和业绩情况。招标人应当根据招标项目的特点和需要编制招标文件，招标文件应当包括招标项目的技术要求、对投标人资格审查的标准、投标报价要求和评标标准等所有实质性要求和条件以及拟签订合同的主要条款。招标人不得向他人透露已获取招标文件的潜在投标人的名称、数量以及可能影响公平竞争的有关招标投标的其他情况。招标人设有标底的，标底必须保密。

2. **投标**　投标人应招标人的邀请或满足招标人最低资质要求而主动申请，按照招标的要求和条件，在规定的时间内向招标人投递标书，争取中标的行为。其程序主要有：①提供营业执照、生产（经营）许可证、法人委托书、身份证复印件等资质文件供招标方资质审核；②购买招标文件；③编制投标文件；④缴纳投标保证金；⑤按照招标方或招标代理机构要求在规定的时间内送达投标文件。其中编制投标文件是招标采购的关键，投标文件应当对招标文件提出的实质性要求和条件作出响应，这是能否中标的关键。

3. **开标**　应当在招标公告规定的地点时间公开进行，开标由招标人或招标代理机构主持，邀请所有投标人参加。开标时，由投标人或者其推选的代表检查投标文件的密封情况，经确认无误后，由工作人员当众拆封，宣读投标人名称、投标价格和投标文件的其他主要内容。

4. **评标**　评标由招标人组建的评标委员会负责，评标委员会由招标人的代表和有关技术、经济等方面的专家组成，成员人数为五人以上单数，其中技术、经济等方面的专家不得少于成员总数的三分之二。评标专家应当从事相关领域工作满八年并具有高级职称或者具有同等专业水平，由招标人从有关部门提供的专家名册或者招标代理机构的专家库内的相关专业的专家名单中确定。评标委员会成员可以采取随机抽取方式，与投标人有利害关系的人不得进入评标委员会；已经进入的应当更换。评标委员会成员的名单在中标结果确定前应当保密。评标在严格保密的情况下进行，任何单位和个人不得非法干预、影响评标的过程和结果。

评标委员会按照招标文件确定的评标标准和方法，对投标文件进行评审和比较，设有标底的，应当参考标底。评标委员会完成评标后，应当向招标人提出书面评标报告，并推荐合格的中标候选人。招标人根据评标委员会提出的书面评标报告和推荐的中标候选人确定中标人。招标人也可以授权评标委员会直接确定中标人。评标委员会经评审，认为所有投标都不符合招标文件要求的，可以否决所有投标。评标委员会成员应当客观、公正地履行职务，遵守职业道德，对所提出的评审意见承担个人责任。评标委员会成员不得私下接触投标人，不得收受投标人的财物或者其他好处。评标委员会成员和参与评标的有关工作人员不得透露对投标文件的评审和比较、中标候选人的推荐情况以及与评标有关的其他情况。

5. 中标　中标人确定后,招标人应当向中标人发出中标通知书,并同时通知所有未中标的投标人。中标通知书对招标人和中标人具有法律效力。中标通知书发出后,招标人改变中标结果的,或者中标人放弃中标项目的,应当依法承担法律责任。

招标人和中标人应当自中标通知书发出之日起三十日内,按照招标文件和中标人的投标文件订立书面合同。招标人和中标人不得再行订立背离合同实质性内容的其他协议。招标文件要求中标人提交履约保证金的,中标人应当提交。

知识链接

两　票　制

国务院医改办、原国家卫生计生委、原国家食品药品监督管理总局等部门于2016年12月26日颁布《关于在公立医疗机构药品采购中推行"两票制"的实施意见(试行)》(国医改办发〔2016〕4号),规定公立医疗机构药品医疗器械耗材采购中逐步推行"两票制"。 所谓两票制是指从医疗器械生产企业到医疗机构最多只能开具两次发票,医疗器械生产企业到流通企业开一次发票,流通企业到医疗机构开一次发票。 医疗器械生产企业或科工贸一体化的集团型企业设立的仅销售本企业医疗器械的全资或控股商业公司、境外医疗器械国内总代理可视同生产企业。

两票制的实施可以规范医疗器械流通秩序、压缩流通环节、降低虚高医疗器械价格,有利于降低人民群众医疗费用,改变目前看病难看病贵的现象。 同时"两票制"的实施还会给医疗器械流通领域带来巨大变化,将会促进医疗器械经营企业优胜劣汰,部分质量管理水平高、经营信誉好的企业会快速发展。

第四节　医疗器械经营质量管理规范

ER-6-3

医疗器械经营质量管理规范

一、医疗器械经营质量管理

经营质量管理(Good Supply Practice,GSP)本意指良好的供应规范,在药品、医疗器械等行业中普遍应用。为了加强医疗器械经营质量管理,规范医疗器械经营管理行为,保证医疗器械安全有效,确保公众用械安全,根据现行《条例》和《经营管理办法》规定,原国家食品药品监督管理总局制定了《医疗器械经营质量管理规范》(以下简称医疗器械GSP规范),于2014年12月12日施行,与之配套的《医疗器械经营质量管理规范现场检查指导原则》也于2015年10月15日发布。

医疗器械 GSP 规范是医疗器械经营质量管理体系的基本准则,适用于医疗器械的采购、验收、贮存、销售、运输和售后服务整个过程。医疗器械 GSP 规范共九章六十六条,分别是第一章总则;第二章职责与制度;第三章人员与培训;第四章设施与设备;第五章采购、收货与验收;第六章入库、贮存与检查;第七章销售、出库与运输;第八章售后服务;第九章附则。

案例分析

某省药品监督管理部门对医疗器械经营企业实施飞行检查

为进一步加强医疗器械经营环节监督管理,某省药品监督管理部门于 2015 年 12 月组织了对医疗器械经营企业的第二轮飞行检查。各市局选派检查员 21 名,组成 7 个检查组,对 42 家医疗器械经营企业开展飞行检查。重点检查了经营企业的人员资质是否符合要求,质量管理制度是否严格有效执行,购销渠道是否规范、记录是否完整,需使用低温、冷藏设施设备运输和储存的,冷链运输、储存条件是否完备、储存运输记录是否真实完整。从检查情况看,大部分经营企业能够依法经营,建立并执行保证产品质量的管理制度,但个别企业仍存在库房分区管理混乱、购销记录项目不全等问题,主要发现以下主要问题

(一) A 公司

1. 不能提供质量管理人员学历职称证明文件。

2. 保存的与医疗器械经营相关法规未及时更新。

3. 进货查验记录记录项目不齐全。

4. 仓库未实行分区管理,未配备医疗器械与地面之间有效隔离等必要设施 (货架、托盘)。

5. 不能提供不合格品管理规定 (包括不合格品处理记录)。

(二) B 公司

1. 不能提供质量负责人任命文件和职责权限文件。

2. 未提供员工培训计划、培训考核等记录。

3. 未提供医疗器械供货者资格审核相关文件。

4. 库房设定温度与所储存的医疗器械说明书标示温度要求不一致。

5. 提供的医疗器械验收记录上无医疗器械注册证号或备案凭证编号。

问题:

根据检查中发现问题,分析这 A、B 公司《医疗器械经营质量管理规范》中哪些项目不符合要求,药品监督管理部门应对这两家企业如何处罚。

(一) 职责与制度

企业法定代表人或者负责人是医疗器械经营质量的主要责任人,全面负责企业日常管理,应当提供必要的条件,保证质量管理机构或者质量管理人员有效履行职责,确保企业按照 GSP 规范要求经营医疗器械。

1. 质量负责人职责　企业质量负责人负责医疗器械质量管理工作,应当独立履行职责,在企业内部对医疗器械质量管理具有裁决权,承担相应的质量管理责任。

2. 企业质量管理机构或者质量管理人员职责

（1）组织制订质量管理制度，指导、监督制度的执行，并对质量管理制度的执行情况进行检查、纠正和持续改进。

（2）负责收集与医疗器械经营相关的法律、法规等有关规定，实施动态管理。

（3）督促相关部门和岗位人员执行医疗器械的法规规章及本规范。

（4）负责对医疗器械供货者、产品、购货者资质的审核。

（5）负责不合格医疗器械的确认，对不合格医疗器械的处理过程实施监督。

（6）负责医疗器械质量投诉和质量事故的调查、处理及报告。

（7）组织验证、校准相关设施设备。

（8）组织医疗器械不良事件的收集与报告。

（9）负责医疗器械召回的管理。

（10）组织对受托运输的承运方运输条件和质量保障能力的审核。

（11）组织或者协助开展质量管理培训。

（12）其他应当由质量管理机构或者质量管理人员履行的职责。

3. 质量管理制度 企业应当依据 GSP 规范建立覆盖医疗器械经营全过程的质量管理制度，并保存相关记录或者档案，包括以下内容：

（1）质量管理机构或者质量管理人员的职责。

（2）质量管理的规定。

（3）采购、收货、验收的规定（包括采购记录、验收记录、随货同行单等）。

（4）供货者资格审核的规定（包括供货者及产品合法性审核的相关证明文件等）。

（5）库房贮存、出入库管理的规定（包括温度记录、入库记录、定期检查记录、出库记录等）。

（6）销售和售后服务的规定（包括销售人员授权书、购货者档案、销售记录等）。

（7）不合格医疗器械管理的规定（包括销毁记录等）。

（8）医疗器械退、换货的规定。

（9）医疗器械不良事件监测和报告规定（包括停止经营和通知记录等）。

（10）医疗器械召回规定（包括医疗器械召回记录等）。

（11）设施设备维护及验证和校准的规定（包括设施设备相关记录和档案等）。

（12）卫生和人员健康状况的规定（包括员工健康档案等）。

（13）质量管理培训及考核的规定（包括培训记录等）。

（14）医疗器械质量投诉、事故调查和处理报告的规定（包括质量投诉、事故调查和处理报告相应的记录及档案等）。

从事第二类、第三类医疗器械批发业务和第三类医疗器械零售业务的企业还应当制定购货者资格审核、医疗器械追踪溯源、质量管理制度执行情况考核的规定。

4. 质量管理记录 企业应当根据经营范围和经营规模建立相应的质量管理记录制度。企业应当建立并执行进货查验记录制度。从事第二类、第三类医疗器械批发业务以及第三类医疗器械零售业务的经营企业应当建立销售记录制度。进货查验记录（包括采购记录、验收记录）和销售记录信息应当真实、准确、完整。从事医疗器械批发业务的企业，其购进、贮存、销售等记录应当符合可追溯要求。鼓励企业采用信息化等先进技术手段进行记录。

进货查验记录和销售记录应当保存至医疗器械有效期后 2 年；无有效期的，不得少于 5 年。植入类医疗器械进货查验记录和销售记录应当永久保存。鼓励其他医疗器械经营企业建立销售记录制度。

（二）人员与培训

1. 人员基本要求　企业法定代表人、负责人、质量管理人员应当熟悉医疗器械监督管理的法律法规、规章规范和所经营医疗器械的相关知识，并符合有关法律法规及 GSP 规范规定的资格要求，不得有相关法律法规禁止从业的情形。企业应当具有与经营范围和经营规模相适应的质量管理机构或者质量管理人员，质量管理人员应当具有国家认可的相关专业学历或者职称。

2. 人员专业要求　第三类医疗器械经营企业质量负责人应当具备医疗器械相关专业（相关专业指医疗器械、生物医学工程、机械、电子、医学、生物工程、化学、药学、护理学、康复、检验学、管理等专业，下同）大专以上学历或者中级以上专业技术职称，同时应当具有 3 年以上医疗器械经营质量管理工作经历。

3. 关键人员要求　企业应当设置或者配备与经营范围和经营规模相适应的，并符合相关资格要求的质量管理、经营等关键岗位人员。第三类医疗器械经营企业从事质量管理工作的人员应当在职在岗。

（1）从事体外诊断试剂的质量管理人员中，应当有 1 人为主管检验师，或具有检验学相关专业大学以上学历并从事检验相关工作 3 年以上工作经历。从事体外诊断试剂验收和售后服务工作的人员，应当具有检验学相关专业中专以上学历或者具有检验师初级以上专业技术职称。

（2）从事植入和介入类医疗器械经营人员中，应当配备医学相关专业大专以上学历，并经过生产企业或者供应商培训的人员。

（3）从事角膜接触镜、助听器等其他有特殊要求的医疗器械经营人员中，应当配备具有相关专业或者职业资格的人员。

4. 售后人员要求　企业应当配备与经营范围和经营规模相适应的售后服务人员和售后服务条件，也可以约定由生产企业或者第三方提供售后服务支持。售后服务人员应当经过生产企业或者其他第三方的技术培训并取得企业售后服务上岗证。

5. 健康档案　企业应当建立员工健康档案，质量管理、验收、库房管理等直接接触医疗器械岗位的人员，应当至少每年进行一次健康检查。身体条件不符合相应岗位特定要求的，不得从事相关工作。

6. 培训要求　企业应当对质量负责人及各岗位人员进行与其职责和工作内容相关的岗前培训和继续培训，建立培训记录，并经考核合格后方可上岗。培训内容应当包括相关法律法规、医疗器械专业知识及技能、质量管理制度、职责及岗位操作规程等。

（三）设施与设备

企业应当具有与经营范围和经营规模相适应的经营场所和库房,经营场所和库房的面积应当满足经营要求。经营场所和库房不得设在居民住宅内、军事管理区(不含可租赁区)以及其他不适合经营的场所。经营场所应当整洁、卫生。企业应当对基础设施及相关设备进行定期检查、清洁和维护,并建立记录和档案。

1. 库房要求　库房的选址、设计、布局、建造、改造和维护应当符合医疗器械贮存的要求,防止医疗器械的混淆、差错或者被污损,并具有符合医疗器械产品特性要求的贮存设施、设备。

2. 不设库房　有下列经营行为之一的,企业可以不单独设立医疗器械库房:

（1）单一门店零售企业的经营场所陈列条件能符合其所经营医疗器械产品性能要求、经营场所能满足其经营规模及品种陈列需要的。

（2）连锁零售经营医疗器械的。

（3）全部委托为其他医疗器械生产经营企业提供贮存、配送服务的医疗器械经营企业进行存储的。

（4）专营医疗器械软件或者医用磁共振、医用 X 射线、医用高能射线、医用核素设备等大型医用设备的。

（5）省级药品监督管理部门规定的其他可以不单独设立医疗器械库房的情形。

3. 库房分区　在库房贮存医疗器械,应当按质量状态采取控制措施,实行分区管理,包括待验区、合格品区、不合格品区、发货区等,并有明显区分(如可采用色标管理,设置待验区为黄色、合格品区和发货区为绿色、不合格品区为红色),退货产品应当单独存放。医疗器械贮存作业区、辅助作业区应当与办公区和生活区分开一定距离或者有隔离措施。

4. 库房条件　库房的条件应当符合以下要求:库房内外环境整洁,无污染源;库房内墙光洁,地面平整,房屋结构严密;有防止室外装卸、搬运、接收、发运等作业受异常天气影响的措施;库房有可靠的安全防护措施,能够对无关人员进入实行可控管理。

5. 库房设施　库房应当配备与经营范围和经营规模相适应的设施设备,包括:医疗器械与地面之间有效隔离的设备,包括货架、托盘等;避光、通风、防潮、防虫、防鼠等设施;符合安全用电要求的照明设备;包装物料的存放场所;有特殊要求的医疗器械应配备的相应设施设备。

6. 库房温湿度　库房温度、湿度应当符合所经营医疗器械说明书或者标签标示的要求。对有特殊温湿度贮存要求的医疗器械,应当配备有效调控及监测温湿度的设备或者仪器。企业应当按照国家有关规定,对温湿度监测设备等计量器具定期进行校准或者检定,并保存校准或者检定记录。

7. 冷藏冷冻设施　批发需要冷藏、冷冻贮存运输的医疗器械,应当配备以下设施设备:①与其经营规模和经营品种相适应的冷库;②用于冷库温度监测、显示、记录、调控、报警的设备;③能确保制冷设备正常运转的设施(如备用发电机组或者双回路供电系统);④企业应当根据相应的运输规模和运输环境要求配备冷藏车、保温车,或者冷藏箱、保温箱等设备;⑤对有特殊温度要求的医疗器械,应当配备符合其贮存要求的设施设备。

企业应当对冷库以及冷藏、保温等运输设施设备进行使用前验证、定期验证,并形成验证控制文件,包括验证方案、报告、评价和预防措施等,相关设施设备停用重新使用时应当进行验证。

8. 零售场所　医疗器械零售的经营场所应当与其经营范围和经营规模相适应,并符合以下要求:配备陈列货架和柜台;相关证照悬挂在醒目位置;经营需要冷藏、冷冻的医疗器械,应当配备具有温度监测、显示的冷柜;经营可拆零医疗器械,应当配备医疗器械拆零销售所需的工具、包装用品,拆零的医疗器械标签和说明书应当符合有关规定。

零售的医疗器械陈列应当符合以下要求:按分类以及贮存要求分区陈列,并设置醒目标志,类别标签字迹清晰、放置准确;医疗器械的摆放应当整齐有序,避免阳光直射;需要冷藏、冷冻的医疗器械放置在冷藏、冷冻设备中,应当对温度进行监测和记录;医疗器械与非医疗器械应当分开陈列,有明显隔离,并有醒目标示。

零售企业应当定期对零售陈列、存放的医疗器械进行检查,重点检查拆零医疗器械和近效期医疗器械。发现有质量疑问的医疗器械应当及时撤柜、停止销售,由质量管理人员确认和处理,并保留相关记录。

9. 计算机信息系统　经营第三类医疗器械的企业,应当具有符合医疗器械经营质量管理要求的计算机信息管理系统,保证经营的产品可追溯。计算机信息管理系统应当具有以下功能:

(1) 具有实现部门之间、岗位之间信息传输和数据共享的功能。

(2) 具有医疗器械经营业务票据生成、打印和管理功能。

(3) 具有记录医疗器械产品信息(名称、注册证号或者备案凭证编号、规格型号、生产批号或者序列号、生产日期或者失效日期)和生产企业信息以及实现质量追溯跟踪的功能。

(4) 具有包括采购、收货、验收、贮存、检查、销售、出库、复核等各经营环节的质量控制功能,能对各经营环节进行判断、控制,确保各项质量控制功能的实时和有效。

(5) 具有供货者、购货者以及购销医疗器械的合法性、有效性审核控制功能。

(6) 具有对库存医疗器械的有效期进行自动跟踪和控制功能,有近效期预警及超过有效期自动锁定等功能,防止过期医疗器械销售。

鼓励经营第一类、第二类医疗器械的企业建立符合医疗器械经营质量管理要求的计算机信息管理系统。

10. 配送企业要求　企业为其他医疗器械生产经营企业提供贮存、配送服务,还应当符合以下要求:具备从事现代物流储运业务的条件;具有与委托方实施实时电子数据交换和实现产品经营全过程可追溯、可追踪管理的计算机信息平台和技术手段;具有接受药品监督管理部门电子监管的数据接口;药品监督管理部门的其他有关要求。

(四) 采购、收货与验收

1. 采购审核　企业在采购前应当审核供货者的合法资格、所购入医疗器械的合法性并获取加盖供货者公章的相关证明文件或者复印件,包括:营业执照;医疗器械生产或者经营的许可证或者备案凭证;医疗器械注册证或者备案凭证;销售人员身份证复印件,加盖本企业公章的授权书原件。授权书应当载明授权销售的品种、地域、期限,注明销售人员的身份证号码。

必要时,企业可以派员对供货者进行现场核查,对供货者质量管理情况进行评价。企业发现供货方存在违法违规经营行为时,应当及时向企业所在地药品监督管理部门报告。

2. 采购合同　企业应当与供货者签署采购合同或者协议,明确医疗器械的名称、规格(型号)、注册证号或者备案凭证编号、生产企业、供货者、数量、单价、金额等。企业应当在采购合同或者协议中,与供货者约定质量责任和售后服务责任,以保证医疗器械售后的安全使用。

3. 采购记录　企业在采购医疗器械时,应当建立采购记录。记录应当列明医疗器械的名称、规格(型号)、注册证号或者备案凭证编号、单位、数量、单价、金额、供货者、购货日期等。

4. 收货查验　企业收货人员在接收医疗器械时,应当核实运输方式及产品是否符合要求,并对照相关采购记录和随货同行单与到货的医疗器械进行核对。交货和收货双方应当对交运情况当场签字确认。对不符合要求的货品应当立即报告质量负责人并拒收。

随货同行单应当包括供货者、生产企业及生产企业许可证号(或者备案凭证编号)、医疗器械的名称、规格(型号)、注册证号或者备案凭证编号、生产批号或者序列号、数量、储运条件、收货单位、收货地址、发货日期等内容,并加盖供货者出库印章。

5. 收货验收　收货人员对符合收货要求的医疗器械,应当按品种特性要求放于相应待验区域,或者设置状态标示,并通知验收人员进行验收。需要冷藏、冷冻的医疗器械应当在冷库内待验。

验收人员应当对医疗器械的外观、包装、标签以及合格证明文件等进行检查、核对,并做好验收记录,包括医疗器械的名称、规格(型号)、注册证号或者备案凭证编号、生产批号或者序列号、生产日期和有效期(或者失效期)、生产企业、供货者、到货数量、到货日期、验收合格数量、验收结果等内容。验收记录上应当标记验收人员姓名和验收日期。验收不合格的还应当注明不合格事项及处置措施。

对需要冷藏、冷冻的医疗器械进行验收时,应当对其运输方式及运输过程的温度记录、运输时间、到货温度等质量控制状况进行重点检查并记录,不符合温度要求的应当拒收。

企业委托为其他医疗器械生产经营企业提供贮存、配送服务的医疗器械经营企业进行收货和验收时,委托方应当承担质量管理责任。委托方应当与受托方签订具有法律效力的书面协议,明确双方的法律责任和义务,并按照协议承担和履行相应的质量责任和义务。

(五) 入库、贮存与检查

1. 入库处理　企业应当建立入库记录,验收合格的医疗器械应当及时入库登记;验收不合格的,应当注明不合格事项,并放置在不合格品区,按照有关规定采取退货、销毁等处置措施。

2. 贮存要求　企业应当根据医疗器械的质量特性进行合理贮存,并符合以下要求:

(1) 按说明书或者包装标示的贮存要求贮存医疗器械。

(2) 贮存医疗器械应当按照要求采取避光、通风、防潮、防虫、防鼠、防火等措施。

(3) 搬运和堆垛医疗器械应当按包装标示要求规范操作,堆垛高度符合包装图示要求,避免损坏医疗器械包装。

(4) 按照医疗器械的贮存要求分库(区)、分类存放,医疗器械与非医疗器械应当分开存放。

(5) 医疗器械应当按规格、批号分开存放,医疗器械与库房地面、内墙、顶、灯、温度调控设备及管道等设施间保留有足够空隙。

（6）贮存医疗器械的货架、托盘等设施设备应当保持清洁，无破损。

（7）非作业区工作人员未经批准不得进入贮存作业区，贮存作业区内的工作人员不得有影响医疗器械质量的行为。

（8）医疗器械贮存作业区内不得存放与贮存管理无关的物品。

从事为其他医疗器械生产经营企业提供贮存、配送服务的医疗器械经营企业，其自营医疗器械应当与受托的医疗器械分开存放。

3. 库存品检查　企业应当根据库房条件、外部环境、医疗器械有效期要求等对医疗器械进行定期检查，建立检查记录。内容包括：检查并改善贮存与作业流程；检查并改善贮存条件、防护措施、卫生环境；每天上、下午不少于 2 次对库房温湿度进行监测记录；对库存医疗器械的外观、包装、有效期等质量状况进行检查；对冷库温度自动报警装置进行检查、保养。

企业应当对库存医疗器械有效期进行跟踪和控制，采取近效期预警，超过有效期的医疗器械，应当禁止销售，放置在不合格品区，然后按规定进行销毁，并保存相关记录。企业应当对库存医疗器械定期进行盘点，做到账、货相符。

（六）销售、出库与运输

1. 销售授权　企业对其办事机构或者销售人员以本企业名义从事的医疗器械购销行为承担法律责任。企业销售人员销售医疗器械，应当提供加盖本企业公章的授权书。授权书应当载明授权销售的品种、地域、期限，注明销售人员的身份证号码。

从事医疗器械批发业务的企业，应当将医疗器械批发销售给合法的购货者，销售前应当对购货者的证明文件、经营范围进行核实，建立购货者档案，保证医疗器械销售流向真实、合法。

2. 销售记录　从事第二、第三类医疗器械批发以及第三类医疗器械零售业务的企业应当建立销售记录，销售记录应当至少包括：医疗器械的名称、规格（型号）、注册证号或者备案凭证编号、数量、单价、金额；医疗器械的生产批号或者序列号、有效期、销售日期；生产企业和生产企业许可证号（或者备案凭证编号）。对于从事医疗器械批发业务的企业，销售记录还应当包括购货者的名称、经营许可证号（或者备案凭证编号）、经营地址、联系方式。

从事医疗器械零售业务的企业，应当给消费者开具销售凭据，记录医疗器械的名称、规格（型号）、生产企业名称、数量、单价、金额、零售单位、经营地址、电话、销售日期等，以方便进行质量追溯。

3. 出库核查　医疗器械出库时，库房保管人员应当对照出库的医疗器械进行核对，发现以下情况不得出库，并报告质量管理机构或者质量管理人员处理：医疗器械包装出现破损、污染、封口不牢、封条损坏等问题；标签脱落、字迹模糊不清或者标示内容与实物不符；医疗器械超过有效期；存在其他异常情况的医疗器械。

医疗器械出库应当复核并建立记录，复核内容包括购货者、医疗器械的名称、规格（型号）、注册证号或者备案凭证编号、生产批号或者序列号、生产日期和有效期（或者失效期）、生产企业、数量、出库日期等内容。医疗器械拼箱发货的代用包装箱应当有醒目的发货内容标示。

4. 运输要求　需要冷藏、冷冻运输的医疗器械装箱、装车作业时，应当由专人负责，并符合以下要求：车载冷藏箱或者保温箱在使用前应当达到相应的温度要求；应当在冷藏环境下完成装箱、封箱工作;装车前应当检查冷藏车辆的启动、运行状态,达到规定温度后方可装车。

企业委托其他机构运输医疗器械,应当对承运方运输医疗器械的质量保障能力进行考核评估,明确运输过程中的质量责任,确保运输过程中的质量安全。运输需要冷藏、冷冻医疗器械的冷藏车、车载冷藏箱、保温箱应当符合医疗器械运输过程中对温度控制的要求。冷藏车具有显示温度、自动调控温度、报警、存储和读取温度监测数据的功能。

(七) 售后服务

1. 售后服务人员 企业应当具备与经营的医疗器械相适应的专业指导、技术培训和售后服务的能力,或者约定由相关机构提供技术支持。企业应当按照采购合同与供货者约定质量责任和售后服务责任,保证医疗器械售后的安全使用。

企业与供货者约定,由供货者负责产品安装、维修、技术培训服务或者由约定的相关机构提供技术支持的,可以不设从事专业指导、技术培训和售后服务的部门或者人员,但应当有相应的管理人员。企业自行为客户提供安装、维修、技术培训的,应当配备具有专业资格或者经过厂家培训的人员。企业应当配备专职或者兼职人员负责售后管理,对客户投诉的质量安全问题应当查明原因,采取有效措施及时处理和反馈,并做好记录,必要时应当通知供货者及医疗器械生产企业。

2. 售后管理 企业应当加强对退货的管理,保证退货环节医疗器械的质量和安全,防止混入假劣医疗器械。企业应当按照质量管理制度的要求,制定售后服务管理操作规程,内容包括投诉渠道及方式、档案记录、调查与评估、处理措施、反馈和事后跟踪等。企业应当及时将售后服务处理结果等信息记入档案,以便查询和跟踪。

从事医疗器械零售业务的企业应当在营业场所公布药品监督管理部门的监督电话,设置顾客意见簿,及时处理顾客对医疗器械质量安全的投诉。

3. 售后风险处置 企业应当配备专职或者兼职人员,按照国家有关规定承担医疗器械不良事件监测和报告工作,应当对医疗器械不良事件监测机构、药品监督管理部门开展的不良事件调查予以配合。企业发现其经营的医疗器械有严重质量安全问题,或者不符合强制性标准、经注册或者备案的医疗器械产品技术要求,应当立即停止经营,通知相关生产经营企业、使用单位、购货者,并记录停止经营和通知情况。同时,立即向企业所在地药品监督管理部门报告。

企业应当协助医疗器械生产企业履行召回义务,按照召回计划的要求及时传达、反馈医疗器械召回信息,控制和收回存在质量安全隐患的医疗器械,并建立医疗器械召回记录。

二、医疗器械经营质量管理规范的检查

为强化医疗器械经营质量监督管理,规范和指导医疗器械经营质量管理规范现场检查工作,根据《医疗器械经营质量管理规范》,原国家食品药品监督管理总局组织制定了《医疗器械经营质量管理规范现场检查指导原则》。该《指导原则》适用于药品监督管理部门对第三类医疗器械经营企业经营许可(含变更和延续)的现场核查、第二类医疗器械经营企业经营备案后的现场核查及医疗器械经营企业的各类监督检查。现场检查时,应当按照《指导原则》中包含的检查项目和所对应的重

点检查内容,对医疗器械经营企业实施医疗器械 GSP 规范情况进行检查。经营企业可根据其经营方式、经营范围、经营品种等特点,确定合理缺项项目,并书面说明理由,由检查组予以确认。

在对第三类医疗器械批发/零售经营企业经营许可(含变更和延续)的现场核查中,经营企业适用项目全部符合要求的为"通过检查"。有关键项目不符合要求或者一般项目中不符合要求的项目数>10% 的为"未通过检查"。药品监督管理部门根据审查情况,作出是否准予许可的书面决定。关键项目全部符合要求,一般项目中不符合要求的项目数≤10% 的为"限期整改",企业应当在现场检查结束后 30 天内完成整改并向原审查部门一次性提交整改报告。经复查后,整改项目全部符合要求的,药品监督管理部门作出准予许可的书面决定;在 30 天内未能提交整改报告或复查仍存在不符合要求项目的,药品监督管理部门作出不予许可的书面决定。

在对医疗器械经营企业的各类监督检查和第二类医疗器械批发/零售经营企业经营备案后的现场核查中,经营企业适用项目全部符合要求的为"通过检查";有项目不符合要求的为"限期整改"。

检查中发现违反现行《条例》和《经营管理办法》有关规定的,应依法依规处理。检查组检查结束后应填写《医疗器械经营质量管理规范现场检查表》和《医疗器械经营质量管理规范现场检查报告》(图 6-3)。

医疗器械经营质量管理规范现场检查报告

一、检查组对企业实施《医疗器械经营质量管理规范》的评价意见
二、检查组建议
□ 通过检查　　　　　□ 未通过检查 □ 限期整改:应在＿＿＿年＿＿月＿＿日前完成整改 □ 其他:
三、检查组成员签字
组长: 组员: 检查日期:

图 6-3　医疗器械经营质量管理规范现场检查报告

点滴积累　∨

1. 企业质量负责人负责医疗器械质量管理工作，应当独立履行职责，在企业内部对医疗器械质量管理具有裁决权，承担相应的质量管理责任，不能兼任。
2. GSP：Good Supply Practice。意指良好的供应规范。医疗器械 GSP 规范，是指医疗器械经营质量管理规范。
3. 企业销售人员销售医疗器械，应当提供加盖本企业公章的授权书。授权书应当载明授权销售的品种、地域、期限，注明销售人员的身份证号码。

第五节　医疗器械广告管理

广告作为一种信息传播的方式，可以提高企业及其产品的知名度，向消费者传播产品信息，在塑造企业形象、促进产品销售方面发挥着越来越重要的作用。医疗器械作为特殊商品，关系到使用者身体健康和生命安全，可宣传医疗器械结构组成、适用范围和使用注意事项，引导消费者正确选购和使用医疗器械，但如果存在虚假宣传则会误导消费者，影响医疗器械使用效果，使消费者蒙受经济损失，严重

《中国人民共和国广告法》

的还会危及患者的身体健康甚至生命安全。《广告法》、现行《条例》对医疗器械广告提出了明确要求，原国家食品药品监督管理局会同原卫生部、国家工商行政管理总局于 2009 年颁布了《医疗器械广告审查办法》和《医疗器械广告发布标准》。

案例分析

未经审批擅自刊发医疗器械广告案

A 市药品监督管理局在其官方网站上公布了 2016 年 8 月违规医疗器械广告移送处理情况：其中，A 市药品监督管理部门稽查大队发现某医疗设备有限公司于 2016 年 7 月 16 日及 7 月 30 日在 B 杂志发布了高血脂激光治疗仪广告，属于未经审批擅自刊发，处理结果如下：2016 年 9 月 8 日移送 A 市市场监督局并上报 C 省药品监督管理部门。

问题：

1. 发布医疗器械广告需要审批吗？如何办理医疗器械广告申请？
2. 该案处理结果为什么是移送该市市场监督局并上报省药品监督管理局？
3. 该案应如何定性？
4. 本案中 B 杂志有无责任？如何处罚？

一、概述

（一）基本要求

现行《条例》第四十五条规定：医疗器械广告应当真实合法，不得含有虚假、夸大、误导性的内

容。医疗器械广告应当经医疗器械生产企业或者进口医疗器械代理人所在地省、自治区、直辖市人民政府食品药品监督管理部门审查批准,并取得医疗器械广告批准文件。广告发布者发布医疗器械广告,应当事先核查广告的批准文件及其真实性;不得发布未取得批准文件、批准文件的真实性未经核实或者广告内容与批准文件不一致的医疗器械广告。

(二) 广告主体责任

相关广告主体主要包括广告主、广告经营者和广告发布者。其中,广告主是指为推销商品或者服务,自行或者委托他人设计、制作、发布广告的自然人、法人或者其他组织。广告经营者是指接受委托提供广告设计、制作、代理服务的自然人、法人或者其他组织。广告发布者是指为广告主或者广告主委托的广告经营者发布广告的自然人、法人或者其他组织。现行《广告法》第五十六条规定: "发布虚假广告,欺骗、误导消费者,使购买商品或者接受服务的消费者的合法权益受到损害的,由广告主依法承担民事责任。广告经营者、广告发布者不能提供广告主的真实名称、地址和有效联系方式的,消费者可以要求广告经营者、广告发布者先行赔偿。

关系消费者生命健康的商品或者服务的虚假广告,造成消费者损害的,其广告经营者、广告发布者、广告代言人应当与广告主承担连带责任。"

(三) 医疗器械广告管理机关

省级药品监督管理部门是医疗器械广告审查机关,负责本行政区域内医疗器械广告审查工作。国家药品监督管理局对医疗器械广告审查机关的医疗器械广告审查工作进行指导和监督,对医疗器械广告审查机关违反法律规定的行为,依法予以处理。县级以上工商行政管理部门是医疗器械广告监督管理机关。

二、医疗器械广告审批

(一) 审批的范围

通过一定媒介和形式发布的广告含有医疗器械名称、产品适用范围、性能结构及组成、作用机理等内容的,应当按照规定进行审查。仅宣传医疗器械产品名称的广告无需审查,但在宣传时应当标注医疗器械注册证号。

(二) 广告申请人

医疗器械广告批准文号的申请人必须是具有合法资格的医疗器械生产企业或者医疗器械经营企业。医疗器械经营企业作为申请人的,必须征得医疗器械生产企业的同意。申请人可以委托代办人代办医疗器械广告批准文号的申办事宜。代办人应当熟悉国家有关广告管理的相关法律、法规及规定。

(三) 审查机关

申请医疗器械广告批准文号,应当向医疗器械生产企业所在地的医疗器械广告审查机关提出。申请进口医疗器械广告批准文号,应当向《医疗器械注册证》中列明的代理人所在地的医疗器械广告审查机关提出。

（四）审批程序

1. 申请　申请医疗器械广告批准文号,应当填写《医疗器械广告审查表》,并附与发布内容相一致的样稿(样片、样带)和医疗器械广告电子文件,同时提交以下真实、合法、有效的证明文件:

（1）申请人的《营业执照》复印件。

（2）申请人的《医疗器械生产企业许可证》或者《医疗器械经营企业许可证》复印件。

（3）申请人是医疗器械经营企业的,应当提交医疗器械生产企业同意其作为申请人的证明文件原件。

（4）代办人代为申办医疗器械广告批准文号的,应当提交申请人的委托书原件和代办人营业执照复印件等主体资格证明文件。

（5）医疗器械产品注册证书(含《医疗器械注册证》《医疗器械注册登记表》等)的复印件。

（6）申请进口医疗器械广告批准文号的,应当提供代理人或者境内设立的组织机构的主体资格证明文件复印件。

（7）广告中涉及医疗器械注册商标、专利、认证等内容的,应当提交相关有效证明文件的复印件及其他确认广告内容真实性的证明文件。提供的证明文件的复印件,需证件持有人签章确认。

2. 受理　医疗器械广告审查机关收到医疗器械广告批准文号申请后,对申请材料齐全并符合法定要求的,发给《医疗器械广告受理通知书》;申请材料不齐全或者不符合法定要求的,应当当场或者在 5 个工作日内一次告知申请人需要补正的全部内容;逾期不告知的,自收到申请材料之日起即为受理。

3. 决定　医疗器械广告审查机关应当自受理之日起 20 个工作日内,依法对广告内容进行审查。对审查合格的医疗器械广告,发给医疗器械广告批准文号;对审查不合格的医疗器械广告,应当作出不予核发医疗器械广告批准文号的决定,书面通知申请人并说明理由,同时告知申请人享有依法申请行政复议或者提起行政诉讼的权利。

知识链接

医疗器械广告批准文号举例

如鲁医械广审（文）第 2016010006 号,其中:

鲁:医疗器械广告审查机关所在地省、自治区、直辖市的简称（山东省）;

文:代表广告媒介形式的分类代号（文:代表文字广告;视:代表视频广告;声:代表音频广告）;

201601:代表审查的年月;

0006:代表广告批准的序号。

对批准的医疗器械广告,医疗器械广告审查机关应当报国家药品监督管理局备案。国家药品监

督管理局对备案中存在问题的医疗器械广告,应当责成医疗器械广告审查机关予以纠正。对批准的医疗器械广告,药品监督管理部门应当通过政府网站向社会予以公布。医疗器械广告批准文号有效期为1年。

（五）医疗器械广告的发布、复审与注销

1. 发布　医疗器械广告申请人自行发布医疗器械广告的,应当将《医疗器械广告审查表》原件保存2年备查。广告发布者、广告经营者受广告申请人委托代理、发布医疗器械广告的,应当查验《医疗器械广告审查表》原件,按照审查批准的内容发布,并将该《医疗器械广告审查表》复印件保存2年备查。

2. 复审　已经批准的医疗器械广告,有下列情形之一的,原审批的医疗器械广告审查机关进行复审。复审期间,该医疗器械广告可以继续发布:①国家食药监总局认为广告审查机关批准的医疗器械广告内容不符合规定的;②省级以上广告监督管理机关提出复审建议的;③医疗器械广告审查机关认为应当复审的其他情形。经复审,认为医疗器械广告不符合法定条件的,医疗器械广告审查机关应当予以纠正,收回《医疗器械广告审查表》,该医疗器械广告批准文号作废。

3. 注销　有下列情形之一的,医疗器械广告审查机关应当注销广告批准文号:①医疗器械广告申请人的《医疗器械生产许可证》《医疗器械经营许可证》被吊销的;②医疗器械产品注册证书被撤销、吊销、注销的;③食药监部门责令终止生产、销售和使用的医疗器械;④其他法律、法规规定的应当注销行政许可的情况。

三、医疗器械广告发布标准

（一）基本要求

发布医疗器械广告,应当遵守《广告法》《反不正当竞争法》《条例》及国家有关规定。医疗器械广告中有关产品名称、适用范围、性能结构及组成、作用机理等内容应当以药品监督管理部门批准的产品注册证明文件为准。医疗器械产品注册证明文件中有禁忌内容、注意事项的,应在广告中标明"禁忌内容或注意事项详见说明书"。

医疗器械广告中必须标明经批准的医疗器械名称、医疗器械生产企业名称、医疗器械注册证号、医疗器械广告批准文号。经审批的医疗器械广告在广播电台发布时,可以不播出医疗器械广告批准文号。仅出现医疗器械产品名称的,不受前款限制,但应标明医疗器械注册证号。

按照上述规定必须在医疗器械广告中出现的内容,其字体和颜色必须清晰可见、易于辨认。上述内容在电视、互联网、显示屏等媒体发布时,出现时间不得少于5秒。医疗器械广告中不得以任何非医疗器械产品名称代替医疗器械产品名称进行宣传。推荐给个人使用的医疗器械产品广告,必须标明"请仔细阅读产品说明书或在医务人员的指导下购买和使用"。

案例分析

医疗器械广告与注册证明文件内容不一致案

某市药品监督管理部门在医疗器械广告监测时发现,某生物科技有限公司的医疗器械"冷敷敷料"存在违规。 药品监督管理部门批准的产品注册证明文件中适用范围为"本品适用于闭合性软组织损伤引起的肿痛及皮炎、湿疹、过敏、真菌感染等引起的皮肤瘙痒"。 广告宣称"循经脱毒,脱毒断痒。膏中的药用成分就像靶向追踪器,循着人体经络把分散潜藏于体内深层的风寒湿燥火虫七类毒素一网打尽,由内向外全部脱出,各种顽固瘙痒也随着毒素的逐渐脱出得以见效;无论是何病因、病程长短,均可达到突出效果"等。

问题:

该案如何定性,如何处罚?

(二) 内容限制

1. 涉及改善和增强性功能的广告 必须与经批准的医疗器械注册证明文件中的适用范围完全一致,不得出现表现性器官的内容。

报纸头版、期刊封面不得发布含有以上内容的广告。电视台、广播电台不得在 7:00 ~ 22:00 发布含有以上内容的广告。

2. 宣传适用范围的广告 有关适用范围和功效等内容的宣传应当科学准确,不得出现下列情形:

(1) 含有表示功效的断言或者保证的。

(2) 说明有效率和治愈率的。

(3) 与其他医疗器械产品、药品或其他治疗方法的功效和安全性对比。

(4) 在向个人推荐使用的医疗器械广告中,利用消费者缺乏医疗器械专业、技术知识和经验的弱点,使用超出产品注册证明文件以外的专业化术语或不科学的用语描述该产品的特征或作用机理。

(5) 含有无法证实其科学性的所谓"研究发现""实验或数据证明"等方面的内容。

(6) 违反科学规律,明示或暗示包治百病、适应所有症状的。

(7) 含有"安全""无毒副作用""无效退款""无依赖""保险公司承保"等承诺性用语,含有"唯一""精确""最新技术""最先进科学""国家级产品""填补国内空白"等绝对化或排他性的用语。

(8) 声称或暗示该医疗器械为正常生活或治疗病症所必须等内容的。

(9) 含有明示或暗示该医疗器械能应付现代紧张生活或升学、考试的需要,能帮助改善或提高成绩,能使精力旺盛、增强竞争力、能增高、能益智等内容。

3. 宣传引导 医疗器械广告应当宣传和引导合理使用医疗器械,不得直接或间接怂恿公众购买使用,不得含有以下内容。

(1) 含有不科学的表述或者通过渲染、夸大某种健康状况或者疾病所导致的危害,引起公众对所处健康状况或所患疾病产生担忧和恐惧,或使公众误解不使用该产品会患某种疾病或加重病情的。

(2) 含有"家庭必备"或者类似内容的。

(3) 含有评比、排序、推荐、指定、选用、获奖等综合性评价内容的。

（4）含有表述该产品处于"热销""抢购""试用"等的内容。

案例分析

违规医疗器械广告案

某市药品监督管理部门在医疗器械广告监测时发现，某医疗器械有限公司生产的医疗器械"眼贴"。该产品通过报纸媒介发布广告，宣称"快速营养滋润视神经，激活眼部细胞活力，帮助代谢物排出，顽固的眼疾可逐渐恢复；老父亲多年白内障，三周期眼明亮"等。

问题：

该案有哪些违法行为？如何处理？

---

4. 其他限制　医疗器械广告中不得含有利用医药科研单位、学术机构、医疗机构或者专家、医生、患者的名义和形象作证明的内容。医疗器械广告中不得含有军队单位或者军队人员的名义、形象。不得利用军队装备、设施从事医疗器械广告宣传。医疗器械广告不得含有涉及公共信息、公共事件或其他与公共利益相关联的内容，如各类疾病信息、经济社会发展成果或医疗科学以外的科技成果。

医疗器械广告中不得含有医疗机构的名称、地址、联系办法、诊疗项目、诊疗方法以及有关义诊、医疗（热线）咨询、开设特约门诊等医疗服务的内容。医疗器械广告不得在未成年人出版物和频道、节目、栏目上发布。医疗器械广告不得以儿童为诉求对象，不得以儿童的名义介绍医疗器械。

点滴积累 ∨

1. 广告主：为推销商品或者服务，自行或者委托他人设计、制作、发布广告的自然人、法人或者其他组织。

广告经营者：接受委托提供广告设计、制作、代理服务的自然人、法人或者其他组织。

广告发布者：为广告主或者广告主委托的广告经营者发布广告的自然人、法人或者其他组织。

2. 省级药品监督管理部门是医疗器械广告审查机关，负责本行政区域内医疗器械广告审查工作。

第六节　医疗器械进出口管理

《进口医疗器械检验监督管理办法》

一、医疗器械进出口现状

作为世界经济体的重要组成部分，我国经济正在快速融入中，医疗器械行业也一样，我国医疗器械进出口贸易平稳增长,成为世界医疗器械行业的重要成员。据数据统计,2017 年我国医疗器械进出口贸易总额达到 420.6 亿美元,同比增长 8.09%。其中,出口额为 217.03 亿美元,同比增长 5.84%;进口额为 203.6 亿美元,同比增长 10.6%。

我国医疗器械出口产品以一次性医用耗材、医用敷料、按摩器具、助听器和中低端诊疗器械为主。出口目的地主要是欧洲、北美和亚洲。出口医疗器械比较多的省份是广东、江苏、上海。

我国医疗器械进口产品来源地为欧洲、北美、亚洲,主要进口产品是:通用诊疗设备、彩色超声波诊断仪、弥补生理缺陷的康复用具、X 射线断层成像装置、内窥镜、核磁共振成像装置等高端医疗器械。

案例分析

医疗机构使用未经注册进口医疗器械案

2012 年 12 月 11 日,A 市某医院眼科为 10 名患者做白内障超声乳化手术及人工晶体植入手术,术后因感染,9 名患者眼球被迫摘除。经调查,手术中植入的人工晶体属于第三类医疗器械,生产企业是英国 B 公司,由 C 医疗器械经营公司销售给 A 市某医院,该产品在中国境内并未申请注册。

问题:

1. 进口医疗器械需要办理什么手续?

2. 如何认识未在中国申请注册的国外医疗器械可能存在的危险性?

二、医疗器械进出口管理

1. 进口管理　进口的医疗器械应当是依照现行《条例》第四章第四十二条的规定已注册或者已备案的医疗器械。进口的医疗器械应当有中文说明书、中文标签。说明书、标签应当符合现行《条例》规定以及相关强制性标准的要求,并在说明书中载明医疗器械的原产地以及代理人的名称、地址、联系方式。没有中文说明书、中文标签或者说明书、标签不符合本条规定的,不得进口。

向我国境内出口第一类医疗器械的境外生产企业,由其在我国境内设立的代表机构或者指定我国境内的企业法人作为代理人,向国家药品监督管理局提交备案资料和备案人所在国(地区)主管部门准许该医疗器械上市销售的证明文件。向我国境内出口第二类、第三类医疗器械的境外生产企业,由其在我国境内设立的代表机构或者指定我国境内的企业法人作为代理人,向国家药品监督管理局提交注册申请资料和注册申请人所在国(地区)主管部门准许该医疗器械上市销售的证明文件。

出入境检验检疫机构依法对进口的医疗器械实施检验;检验不合格的,不得进口。国家药品监督管理局应当及时向国家出入境检验检疫部门通报进口医疗器械的注册和备案情况。进口口岸所在地出入境检验检疫机构应当及时向所在地设区的市级药品监督管理部门通报进口医疗器械的通关情况。

省级以上药品监督管理部门应当对已注册的医疗器械组织开展再评价,再评价结果表明已注册的医疗器械不能保证安全、有效的,由原发证部门注销医疗器械注册证,并向社会公布。被注销医疗器械注册证的医疗器械不得进口、经营、使用。

进口医疗器械出现下列情况之一的,检验检疫机构经本机构负责人批准,可以对进口医疗器械实施查封或者扣押,但海关监管货物除外:①属于禁止进口的;②存在安全卫生缺陷或者可能造成健康隐患、环境污染的;③可能危害医患者生命财产安全,情况紧急的。

2. 限制进口　用于科研及其他非作用于患者目的的进口旧医疗器械,经国家市场监督管理总局及其他相关部门批准后,方可进口。经原厂再制造的进口医疗器械,其安全及技术性能满足全新医疗器械应满足的要求,并符合国家其他有关规定的,由检验检疫机构进行合格评定后,经国家市场监督管理总局批准方可进口。禁止进口上述两种规定以外的其他旧医疗器械。

3. 医疗器械出口证明　现行《条例》第四章第四十四条规定:"出口医疗器械的企业应当保证其出口的医疗器械符合进口国(地区)的要求。"为进一步规范食药监部门出具医疗器械出口销售证明的服务性事项的办理,便利医疗器械生产企业产品出口,原国家食品药品监督管理总局制定了《医疗器械产品出口销售证明管理规定》,于2015年9月1日起实施。

在我国已取得医疗器械产品注册证书及生产许可证书,或已办理医疗器械产品备案及生产备案的,药品监督管理部门可为相关生产企业出具《医疗器械产品出口销售证明》(图6-4)。企业应当向所在地省级药品监督管理部门或其指定的部门提交《医疗器械产品出口销售证明登记表》,并报送加盖企业公章的以下资料,资料内容应与出口产品的实际信息一致:①企业营业执照的复印件;②医疗器械生产许可证或备案凭证的复印件;③医疗器械产品注册证或备案凭证的复印件;④所提交材料真实性及中英文内容一致的自我保证声明。

出具证明部门应当对企业提交的相关资料进行审查核对。符合要求的,应当出具《医疗器械产品出口销售证明》;不符合要求的,应当及时说明理由。

企业生产不符合相关法规要求,企业信用等级较低,或在生产整改、涉案处理期间的,不予出具《医疗器械产品出口销售证明》。企业提供虚假证明或者采取其他欺骗手段骗取《医疗器械产品出口销售证明》的,5年内不再为其出具《医疗器械产品出口销售证明》,并将企业名称、医疗器械生产许可证或备案凭证编号、医疗器械产品注册证或备案凭证编号、法定代表人和组织机构代码等信息予以通告。

《医疗器械产品出口销售证明》编号的编排方式为:××食药监械出××××××××号。其中:

第一位×代表生产企业所在地省、自治区、直辖市的简称;

第二位×代表生产企业所在地设区的市级行政区域的简称;

第三到第六位×代表4位数的证明出具年份;

第七到第十位×代表4位数的证明出具流水号。

《医疗器械产品出口销售证明》有效日期不应超过申报资料中企业提交的各类证件最先到达的截止日期,且最长不超过2年。企业应当建立并保存出口产品档案。内容包括已办理的《医疗器械产品出口销售证明》和《医疗器械出口备案表》、购货合同、质量要求、检验报告、合格证明、包装、标

中华人民共和国

PEOPLE'S REPUBLIC OF CHINA

医疗器械产品出口销售证明

CERTIFICATE FOR EXPORTATION OF MEDICAL PRODUCTS

（格式）

证书编号

Certificate NO.:

产品名称

Product (s):

规格型号：

Model：

产品注册或备案凭证号：

Registration certificate (s):

生产企业

Manufacturer:

生产企业住所：

Address of manufacturer:

生产许可或备案凭证号：

Manufacturing License (s):

兹证明上述产品已准许在中国生产和销售。

This is to certify that the above products have been registered to be manufactured and sold in China.

证明有效日期至：　　年　月　日

This certification valid until:

备注：

Remark：

年　月　日

（出具单位盖章）

图 6-4　医疗器械产品出口销售证明

签式样、报关单等，以保证产品出口过程的可追溯。

案例分析

进口不合格医疗器械案

2005 年，一批进口彩色超声扫描仪在某检验检疫局的监督下被退运出境，经该检验检疫局检验，这批来自美国某名牌厂商生产的产品，九成以上的产品存在着安全质量隐患，主要问题有：电源插头不符合我国标准和使用习惯，相关警告文字也都是英文，没有进入中国市场所必需的中英文对照或中文文字说明，甚至有的标识和图形无文字说明；在设备及其外包装上，都看不到其在我国药品监督管理部门的产品注册编号，没有中文使用说明书；设备开机测试时，甚至无法识别控制面板和键盘输入信息。

问题：

1. 进口医疗器械进口检验是由哪个部门管理的？

2. 所有的医疗器械进口都需要经过现场检验吗？

3. 该案应如何定性？

三、进口医疗器械检验

为加强进口医疗器械检验监督管理,保障人体健康和生命安全,根据《中华人民共和国进出口商品检验法》及其实施条例和其他有关法律法规规定,原国家质量监督检验检疫总局制定并发布《进口医疗器械检验监督管理办法》(质检总局令第 95 号),自 2007 年 12 月 1 日起施行。

（一）监管部门

中华人民共和国海关总署(以下简称海关总署)主管全国进口医疗器械检验监督管理工作,负责组织收集整理与进口医疗器械相关的风险信息、风险评估并采取风险预警及快速反应措施。海关总署负责对检验检疫机构实施进口医疗器械检验监督管理人员资格的培训和考核工作。未经考核合格的人员不得从事进口医疗器械的检验监管工作。

海关总署设在各地的出入境检验检疫机构负责所辖地区进口医疗器械检验监督管理工作,负责收集与进口医疗器械相关的风险信息及快速反应措施的具体实施。

（二）进口单位的分类监管

检验检疫机构根据医疗器械进口单位的管理水平、诚信度、进口医疗器械产品的风险等级、质量状况和进口规模,对医疗器械进口单位实施分类监管,具体分为三类。

1. 一类进口单位应当符合下列条件:

（1）严格遵守商检法及其实施条例、国家其他有关法律法规以及海关总署的相关规定,诚信度高,连续 5 年无不良记录。

（2）具有健全的质量管理体系,获得 ISO 9000 质量体系认证,具备健全的质量管理制度,包括进口报检、进货验收、仓储保管、质量跟踪和缺陷报告等制度。

（3）具有 2 名以上经检验检疫机构培训合格的质量管理人员,熟悉相关产品的基本技术、性能和结构,了解我国对进口医疗器械检验监督管理。

（4）代理或者经营实施强制性产品认证制的进口医疗器械产品的,应当获得相应的证明文件。

（5）代理或者经营的进口医疗器械产品质量信誉良好,2 年内未发生由于产品质量责任方面的退货、索赔或者其他事故等。

（6）连续从事医疗器械进口业务不少于 6 年,并能提供相应的证明文件。

（7）近 2 年每年进口批次不少于 30 批。

（8）收集并保存有关医疗器械的国家标准、行业标准及医疗器械的法规规章及专项规定,建立和保存比较完善的进口医疗器械资料档案,保存期不少于 10 年。

（9）具备与其进口的医疗器械产品相适应的技术培训和售后服务能力,或者约定由第三方提供技术支持。

（10）具备与进口医疗器械产品范围与规模相适应的、相对独立的经营场所和仓储条件。

2. 二类进口单位应当具备下列条件:

（1）严格遵守商检法及其实施条例、国家其他有关法律法规以及海关总署的相关规定,诚信度较高,连续 3 年无不良记录。

（2）具有健全的质量管理体系,具备健全的质量管理制度,包括进口报检、进货验收、仓储保管、质量跟踪和缺陷报告等制度。

（3）具有 1 名以上经检验检疫机构培训合格的质量管理人员,熟悉相关产品的基本技术、性能和结构,了解我国对进口医疗器械检验监督管理的人员。

（4）代理或者经营实施强制性产品认证制度的进口医疗器械产品的,应当获得相应的证明文件。

（5）代理或者经营的进口医疗器械产品质量信誉良好,1 年内未发生由于产品质量责任方面的退货、索赔或者其他事故等。

（6）连续从事医疗器械进口业务不少于 3 年,并能提供相应的证明文件。

（7）近 2 年每年进口批次不少于 10 批。

（8）收集并保存有关医疗器械的国家标准、行业标准及医疗器械的法规规章及专项规定,建立和保存比较完善的进口医疗器械资料档案,保存期不少于 10 年。

（9）具备与其进口的医疗器械产品相适应的技术培训和售后服务能力,或者约定由第三方提供技术支持。

（10）具备与进口医疗器械产品范围与规模相适应的、相对独立的经营场所。

3. **三类进口单位包括:**

（1）从事进口医疗器械业务不满 3 年的进口单位。

（2）从事进口医疗器械业务已满 3 年,但未提出分类管理申请的进口单位。

（3）提出分类申请,经考核不符合一、二类进口单位条件,未列入一、二类分类管理的进口单位。

（三）一、二类进口单位申请审批程序

1. **申请** 申请一、二类进口单位的医疗器械进口单位,应当向所在地直属检验检疫局提出申请,并提交以下材料:①书面申请书,并有授权人签字和单位盖章;②法人营业执照、医疗器械经营企业许可证;③质量管理体系认证证书、质量管理文件;④质量管理人员经检验检疫机构培训合格的证明文件;⑤近 2 年每年进口批次的证明材料;⑥遵守国家相关法律法规以及提供资料真实性的承诺书(自我声明)。

2. **受理审核** 直属检验检疫局应当在 5 个工作日内完成对申请单位提交的申请的书面审核。申请材料不齐的,应当要求申请单位补正。

申请一类进口单位的,直属检验检疫局应当在完成书面审核后组织现场考核,考核合格的,将考核结果和相关材料报海关总署。海关总署对符合一类进口单位条件的申请单位进行核准,并定期对外公布一类进口单位名单。

申请二类进口单位的,直属检验检疫局完成书面审核后,可以自行或者委托进口单位所在地检验检疫机构组织现场考核。考核合格的,由直属检验检疫局予以核准并报海关总署备案,直属检验检疫局负责定期对外公布二类进口单位名单。

（四）进口单位类别管理

检验检疫机构每年对一、二类进口单位进行至少一次监督审核,发现下列情况之一的,可以根据情节轻重对其作降类处理:①进口单位出现不良诚信记录的;②所进口的医疗器械存在重大安全隐患或者发生重大质量问题的;③经检验检疫机构检验,进口单位年进口批次中出现不合格批次达10%;④进口单位年进口批次未达到要求的;⑤进口单位有违反法律法规其他行为的。降类的进口单位必须在12个月后才能申请恢复原来的分类管理类别,且必须经过重新考核、核准、公布。

（五）进口医疗器械风险等级及检验监管

1. 进口医疗器械风险等级　海关总署根据进口医疗器械的结构特征、使用形式、使用状况、国家医疗器械分类的相关规则以及进口检验管理的需要等,将进口医疗器械产品分为:高风险、较高风险和一般风险三个风险等级。进口医疗器械产品风险等级目录由海关总署确定、调整,并在实施之日前60日公布。

2. 进口医疗器械检验管理　检验检疫机构按照进口医疗器械的风险等级、进口单位的分类情况,根据海关总署的相关规定,对进口医疗器械实施现场检验与后续监督管理相结合的检验监管模式。根据需要,海关总署对高风险的进口医疗器械可以按照对外贸易合同约定,组织实施监造、装运前检验和监装。进口医疗器械产品风险等级检验监管模式见表6-2。

表6-2　进口医疗器械产品风险等级检验监管模式一览表

序号	风险级别	现场检验率	风险界定
1	高风险	一类进口单位:≥50% 二类进口单位:100% 三类进口单位:100%	1. 植入人体的医疗器械 2. 介入人体的有源医疗器械 3. 用于支持、维持生命的医疗器械 4. 对人体有潜在危险的医学影像设备及能量治疗设备 5. 产品质量不稳定,多次发生重大质量事故,对其安全性、有效性必须严格控制的医疗器械
2	较高风险	一类进口单位:≥30% 二类进口单位:≥50% 三类进口单位:100%	1. 介入人体的无源医疗器械 2. 不属于高风险的其他与人体接触的有源医疗器械 3. 产品质量较不稳定,多次发生质量问题,对其安全性、有效性必须严格控制的医疗器械
3	一般风险	一类进口单位:≥10% 二类进口单位:≥30% 三类进口单位:≥50%	未列入高风险、较高风险等级的进口医疗器械

3. 进口医疗器械检验程序

（1）报检:进口医疗器械进口时,进口医疗器械的收货人或者其代理人应当向报关地检验检疫机构报检,并提供下列材料:①报检规定中要求提供的单证;②属于《实施强制性产品认证的产品目录》内的医疗器械,应当提供中国强制性认证证书;③国务院药品监督管理部门审批注册的进口医疗器械注册证书;④进口单位为一、二类进口单位的,应当提供检验检疫机构签发的进口单位分类证明文件。

（2）检验过程:口岸检验检疫机构应当对报检材料进行审查,不符合要求的,应当通知报检人;

经审查符合要求的,签发《入境货物通关单》,货物办理海关报关手续后,应当及时向检验检疫机构申请检验。进口医疗器械应当在报检人报检时申报的目的地检验。对需要结合安装调试实施检验的进口医疗器械,应当在报检时明确使用地,由使用地检验检疫机构实施检验。需要结合安装调试实施检验的进口医疗器械目录由海关总署对外公布实施。对于植入式医疗器械等特殊产品,应当在海关总署指定的检验检疫机构实施检验。

(3)检验依据:检验检疫机构按照国家技术规范的强制性要求对进口医疗器械进行检验;尚未制定国家技术规范的强制性要求的,可以参照海关总署指定的国外有关标准进行检验。

(4)检验结论:进口医疗器械经检验未发现不合格的,检验检疫机构应当出具《入境货物检验检疫证明》(图6-5)。

中华人民共和国出入境检验检疫 入境货物检验检疫证明		
收货人		
发货人		
品名		报检数/重量
包装种类及数量		输出国家或地区
合同号		标记及号码
提/运单号		
入境口岸		
入境日期		

证明
上述货物业经检验检疫,准予销售/使用

签字: 日期:

备注
清单见附页

图6-5 入境货物检验检疫证明

经检验发现不合格的,检验检疫机构应当出具《检验检疫处理通知书》,需要索赔的应当出具检验证书。涉及人身安全、健康、环境保护项目不合格的,或者可以技术处理的项目经技术处理后经检验仍不合格的,由检验检疫机构责令当事人销毁,或者退货并书面告知海关,并上报海关总署。

（六）进口捐赠医疗器械检验监管

1. 监管要求　2004年以来,有国外机构以捐赠名义向我国转移不符合国家规定的医疗器械,甚至医疗垃圾,存在重大的安全和健康隐患。为了确保进口医疗器械的安全、有效,保障我国公民人身健康和生命安全,根据国家有关法律法规,要求进口捐赠的医疗器械应当未经使用,即捐赠的医疗器械应为新品,并且已在中国办理过医疗器械注册,且不得夹带有害环境、公共卫生的物品或者其他违禁物品,禁止夹带列入我国《禁止进口货物目录》的物品。

2. 检验程序　向中国境内捐赠医疗器械的境外捐赠机构,须由其或者其在中国的代理机构向海关总署办理捐赠机构及其捐赠医疗器械的备案。海关总署在必要时可以对进口捐赠的医疗器械组织实施装运前预检验。接受进口捐赠医疗器械的单位或者其代理人应当持相关批准文件向报关地的检验检疫机构报检,向使用地的检验检疫机构申请检验。检验检疫机构凭有效的相关批准文件接受报检,实施口岸查验,使用地检验。境外捐赠的医疗器械经检验检疫机构检验合格并出具《入境货物检验检疫证明》后,受赠人方可使用;经检验不合格的,按照商检法及其实施条例的有关规定处理。

3. 风险预警　海关总署建立对进口医疗器械的风险预警机制。通过对缺陷进口医疗器械等信息的收集和评估,按照有关规定发布警示信息,并采取相应的风险预警措施及快速反应措施(表6-3)。缺陷进口医疗器械:不符合国家强制性标准的规定的,或者存在可能危及人身、财产安全的不合理危险的进口医疗器械。

表6-3　对缺陷进口医疗器械的风险预警措施及快速反应措施

风险预警措施	快速反应措施
1. 向检验检疫机构发布风险警示通报,加强对缺陷产品制造商生产的和进口单位进口的医疗器械的检验监管	1. 建议暂停使用存在缺陷的医疗器械
2. 向缺陷产品的制造商、进口单位发布风险警示通告,敦促其及时采取措施,消除风险	2. 调整缺陷进口医疗器械进口单位的分类管理的类别
3. 向消费者和使用单位发布风险警示通告,提醒其注意缺陷进口医疗器械的风险和危害	3. 停止缺陷医疗器械的进口
4. 向国内有关部门、有关国家和地区驻华使馆或者联络处、有关国际组织和机构通报情况,建议其采取必要的措施	4. 暂停或者撤销缺陷进口医疗器械的国家强制性产品认证证书
	5. 其他必要的措施

检验检疫机构需定期了解辖区内使用的进口医疗器械的质量状况,发现进口医疗器械发生重大质量事故,应及时报告海关总署。进口医疗器械的制造商、进口单位和使用单位在发现其医疗器械中有缺陷的应当向检验检疫机构报告,对检验检疫机构采取的风险预警措施及快速反应措施应当予以配合。

点滴积累　∨ ┈┈

> 1. 进口的医疗器械应当是依照现行《条例》第四章第四十二条的规定已注册或者已备案的医疗器械。　进口的医疗器械应当有中文说明书、中文标签。

2. 2018 年国家机构改革中，将原国家质量监督检验检疫总局的出入境检验检疫管理职责和队伍划入海关总署。

3. 在我国已取得医疗器械产品注册证书及生产许可证书，或已办理医疗器械产品备案及生产备案的，食药监药品监督管理部门可为相关生产企业出具《医疗器械产品出口销售证明》。

第七节　法律责任

一、经营备案相关法律责任

医疗器械经营备案主要指的是从事第二类医疗器械经营活动的企业，按照规定向所在地设区的市级药品监督管理部门进行的备案。这些情形包括：首次从事第二类医疗器械经营活动进行的备案；《经营管理办法》第十七条第二款规定的跨行政区域设置库房的情形，该情形不论是经营第二类还是第三类医疗器械，都需要向库房所在地设区的市级药品监督管理部门备案；《经营管理办法》第十八条规定的经营企业新设立独立经营场所，经营第二类医疗器械的情形；医疗器械注册人、备案人或者生产企业在除住所和生产地址以外的其他场所贮存并现货销售第二类医疗器械的情形，也需要进行经营备案。

以上情形，未依照《经营管理办法》规定备案或者备案时提供虚假资料的，按照现行《条例》第六十五条的规定予以处罚。根据该条的规定，未依照本条例规定备案的，由县级以上人民政府药品监督管理部门责令限期改正；逾期不改正的，向社会公告未备案单位和产品名称，可以处 1 万元以下罚款。

备案时提供虚假资料的，由县级以上人民政府药品监督管理部门向社会公告备案单位和产品名称；情节严重的，直接责任人员 5 年内不得从事医疗器械生产经营活动。

二、经营许可相关法律责任

1. **未经许可经营**　现行《条例》规定，欲从事第三类医疗器械经营活动的企业应当申请经营许可，获得《医疗器械经营许可证》后方可经营。未经许可从事医疗器械经营活动，或者《医疗器械经营许可证》有效期届满后未依法办理延续、仍继续从事医疗器械经营的，按照现行《条例》第六十三条的规定予以处罚。

根据该条规定，以上情形可由县级以上人民政府药品监督管理部门没收违法所得、违法生产经营的医疗器械和用于违法生产经营的工具、设备、原材料等物品；违法生产经营的医疗器械货值金额不足 1 万元的，并处 5 万元以上 10 万元以下罚款；货值金额 1 万元以上的，并处货值金额 10 倍以上 20 倍以下罚款；情节严重的，5 年内不受理相关责任人及企业提出的医疗器械许可申请。未经许可经营第三类医疗器械、情节严重的，由原发证部门吊销《医疗器械经营许可证》。

2. **骗取和非法使用经营许可证**　根据规定，提供虚假资料或者采取其他欺骗手段取得《医疗器械经营许可证》的,由原发证部门撤销已经取得的许可证件,并处5万元以上10万元以下罚款,5年内不受理相关责任人及企业提出的医疗器械许可申请。

伪造、变造、买卖、出租、出借《医疗器械经营许可证》的,由原发证部门予以收缴或者吊销,没收违法所得;违法所得不足1万元的,处1万元以上3万元以下罚款;违法所得1万元以上的,处违法所得3倍以上5倍以下罚款;构成违反治安管理行为的,由公安机关依法予以治安管理处罚。

另外,任何单位以及个人不得伪造、变造、买卖、出租、出借医疗器械经营备案凭证。伪造、变造、买卖、出租、出借医疗器械经营备案凭证的,由县级以上药品监督管理部门责令改正,并处1万元以下罚款。

三、经营销售相关法律责任

未按规定进行经营销售的违法情形有很多,根据其违法行为的表现形式以及给社会带来的危害性大小,相关法规规章规定了不同的法律责任,见表6-4。

表6-4　《经营监管部分》设置的法律责任

违法情形	处罚规定
(1) 医疗器械经营企业未依照相关规定办理登记事项变更的 (2) 医疗器械经营企业派出销售人员销售医疗器械,未按照相关要求提供授权书的 (3) 第三类医疗器械经营企业未在每年年底前向食品药品监督管理部门提交年度自查报告的	县级以上药品监督管理部门责令限期改正,给予警告;拒不改正的,处5000元以上2万元以下罚款
(1) 医疗器械经营企业经营条件发生变化,不再符合医疗器械经营质量管理规范要求,未按照规定进行整改的 (2) 医疗器械经营企业擅自变更经营场所或者库房地址、扩大经营范围或者擅自设立库房的 (3) 从事医疗器械批发业务的经营企业销售给不具有资质的经营企业或者使用单位的 (4) 医疗器械经营企业从不具有资质的生产、经营企业购进医疗器械的	县级以上药品监督管理部门责令改正,处1万元以上3万元以下罚款

1. 经营非法产品　经营非法产品的违法情形主要有:①经营不符合强制性标准或者不符合经注册或者备案的产品技术要求的医疗器械的;②经营无合格证明文件、过期、失效、淘汰的医疗器械的;③药品监督管理部门责令停止经营后,仍拒不停止经营医疗器械的。

对以上违法情形,按照现行《条例》第六十六条的规定予以处罚,可由县级以上药品监督管理部门责令限期改正,没收违法经营的医疗器械;违法经营的医疗器械货值金额不足1万元的,并处2万元以上5万元以下罚款;货值金额1万元以上的,并处货值金额5倍以上10倍以下罚款;情节严重的,责令停产停业,直至由原发证部门吊销《医疗器械经营许可证》。对于上述第一、第二种违法情形,医疗器械经营企业、使用单位履行了现行《条例》规定的进货查验等义务,有充分证据证明其不知道所经营、使用的医疗器械为第一、第二种情形的医疗器械,并能如实说明其进货来源的,可以免予处罚,但应当依法没收其经营、使用的不符合法定要求的医疗器械。

2. 违规运输贮存 不按规定进行运输和贮存的违法情形有：①经营的医疗器械的说明书、标签不符合有关规定的；②未按照医疗器械说明书和标签标示要求运输、贮存医疗器械的。

以上违法情形，按照现行《条例》第六十七条的规定予以处罚：由县级以上食品药品监督管理部门责令改正，并处 1 万元以上 3 万元以下罚款；情节严重的，责令停产停业，直至由原发证部门吊销《医疗器械经营许可证》。

3. 进货和销售不予记录 此类违法情形主要表现为：①经营企业未依照相关规定建立并执行医疗器械进货查验记录制度的；②从事第二类、第三类医疗器械批发业务以及第三类医疗器械零售业务的经营企业未依照相关规定建立并执行销售记录制度的。

对以上违法情形，按照现行《条例》第六十八条的规定予以处罚：由县级以上药品监督管理部门责令改正，并给予警告；拒不改正的，处 5000 元以上 2 万元以下罚款；情节严重的，责令停产停业，直至由原发证部门吊销《医疗器械经营许可证》。

四、医疗器械广告相关法律责任

1.《广告法》第六十五条规定："违反本法规定，隐瞒真实情况或者提供虚假材料申请广告审查的，广告审查机关不予受理或者不予批准，予以警告，一年内不受理该申请人的广告审查申请；以欺骗、贿赂等不正当手段取得广告审查批准的，广告审查机关予以撤销，处十万元以上二十万元以下的罚款，三年内不受理该申请人的广告审查申请。"

2.《广告法》第六十六条规定："伪造、变造或者转让广告审查批准文件的，由工商行政管理部门没收违法所得，并处一万元以上十万元以下的罚款。"

3.《广告法》第五十五条规定："发布虚假广告的，由工商行政管理部门责令停止发布广告，责令广告主在相应范围内消除影响，处广告费用三倍以上五倍以下的罚款，广告费用无法计算或者明显偏低的，处二十万元以上一百万元以下的罚款；两年内有三次以上违法行为或者有其他严重情节的，处广告费用五倍以上十倍以下的罚款，广告费用无法计算或者明显偏低的，处一百万元以上二百万元以下的罚款，可以吊销营业执照，并由广告审查机关撤销广告审查批准文件、一年内不受理其广告审查申请。

广告经营者、广告发布者明知或者应知广告虚假仍设计、制作、代理、发布的，由工商行政管理部门没收广告费用，并处广告费用三倍以上五倍以下的罚款，广告费用无法计算或者明显偏低的，处二十万元以上一百万元以下的罚款；两年内有三次以上违法行为或者有其他严重情节的，处广告费用五倍以上十倍以下的罚款，广告费用无法计算或者明显偏低的，处一百万元以上二百万元以下的罚款，并可以由有关部门暂停广告发布业务、吊销营业执照、吊销广告发布登记证件。广告主、广告经营者、广告发布者有以上行为，构成犯罪的，依法追究刑事责任。"

4.《广告法》第五十八条规定：有下列行为之一的，由工商行政管理部门责令停止发布广告，责令广告主在相应范围内消除影响，处广告费用一倍以上三倍以下的罚款，广告费用无法计算或者明显偏低的，处十万元以上二十万元以下的罚款；情节严重的，处广告费用三倍以上五倍以下的罚款，广告费用无法计算或者明显偏低的，处二十万元以上一百万元以下的罚款，可以吊销营业执照，并由

广告审查机关撤销广告审查批准文件,一年内不受理其广告审查申请:

（1）违反《广告法》第十六条规定发布医疗器械广告的(广告中不得有表示功效安全性的断言或者保证、说明治愈率或者有效率、与其他医疗器械比较、利用广告代言人作推荐等内容,推荐给个人自用的医疗器械的广告,应当显著标明"请仔细阅读产品说明书或者在医务人员的指导下购买和使用",医疗器械产品注册证明文件中有禁忌内容的,广告中应当显著标明"禁忌内容或者注意事项详见说明书")。

（2）违反《广告法》第四十六条规定,未经审查发布广告的。

5.《广告法》第五十九条第二款规定:医疗器械广告中有关产品名称、适用范围、性能结构及组成、作用机理等内容与食药监部门批准的产品注册证明文件不一致的,由工商行政管理部门责令停止发布广告,对广告主处十万元以下的罚款;广告经营者、广告发布者明知或者应知有前款规定违法行为仍设计、制作、代理、发布的,由工商行政管理部门处十万元以下的罚款。

6.《广告法》第六十一条规定:广告经营者、广告发布者没有查验医疗器械广告批准文号,核对广告内容的,由工商行政管理部门责令改正,可以处五万元以下的罚款。

7.《广告法》第七十二条规定:"广告审查机关对违法的广告内容作出审查批准决定的,对负有责任的主管人员和直接责任人员,由任免机关或者监察机关依法给予处分;构成犯罪的,依法追究刑事责任。"

8.《广告法》第七十三条规定:"工商行政管理部门对在履行广告监测职责中发现的违法广告行为或者对经投诉、举报的违法广告行为,不依法予以查处的,对负有责任的主管人员和直接责任人员,依法给予处分。工商行政管理部门和负责广告管理相关工作的有关部门的工作人员玩忽职守、滥用职权、徇私舞弊的,依法给予处分。有前两款行为,构成犯罪的,依法追究刑事责任。"

五、医疗器械进出口相关法律责任

1.《进口医疗器械检验监督管理办法》第四十一条规定:"擅自销售、使用未报检或者未经检验的属于法定检验的进口医疗器械,或者擅自销售、使用应当申请进口验证而未申请的进口医疗器械的,由检验检疫机构没收违法所得,并处商品货值金额5%以上20%以下罚款;构成犯罪的,依法追究刑事责任。"

2.《进口医疗器械检验监督管理办法》第四十二条规定:"销售、使用经法定检验、抽查检验或者验证不合格的进口医疗器械的,由检验检疫机构责令停止销售、使用,没收违法所得和违法销售、使用的商品,并处违法销售、使用的商品货值金额等值以上3倍以下罚款;构成犯罪的,依法追究刑事责任。"

3.《进口医疗器械检验监督管理办法》第四十三条规定:"医疗器械的进口单位进口国家禁止进口的旧医疗器械的,按照国家有关规定予以退货或者销毁。进口旧医疗器械属机电产品的,情节严重的,由检验检疫机构并处100万元以下罚款。"

4.《进口医疗器械检验监督管理办法》第四十四条规定:"检验检疫机构的工作人员滥用职权,

故意刁难的,徇私舞弊,伪造检验结果的,或者玩忽职守,延误检验出证的,依法给予行政处分;构成犯罪的,依法追究刑事责任。"

点滴积累 ∨

1. 未依规定备案的,县级以上人民政府药品监督管理部门可以责令限期改正;逾期不改正的,向社会公告未备案单位和产品名称,可以处 1 万元以下罚款。

2. 未经许可从事医疗器械经营活动,或者《医疗器械经营许可证》有效期届满后未依法办理延续、仍继续从事医疗器械经营的,按照现行 2017 年版《条例》第六十三条的规定予以处罚。

目标检测

一、单选题

1. 根据现行《条例》及《医疗器械经营监督管理办法》相关规定,经营第三类医疗器械实行( )管理。

    A. 全面管理　　　B. 备案管理　　　C. 许可管理　　　D. 不需许可备案

2. 《医疗器械经营许可证》有效期为( )

    A. 2 年　　　　　B. 3 年　　　　　C. 4 年　　　　　D. 5 年

3. 负责本辖区内《医疗器械经营许可证》的发证、延续、变更和监督管理工作的部门是( )

    A. 国家药品监督管理局　　　　　　B. 省级药品监督管理部门

    C. 市级市场监督管理部门　　　　　D. 国家卫生健康委员会

4. 医疗器械经营企业进货查验记录和销售记录应当保存至医疗器械有效期后( )年。

    A. 1　　　　　　B. 2　　　　　　C. 5　　　　　　D. 永久保存

5. 从事第二类医疗器械经营的,由经营企业向所在地( )人民政府药品监督管理部门备案并提交其符合规定条件的证明资料。

    A. 县级或县级市　B. 设区的市级　　C. 省级　　　　　D. 国家级

6. 《医疗器械经营许可证》有效期届满需要延续的,医疗器械经营企业应当在有效期届满( ),向原发证部门提出《医疗器械经营许可证》延续申请。

    A. 1 个月前　　　B. 3 个月前　　　C. 6 个月前　　　D. 9 个月前

7. 药品监督管理部门根据医疗器械的风险程度、医疗器械经营企业业态、质量管理水平和遵守法规的情况,结合医疗器械不良事件及产品投诉状况等因素,将医疗器械经营企业分为不同的类别,其中管理最严格的是( )。

    A. 三级监管　　　B. 二级监管　　　C. 一级监管　　　D. 四级监管

8. ( )负责医疗器械质量管理工作,应当独立履行职责,在企业内部对医疗器械质量管理具有裁决权,承担相应的质量管理责任。

    A. 法人代表或企业负责人　　　　　B. 公司高管

　　　　C. 质量负责人　　　　　　　　　　D. 部门经理

9. 《医疗器械经营质量管理规范》开始实施的日期是(　　　)。

　　　　A. 2014.06.01　　　　　　　　　B. 2015.10.15

　　　　C. 2014.12.12　　　　　　　　　D. 2014.10.01

10. 经营企业负责不合格医疗器械的确认,对不合格医疗器械的处理过程实施监督的是(　　　)。

　　　　A. 仓库保管员　　B. 企业负责人　　C. 质量负责人　　D. 质量管理人员

11. 第三类医疗器械经营企业自行停业(　　　)以上,重新经营时,应当提前书面报告所在地设区的市级市场监管部门,经核查符合要求后方可恢复经营。

　　　　A. 三个月　　　　B. 六个月　　　　C. 一年　　　　D. 两年

12. 从事(　　　)的企业,应当将医疗器械销售给合法的购货者,销售前应当对购货者的证明文件、经营范围进行核实。

　　　　A. 所有企业　　　　　　　　　　B. 医疗器械零售业务

　　　　C. 医疗器械批发业务　　　　　　D. 第三类医疗器械经营

13. 医疗器械广告审查批准文号的有效期为(　　　)。

　　　　A. 1 年　　　　B. 2 年　　　　C. 3 年　　　　D. 5 年

14. 申请医疗器械广告批准文号,应当向(　　　)提出。

　　　　A. 国家药品监督管理局　　　　　B. 省级药品监督管理部门

　　　　C. 省级以上工商行政管理部门　　D. 县级市场监督管理局

15. 医疗器械出口销售证明书的有效期为(　　　)。

　　　　A. 5 年　　　　B. 3 年　　　　C. 2 年　　　　D. 1 年

16. 主管全国进口医疗器械检验监督管理工作的是(　　　)。

　　　　A. 国家药品监督管理局　　　　　B. 国家质量监督检验检疫总局

　　　　C. 卫健委　　　　　　　　　　　D. 海关总署

17. 进口医疗器械经检验未发现不合格的,检验检疫机构应当出具(　　　)。

　　　　A.《入境货物通关单》　　　　　　B.《入境货物检验检疫证明》

　　　　C.《检验检疫处理通知书》　　　　D.《医疗器械出口销售证明》

18. 未经许可从事第三类医疗器械经营活动的,由县级以上人民政府药品监督管理部门没收违法所得、违法生产经营的医疗器械和用于违法生产经营的工具、设备、原材料等物品;违法生产经营的医疗器械货值金额不足 1 万元的,并处 5 万元以上 10 万元以下罚款;货值金额 1 万元以上的,并处货值金额 10 倍以上 20 倍以下罚款;情节严重的,(　　　)年内不受理相关责任人及企业提出的医疗器械许可申请。

　　　　A. 2　　　　　　B. 3　　　　　　C. 4　　　　　　D. 5

19. 医疗器械广告中有关产品名称、适用范围、性能结构及组成、作用机理等内容与药品监督管理部门批准的产品注册证明文件不一致的,由(　　　)责令停止发布广告,对广告主处十万元以下的罚款;广告经营者、广告发布者明知或者应知有前款规定违法行为仍设计、制作、代理、发布的,由工商行政管理部门处十万元以下的罚款。

  A. 药品监督管理部门   B. 市场监督管理部门

  C. 省级人民政府   D. 质量监督局

  20. 销售、使用经法定检验、抽查检验或者验证不合格的进口医疗器械的,由(　　)责令停止销售、使用,没收违法所得和违法销售、使用的商品,并处违法销售、使用的商品货值金额等值以上 3 倍以下罚款;构成犯罪的,依法追究刑事责任。

  A. 药品监督管理部门   B. 市场监督管理部门

  C. 省级人民政府   D. 检验检疫机构

二、多选题

1. 从事(　　)业务的经营企业应当建立销售记录制度。

  A. 第二类医疗器械批发业务   B. 第三类医疗器械批发业务

  C. 第三类医疗器械零售业务   D. 都不需要

2. 进货查验记录和销售记录需要记录事项包括(　　)。

  A. 医疗器械的名称、型号、规格、数量

  B. 医疗器械的生产批号、有效期、销售日期

  C. 生产企业的名称

  D. 供货者(购货者)的名称、地址及联系方式

3. 运输、贮存医疗器械,应当符合(　　)的要求。

  A. 销售人员介绍   B. 仓库保管人员

  C. 医疗器械说明书   D. 医疗器械标签标示

4. 有下列(　　)情形之一的,药品监督管理部门应当加强现场检查。

  A. 上一年度监督检查中存在严重问题的

  B. 因违反有关法律、法规受到行政处罚的

  C. 新开办的第三类医疗器械经营企业

  D. 药品监督管理部门认为需要进行现场检查的其他情形

5. 从事医疗器械经营,应当具备与经营规模和经营范围相适应的(　　)。

  A. 经营、贮存场所   B. 质量管理机构或者质量管理人员

  C. 贮存条件   D. 质量管理制度

6. 有下列经营行为之一的,企业可以不单独设立医疗器械库房(　　)。

  A. 单一门店零售企业的经营场所陈列条件能符合其所经营医疗器械产品性能要求、经营场所能满足其经营规模及品种陈列需要的

  B. 连锁零售经营医疗器械的

  C. 全部委托为其他医疗器械生产经营企业提供贮存、配送服务的医疗器械经营企业进行存

储的

  D. 专营医疗器械软件或者医用磁共振、医用 X 射线、医用高能射线、医用核素设备等大型医
用设备的

7. 企业在库房贮存医疗器械,应当按质量状态采取控制措施,实行分区管理,包括(　　),并有
明显区分。

  A. 待验区   B. 合格品区   C. 不合格品区   D. 发货区

8. 应当注销医疗器械广告批准文号的情形有(　　)。

  A. 医疗器械广告申请人的《医疗器械生产企业许可证》被吊销的

  B. 医疗器械产品注册证书被撤销、吊销、注销的

  C. 药品监督管理部门责令终止生产、销售和使用的医疗器械

  D. 其他法律、法规规定的应当注销行政许可的情况

9. 对提供虚假材料申请医疗器械广告审批,取得医疗器械广告批准文号的,医疗器械广告审查
机关在发现后应当(　　)。

  A. 撤销广告批准文号   B. 1 年内不受理该企业该品种的广告审批申请

  C. 警告、处分   D. 3 年内不受理该企业该品种的广告审批申请

10. 需要复审的医疗器械广告包括(　　)。

  A. 国家药品监督管理局认为医疗器械广告审查机关批准的医疗器械广告内容不符合规
定的

  B. 省级以上药品监督管理部门认为医疗器械广告审查机关批准的医疗器械广告内容不符
合规定的

  C. 省级以上广告监督管理机关提出复审建议的

  D. 医疗器械广告审查机关认为应当复审的其他情形

11. 医疗器械广告不能含有的内容包括(　　)。

  A. 功效、安全性保证   B. 治愈率

  C. 与其他产品比较   D. 注册证编号

12. 医疗器械广告中不得含有利用哪些单位或个人名义和形象作证明的内容(　　)。

  A. 医药科研单位   B. 学术机构

  C. 医疗机构或者专家   D. 患者

13. 海关总署根据进口医疗器械的结构特征、使用形式、使用状况、国家医疗器械分类的相关规
则以及进口检验管理的需要等,将进口医疗器械产品分为(　　)三个风险等级。

  A. 高风险   B. 较高风险   C. 一般风险   D. 较低风险

14. 属于高风险的医疗器械包括(　　)。

  A. 介入人体的有源医疗器械   B. 介入人体的无源医疗器械

  C. 植入人体的医疗器械   D. 用于支持、维持生命的医疗器械

15. 未按照医疗器械说明书和标签标示要求运输、贮存医疗器械的,由县级以上人民政府药品

监督管理部门(　　),直至由原发证部门吊销医疗器械生产许可证、医疗器械经营许可证。

  A. 责令改正   B. 处1万元以上3万元以下罚款

  C. 情节严重的,责令停产停业   D. 给予警告

  16. 医疗器械经营企业、使用单位未依照规定建立并执行医疗器械进货查验记录制度的,从事第二类、第三类医疗器械批发业务以及第三类医疗器械零售业务的经营企业未依照规定建立并执行销售记录制度的,由县级以上人民政府药品监督管理部门和卫生健康主管部门依据各自职责(　　),直至由原发证部门吊销医疗器械生产许可证、医疗器械经营许可证。

  A. 责令改正   B. 拒不改正的,处5000元以上2万元以下罚款

  C. 给予警告   D. 情节严重的,责令停产停业

三、简答题

1. 经营医疗器械应该具备的条件有哪些?

2. 持有《医疗器械经营许可证》的企业要变更经营范围,如何办理手续?

3. 医疗器械经营企业在采购前应当审核供货者哪些资料?

4. 医疗器械经营企业质量管理人员、质量负责人有哪些要求?

5. 简述医疗器械广告的审批程序。

6. 进口医疗器械检验的依据?

四、案例分析题

1. 超范围经营医疗器械案

A市药品监督管理部门在监督检查中发现,B医院从C医疗器械公司购入并使用了一次性使用输液器、一次性使用注射器等三类医疗器械和胎儿超声监护仪等二类医疗器械。经调查,C公司的《医疗器械经营许可证》列明的经营范围为"三类:6863口腔科材料"。

试分析:对C公司行为应如何定性? 如何处罚? 处罚的依据是什么?

2. 经营企业经营无注册证医疗器械案

2015年7月,一公民举报A医疗器械公司违法经营医疗器械,称其销售的第三类医疗器械"连接管"未经注册。根据举报,B药品监督管理部门执法人员对该公司进行调查,发现举报反映情况基本属实。同时,检查还发现该单位经营两种医疗器械标示的规格型号与该公司提供的产品注册证书显示内容不符。B药品监督管理部门执法人员经对该公司5年的购进、销售票据检查和核算后,发现该公司违法经营上述产品的所得为264 000元。

试分析:对A公司行为应如何定性? 如何处罚? 处罚的依据是什么?

3. 经营不符合标准医疗器械案

A公司是一家以经营医疗器械为主要业务的公司,于2015年10月14日自B公司购进了中心静脉导管包[注册号:国食药监械(进)字2014第3773470号,型号:ES-04301]2000件。经调查,上述产品标签不符合规定要求,且不符合注册标准(技术要求)YZB/USA 0241-2014的要求。至2016年9月1日C药监局现场检查时,上述产品已销售430件,销售金额总计人民币44560元。

试分析:对 A 公司行为应如何定性？如何处罚？处罚的依据是什么？

第七章

医疗器械使用管理

导学情景 ∨

情景描述：

深夜，某院神经内科在为一位脑出血昏迷并伴有呼吸吸气不足的患者进行呼吸机治疗时，医护人员突然发现患者血氧饱和度急速下降，监护仪报警。通过仔细检查后，医护人员意识到可能是呼吸机发生故障，立即电话通知了该院的总值班和分管该科室的临床医学工程技术人员李某，并采取了应急抢救预案。

学前导语：

1. 医疗器械在发生故障后应该如何处理？

2. 医疗器械维修应该如何进行？

3. 医疗器械的使用应该如何保证？

第一节　概述

一、医疗器械使用管理的定义与内容

（一）医疗器械使用管理的定义

医疗器械使用管理，是指医疗器械使用环节的各项维护产品安全性有效性的活动，既指医疗器械使用单位对在用医疗器械进行的内部管理，也指监管部门对医疗器械使用单位的使用和质量进行管理的行政活动。从该定义可以看出，医疗器械使用管理是医疗器械上市后监管阶段的一大内容，侧重于医疗器械使用行为和使用质量的管理。

现行《条例》第七十六条首次对医疗器械使用单位下了一个定义。医疗器械使用单位，是指使用医疗器械为他人提供医疗等技术服务的机构，包括取得医疗机构执业许可证的医疗机构，取得计划生育技术服务机构执业许可证的计划生育技术服务机构，以及依法不需要取得医疗机构执业许可证的血站、单采血浆站、康复辅助器具适配机构等。医疗器械使用单位的定义很好地划定了履行医疗器械使用环节法定义务的主体范围，有利于贯彻和实施国家针对医疗器械使用环节而推出的相关制度。

医疗器械使用管理关系到医院管理体制建设的方方面面。这些工作包括：对医疗器械临床使用人员和从事医疗器械保障的医学工程技术人员建立实施培训、考核制度；开展医疗设备临床使用过

程中的质量控制,操作规程等相关培训;公示大型设备的主要信息(如医疗器械名称、注册证号、规格、生产厂商、启用日期、和设备的管理人员等);建立医疗器械临床使用安全事件的日常管理制度、监测制度和应急预案;定期对医疗器械使用情况进行考核和评估,形成记录并存档。

在我国,医疗器械使用单位对使用环节的管理,还存在很大的不足。主要体现在:首先,大部分医疗器械使用单位漠视医疗器械使用环节的管理。医疗机构是常见的医疗器械使用单位。其对医疗器械使用环节管理的漠视主要表现在大多数医院降低器械科的地位,仅仅把它作为后勤辅助科室建制,仅赋予对医疗设备的维护、保管职能,不能保证其在医疗器械采购和使用中行使质量否决权。其次,医疗器械使用单位在采购医疗器械时质量把关不严。相当部分的医疗机构对医疗器械的采购制度不严格,为不合格医疗器械流入医院打开了方便之门。部分医疗机构没有确立专职管理医疗器械的部门,采购人员没有明确的岗位职责。部分医疗机构的医疗器械购进渠道混乱,购进手续不规范。有的医疗机构从没有资质的企业购进医疗器械。有的医疗机构不按照规定索要生产厂家、经销商以及医疗器械的有关合法资质证明材料,从而无法保障医疗器械的质量。质量验收流于形式,没有对其实质性内容进行验收,更无相关验收记录。此外,医疗机构内部医疗器械多头采购现象严重,使用科室、临床医生点名用械,产品验收环节形同虚设。再次,医疗器械使用单位相关管理制度不健全。近年来,医疗器械数量猛增,医院的大小设备遍及全院各科室,器械科工程技术人员少,工作量大。当有医疗器械报修时,技术人员不能及时到科室修理,由器械科统管的方式已不能满足实际工作需要。

改革开放以来,随着我国经济的不断发展,代表现代科技最高水平的各类医疗器械不断涌入各级各类医院,传统的医学模式已经发生了根本性改变,医疗器械不仅成为各级各类医院的一种重要资产,更是医院不可或缺的诊疗手段,其自身状态、应用质量的好坏,直接关系着医院的医疗质量和医疗安全。有资料表明,17%的医疗事故和使用的医疗设备有关,而和医疗设备有关的医疗事故中,60%~70%是由于使用不当造成的。所以关注医疗质量和医疗安全,不能不关注在用医疗器械的使用安全。

(二) 使用管理规范特征

医疗器械使用单位应当按照规定,配备与其规模相适应的医疗器械质量管理机构或者质量管理人员,建立覆盖质量管理全过程的使用质量管理制度,承担本单位使用医疗器械的质量管理责任。使用管理的特征主要表现为以下四个方面:

1. **技术特征**　在用医疗器械管理是基于临床医学工程学科的一系列工作,对设备的管理贯穿在设备购置、论证、安装、调试、验收、使用、维护维修、预防性维修直至报废的整个生命周期,在这个层面上主要体现为技术管理。只有具备临床医学工程基础知识,熟悉和掌握各类医疗设备的基本原理、设备结构、功能特点、典型机型及电子学知识等专业技术,才能在每个管理环节做出准确判断和正确处理。医院需设立职能健全的医疗器械管理职能部门及临床医学工程部门。医疗器械管理职能部门的专业性很强,需要配备专职管理人员。

2. **经济特征**　在用医疗器械管理包括设备购置的资金来源、经费预算、投资决策、医院材料的进销存管理、维修支出管理、固定资产折旧、财务管理、经济效益/效果评价、医疗设备报废等内容,在这个层面上主要体现为经济管理。在医院中,医疗设备资产约占其总固定资产的50%,由其产生的经济效益也约为医院总收入的一半,所以应重视经济学效益,运用经济学理论和方法,保证在用医疗器械在医疗工作中合理有效地发挥作用。

3. 信息化特征　信息化管理是现代化医院医疗器械管理的重要特征。随着医院现代化进程的加速,医院信息化管理已经越来越普及,应用也越来越广泛。医疗器械信息化管理是医院信息化管理的重要内容之一,具体包括固定资产,医用材料、计量、维修等各个管理环节的信息化管理。为了实现医疗器械信息资源的共享与合理使用,运用信息化技术,实现信息化管理是提高管理水平的必由之路。

4. 法制化特征　世界各国尤其是发达国家,对医疗器械均采取法制化监督管理。监督管理,一方面监督生产制造,一方面监督医疗设备的合理使用,验证产品的安全性和有效性,对于准许上市产品的定期再评价、进行不良事件上报等监督,我国在医疗设备监督管理方面也出台了大量的法律法规。在医院的医疗设备管理中,依法行使管理职能是重要的特征。

(三) 医院的医疗器械部门组织构成

近年来,随着时代的发展和科学技术的进步,大量先进的医疗器械进入医院,极大地保证了临床医学工程部门的建设和发展,在医疗、教学、科研等方面起到了不可估量的作用。如今,临床医学工程部门已成为现代医院不可或缺的技术管理部门。当前,临床医学工程部门的组织架构层次应当等同于医院中的医务处、护理部、药剂处等部门。具体部门划分可根据医院规模来定,对规模较大的医院要求更加专业和细化,对规模较小的医院,能满足管理的要求即可。

按照卫生行政主管部门的要求,医院应设立在用医疗器械管理部门,负责日常职能工作。另外,还应设立两个医疗设备相关的委员会:医疗器械管理委员会和医疗器械临床使用安全委员会。委员会应由院领导、医务处、护理部、感染控制部、相关临床科室和临床医学部门工程部门的负责人组成,日常办公机构应设在临床医学工程部门。

1. 医疗器械管理委员会　为了加强医疗设备的宏观管理,避免和减少医疗设备装备工作中的盲目性和失误,医疗卫生机构应成立医疗器械管理委员会,对引进大型医疗设备、医疗设备预算、医用材料采购管理等工作进行讨论和决策。

2. 医疗器械临床使用安全委员会　为加强医疗器械临床使用安全监管工作,保障医疗质量安全,按照卫生部颁布的《医疗器械临床使用安全管理规范》要求,医院应成立医疗器械临床使用安全委员会,指导建立健全医疗器械准入与评价管理、医疗器械临床使用管理、医疗器械临床保障管理等工作。

3. 在用医疗器械管理部门　各级医疗卫生机构可根据规模和任务设置医疗器械管理职能部门,对医疗设备进行统一的管理。二级乙类以上医院应设立医疗设备管理科室(如设备科、医疗器械科、医学工程科等),同时开展相应的职能工作。

我国自20世纪70年代中期开始,由医院根据工作需要相继自发成立临床医学工程部门,但这个部门的名称在各医院很不一致,诸如医学工程科(部)、医疗器械科、设备处(科)、维修科(组)等。其工作任务在不同医院也有所不同,一般核心任务是采购和维修。2000年以后,随着生物医学工程技术的发展,越来越多的医疗设备、材料和技术进入医院,临床医学工程部门的职能和任务有所增加。采购的功能拓展为执法管理和物流管理,维修保养的工作拓展为集论证、评估、培训、预防性维护、维修等为一体的技术支持。同时经济学管理职能也有所发展,一些临床医学工程部门开展了医疗设备成本效益分析和利用率分析。

近几年来,随着与国外临床医学工程学科的频繁交流,质量控制和风险管理的理念逐步引入国内的医疗设备管理中来,一些发展较快的临床医学工程部门开展了对生命支持设备、大型影像设备、放疗设备等的质量检测和质量控制,开展了医疗设备应用质量分析和临床应用效果分析,一些医院的临床医学工程部门与临床合作,开展了科研和教学工作。

现在不同医院的临床医学工程部门技术力量和发挥的作用差别很大,所处地位也有所不同,一些医院对医疗设备管理不了解,临床医学工程部门的负责人由药剂、放射、临床医务人员担当,因行业知识缺乏,导致整个部门发展停滞的局面。也有一些医院的临床医学工程部门被分为物流中心、维修组、招标中心等几个彼此独立的部门,造成管理上的不规范。有些医院只重视引进先进医疗设备,忽视了临床医学工程部门的建设和专业技术人才的培养,已经影响到医院的发展及医院的社会效益和经济效益。

二、医疗器械使用管理的现状与发展

(一) 使用管理部门

医疗器械使用管理部门,是指对医疗器械使用环节实施行政管理的部门。根据现行《条例》第三十九条规定:"食品药品监督管理部门和卫生计生主管部门依据各自职责,分别对使用环节的医疗器械质量和医疗器械使用行为进行监督管理。"根据该条规定,对在用医疗器械的监管,我国实行部门联合监管模式。使用环节的医疗器械质量行为由药品监督管理部门负责,使用环节的医疗器械使用行为由卫生健康主管部门负责。

国家药品监督管理局负责全国医疗器械使用质量监督管理工作。县级以上地方药品监督管理部门负责本行政区域的医疗器械使用质量监督管理工作。上级药品监督管理部门负责指导和监督下级药品监督管理部门开展医疗器械使用质量监督管理工作。药品监督管理部门按照风险管理原则,对使用环节的医疗器械质量实施监督管理。设区的市级药品监督管理部门应当编制并实施本行政区域的医疗器械使用单位年度监督检查计划,确定监督检查的重点、频次和覆盖率。对存在较高风险的医疗器械、有特殊储运要求的医疗器械以及有不良信用记录的医疗器械使用单位等,应当实施重点监管。年度监督检查计划及其执行情况应当报告省、自治区、直辖市药品监督管理部门。

(二) 使用管理依据

针对在用医疗器械的管理,2015 年 10 月 21 日,原国家食品药品监督管理总局发布了《医疗器械使用质量监督管理办法》(原国家食品药品监督管理总局第 18 号令)(以下简称《使用管理办法》),弥补了医疗器械使用环节的规章空白。《使用管理办法》共六章 35 条,自 2016 年 2 月 1 日起施行。《使用管理办法》针对当前医疗器械使用单位采购渠道不规范、进货查验不落实、维护保养不严格、质量管理不完善等问题,对现行《条例》规定的进货查验、信息记录、贮存运输、质量检查、维护保养等使用环节质量管理义务作了细化和补充完善。

《使用管理办法》明确了医疗器械采购、验收、贮存、使用、维护、转让等与使用质量密切相关的各个环节的管理规定,要求医疗器械使用单位建立覆盖质量管理全过程的医疗器械使用管理制度,并每年对质量管理工作进行全面自查。一是严格质量查验管理要求。规定使用单位要对医疗器械采购实行统一管理,严格查验供货商资质和产品证明文件,妥善保存相关记录和资料,并建立医疗器械使用前质量检查制度。二是加强维护维修管理。针对实践中存在的突出问题,详细规定了使用单位自行维护维修、委托维修服务机构维护维修、约定生产经营企业维护维修等不同情形的管理要求,明确规定在使用单位自行维护维修或者委托维修服务机构维护维修时,生产经营企业应当严格按照合同约定,提供维护手册、故障代码表、维修密码等维护维修必需的材料和信息。三是完善在用医疗器械转让和捐赠管理。规定使用单位转让医疗器械应当确保所转让的医疗器械安全、有效,及时移交说明书、维修记录等资料,受让方应当参照相关要求进行进货查验。针对越来越多的医疗器械捐赠行为,《使用管理办法》对捐赠方和受赠方均提出了要求,并规定使用单位之间的捐赠参照转让管理。四是强化分类监管和信用监管。强调依风险实施监管的原则,对较高风险或者有特殊储运要求的医疗器械,以及有不良信用记录的医疗器械使用单位等实施重点监管。《使用管理办法》的出台进一步丰富了《条例》配套规章体系,对加强医疗器械监督管理,保障用械安全具有重要意义。

(三) 未来的发展趋势及方向

1. 法制化管理更加健全　随着国家卫生行政主管部门对医疗器械的认识和关注的不断增加,医疗器械的法制化管理将更加健全。国家医疗器械主管部门在全程监管的指导思路下加强立法,建章立制,会制定更多的产品技术标准,技术规范,医疗器械产品从生产、研制,到医院的使用和监测,有更明确的监管办法和执行标准。

2. 执业资质与考核制度的建立　正如欧美、日本等发达国家的发展一样,临床医学工程将通过立法确立临床医学工程职业,同时完备教育及执业资格制度。现在临床医学工程的从业人员资质主要依据职称评定制度,而国际通行的是建立执业资格制度。我国已经实施了执业医师、执业药师的资格考试制度和注册管理,将来建立工程师执业资格制度,是将医疗设备管理与国际接轨,实现职业化的必然发展趋势,不但可以提高临床医学工程技术人员的职业素质和职业道德水平,也有利于工程师职业资格制度的国际互认。

3. 建立国家层面统一的规范和模式　在医疗器械管理方面,将逐步建立起国家层面统一的规范和模式。临床医学工程部门在医院中的作用形式将得到统一完善。医疗设备管理和临床医学工程部门需要进一步统一名称和含义说明、部门的基本架构和归口管理组成、职能和工作范畴、学科的术语和释义、设备的分类与代码等内容。只有严格地推行统一和规范,才能在管理上进一步提高共识,在技术上提炼成果。

4. 工作重心转变为质量控制和风险管理　医院临床医学工程部门的工作重心将有所转变,主要履行以下职责:保障医疗器械在临床使用时的安全性和诊断检查时的可靠性,使医疗器械一直保持优良的运行或待用状态;保障医务人员在使用现代医疗设备时用得规范、符合标准,确保发挥医疗设备的最大预期效能,推动和参与适合医疗实际需求的创新技术的研发活动,培养新型的临床医学工程技术人才等。

今后的临床医学工程部门的发展方向是:①医疗器械的应用质量与安全问题成为医疗设备管理的热点问题,质量控制和风险管理将成为临床医学工程部门工作模式转换的切入点;②医用耗材,特别是高值耗材的大批量使用,使物流管理成为临床医学工程部门管理的重要措施;③技术维修与售后管理要形成传统领域的创新点;④技术论证和评估分析是采购管理的支撑点;⑤多种医疗设备,医疗设施及环境因素融合形成的工程技术统筹;⑥临床医学工作技术与 IT 领域的信息技术多层面融合。

第二节　医疗器械采购验收与贮存

医疗器械使用单位应当按照规定,配备与其规模相适应的医疗器械质量管理机构或者质量管理人员,建立覆盖质量管理全过程的使用质量管理制度,承担本单位使用医疗器械的质量管理责任。鼓励医疗器械使用单位采用信息化技术手段进行医疗器械质量管理。医疗器械生产经营企业销售的医疗器械应当符合强制性标准以及经注册或者备案的产品技术要求。医疗器械生产经营企业应当按照与医疗器械使用单位的合同约定,提供医疗器械售后服务,指导和配合医疗器械使用单位开展质量管理工作。

一、使用单位的采购

医疗器械使用单位应当对医疗器械采购实行统一管理,由其指定的部门或者人员统一采购医疗器械,其他部门或者人员不得自行采购。需要单位应根据工作任务的要求结合本单位的实际制定医疗器械规划。本着通用、经济的原则,制定可行的购置计划。

(一) 医疗器械采购

医疗器械使用单位应当从具有资质的医疗器械生产经营企业购进医疗器械,索取、查验供货者资质、医疗器械注册证或者备案凭证等证明文件。对购进的医疗器械应当验明产品合格证明文件,并按规定进行验收。对有特殊储运要求的医疗器械还应当核实储运条件是否符合产品说明书和标签标示的要求。

现行《条例》第三十二条规定:"医疗器械经营企业、使用单位购进医疗器械,应当查验供货者的资质和医疗器械的合格证明文件,建立进货查验记录制度。记录事项包括:①医疗器械的名称、型号、规格、数量;②医疗器械的生产批号、有效期、销售日期;③生产企业的名称;④供货者或者购货者的名称、地址及联系方式;⑤相关许可证明文件编号等。进货查验记录和销售记录应当真实,并按照国家药品监督管理局规定的期限予以保存。国家鼓励采用先进技术手段进行记录。"

现行《条例》第四十条规定:"医疗器械经营企业、使用单位不得经营、使用未依法注册、无合格证明文件以及过期、失效、淘汰的医疗器械。"医疗机构不得使用无注册证、无合格证明、过期、失效或者按照国家规定在技术上淘汰的医疗器械。医疗器械新产品的临床试验或者试用按照相关规定执行。

（二）在用医疗器械信息记录

现行《条例》第三十七条规定："医疗器械使用单位应当妥善保存购入第三类医疗器械的原始资料，并确保信息具有可追溯性。使用大型医疗器械以及植入和介入类医疗器械的，应当将医疗器械的名称、关键性技术参数等信息以及与使用质量安全密切相关的必要信息记载到病历等相关记录中。"医疗器械使用单位应当真实、完整、准确地记录进货查验情况。进货查验记录应当保存至医疗器械规定使用期限届满后2年或者使用终止后2年。大型医疗器械进货查验记录应当保存至医疗器械规定使用期限届满后5年或者使用终止后5年；植入性医疗器械进货查验记录应当永久保存。医疗器械使用单位应当妥善保存购入第三类医疗器械的原始资料，确保信息具有可追溯性。

二、大型医用设备的配置

大型医用设备，是指使用技术复杂、资金投入量大、运行成本高、对医疗费用影响大且纳入目录管理的大型医疗器械。2004年7月《行政许可法》正式实施之后，国务院在当年8月紧随其后发布了《国务院办公厅关于保留部分非行政许可审批项目的通知》。《行政许可法》和该《通知》，把我国的行政审批分割为行政许可与非行政许可两类。前者受《行政许可法》管理，后者不受《行政许可法》管理，在国务院文件中被界定为"政府内部管理事项"。大型医用设备的行政审批在正式行政许可化之前就属于所谓的政府内部管理事项。

（一）大型医用设备的分类管理

我国一直对大型医用设备的配置实行审批制度，并明确实行甲类、乙类分级管理。2005年，原卫生部发布《大型医用设备配置与使用管理办法》，将大型医用设备管理品目分为甲、乙两类。资金投入量大、运行成本高、使用技术复杂、对卫生费用增长影响大的为甲类大型医用设备，由国务院卫生行政部门管理。管理品目中的其他大型医用设备为乙类大型医用设备，由省级卫生行政部门管理。同时制定甲类、乙类大型医用设备管理品种目录，甲类大型医用设备由原卫生部会同国家发改委编制配置规划。乙类大型医用设备的审批管理则下放一级，由省级卫生行政部门会同省级有关部门，结合本地区卫生资源配置标准，制定配置规划上报国家核准，并据此开展审批管理。

2017年《条例》修订时，将大型医用设备的配置从行政审批转变为行政许可，大型医用设备配置许可正式成为了一种新的行政许可。现行《条例》第三十条第二款规定："医疗器械使用单位配置大型医用设备，应当符合国务院卫生计生主管部门制定的大型医用设备配置规划，与其功能定位、临床服务需求相适应，具有相应的技术条件、配套设施和具备相应资质、能力的专业技术人员，并经省级以上人民政府卫生计生主管部门批准，取得大型医用设备配置许可证。"该条第三款规定："大型医用设备配置管理办法由国务院卫生计生主管部门会同国务院有关部门制定。大型医用设备目录由国务院卫生计生主管部门商国务院有关部门提出，报国务院批准后执行。"这样修订的目的是，以优化资源配置和控制医疗费用不合理增长为重点，统筹规划大型医用设备配置，提高资源配置效率。引导医疗机构合理配置功能适用、技术适宜、节能环保的设备，支持建立区域性医学影像中心，促进资源共享。建立完善监督评价机制，充分发挥社会团体的作用，加强行业自律和相互监督。

（二）大型医用设备的配置程序

首先,甲类大型医用设备的配置,由医疗机构按属地化原则向所在地卫生行政部门提出申请,逐级上报,经省级卫生行政部门审核后报国务院卫生行政部门审批;其次,乙类大型医用设备的配置,由医疗机构按属地化原则向所在地卫生行政部门提出申请,逐级上报至省级卫生行政部门审批;再次,医疗机构获得《大型医用设备配置许可证》后,方可购置大型医用设备。

知识链接

大型医用设备配置许可管理目录（2018 年）

甲类（国家卫生健康委员会负责配置管理）

一、重离子放射治疗系统

二、质子放射治疗系统

三、正电子发射型磁共振成像系统（英文简称 PET/MR）

四、高端放射治疗设备。 指集合了多模态影像、人工智能、复杂动态调强、高精度大剂量率等精确放疗技术的放射治疗设备,目前包括 X 线立体定向放射治疗系统（英文简称 Cyberknife）、螺旋断层放射治疗系统（英文简称 Tomo）HD 和 HDA 两个型号、Edge 和 Versa HD 等型号直线加速器。

五、首次配置的单台（套）价格在 3000 万元人民币（或 400 万美元）及以上的大型医疗器械

乙类（省级卫生计生委负责配置管理）

一、X 线正电子发射断层扫描仪（英文简称 PET/CT, 含 PET）

二、内窥镜手术器械控制系统（手术机器人）

三、64 排及以上 X 线计算机断层扫描仪（64 排及以上 CT）

四、1.5T 及以上磁共振成像系统（1.5T 及以上 MR）

五、直线加速器（含 X 刀,不包括列入甲类管理目录的放射治疗设备）

六、伽马射线立体定向放射治疗系统（包括用于头部、体部和全身）

七、首次配置的单台（套）价格在 1000 万～3000 万元人民币的大型医疗器械

（三）社会办医机构大型医用设备的配置

社会办医机构配置大型医用设备的一直备受关注。根据原卫生部制定的一系列政策,非营利性和营利性医疗机构配置乙类大型医用设备,都必须服从省级规划的总体要求。省级卫生行政部门对区域内所有大型医用设备实行全行业和属地化管理,统筹规划、总量控制、合理配置。但部分地区此前已经放宽了对社会办医配置乙类大型医用设备的限制,比如由社会办医疗机构根据配置需求自行购买,设备购置完成后持相关资料直接申请核发乙类大型医用设备配置许可证,不再进行每季度的专家评审。对于市场化运行的社会资本办医疗机构,国家确实应该适当放宽许可限制,但具体的管理规定仍在酝酿中。

（四）新型大型医用设备的配置

规范和加强新型大型医用设备配置管理,促进有序配置和合理使用,原卫生部于 2013 年 3 月 13

日印发了《新型大型医用设备配置管理规定》,对医疗机构配置新型大型医用设备做出了规定。各级各类医疗机构利用各种来源资金购置新型大型医用设备,均应当按照该规定实施管理。2018年国家机构改革后,国家卫生健康委员会承继了原国家卫生计生主管部门在大型医用设备配置管理的权力。

所谓新型大型医用设备,是指首次从境外引进或国内研发制造,经药品监督管理部门注册,单台(套)市场售价在500万元人民币以上,尚未列入国家大型医用设备管理品目的医学装备。

1. 管理部门 国家卫生健康委员会负责全国新型大型医用设备配置管理工作,建立新型大型医用设备技术追踪机制,组织开展新型大型医用设备配置评估和全国配置规划管理工作。省级卫生行政部门负责本地区新型大型医用设备配置申报和使用监管工作。新型大型医用设备应当经过配置评估后,方可进入医疗机构使用。国家禁止医疗机构引进境外研制但境外医疗机构尚未配置使用的大型医用设备。

2. 申请程序 医疗机构申请配置新型大型医用设备,通过所在地卫生行政部门逐级申报至省级卫生行政部门,经审核合格后报国家卫生健康委员会。国家卫生健康委员会每年3月和9月受理新型大型医用设备配置申请,受理申请材料之日起60个工作日内,组织专家委员会完成初步评估并提出意见。医疗机构申请配置新型大型医用设备,应当提交下列材料:

(1)《卫生部甲类大型医用设备配置审批工作制度(暂行)》规定的申请材料。

(2)医疗器械注册证等相关证明文件。

(3)医疗机构应用资质条件等相关证明文件。

(4)与同类设备性能的分析比较。如为进口设备,还须提供该设备在国外配置和使用的具体情况。

(5)设备报价和维修保养等后续费用情况。如为进口设备,还须提供该设备在国外销售价格的具体情况。

(6)医疗机构对设备的自评估情况。

3. 配置评估 国家卫生健康委员会成立大型医用设备管理专家委员会(以下简称专家委员会),负责对新型大型医用设备进行技术追踪、收集和分析相关信息、提供技术咨询和开展配置评估。专家委员会应该对医疗机构配置新型大型医用设备的基本要求以及是否需要开展配置试用提出初步评估意见。配置评估程序为:①专家委员会进行技术追踪,提出启动评估的建议,或医疗机构申请配置;②专家委员会初步评估并提出意见;③国家卫生健康委员会依据专家委员会初步评估意见和医疗机构申请,遴选医疗机构进行配置试用;④专家委员会评估配置试用情况;⑤国家卫生健康委员会依据专家委员会评估意见作出配置管理规定。新型大型医用设备配置评估内容应当包括但不限于:

(1)先进性:国内外同类设备发展趋势和比较;对相关学科临床、科研以及人才队伍建设的作用。

(2)经济性:购置成本、运行维护成本、同类设备医疗服务收费情况、成本效果/效益分析。

(3)安全性:临床适应证范围、使用风险、应用质量控制措施。如具有辐射性,还应当包括辐射防护措施。

（4）有效性：临床应用意义、诊断设备诊断准确率、治疗设备疗效、国内外同类设备有效性等情况。

（5）医疗机构配置使用资质条件：医疗机构应当具备的临床水平和科研能力、相关科室使用人员组成和条件、医疗机构医疗质量保障和管理制度。

（6）医疗机构配置试用情况。

新型大型医用设备配置评估结束后，国家卫生健康委员会应当对以下方面作出规定：①该设备配置使用的适宜性；②医疗机构配置使用该设备的资质条件；③该设备是否纳入大型医用设备管理品目。

4. 配置试用　对需要开展配置试用的，国家卫生健康委员会遴选医疗机构开展配置试用。单台（套）市场售价在 500 万至 3000 万元之间的新型大型医用设备，经专家委员会评估认定，可以不进行配置试用。单台（套）市场售价在 500 万～3000 万元之间但运行成本高、配套使用材料昂贵，或属于应用技术难度大、临床风险高的新型大型医用设备，必须进行配置试用。单台（套）市场售价在 3000 万元以上的新型大型医用设备，必须进行配置试用。

配置试用期间，发生下列情形之一的，医疗机构应当立即中止临床应用，向当地卫生行政部门报告，并上报国家卫生健康委员会。发生不良事件的，应当同时向所在省、自治区、直辖市医疗器械不良事件监测技术机构报告：①因新型大型医用设备配置使用发生不良事件的；②外部环境和人员、技术等条件发生变化，可能引起严重不良后果的；③申报资料内容与事实严重不符的；④其他应当立即中止临床应用的情况。

新型大型医用设备配置试用期为设备安装调试完成后 1 年。经专家委员会评估认定，有必要延长配置试用期的，可视情况延长，最长不得超过 1 年。开展新型大型医用设备配置试用的医疗机构应当在全国范围内合理布局。单一生产商制造的新型大型医用设备，配置试用数量一般不超过 3 台（套）。多家生产商制造的新型大型医用设备，配置试点数量一般不超过 5 台（套）。

5. 配置试用条件　医疗机构应当具备与新型大型医用设备装备使用相适应的临床诊疗水平、科研能力和专业技术人员，具有卫生行政部门核准登记的相应诊疗科目。医疗机构应当遵守国家法律法规，管理制度健全，具备完善的医疗质量控制和保障体系。医疗机构应当具备完善的配套辅助设施。开展配置试用的公立医疗机构，应当是三级甲等综合医院或专科医院，临床、科研水平在国内领先。社会资本举办医疗机构的相关学科临床诊疗能力应当达到三级甲等医疗机构同等水平。开展配置试用的医疗机构相关使用科室，应当具备完善的专业人才队伍，具有使用新型大型医用设备的相应资质，学科带头人在本学科领域具有较高学术水平。开展配置试用的公立医疗机构相关使用科室，应当是省部级及以上重点专（学）科或实验室，能够代表国内本学科先进水平。同等条件下优先支持社会资本举办医疗机构和购置资金以财政投入、社会捐赠为主的公立医疗机构。

三、使用单位的验收

医疗器械验收，是指临床医学工程部门组织有关医学工程技术人员和临床科室操作人员，对医疗设备进行功能配置和各项技术指标测试的工作。

1. 验收的依据和内容 验收应根据招标文件和合同技术配置单中提供的各项功能(包括软件功能版本)来进行。临床验收是一项技术性很强的工作,参加验收的临床医学工程技术人员需要对要验收的医疗器械功能配置,性能指标,检测技术有必要的了解,使用科室需要掌握该设备在临床能开展的项目和技术要求,才能较好地完成临床验收任务。验收的主要内容包括对医疗设备的功能配置进行验收和技术性能指标检测。

(1)功能配置验收:按厂方提供的测试条件,逐项对测试设备进行测试。如对照出厂的技术指标实际检测,对检测不合格的项目,应要求厂方工程师继续调试,直至合格。

(2)软件功能验收:带有软件的设备应当有原版磁盘或光盘,调试时要同时测试磁盘或光盘,看其是否完好。要逐项进行核对,并进行操作演示检查是否缺少或与合同不相符。设备是否能正常工作,并做好记录,这项工作也可以在设备调试时同时进行。

(3)技术性能指标检测:医疗器械的技术性能指标不同,验收的技术性能指标也不同。大型影像设备的技术性能验收可参照影像设备计量检测标准。对主要性能参数,如分辨率,噪声等进行检测。该项检测难度较高,需要专业模型和检测设备,可邀请当地大型设备检测机构协助完成。

2. 验收基本流程

(1)临床医学工程部门负责人应组织熟悉设备性能的使用人员、临床医生以及医学工程技术人员组成验收小组。若本单位技术力量不足,可邀请外单位的有关专家一起参加。对强制计量设备,应有计量部门参加。通知厂方技术人员在指定时间到厂,共同参加验收。

(2)参加技术验收的人员要详细阅读使用操作说明,了解设备的各项功能,出厂技术性能指标检测条件,确定验收项目,检测方法与步骤,制定切实可行的技术验收方案。

(3)功能配置验收,应根据招标文件和合同技术配置单中提供的各项功能(包括软件功能)逐项进行核对,并进行操作演示。检查是否与合同相符,设备是否能正常工作,并作记录。

(4)技术性能指标检测,应根据招标文件或合同技术配置的各项可测技术性能指标,按照厂方提供的测试条件,测试设备逐项进行测试。如对照出厂的技术指标实际测量对检测结果作出合格与不合格的结论,并做好记录。

(5)检测验收报告应由参加检测的各方共同签字确认。对不合格的检测项目应由生产厂家负责重新调试和更换新部件,直至测试合格。

(6)临床验收合格的时间应为设备保质期的开始。在保质期内,非人为原因,而是由于设备本身设计或部件等方面出现质量问题,造成设备不能正常运行,厂家应给予无偿维修或更换。医疗器械的类型比较多,保质期时间也不同、一般保质期为一年。

(7)临床验收后需制定医疗设备使用操作规程和管理制度,并挂在设备工作室醒目处。操作规程和管理制度包括以下内容:操作使用人员要具备的技术条件;开机的注意事项及程序;对患者安全处所;操作程序;操作记录;设备发生意外时的处理措施;维修保养记录;更换人员的交接手续。

医疗器械说明书、标签和包装标识是反映医疗器械安全有效和主要技术特征等基本信息的载体,用以指导医疗器械的正确安装、调试和使用,直接关系到使用医疗器械的安全有效。医疗器械说明书是由生产企业制作并随产品提供给用户的,能够涵盖该产品安全有效基本信息并用以指导正确安装、调试、操作、使用、维护、保养的技术文件。医疗器械产品使用说明书不同于一般工业产品的说明书,特别是关于适用范围等内容属于医疗器械生产企业向社会消费者的法定承诺,保证使用该医疗器械后的效果能达到预期的安全有效性目的,对使用中有关产品的主要性能、适用范围等有着十分重要的意义。医疗器械标签、包装标识的内容应当与说明书有关内容相符合。

3. 医疗器械使用环境设计与要求　　主要是指安装场地、机房要求、供电、温度、湿度,空气净度和磁场、电场和电磁波的干扰等。在医疗器械安装前,必须做好环境的设计和准备工作。

(1) 温度和湿度,为了保证医疗器械的正常运行和测量准确,器械在使用和存放时对周围环境的温度和湿度都有一定要求,温度过高会造成器械在使用中发热烧坏元器件或测量数据不稳定。温度过低又会使器械内部某些元器件受冻损坏。湿度过大易造成漏电或器械受潮。按照国家标准,医疗器械使用的环境温度要求在 20 ~ 25℃ ,相对湿度 35% ~ 60% ,空气要求无腐蚀性、无毒、清洁、少尘埃。医疗器械工作场所要求周围无磁场和电场的干扰,在同一相电路的支线内不要同时使用高频治疗机和高频电刀等强功率发射源。

(2) 机房场地,应根据厂方提供的要求,结合实际情况做好机房设计与施工准备,要有足够的空间尺寸和高度,便于使用人员操作仪器,还要方便患者就诊;大型仪器设备应事先设计专用机房,应设计运输通道,包括走廊的宽度、高度与转弯角度等。机房的平整度要求、楼板的承重能力(包括地面与吊架顶)要求,无强烈震动。潮湿的地区要有防水防潮的措施,必要时应铺设地板。特种设备的放射线防护、屏蔽、空气净化要求。需设地缆或固定地脚装置的医疗设备,应设计好安装位置图,地缆沟的尺寸、走向或地角螺丝都应当设计好预先施工。

(3) 我国供电规则规定,医院属于"一级负荷用电单位",是不能随意停电的重要部门。条件允许的应由双路电源供电,最好是从高压电网引进独立的变压器供电,以确保供电的安全可靠和连续。对用电量大的仪器设备,如 X 线机、CT、MRI 机等最好配用专门的变压器,对直接接触患者的诊断治疗设备应考虑安装漏电自动保护装置。若线路电压波动较大,波形畸变严重或线路中有各种高频、尖峰波等干扰,这些都能使仪器的诊断、治疗出现错误甚至损坏仪器,所以上述情况都要配置专用稳压器或配用不间断电源稳压器(UPS)。

(4) 在医用设备的安装使用中,地线是一项非常重要的措施。医学仪器设备的接地装置除按照要求搞好接地系统外,每个使用仪器的房间都要有固定的接地端子,不能用暖气管或自来水管充当仪器的接地端子。大型设备要按照要求使用专用地线。

(5) 如果医疗器械要求与其他设备联网或数据远程传输,如 PACS 系统、US 系统、HIS 系统等,应事先布置网络线路,接口数量及其位置与传输速率等。

(6) 医疗器械(有源设备)一般会产生电磁场干扰,从而干扰邻近设备或受其他设备干扰。为此,安装设备前选择位置时,应考虑设备技术要求中电磁兼容性参数,保证与相邻设备的最小距离大于规定要求。

(7) 对于有水、气源等要求的医疗器械,在安装之前,应要求厂方提供相关的技术参数,用户应认真做好准备,并考虑起流量、接口、安全性等因素。

4. 商务条款的验收　是医疗器械到货后的第一个环节,负责验收工作的人员必须具备高度的责任心,熟悉医疗器械专业,了解验收工作流程,使验收工作准确无误,买卖双方有权参与有关验收试验,卖方应向买方的验收代表提交试验数据和报告。

商务条款是指在医疗器械购买过程中,双方就医疗器械的名称、型号、数量、单价、安装和调试、售后服务、付款条件、包装运输、到货时间等方面内容以合同方式规定的条款,这些条款具有法律效力,是医疗器械验收工作的主要依据。商务条款包含的内容有:设备品名、规格、型号、数量;技术服务及培训,安装、调试和维修所需的工具、指令、软件等;操作和维护手册;安装、启动、运行、维护和修理;对买方人员进行培训;要求的备件清单;质保期及质保期内提供零件和技术服务;卖方应在合同规定的安装调试期内完成的时间;售后服务有效响应的时间;付款条件的和包装、运输方式等。

(1) 验收资料的准备主要是与器械有关的文字材料,如合同、运输提单、合同备忘录、使用说明书、验收单等有关文件资料。进口器械的外文资料应当提前进行翻译,这些资料是验收工作的技术依据,应当提前熟悉,做好充分的准备。

(2) 验收工作开始前要通知单位领导及医疗器械主管部门管理人员、使用人员、维修人员做好验收准备,组织以上人员熟悉合同及有关配件附件情况,详细阅读使用说明书。

(3) 根据要验收器械的要求,准备足够的堆放场地,同时做好防雨、防风、防火准备。大型医疗设备开箱后不能马上完成安装工作时,必须考虑堆放场地的安全性,安排专门人员负责安全工作。

(4) 验收工具是指开箱时运用搬运、开箱的设备和用具。大型医疗仪器的搬运应当准备吊车和液压搬运车和运输通道等事项。对于可能用到的特种工具,也应当提前准备好,有必要时可以要求厂方提供相关的工具清单。

(5) 进口仪器设备应与当地商检部门联系,在商检机构规定的地点和期限内,向商检机构报验。商检机构应当在对外贸易合同约定的索赔期限内检验完毕,并出具证明。做好各种资料准备,配合商检人员进行检验。

5. 到货现场验收　是指对大型仪器设备在货到口岸(港口、机场、车站)后,需要派人在现场查验和接转时的验收方法。

(1) 核对合同:验收时要根据合同核对唛头、标志、收货单位、品名、箱号等有关的外包装标记。

(2) 查看外包装:查看外包装有无油污、水渍、破损等。

(3) 做好记录:如有以上情况发生,必须做好记录,保留现场,及时与有关部门和单位联系。

(4) 做好口岸货物缺损记录:进口仪器在口岸换装或卸货过程中发现短少或残缺,要向运输部门和理货部门作出商务记录,拍照并取得承运人的签字。

6. 收货单位现场验收

(1) 开箱,先检查合同与运单上的箱数、商标是否相符。开箱时箱体要立正,注意不要猛力敲击,防止震坏部件。开箱后检查内包装是否有破损,如有残损,要及时拍照,检查包装是否符合仪器的质量要求。

(2) 清点,数量验收应当以合同、装箱单、合同明细清单为依据逐项核对并做记录。核对时不仅要核对数量,还要逐项核对品名、型号、编号是否相符,如出现数量或实物与单据编号不符,应当做好记录并保留好原包装便于厂方联系补发货索赔。仪器包装箱内应有下列文件:制造商的技术说明书及鉴定证书、检验合格证(合格证有的标志:制造厂名称、产品名称和型号、检验日期、检验员代号)、维修线路图纸(或单独订购)。

(3) 查验外形,开箱清点数量后,要对主机及附件进行外形检查、外壳铭牌应当标明制造商名称、产品名称、型号、使用电源电压、频率、额定功率、产品出厂编号、出厂日期、标准号等。要查着仪器外形是否完整,有无变形、磨损、锈蚀,仪器面板各开关是否完好,固定螺丝是否松动。

(4) 检查机内组件,要打开外壳进行检查,看线路板是否新颖,机器编号、出厂日期与合同规定是否符合,有无漏装插件,有无翻新的情况。

(5) 重点检查精密易碎部件,对于精密、易碎部件如仪表、监视器、镜头、球管等,要仔细检查有无裂痕、擦伤、霉斑、漏油、漏气、破碎等情况。

(6) 验收过程中的信息保存,建立验收记录和验收报表,验收记录及验收报表要完整。内容包括双方共同检验的项目、检验计划表、检验通知书、现场检验记录、检验会签等。所有与合同要求不符的情况都应当做好记录并拍照或录像以备索赔。

四、使用单位的贮存

现行《条例》第三十三条规定:"运输、贮存医疗器械,应当符合医疗器械说明书和标签标示的要求;对温度、湿度等环境条件有特殊要求的,应当采取相应措施,保证医疗器械的安全、有效。"第三十四条规定:"医疗器械使用单位应当有与在用医疗器械品种、数量相适应的贮存场所和条件。医疗器械使用单位应当加强对工作人员的技术培训,按照产品说明书、技术操作规范等要求使用医疗器械。"

医疗器械使用单位贮存医疗器械的场所、设施及条件应当与医疗器械品种、数量相适应,符合产品说明书、标签标示的要求及使用安全、有效的需要;对温度、湿度等环境条件有特殊要求的,还应当监测和记录贮存区域的温度、湿度等数据。医疗器械使用单位应当按照贮存条件、医疗器械有效期限等要求对贮存的医疗器械进行定期检查并记录。

医疗机构应当建立医疗器械采购论证、技术评估和采购管理制度,确保采购的医疗器械符合临床需求。医疗机构应当建立医疗器械供方资质审核及评价制度,按照相关法律、法规的规定审验生产企业和经营企业的《医疗器械生产许可证》《医疗器械注册证》《医疗器械经营许可证》及产品合格证明等资质。纳入大型医用设备管理品目的大型医用设备,应当有卫生行政部门颁发的配置许可证。

医疗机构应当有专门部门负责医疗器械采购,医疗器械采购应当遵循国家相关管理规定执行,确保医疗器械采购规范、入口统一、渠道合法、手续齐全。医疗机构应当按照院务公开等有关规定,将医疗器械采购情况及时做好对内公开。

医疗器械的安装,应当由生产厂家或者其授权的具备相关服务资质的单位或者由医疗机构医疗器械保障部门实施。特种设备的安装、存储和转运应当按照相关规定执行,医疗机构应当保存相关记录。医疗机构应当建立医疗器械验收制度,验收合格后方可应用于临床。医疗器械验收应当由医疗机构医疗器械保障部门或者其委托的具备相应资质的第三方机构组织实施并与相关的临床科室共同评估临床验收试用的结果。

第三节　医疗器械使用维护与转让

一、在用医疗器械的维护维修

（一）在用医疗器械使用管理

《使用管理办法》第十三条规定："医疗器械使用单位应当建立医疗器械使用前质量检查制度。在使用医疗器械前,应当按照产品说明书的有关要求进行检查。使用无菌医疗器械前,应当检查直接接触医疗器械的包装及其有效期限。包装破损、标示不清、超过有效期限或者可能影响使用安全、有效的,不得使用。"另外,医疗器械使用单位应当按照产品说明书等要求使用医疗器械。一次性使用的医疗器械不得重复使用,对使用过的应当按照国家有关规定销毁并记录。医疗器械使用单位对植入和介入类医疗器械应当建立使用记录,植入性医疗器械使用记录永久保存,相关资料应当纳入信息化管理系统,确保信息可追溯。医疗器械使用单位发现使用的医疗器械存在安全隐患的,应当立即停止使用,通知检修;经检修仍不能达到使用安全标准的,不得继续使用,并按照有关规定处置。

（二）在用医疗器械维修管理

医疗设备的维修管理是医疗设备全生命周期管理的重要环节,它不仅是保证设备完好率的关键,而且与医疗器械是否能得到有效、安全、准确和可靠的应用息息相关,是医疗质量与医疗安全的重要组成部分。医疗设备的维修管理是医疗设备管理不可分割的重要组成部分,加强和提高医疗设备维修管理水平,对于提高医疗设备的使用科学化、规范医疗设备维修管理制度和工作流程、降低医疗设备维修成本具有重要的意义。

《使用管理办法》第十五条规定："医疗器械使用单位应当建立医疗器械维护维修管理制度。对需要定期检查、检验、校准、保养、维护的医疗器械,应当按照产品说明书的要求进行检查、检验、校准、保养、维护并记录,及时进行分析、评估,确保医疗器械处于良好状态。对使用期限长的大型医疗器械,应当逐台建立使用档案,记录其使用、维护等情况。记录保存期限不得少于医疗器械规定使用期限届满后 5 年或者使用终止后 5 年。"

1. **资料管理**　大型医疗设备应由专门部门统一建立档案,档案工作要贯穿管理的全过程,办好各种资料的收集、整理、立卷、归档工作,避免资料的遗漏和丢失。仪器设备报废后,应将全部档案转入技术档案室,按规定年限保存。凡单价在 5 万元以上的仪器设备必须建立技术档案。相关资料包括设备筹购、仪器设备、使用管理等方面的资料。其中,设备筹购资料包括申购论证材料、订货卡片、订货征询单、合同、运单、发票复印件及保险、商检、许可证、免税单、验收、安装调试、索赔资料及往来信函等。仪器设备资料包括产品样本、使用手册、维修手册、线路图及其他有关原始资料。使用管理资料包括维修保养制度、操作规程、使用维修记录、应用质量检测记录、计量检测记录停机故障记录、检查评比记录、调剂报废记录。

2. 报修管理　为了加强医疗设备的维修管理,对医疗设备使用部门的职责和权限进行规范管理。医疗设备发生故障后,使用科室应当立即停止使用,在第一时间内通知医院临床医学工程部门进行维修或处理,并要求认真填写维修申请单,准确地描述故障设备名称、型号、故障现象等。临床医学工程技术人员在收到报修通知后,应当立即到达故障现场,仔细询问使用过程中可能出现的各种故障因素,对故障原因作出科学评估,并拟定初步的维修方案。医院医疗器械对外联系维修事宜,须有临床医学工程部门负责联系和监督,其他部门或医疗器械使用部门无权干涉。

3. 分析评估　完善医疗器械维修质量的管理与评估,已经逐渐被纳入了临床医学工程部门的管理日程,可从如下几个方面加强管理:①制定科学合理的医疗器械维修质量管理规范或制度;②按照专业分工的不同,实行逐级管理的方式,对医疗器械维修质量进行监督和评估。临床医学工程技术人员每维修完一台仪器设备,需得到上级工程师的认可和评估,上级工程师的维修质量受技术主任的认可和评估;③对于需要外修的设备,分配的临床医学工程技术人员需全程陪同监督仪器设备的维修过程和维修质量;④具有计量要求的仪器设备,需请国家相关质量监督管理部门协助;⑤医疗器械维修质量的评估除了对临床医学工程技术人员的技术工作进行规范化管理外,还需要配备专业的检测仪器设备或工具对各项参数进行检查,以便对维修质量进行有效地评估。

（三）医疗器械的维修模式

医疗器械使用单位可以按照合同的约定要求医疗器械生产经营企业提供医疗器械维护维修服务,也可以委托有条件和能力的维修服务机构进行医疗器械维护维修,或者自行对在用医疗器械进行维护维修。医疗器械使用单位委托维修服务机构或者自行对在用医疗器械进行维护维修的,医疗器械生产经营企业应当按照合同的约定提供维护手册、维修手册、软件备份、故障代码表、备件清单、零部件、维修密码等维护维修必需的材料和信息。

由医疗器械生产经营企业或者维修服务机构对医疗器械进行维护维修的,应当在合同中约定明确的质量要求、维修要求等相关事项,医疗器械使用单位应当在每次维护维修后索取并保存相关记录;医疗器械使用单位自行对医疗器械进行维护维修的,应当加强对从事医疗器械维护维修的技术人员的培训考核,并建立培训档案。

新形势下,医疗设备的维修管理核心目标是以经济、省钱的维修模式来确保在用医疗器械的安全性、有效性,充分发挥其效能并获取良好的社会效益。这就要求医院临床医学工程部门以全新的工作方法和模式进行医疗设备的管理和维修。目前国内医院针对医疗设备的维修模式有多种类型,主要包括生产厂商授权的维修代理商服务、医院自身力量维修服务、社会化第三方维修服务三种。

1. 生产厂商授权的维修代理商服务　生产厂商与授权的维修代理商虽然是两个相对独立的机构,但是他们所提供的维修服务实际上是一个整体,对售后服务的基本内容如价格、保质期、响应时间、服务等级等都是遵照生产厂商的服务标准进行,所以授权的维修代理商实际上是生产厂商的一个延伸。事实上,国内的某些外资企业授权的维修代理商的技术服务工程师是接受生产厂商和授权代理商双重管理的,尤其是技术培训方面和原厂的工程师基本相同。因此这两种机构的服务在质量上有可靠的保证,在响应时间上有严格的规定,服务质量比较高,但价格不菲,无论是买保修或保外维修,都是最贵的维修方式。

2. 医院自身力量维修服务 医院依靠自身力量进行医疗设备的维修管理,其维修模式的取向很大程度上依赖维修策略的定位。理论上,在医院设备维修工作中主要采用事后维修、预防性维修两种维修策略。对于它们的侧重和运用,决定了医院设备维修管理的模式。虽然在医疗设备技术高速发展和有各种局限的情况下,靠医院自身力量维修受到一定的限制,但医院临床医学工程部门也应当配备一定数量具有生物医学工程专业(医疗器械、临床医学工程等专业)背景,并经过专业培训的临床医学工程技术人员,以便医疗设备维修管理工作中进行监督和行政管理。

3. 社会化第三方维修服务 随有医疗设备的研发周期缩短、新老交替加快,导致了它们的维护费用增高,医疗卫生监督管理部门对医疗器械安全使用管理的要求以及自身服务需求以及自身服务需求的提高,医院又多了另一类医疗设备维修模式的选择——社会化第三方维修服务。早在 20 世纪 90 年代初就有工矿企业采用了这种方式。国际上,医疗器械行业早已开展了社会化第三方服务模式,而国内才刚刚起步。对于医疗器械服务,维修只是服务的一种,服务还包含了检测、保养、租赁、培训等诸多内容。同时,第三方维修机构也为医院购置医疗设备提供售前的参数咨询与评估、购置选型对比分析、已购买设备的保养质控、维修支持、零配件供应等多项内容。

目前,医疗器械维修模式的决策原则决定了选择任何一种维修模式都无法适应现代化医院管理的要求,只有将医院、生产厂家或授权商、社会第三方三者的技术力量有机融合才是最佳方式。随着各级医院中医疗设备拥有量的快速增长,设备维修支出也在相应的增加。一个三级甲等医院每年的维修支出达几百万元到数千万元人民币。如何加强医疗设备维修管理工作的规范化,既做到维修及时有效,又能为医院节省维修支出,已成为医院领导和临床医学工程部门越来越重视的工作。实践证明,建立和实施规范、有序、高效的维修程序既可以有效地控制医院医疗设备的维修成本,提高设备的使用率、完好率,也可以有效地维护医院自身权益和提高医院医疗设维修整体的管理水平。

二、在用医疗器械的转让捐赠

(一) 在用医疗器械的转让

现行《条例》第四十一条规定:"医疗器械使用单位之间转让在用医疗器械,转让方应当确保所转让的医疗器械安全、有效,不得转让过期、失效、淘汰以及检验不合格的医疗器械。"《使用管理办法》第二十条规定:"医疗器械使用单位之间转让在用医疗器械,转让方应当确保所转让的医疗器械安全、有效,并提供产品合法证明文件。"

转让双方应当签订协议,移交产品说明书、使用和维修记录档案复印件等资料,并经有资质的检验机构检验合格后方可转让。受让方应当参照《使用管理办法》第八条关于进货查验的规定进行查验,符合要求后方可使用。不得转让未依法注册或者备案、无合格证明文件或者检验不合格,以及过期、失效、淘汰的医疗器械。

(二) 医疗器械捐赠管理

《使用管理办法》第二十一条规定:"医疗器械使用单位接受医疗器械生产经营企业或者其他机构、个人捐赠医疗器械的,捐赠方应当提供医疗器械的相关合法证明文件,受赠方应当参照本法第八条关于进货查验的规定进行查验,符合要求后方可使用。不得捐赠未依法注册或者备案、无合格证明文件或者检验不合格,以及过期、失效、淘汰的医疗器械。医疗器械使用单位之间捐赠在用医疗器械的,参照本法第二十条关于转让在用医疗器械的规定办理。"

第四节　法律责任

一、使用非法医疗器械的法律责任

这里所谓的"非法医疗器械",包括以下多种情形:不符合强制性标准的医疗器械;不符合经注册或者备案的产品技术要求的医疗器械;无合格证明文件、过期、失效、淘汰的医疗器械;未依法注册的医疗器械等等。《使用管理办法》第二十七条规定:"医疗器械使用单位有下列情形之一的,由县级以上食品药品监督管理部门按照《医疗器械监督管理条例》第六十六条的规定予以处罚:①使用不符合强制性标准或者不符合经注册或者备案的产品技术要求的医疗器械的;②使用无合格证明文件、过期、失效、淘汰的医疗器械,或者使用未依法注册的医疗器械的。"

(一)　使用不符合强制性标准或者产品技术要求的医疗器械的

现行《条例》在第六十六条第一项对此违法情形予以立法打击。这些违法行为具体的违法表现有:①明知医疗器械不符合强制性国家标准,使用单位仍然使用的;②明知医疗器械不符合强制性行业标准,使用单位仍然使用的;③明知第一类医疗器械不符合备案核定的产品技术要求,使用单位仍然使用的;④明知第二类医疗器械不符合经注册的产品技术要求,使用单位仍然使用的;⑤明知第三类医疗器械不符合经注册的产品技术要求,使用单位仍然使用的。

对于此类违法情形,县级以上药品监督管理部门首先应予责令改正,并没收违法使用的不符合强制性标准或者不符合产品技术要求的医疗器械。其次,根据涉案医疗器械货值金额大小决定罚款额度:违法使用的医疗器械货值金额不足 1 万元的,处 2 万元以上 5 万元以下的罚款;货值金额 1 万元以上的,处货值金额 5 倍以上 10 倍以下的罚款。

(二)　使用无合格证明文件、过期、失效、淘汰、未注册的医疗器械的

对此违法情形,现行《条例》第六十六条第一款第三项也予以立法制裁。这种违法情形下的非法医疗器械产品,包括了无合格证明文件、过期、失效、淘汰的医疗器械,或者未依法注册的医疗器械。现行《条例》第四十条规定:"医疗器械经营企业、使用单位不得经营、使用未依法注册、无合格证明文件以及过期、失效、淘汰的医疗器械。"无合格证明文件,是指没有可证明产品质量、安全有效性的文件,如出厂合格证明等。过期医疗器械,是指使用期超过产品说明书或包装、标签上标示的有效期的医疗器械。失效医疗器械,是指不符合强制性标准以及经注册或备案的产品技术要求的,不能保证其使用的安全性和有效性的医疗器械。淘汰的医疗器械,是指国家政策和法令明确禁止生产的医疗器械。因此,经营无合格证明文件、过期、失效、淘汰的医疗器械,或者使用无合格证明文件、过期、失效、淘汰、未依法注册的医疗器械等行为,都属于违法行为。

对于以上违法行为,县级以上药品监督管理部门可以采取以下处罚措施:首先,责令其立即停止继续经营或使用非法医疗器械,并没收违法经营或者使用的医疗器械。其次,根据涉案医疗器械货

值金额大小决定罚款额度:一是违法经营或者使用的医疗器械货值金额不足1万元的,并处2万元以上5万元以下的罚款;二是违法经营或者使用的医疗器械货值金额1万元以上的,并处货值金额5倍以上10倍以下的罚款。最后,对于违法经营非法医疗器械情节严重的医疗器械经营企业,责令停产停业,并由原发证部门吊销医疗器械经营许可证。

值得注意的是,现行《条例》在第六十六条第二款规定:"医疗器械经营企业、使用单位履行了本条例规定的进货查验等义务,有充分证据证明其不知道所经营、使用的医疗器械为前款第一项、第三项规定情形的医疗器械,并能如实说明其进货来源的,可以免予处罚,但应当依法没收其经营、使用的不符合法定要求的医疗器械。"这对医疗器械使用单位无疑是个有利的修改内容,但仍然需要注意履行自己的法律义务。

二、非法贮存和转让医疗器械的法律责任

《使用管理办法》第二十八条规定:"医疗器械使用单位有下列情形之一的,由县级以上食品药品监督管理部门按照《医疗器械监督管理条例》第六十七条的规定予以处罚:①未按照医疗器械产品说明书和标签标示要求贮存医疗器械的;②转让或者捐赠过期、失效、淘汰、检验不合格的在用医疗器械的。"

(一) 未按照医疗器械说明书和标签标示要求运输、贮存

医疗器械的运输与贮存,是医疗器械经营环节的正常活动。对于运输和贮存,一些医疗器械有自身的特殊要求,这些特殊要求均应按照现行《条例》第二十七的规定,在医疗器械说明书和标签中予以明确标示。同时,现行《条例》第三十三条规定:"运输、贮存医疗器械,应当符合医疗器械说明书和标签标示的要求;对温度、湿度等环境条件有特殊要求的,应当采取相应措施,保证医疗器械的安全、有效。"履行这些规定,能够确保医疗器械的安全有效性在运输和贮存时不因地点和环境的改变而改变,对于加强医疗器械在经营环节中的质量监督有着重要意义。

对此种违法情形,由县级以上药品监管部门责令改正,督促医疗器械经营企业按照要求提高运输条件,改善贮存环境。同时,对其处以1万元以上3万元以下的罚款。

(二) 转让过期、失效、淘汰或者检验不合格的在用医疗器械的

现行《条例》首次在第四十一条对医疗器械使用单位之间在用医疗器械的转让进行了规定。第四十一条规定:"医疗器械使用单位之间转让在用医疗器械,转让方应当确保所转让的医疗器械安全、有效,不得转让过期、失效、淘汰以及检验不合格的医疗器械。"如果医疗器械使用单位转让过期、失效、淘汰或者检验不合格的在用医疗器械,则构成了《条例》第六十七条规定的违法行为。本条规定的"在用医疗器械",是指医疗机构正在使用的医疗器械。"转让"也是特指医疗机构、计划生育技术服务机构等使用单位之间的转让。

对于医疗器械使用单位实施的违法情形,由县级以上药品监督管理部门责令改正,督促医疗器械使用单位转让合法有效的医疗器械。同时,要对其处以1万元以上、3万元以下的罚款。这里要注意的是,医疗器械使用单位转让过期、失效、淘汰或者检验不合格的在用医疗器械即使存在情节严重的情形,由于行政职权的限制,药品监督管理部门也不能对其责令停产停业。

三、非法配置和使用大型医用设备的法律责任

对于未经许可擅自配置使用大型医用设备的,应当依据现行《条例》第六十三条第三款的规定,由县级以上人民政府卫生健康主管部门责令停止使用,给予警告,没收违法所得;违法所得不足 1 万元的,并处 1 万元以上 5 万元以下罚款;违法所得 1 万元以上的,并处违法所得 5 倍以上 10 倍以下罚款;情节严重的,5 年内不受理相关责任人及单位提出的大型医用设备配置许可申请。

对于提供虚假资料或者采取其他欺骗手段取得大型医用设备配置许可证的,应当依据现行《条例》第六十四条第一款的规定,由原发证部门撤销已经取得的许可证件,并处 5 万元以上 10 万元以下罚款,5 年内不受理相关责任人及单位提出的医疗器械许可申请。

配置大型医用设备的医疗器械使用单位,必须合法合理使用设备。现行《条例》第五十六条第二款规定:"卫生计生主管部门应当对大型医用设备的使用状况进行监督和评估;发现违规使用以及与大型医用设备相关的过度检查、过度治疗等情形的,应当立即纠正,依法予以处理。"

四、医疗器械使用单位的其他法律责任

现行《条例》在第三十九条规定了医疗器械使用环节中药品监督管理部门和卫生健康主管部门分别对医疗器械质量和医疗器械使用行为进行监督管理,该条实质是对在用医疗器械监督管理权力的分配规定。同时,第六十八条对药品监督管理部门和卫生健康主管部门可以处罚的违法情形进行了列举。这些违法情形在处罚时,需要首先区分这些违法表现是使用行为方面的还是使用质量方面的违法情形,然后才能确定可以进行处罚的管理部门。

(一) 药品监督管理部门的处罚职权

1. 使用质量方面的违法行为处罚　《使用管理办法》第二十九条规定:"医疗器械使用单位有下列情形之一的,由县级以上食品药品监督管理部门按照《医疗器械监督管理条例》第六十八条的规定予以处罚:

(1) 未建立并执行医疗器械进货查验制度,未查验供货者的资质,或者未真实、完整、准确地记录进货查验情况的。

(2) 未按照产品说明书的要求进行定期检查、检验、校准、保养、维护并记录的。

(3) 发现使用的医疗器械存在安全隐患未立即停止使用、通知检修,或者继续使用经检修仍不能达到使用安全标准的医疗器械的。

(4) 未妥善保存购入第三类医疗器械的原始资料的。

(5) 未按规定建立和保存植入和介入类医疗器械使用记录的。"

对以上违法情形,按照现行《条例》第六十八条规定,可由县级以上人民政府药品监督管理部门责令改正,给予警告;拒不改正的,处 5000 元以上 2 万元以下罚款。

2. 其他违法行为处罚　《使用管理办法》第三十条规定:"医疗器械使用单位有下列情形之一的,由县级以上食品药品监督管理部门责令限期改正,给予警告;拒不改正的,处 1 万元以下罚款:

(1) 未按规定配备与其规模相适应的医疗器械质量管理机构或者质量管理人员,或者未按规

定建立覆盖质量管理全过程的使用质量管理制度的。

（2）未按规定由指定的部门或者人员统一采购医疗器械的。

（3）购进、使用未备案的第一类医疗器械，或者从未备案的经营企业购进第二类医疗器械的。

（4）贮存医疗器械的场所、设施及条件与医疗器械品种、数量不相适应的，或者未按照贮存条件、医疗器械有效期限等要求对贮存的医疗器械进行定期检查并记录的。

（5）未按规定建立、执行医疗器械使用前质量检查制度的。

（6）未按规定索取、保存医疗器械维护维修相关记录的。

（7）未按规定对本单位从事医疗器械维护维修的相关技术人员进行培训考核、建立培训档案的。

（8）未按规定对其医疗器械质量管理工作进行自查、形成自查报告的。"

3. 维护维修违法行为处罚　医疗器械生产经营企业违反《使用管理办法》第十七条规定，未按要求提供维护维修服务，或者未按要求提供维护维修所必需的材料和信息的，由县级以上药品监督管理部门给予警告，责令限期改正；情节严重或者拒不改正的，处 5000 元以上 2 万元以下罚款。另外，医疗器械使用单位、生产经营企业和维修服务机构等不配合药品监督管理部门的监督检查，或者拒绝、隐瞒、不如实提供有关情况和资料的，由县级以上药品监督管理部门责令改正，给予警告，可以并处 2 万元以下罚款。

（二）卫生健康主管部门的处罚职权

针对在用医疗器械使用的违法行为，卫生健康主管部门可以处罚的违法情形有：①对重复使用的医疗器械，医疗器械使用单位未按照消毒和管理的规定进行处理的；②医疗器械使用单位重复使用一次性使用的医疗器械，或者未按照规定销毁使用过的一次性使用的医疗器械的。

对以上违法情形，按照现行《条例》第六十八条规定，由县级以上卫生健康主管部门依据各自职责责令改正，给予警告；拒不改正的，处 5000 元以上 2 万元以下罚款；情节严重的，责令停产停业。

目标检测

一、单选题

1. 下列机构，不属于现行《条例》定义的医疗器械使用单位的是（　　）。

    A. 医疗机构　　　　　　　　　　B. 计划生育技术服务机构

    C. 美容院　　　　　　　　　　　D. 康复辅助器具适配机构

2. 2018 年国家机构改革后，根据相关规定，能对使用环节的医疗器械质量进行监督管理的部门是（　　）。

    A. 市场监督管理部门　　　　　　B. 药品监督管理部门

    C. 卫生健康主管部门　　　　　　D. 出入境检验检疫部门

3. 根据现行《条例》第三十八条规定，发现使用的医疗器械存在安全隐患的，医疗器械使用单位应当立即（　　），并通知生产企业或者其他负责产品质量的机构进行检修；经检修仍不能达到使用安全标准的医疗器械，（　　）继续使用。

A. 停止使用;可以　　　　　　　　B. 停止使用;不得

C. 终止使用;可以　　　　　　　　D. 终止使用;不得

4. 2018 年国家机构改革后,根据相关规定,能对使用环节的医疗器械使用行为进行监督管理的部门是(　　　)。

A. 市场监督管理部门　　　　　　B. 药品监督管理部门

C. 卫生健康主管部门　　　　　　D. 出入境检验检疫部门

5. 运输、贮存医疗器械,应当符合医疗器械(　　　)标示的要求;对温度、湿度等环境条件有特殊要求的,应当采取相应措施,保证医疗器械的安全、有效。

A. 说明书和包装　　　　　　　　B. 说明书和产品技术要求

C. 产品技术要求和标签　　　　　D. 说明书和标签

6. 医疗器械使用单位对重复使用的医疗器械,应当按照(　　　)制定的消毒和管理的规定进行处理。

A. 国务院检验检疫部门　　　　　B. 国家卫生健康主管部门

C. 国务院认证认可管理部门　　　D. 国家药品监督管理部门

7. 对使用期限长的大型医疗器械,应当逐台建立使用档案,记录其使用、维护、转让、实际使用时间等事项。记录保存期限不得少于医疗器械规定使用期限终止后(　　　)。

A. 3 年　　　　　B. 5 年　　　　　C. 8 年　　　　　D. 10 年

8. 医疗器械使用单位对需要定期检查、检验、校准、保养、维护的医疗器械,应当按照(　　　)的要求进行检查、检验、校准、保养、维护并予以记录,及时进行分析、评估,确保医疗器械处于良好状态,保障使用质量。

A. 产品技术要求　　B. 产品标准　　　C. 产品说明书　　D. 产品标签

9. 医疗器械使用单位应当妥善保存购入(　　　)医疗器械的原始资料,并确保信息具有可追溯性。

A. 第一类　　　　　B. 第二类　　　　C. 第三类　　　　D. 大型医疗设备

10. 医疗器械使用单位之间转让在用医疗器械,(　　　)应当确保所转让的医疗器械安全、有效,不得转让过期、失效、淘汰以及检验不合格的医疗器械。

A. 转让方　　　　　B. 受让方　　　　C. 运输方　　　　D. 管理人

二、多选题

1. 现行《条例》第三十二条规定,医疗器械(　　　)购进医疗器械,应当查验供货者的资质和医疗器械的合格证明文件,建立进货查验记录制度。

A. 生产企业　　　B. 经营企业　　　C. 使用单位　　　D. 消费者

2. 医疗器械使用在购进医疗器械时,需要记录的事项有(　　　)。

A. 医疗器械的名称、型号　　　　B. 医疗器械的生产批号、有效期

C. 供货者的名称、地址及联系方式　D. 医疗器械的规格、数量

3. 根据现行《条例》第四十条规定,医疗器械经营企业、使用单位不得经营、使用(　　)的医疗器械。

    A. 未依法注册　　　　　　　　　B. 无合格证明文件

    C. 过期、失效　　　　　　　　　D. 淘汰

4. 医疗机构使用不符合强制性标准或者不符合经注册或者备案的产品技术要求的医疗器械的,可由县级以上人民政府药品监督管理部门(　　)。

    A. 责令改正

    B. 没收违法生产、经营或者使用的医疗器械

    C. 货值金额 1 万元以上的,并处货值金额 5 倍以上 10 倍以下罚款

    D. 违法生产、经营或者使用的医疗器械货值金额不足 1 万元的,并处 2 万元以上 5 万元以下罚款

5. 医疗机构转让过期、失效、淘汰或者检验不合格的在用医疗器械的,由县级以上人民政府药品监督管理部门(　　)。

    A. 责令改正　　　　　　　　　　B. 处 1 万元以上 3 万元以下罚款

    C. 吊销医疗机构执业证　　　　　D. 警告

三、简答题

1. 医疗器械部门的工作职能有哪些?

2. 临床医学工程技术人员在现代化医院承担工作,应具备哪些职责?

3. 临床医学工程技术人员还应具备哪些基本素质,充分发挥自身的作用。

4. 医疗器械使用管理未来的发展趋势及方向。

ER-07章习题

第八章

医疗器械不良事件监测与再评价

导学情景 V ···

情景描述：

根据原国家食品药品监督管理总局发布的《2017年度国家医疗器械不良事件监测年度报告》，2017年，全国上报的医疗器械不良事件报告中，报告数量排名前十位的无源医疗器械分别为一次性使用输液器、一次性使用无菌注射器、静脉留置针、宫内节育器、导尿包、角膜接触镜、玻璃体温计、导尿管、医用输液贴和一次性使用心电电极，占总报告数的35.89%。2017年，全国上报的医疗器械不良事件报告中，报告数量排名前十位的有源医疗器械分别为病人监护仪、输液泵和注射泵、心电图机、电子血压计、血液透析机、呼吸机、生化分析仪、特定电磁波治疗机、婴儿培养箱、血糖仪，占总报告数的9.78%。

学前导语：

请问：1. 为何要开展医疗器械不良事件监测工作？

2. 发生医疗器械不良事件后，各相关方应如何应对？

第一节　概述

一、医疗器械不良事件

（一）定义

医疗器械不良事件，是指获准注册或已备案、质量合格的医疗器械，在正常使用情况下发生的，导致或可能导致人体伤害的各种有害事件。医疗器械不良事件监测，是指对医疗器械不良事件的发现、报告、评价和控制的过程。

（二）产生不良事件的原因

引发医疗器械不良事件的原因众多，涉及面广。其原因大致可归为以下六点：

1. 医疗器械上市前研究的局限性　医疗器械在上市前都必须做一系列的安全性评价，包括物理评价、化学评价、生物学评价和临床评价。但临床评价存在时间短、例数少、对象窄、针对性强、设计与应用容易脱节、应用定位不准确、长期效应不可知、适用人群选择偏倚等问题，许多不良事件在试验阶段无法全部发现。

2. 产品的固有风险　①设计因素。设计缺陷导致的不良事件约占全部不良事件的14%。医疗器械在研发过程中不同程度地存在目的单纯、考虑单一、设计与临床实际不匹配、应用定位模糊等问题,造成难以回避的设计缺陷;②材料因素。医疗器械部分材料的选择源自于工业,经常不可避免地要面临生物相容性、放射性、微生物污染,化学物质残留,降解等实际问题;③临床应用因素。不良事件的发生和手术操作过程、与其他医疗器械协同、应用人群特性、医师对新医疗器械的熟练程度等因素密切相关。

3. 医疗器械安装或投入临床后性能退化、发生故障或损坏　医疗器械发生故障或损坏,不能按照预期的意愿达到所期望的目的。如:心脏瓣膜置换术后发生碟片脱落;整形外科的一些软组织充填物使用后沿重力方向移位或受肌肉活动挤压移位导致外观畸形等。

4. 与产品使用说明书相关的因素　企业在产品注册时由食品药品监督管理部门批准的使用说明书是医疗器械产品的重要组成部分。由于使用说明书中存在的错误、缺陷,或者是使用者未按照说明书的要求使用等原因导致的医疗器械不良事件往往危害大且波及面广,约占不良事件总数的60% ~70% 。

5. 医疗器械管理不善　一些医疗器械使用单位没有医疗设备质控程序或有程序不执行。不仅引进设备时缺乏测试,没有风险评估,使用后很少进行预防性维修和定期巡检。

6. 偶然因素　雷电、电击、事故停电等外来因素,都可能导致医疗器械对病人的伤害,引起不良事件的发生。

(三) 监管依据

任何医疗器械都不是零风险或者绝对安全的。医疗器械被批准上市,只说明根据上市前评价研究结果,其已知风险和已知效益相比是一个风险可接受的产品,相对于整个产品的生命周期和使用范围来说,这仅是产品风险评价的阶段性结论。鉴于医疗器械的风险存在于产品的整个生命周期,为全面促进和保障公众用械的安全有效,必须将风险的监控和管理贯穿于产品上市前和上市后的全过程。而实施医疗器械不良事件监测和再评价,既是产品上市后管理的重要内容之一,也是医疗器械上市前审批的重要补充。

现行《条例》第四十六条规定:"国家建立医疗器械不良事件监测制度,对医疗器械不良事件及时进行收集、分析、评价、控制。"开展医疗器械不良事件监测和再评价的目的是通过及时有效地发现不良事件,掌握新的安全有效信息,采取合理和必要的应对措施,防止、避免或减少类似不良事件的重复发生,更有效地保障公众的身体健康和生命安全。早在 20 世纪 80 年代,国际上美、欧、日、加、澳等国家和地区已开始建立实施医疗器械不良事件报告制度,加强产品上市后的安全有效性监测管理。而由上述国家和地区发起的医疗器械全球协调行动组织(GHTF),积极推动各国医疗器械上市后监测和警戒体系的协调工作,发布了有关协调文件,这些为我国制定医疗器械不良事件监测工作的有关法规提供了很好的借鉴。

为此,2008 年我国颁布实施《医疗器械不良事件监测和再评价管理办法(试行)》(以下简称《监测和再评价办法》),它是我国规范和调整医疗器械不良事件的主要依据,也是我国第一个关于医疗器械不良事件监测和再评价管理的专门性法规文件。该《监测和再评价办法》共分六章四十三条,包括:第一章总则,解释立法目的和适用对象;第二章管理职责,较详细地规定了药品监督管理部门、承担医疗器械不良事件监测和再评价技术工作的药品不良反应中心职责;第三章不良事件报告,对医疗器械不良事件的报告主体、报告范围、报告时限、分析评价等进行了规定;第四章再评价,规定了医疗器械生产企业、药品监督管理部门和有关单位开展再评价的条件和要求;第五章控制,规定了医疗器械生产、经营、使用单位和药品监督管理部门采取控制措施的条件和要求;第六章附则,主要是规定一些用语的含义,特定事项的说明,明确本办法的解释部门、实施日期等事项。

2011 年 9 月 16 日,原国家食品药品监督管理局发布了《医疗器械不良事件监测工作指南(试行)》(以下简称《工作指南》)。此《工作指南》是对《医疗器械不良事件监测和再评价管理办法(试行)》贯彻实施的细化,通过对医疗器械生产企业、经营企业、使用单位以及国家和地方各级的医疗器械不良事件监测机构等不同主体在监测工作中对职责的具体规定,从而为上述主体明确工作要求提供指引。其主要内容有三:

(1) 依据不同主体设定明确的工作职责与要求。《工作指南》对医疗器械生产企业、经营企业、使用单位和医疗器械不良事件监测技术机构,在不良事件监测中的职责不同,制定了各自具体的责任义务、机构人员配备、应建立的监测制度和程序及主要工作步骤。

(2) 对不良事件报告依据不同类型细化要求。根据《工作指南》,医疗器械不良事件报告划分为个案报告、突发群发报告、年度汇总报告三个不同类型,并分别作出了相应的具体要求。要求医疗器械不良事件导致个体死亡的,使用单位应于发现或知悉之日起 5 个工作日内,填写《可疑医疗器械不良事件报告表》,并向所在地的省(区、市)医疗器械不良事件监测技术机构报告;导致严重伤害、可能导致严重伤害或死亡的,使用单位应于发现或知悉之日起 15 个工作日内完成上报工作;发现或知悉突发、群发医疗器械不良事件后,使用单位应立即向所在地省级药品监督管理部门、卫生行政部门和监测技术机构报告,并在 24 小时内填写并报送《可疑医疗器械不良事件报告表》。

(3) 明确涉械单位的相关协助责任和义务。《工作指南》要求,医疗器械使用单位作为医疗器械不良事件报告的报告主体之一,应建立不良事件监测制度,发现或知悉医疗器械不良事件后,使用单位应积极配合调查,提供相关资料并根据事件的严重性和重复发生的可能性,采取必要的控制措施。此外,鼓励公民、法人和其他相关社会组织报告医疗器械不良事件。

医疗器械不良事件监测是上市后监管的重要环节,对医疗器械注册前的技术评价起到使用验证的作用,也是医疗器械风险管理的重要一环,上市前风险管理是否到位,能够在不良事件监测中得到答案。《工作指南》再次申明了在这一过程中医疗器械生产企业、经营企业、使用单位以及医疗器械安全监管部门所必须承担的责任和义务。通过相应的监测制度,工作主要步骤、人员配备要求,将不良事件监测纳入到相关企业和部门的日常监管中,提高医疗器械不良事件监测的水平和效率。

知识链接

医疗器械不良事件与质量事故、医疗事故的区别

医疗器械不良事件主要是由于产品的设计缺陷、已经注册审核的使用说明书不准确或不充分等原因造成的，但是产品的质量是合格的。

医疗器械质量事故主要是指其质量不符合产品标准以及产品技术要求等规定造成的事故。

医疗事故是指医疗机构及其医务人员在医疗活动中，违反医疗卫生管理法律、行政法规、部门规章和诊疗护理规范、常规，过失造成患者人身损害的事故。

值得注意的是，医疗器械不良事件报告的内容和统计资料是加强医疗器械监督管理，指导开展医疗器械再评价工作的依据，不作为医疗纠纷、医疗诉讼和处理医疗器械质量事故的依据。对属于医疗事故或者医疗器械质量问题的，应当按照相关法规的要求另行处理。

（四）监管部门

管理部门包括国家药品监督管理局及地方各级药品监督管理部门、国家卫生健康主管部门、国家药品不良反应监测中心、省、自治区、直辖市医疗器械不良事件监测技术机构。

医疗器械监测参与机构包括医疗器械生产企业、经营企业、使用单位、医疗器械不良事件监测技术机构、药品监督管理部门和其他有关主管部门。这里的医疗器械生产企业包括境外医疗器械生产企业在中国境内的代理人、境外医疗器械生产企业在中国境内的代表机构或在中国境内指定的企业法人单位，台湾、香港、澳门地区医疗器械生产企业参照境外医疗器械生产企业执行。使用单位即医疗卫生机构，是指依照《医疗机构管理条例》（国务院令第 149 号）的规定，取得《医疗机构执业许可证》的医疗机构和其他隶属于卫生健康主管部门的卫生机构。管理部门的各职责见表8-1。

表 8-1　管理部门职责一览表

序号	管理部门	管理职责
1	国家药品监督管理局	①会同国家卫生健康主管部门制定医疗器械不良事件监测和再评价管理规定，并监督实施
		②组织检查医疗器械生产企业、经营企业和使用单位医疗器械不良事件监测和再评价工作的开展情况，并会同卫生健康主管部门组织检查医疗卫生机构的医疗器械不良事件监测工作的开展情况
		③会同国家卫生健康主管部门组织、协调对突发、群发的严重伤害或死亡不良事件进行调查和处理
		④会同国家卫生健康委员会确定并发布医疗器械不良事件重点监测品种
		⑤通报全国医疗器械不良事件监测情况和再评价结果
		⑥根据医疗器械不良事件监测和再评价结果，依法采取相应管理措施

序号	管理部门	管理职责
2	省、自治区、直辖市药品监督管理局	①组织检查本行政区域内医疗器械生产企业、经营企业和使用单位医疗器械不良事件监测和再评价工作开展情况,并会同同级卫生主管部门组织检查本行政区域内医疗卫生机构的医疗器械不良事件监测工作的开展情况 ②会同同级卫生主管部门组织对本行政区域内发生的突发、群发的严重伤害或死亡不良事件进行调查和处理 ③通报本行政区域内医疗器械不良事件监测情况和再评价结果 ④根据医疗器械不良事件监测和再评价结果,依法采取相应管理措施
3	国家卫生健康委员会和地方各级卫生健康主管部门	①组织检查医疗卫生机构医疗器械不良事件监测工作的开展情况 ②对与医疗器械相关的医疗技术和行为进行监督检查,并依法对产生严重后果的医疗技术和行为采取相应的管理措施 ③协调对医疗卫生机构中发生的医疗器械不良事件的调查 ④对产生严重后果的医疗器械依法采取相应管理措施
4	国家药品不良反应监测中心	①负责全国医疗器械不良事件监测信息的收集、评价和反馈 ②负责医疗器械再评价的有关技术工作 ③负责对省、自治区、直辖市医疗器械不良事件监测技术机构进行技术指导 ④承担国家医疗器械不良事件监测数据库和信息网络的建设、维护工作
5	省、自治区、直辖市医疗器械不良事件监测技术机构	①负责本行政区域内医疗器械不良事件监测信息的收集、评价、反馈和报告工作 ②负责本行政区域内药品监督管理部门批准上市的境内第一、二类医疗器械再评价的有关技术工作

　　药品监督管理部门及其有关工作人员在医疗器械不良事件监测管理工作中违反规定、延误不良事件报告、未采取有效措施控制严重医疗器械不良事件重复发生并造成严重后果的,依照有关规定给予行政处分。

二、我国医疗器械不良事件监测的现状

　　当今,世界各国均开展了医疗器械不良事件监测工作,以美国为代表的先进国家已经建立了良好的监测秩序,总体上要领先国内最少 20 年。我国医疗器械不良事件监测工作自 2003 年开始进行,到 2008 年底由原卫生部和原国家食品药品监督管理局修订发布《监测和再评价办法》,各方面的工作得到了全面的发展。

　　2017 年,国家药品不良反应监测中心共收到《医疗器械不良事件报告表》376 157 份,比 2016 年增长了 6.49%。2016 年,国家药品不良反应监测中心共收到《可疑医疗器械不良事件报告表》353 240 份,比 2015 年增长了 10.0%。2013—2017 年全国医疗器械不良事件报告数量见图 8-1。

图 8-1　2013—2017 年全国医疗器械不良事件报告数量

我国各级政府管理部门已经启动相关工作,但应该清醒认识到医疗器械不良事件监测的现状:

(1) 医疗器械不良事件报告数量低。据国际权威数据,医疗器械不良反应率通常在 5‰左右,而我国各省份报告率最低的不到万分之一,报告率最高的大约在 1‰左右。这个数字不是说明我们国家医疗器械的技术优,管理好,而是在很大程度上反映我们的机制不健全,这方面的工作方法不成熟,还达不到应有的标准和效果。2017 年,全国上报的医疗器械不良事件报告中,使用单位上报 326 622 份,占总报告数的 86.83%;生产企业上报 8655 份,占总报告数的 2.30%;经营企业上报 40 754 份,占总报告数的 10.83%;还有 120 份报告来自个人,占总报告数的 0.03%;此外还有 6 份报告来源不详。总体来看,不良事件报告仍主要来源于使用单位,其次来源于经营企业。生产企业提交的报告所占比例不足 3%,与其器械质量安全第一责任人的地位不符,其履行职责的自觉性有待提高。

(2) 医疗器械不良事件报告质量差。我们已建立初步的医疗器械不良事件报告体系,但存在的突出问题是报告缺少规范性,在实效性、报告形式、尤其是内容的真实、完整、准确性上亟待提高。

知识链接

2017 年医疗器械不良事件报告部分数据

截至 2017 年 12 月 31 日,在"全国医疗器械不良事件监测系统"中注册的基层用户(包括医疗器械生产企业、经营企业和使用单位)共 253 250 家。其中,医疗器械生产企业 11 898 家,占注册基层用户总数的 4.70%;经营企业 128 625 家,占注册基层用户的 50.79%;使用单位 112 727 家,占注册基层用户的 44.51%。2017 年,注册基层用户总数比 2016 年增长了 9.22%。其中,医疗器械生产企业、经营企业和使用单位的注册基层用户分别比 2016 年增长了 12.95%、11.25% 和 6.63%。2017 年,全国上报的医疗器械不良事件报告中,涉及Ⅲ类医疗器械的报告 154 192 份,占总报告数的 40.99%;涉及Ⅱ类医疗器械的报告 181 175 份,占总报告数的 48.16%;涉及Ⅰ类医疗器械的报告 25 555 份,占总报告数的 6.79%;部分报告涉及的器械管理类别不详,共 15 235 份,占总报告数的 4.05%。数据显示,涉及Ⅲ类和Ⅱ类医疗器械的报告占绝大多数,这与医疗器械风险程度高低相吻合。

（3）医疗器械不良事件评价和控制功能不成熟。这个环节的工作，是医疗器械不良事件监测制度最有意义和最具社会价值的方面。在我国尚处于摸索阶段，基本上还没有建立起成熟的评价方法和有效的控制规则，还有很长的路要走。我们国家医疗器械不良事件监测工作局面尚没有打开，需要做的工作很多。当前存在不足如下：

（1）医疗器械不良事件报告例数少。从全国范围看，我们国家医疗器械不良事件报告例数少，数字显示与客观实际及科学统计的差距很大。原因主要在两个方面：①医疗机构。各级医疗机构是提供医疗器械不良事件信息的最主要的平台。对发生的可疑医疗器械不良事件，医务人员担心引起医患纠纷，往往不报，即使发生严重不良事件或纠纷，多数也采取私了方式解决。②生产制造单位和流通企业。处于短期经济利益的考虑和对承担责任的顾虑，生产制造单位和流通企业对医疗器械不良事件往往持回避甚至隐报、瞒报。认识不到位甚至认识错误是各类人员对医疗器械不良事件不报和漏报的重要原因，从根本上讲，是我们的政策宣传不到位，医疗器械从业人员对这项工作的理解和认识不够。

（2）对医务人员的培训没有达到要求目标。目前，我们开展相关培训的机构和人员还有局限性。有人做过调研统计，在我国，80%以上的医务人员不知道或不清楚医务人员报告医疗器械不良事件的责任和方法。为了解决这一问题，一方面我们不仅需要对机构管理人员进行政策培训，另一方面更应该延伸到临床一线对医务人员的工作规范和技术规范进行培训和指导，可以通过提供大量应该报告的样板信息引导医务人员对不良事件进行合理报告。

（3）对生产制造和流通企业监管需要加强。对生产制造和流通企业，需要建立责任制度和目标管理，以提高其工作质量。

（4）要建立信息化管理平台。完整、准确、及时的报告对有效开展早期预警工作非常重要。但是数据统计分析显示，许多来自医务人员的报告超过时限，并且经常缺少有关器械问题的重要信息。医疗器械不良事件监测工作要在整体水平上，系统、连续地对上市后医疗器械安全性问题进行收集、分析、解释、反馈和干预，人力操作和手工统计汇报具有很大局限性。

目前，我国的医疗器械不良事件监测工作刚刚起步，借鉴美国等先进国家的成功经验，对我国开展医疗器械不良事件监测工作将有很大帮助。因此，结合我国的现状，在国家的宏观指导上，应该从以下几个方面做起：

（1）加强医疗器械不良事件监测法规体系建设。法规建立是行政管理的根本基础。2008年12月，颁布的《监测和再评价办法》，成为医疗器械不良事件监测的政策依据和执行标准。但该办法从内容形式上属大纲，且尚处于试行阶段，其社会效益在实践中才能得到检验，需要对制度规定的合理性、执行方式的可行性等进行补充和修订，才能完善成为医疗器械不良事件从发现、报告、分析、确认到信息通报和控制的一整套制度，使我们的工作有法可依，有章可循。

（2）建立和完善医疗器械不良事件监测网络。建立高效优质的监测网络是开展医疗器械不良事件监测的根本和关键。目前，我国监管医疗器械的机构是国家药品监督管理局，涉及医疗器械不良事件监测的部门包括药品监管部门和卫生行政部门。各省、自治区、直辖市按照国家药品监督管理局的部署,相继建立了省、自治区、直辖市医疗器械不良事件监测技术机构,为全面开展不良事件监测工作打下了一定的基础。应该说,政府部门的作用在于行政管理与业务督导,分析评价和结果控制。监测网络的支持和支撑者,应该是器械生产商、经销商、各级医疗机构和器械使用者。所以生产商、经销商以及医疗机构(尤其是县级以上),应纳入建立医疗器械不良事件监测制度的覆盖范围并成为责任主体。

(3)制定和完善医疗器械不良事件监测的工作规范和技术规范。前面已经提到,我国出台的《监测和再评价办法》,从内容形式上讲属于规范性文件,必须在该办法的原则规定下,建立完善的医疗器械不良事件监测的工作规范和技术规范。在此,我们可以参考美国在医疗器械不良事件监测工作创建历程中的成功经验。美国先后建立了医疗器械强制报告系统(MDR System)、医疗器械制造商和使用者报告系统(MAUDE)、医疗产品主动报告系统(Med Watch)以及电子报告系统(EDI System)等,这其中的每一个系统,都包括了一系列的工作规范和技术规范。正是通过不断地完善,美国医疗器械不良事件监测体系不断向着科学性、有效性、全面性方向发展,成为世界的典范。

(4)加强对医疗器械不良事件监测的宣传培训。要加强监测方法、技术和法规方面的宣传和培训,促进药品监管部门与卫生部门的沟通协调,强化医疗机构、医疗器械生产和经营企业对医疗器械不良事件监测的认识,提高社会对医疗器械不良事件监测工作的认知度,才能确保工作顺利推进。

点滴积累 ⋁ ┈┈┈┈┈┈┈┈┈┈┈┈┈┈┈┈┈┈┈┈┈┈┈┈┈┈┈┈┈┈┈┈┈┈┈┈┈┈

1. 医疗器械不良事件,是指获准上市的质量合格的医疗器械在正常使用情况下发生的,导致或者可能导致人体伤害的各种有害事件。
2. 医疗器械上市前研究的局限性是不良事件发生的主要原因。
3. 对于医疗器械不良事件监测和再评价的管理依据,目前仍停留在部门规章层面。

第二节 医疗器械不良事件监测与报告

医疗器械与药品一样具有一定的风险性,特别是那些与人体长时间接触、长期使用、植入人体内的医疗器械,在其对疾病诊治的同时,不可避免的存在着相应风险。只有通过医疗器械上市后,在使用中发生的不良事件的监测和管理,最大限度地控制医疗器械潜在的风险,才能保证医疗器械安全有效的使用。

医疗器械不良事件报告的内容和统计资料是加强医疗器械监督管理,指导开展医疗器械再评价工作的依据,不作为医疗纠纷、医疗诉讼和处理医疗器械质量事故的依据。对属于医疗事故或者医疗器械质量问题的,应当按照相关法规的要求另行处理。

一、医疗器械不良事件监测

（一）医疗器械不良事件监测记录

对医疗器械不良事件的监测,医疗器械生产企业、经营企业和使用单位是重要的参加单位。按照《监测和再评价办法》的规定,他们应当建立医疗器械不良事件监测管理制度,并指定机构并配备专(兼)职人员承担本单位医疗器械不良事件监测工作。

医疗器械生产企业、经营企业和使用单位应当建立并保存医疗器械不良事件监测记录。记录应当保存至医疗器械标明的使用期后2年,但是记录保存期限应当不少于5年。

医疗器械不良事件监测记录包括《可疑医疗器械不良事件报告表》(表8-2)、《医疗器械不良事件补充报告表》(表8-3)和《医疗器械不良事件年度汇总报告表》(表8-4)等三张表格,以及不良事件发现、报告、评价和控制过程中有关的文件记录。

表 8-2　可疑医疗器械不良事件报告表

报告日期：　年　月　日　　　　　　　　　　编码：□□□□□□□□□□□

报告来源：□ 生产企业　　□ 经营企业　　□ 使用单位　　　单位名称：

联系地址：　　　　　　　　　　　　　　　　邮编：　　　联系电话：

A. 患者资料		
1. 姓名：	2. 年龄：	3. 性别 □　男 □　女
4. 预期治疗疾病或作用：		
B. 不良事件情况		
5. 事件主要表现：		
6. 事件发生日期：　　　　　　　　年　　　月　　　日 7. 发现或者知悉时间：　　　　　年　　　月　　　日		
8. 医疗器械实际使用场所： □ 医疗机构　□ 家庭　□ 其他(请注明)：		
9. 事件后果 □ 死亡＿＿＿＿＿＿＿＿＿＿(时间)； □ 危及生命； □ 机体功能结构永久性损伤； □ 可能导致机体功能机构永久性损伤； □ 需要内、外科治疗避免上述永久损伤； □ 其他(在事件陈述中说明)		
10. 事件陈述：(至少包括器械使用时间、使用目的、使用依据、使用情况、出现的不良事件情况、对受害者影响、采取的治疗措施、器械联合使用情况)		

续表

C. 医疗器械情况	
11. 产品名称：	
12. 商品名称：	
13. 注册证号：	
14. 生产企业名称： 　　生产企业地址： 　　企业联系电话：	
15. 型号规格： 　　产品编号： 　　产品批号：	
16. 操作人：□ 专业人员　□ 非专业人员　□ 患者　□ 其他（请注明）：	
17. 有效期至：　　　　　　年　　　月　　　日 18. 生产日期：　　　　　　年　　　月　　　日	
19. 停用日期：　　　　　　年　　　月　　　日	
20. 植入日期（若植入）：　　　年　　　月　　　日	
21. 事件发生初步原因分析：	
22. 事件初步处理情况：	
23. 事件报告状态： □ 已通知使用单位　□ 已通知生产企业 □ 已通知经营企业　□ 已通知药监部门	
D. 不良事件评价	
24. 省级监测技术机构评价意见（可另附附页）：	
25. 国家监测技术机构评价意见（可另附附页）：	

　　报告人：医师 □　技师 □　护士 □　其他 □
　　报告人签名：　　　　　　　　　　　　　　　　　　　　　　**国家药品监督管理局制**

表 8-3　医疗器械不良事件补充报告表

报告时间：　　　　年　　　月　　　日　　　　　　　　　　编码：□□□□□□□□□□□
首次报告时间：　　年　　　月　　　日

A. 企业信息			
1. 企业名称		4. 传真	
2. 企业地址		5. 邮编	
3. 联系人		6. 电话	
7. 事件涉及产品：			

续表

B. 事件跟踪信息
（至少包括:患者转归、调查分析及控制措施）

C. 产品信息
请依次粘贴或装订下列材料（要求采用 A4 纸张）： 1. 医疗器械生产许可证复印件（境内企业）； 2. 医疗器械产品注册证复印件； 3. 医疗器械产品标准； 4. 医疗器械检测机构出具的检测报告； 5. 产品标签； 6. 使用说明书； 7. 产品年产量、销量； 8. 用户分布及联系方式； 9. 本企业生产同类产品名称及临床应用情况

D. 监测技术机构评价意见	
省级监测技术机构评价意见（可另附附页）	国家监测技术机构评价意见（可另附附页）

报告人： 省级监测技术机构接收日期： 国家监测技术机构接收日期：
生产企业（签章）

国家药品监督管理局制

表8-4 医疗器械不良事件年度汇总报告表

报告时间： 年 月 日 编码：□□□□□□□□□□□
汇总时间： 年 月 日至 年 月 日

A. 企业信息			
1. 企业名称		4. 传真	
2. 企业地址		5. 邮编	
3. 联系人		6. 电话	
7. e-mail：			
B. 医疗器械信息			
8. 生产医疗器械名称、商品名称、类别、分类代号、注册证号 （可另附 A4 纸说明）			

医疗器械名称	商品名称	类别	分类代号	注册证号

续表

9. 变更情况(产品注册证书、管理类别、说明书、标准、使用范围等的变更)	
10. 医疗器械不良事件　　　　有 □　　　无 □	
11. 本企业生产的医疗器械在境内出现医疗器械不良事件的情况汇总分析 (事件发生情况、报告情况、事件描述、事件最终结果、企业对事件的分析、企业对产品采取的措施、涉及用户的联系资料,可另附 A4 纸)	
12. 境外不良事件发生情况 (产品在境外发生不良事件的数量、程度及涉及人群资料等)	
C. 评价信息	
13. 省级监测技术机构意见	
14. 国家监测技术机构意见	

报告人：　　　　省级监测技术机构接收日期：　　　　国家监测技术机构接收日期：
生产企业(签章)

国家药品监督管理局制

医疗器械生产企业应当主动向医疗器械经营企业和使用单位收集其产品发生的所有可疑医疗器械不良事件,医疗器械经营企业和使用单位应当给予配合。生产第二类、第三类医疗器械的企业还应当建立相应制度,以保证其产品的可追溯性。

二、医疗器械不良事件报告与调查

(一) 医疗器械不良事件报告原则

医疗器械生产企业、经营企业和使用单位除了要做好不良事件监测记录外,在报告医疗器械不良事件是还要遵循报告的原则和范围。以下事件在以下情况必须报告:

(1) 引起或造成死亡或严重伤害的概率较大。

(2) 对医疗器械性能的影响性质严重,很可能引起或造成死亡或严重伤害。

(3) 器械不能发挥其必要的正常作用,并且影响医疗器械的治疗、检查或诊断作用,可能引起或造成死亡或严重伤害。

(4) 医疗器械属于长期植入物或生命支持器械,因此对维持人类生命十分必要。

(5) 医疗器械生产企业需要采取或被要求采取行动来减少产品对公众健康造成损害的风险。

(6) 类似事件在过去实际已经引起或造成死亡或严重伤害。

另外,报告人在报告医疗器械不良事件时应遵循相关基本原则见表8-5。

表8-5　医疗器械不良事件报告原则

序号	报告原则	原则适用场合
1	可疑即报原则	报告人只要不能排除事件的发生和医疗器械无关,就应该上报,即可疑即报
2	濒临事件原则	在医疗器械的使用过程中,有些事件虽当时未造成死亡或严重伤害,但是,医务人员根据自己的经验认为,当再次发生同类事件的时候,会造成患者、使用者的死亡或严重伤害,即"濒临事件",需要报告
3	免除报告原则	(1)使用者在应用前发现医疗器械有缺陷 (2)完全是患者因素导致了不良事件 (3)事件发生仅仅是因为器械超过有效期 (4)事件发生时,医疗器械安全保护措施正常工作,并不会对患者造成伤害

医疗器械生产企业、经营企业和使用单位应当报告涉及其生产、经营的产品所发生的导致或者可能导致严重伤害或死亡的医疗器械不良事件。产品既在中国境内上市销售也在境外上市销售的医疗器械生产企业,应当将其相关产品在境外发生的导致或者可能导致严重伤害或死亡的医疗器械不良事件以及采取的控制措施自发现之日起 15 日内向国家药品不良反应监测中心和国家药品监督管理局报告。2017 年,全国上报的医疗器械不良事件报告中,使用场所为"医疗机构"的报告311 860 份,占 82.91% ;使用场所为"家庭"的报告 33 460 份,占 8.90% ;使用场所为"其他"的报告6853 份,占 1.82% ;使用场所未填写的报告 23 984 份,占 6.38% 。

个人发现导致或者可能导致患者严重伤害或死亡的医疗器械不良事件时,可以向监测部门报告。县级以上药品监督管理部门收到个人报告的医疗器械不良事件报告后,应当及时向所在地省、自治区、直辖市医疗器械不良事件监测技术机构通报。

进行临床试验的医疗器械发生的导致或者可能导致人体伤害的各种有害事件,应当按照《医疗器械临床试验质量管理规范》和国家药品监督管理局的相关要求报告。

省、自治区、直辖市医疗器械不良事件监测技术机构收到不良事件报告后,应当及时通知相关医疗器械生产企业所在地的省、自治区、直辖市医疗器械不良事件监测技术机构。接到通知的省、自治区、直辖市医疗器械不良事件监测技术机构,应当督促本行政区域内的医疗器械生产企业进行不良事件的记录、调查、分析、评价、处理、报告工作。

(二) 死亡事件报告程序

在死亡事件报告程序中,医疗器械生产企业是最大的义务责任人。在发生医疗器械不良事件后,生产企业首先分别填写《可疑医疗器械不良事件报告表》和《医疗器械不良事件补充报告表》,及时准确地向监管部门报告事件的详细内容。

在首次报告后,如果出现首次报告和补充报告以外的情况或者医疗器械生产企业采取进一步措施时,医疗器械生产企业应当及时向所在地省、自治区、直辖市医疗器械不良事件监测技术机构提交相关补充信息。为了保护公众的安全和健康,或者为了澄清医疗器械不良事件报告中的特定问题,省、自治区、直辖市医疗器械不良事件监测技术机构应当书面通知医疗器械生产企业提交相关补充信息;书面通知中应当载明提交补充信息的具体要求、理由和时限。

2017 年,全国上报的医疗器械不良事件报告中,事件伤害为死亡的报告共 211 份,占总报告数的 0.06% ;事件为严重伤害的报告共 57 754 份,占总报告数的 15.35% ;事件伤害为其他的报告共 318 192 份,占总报告数的 84.59% 。死亡事件报告程序中被监管方采取的应对措施见表 8-6。

表 8-6　死亡事件报告程序中被监管方采取的应对措施表

序号	被 监 管 方	应 对 措 施
1	医疗器械生产企业	(1)在发现或者知悉死亡的事件之日起 5 个工作日内,及时填写《可疑医疗器械不良事件报告表》向所在地省、自治区、直辖市医疗器械不良事件监测技术机构报告 (2)在首次报告后的 20 个工作日内,填写《医疗器械不良事件补充报告表》,向所在地省、自治区、直辖市医疗器械不良事件监测技术机构报告 (3)配合省、自治区、直辖市医疗器械不良事件监测技术机构进行不良事件的记录、调查、分析、评价、处理、报告工作 (4)主动向医疗器械经营企业和使用单位收集其产品发生的所有可疑医疗器械不良事件,医疗器械经营企业和使用单位应当给予配合
2	医疗器械经营企业和使用单位	导致死亡的事件于发现或者知悉之日起 5 个工作日内向所在地的省、自治区、直辖市医疗器械不良事件监测技术机构报告,并及时告知相关医疗器械生产企业

在死亡事件报告程序(图 8-2)中,监测管理部门(包括省、自治区、直辖市医疗器械不良事件监测技术机构和国家药品不良反应监测中心)应当对医疗器械不良事件报告进行调查、核实、分析、评价,在收到导致死亡事件的首次报告和补充报告及其相应的其他信息后,应当立即根据规定采取的措施见表 8-7。

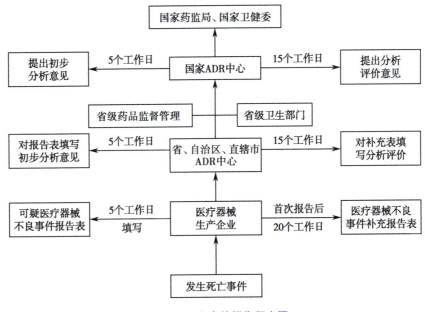

图 8-2　死亡事件报告程序图

表8-7　死亡事件报告程序中监管部门采取的应对措施表

序号	监测部门	应对措施
1	省、自治区、直辖市监测技术机构	(1)收到导致死亡事件的首次报告后,应当立即报告省、自治区、直辖市药品监督管理部门和国家药品不良反应监测中心,同时报省、自治区、直辖市卫生主管部门 (2)收到导致死亡事件的首次报告后,于5个工作日内在《可疑医疗器械不良事件报告表》上填写初步分析意见,报送省级药品监督管理部门和国家药品不良反应监测中心,同时抄送省级卫生主管部门 (3)收到导致死亡事件的补充报告和相关补充信息后,于15个工作日内在《医疗器械不良事件补充报告表》上填写分析评价意见或者形成补充意见,报送省级药品监督管理部门和国家药品不良反应监测中心,同时抄送省级卫生主管部门
2	国家药品不良反应监测中心	(1)收到导致死亡事件的首次报告后,应当立即报告国家药品监督管理局,并于5个工作日内提出初步分析意见,报国家药品监督管理局,同时抄送国家卫生健康委员会 (2)收到导致死亡事件补充报告和相应的其他信息后,于15个工作日内提出分析评价意见,报国家药品监督管理局,同时抄送国家卫生健康委员会

(三)严重危害事件报告程序

在发生严重危害或有发生严重危害和死亡的可能性时,医疗器械生产企业、经营企业和使用单位也要及时予以报告(图8-3)。这里的严重伤害,是指有下列情况之一者:①危及生命;②导致机体功能的永久性伤害或者机体结构的永久性损伤;③必须采取医疗措施才能避免上述永久性伤害或者损伤。被监管方根据相关规定,要及时作出的应对措施见表8-8。

在严重危害事件报告程序中,省、自治区、直辖市医疗器械不良事件监测技术机构、国家药品不良反应监测中心等监测管理部门在收到导致严重伤害事件、可能导致严重伤害或死亡事件的首次报告和补充报告后,依据相关规定,在自己的权限内做好下列应对措施。具体措施见表8-9。

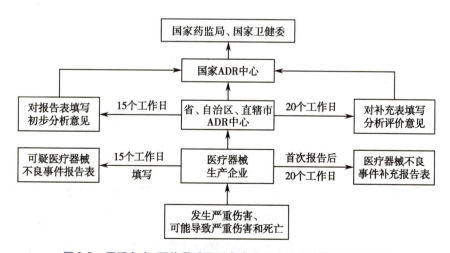

图8-3　严重危害、可能导致严重危害或死亡不良事件报告程序图

表8-8　严重危害事件报告程序中被监管方采取的应对措施表

序号	被监管方	应对措施
1	医疗器械经营企业和使用单位	在发现或者知悉之日起15个工作日内,及时填写《可疑医疗器械不良事件报告表》,向所在地省级医疗器械不良事件监测技术机构报告的同时,应当告知相关生产企业
2	医疗器械生产企业	(1)在发现或者知悉之日起15个工作日内,及时填写《可疑医疗器械不良事件报告表》向所在地省级医疗器械不良事件监测技术机构报告; (2)在首次报告后的20个工作日内,填写《医疗器械不良事件补充报告表》,向所在地省级医疗器械不良事件监测技术机构报告

表8-9　严重危害、可能导致严重危害或死亡不良事件报告程序中监管部门采取的应对措施表

序号	监测管理部门	应对措施
1	省、自治区、直辖市监测技术机构	(1)收到首次报告后,于15个工作日内在《医疗器械不良事件报告表》上填写初步分析意见,报国家药品不良反应监测中心 (2)收到补充报告和相关补充信息后,于20个工作日内在《医疗器械不良事件补充报告表》上填写分析评价意见或者形成补充意见,报送国家药品不良反应监测中心 (3)对收到的导致或者可能导致严重伤害或死亡事件报告,应当进行汇总并提出分析评价意见,每季度报送省、自治区、直辖市药品监督管理部门和国家药品不良反应监测中心,并抄送省、自治区、直辖市卫生主管部门
2	国家药品不良反应监测中心	(1)收到省、自治区、直辖市医疗器械不良事件监测技术机构的报告后,对收到的导致或者可能导致严重伤害或死亡事件报告,应当进行汇总并提出分析评价意见 (2)每季度报国家药品监督管理局,并抄送国家卫生健康委员会

(四)　突发群发事件报告程序

医疗器械突发性群体不良事件,是指突然发生的,在同一地区,同一时段内,使用同一种药品或医疗器械对健康人群或特定人群进行预防、诊断、治疗过程中出现的多人药品和医疗器械不良反应,根据损害程度及影响范围,可以分为一级事件和二级事件。突发、群发的医疗器械不良事件,社会危害性最大,给广大医疗器械使用者带来的安全危险也最大。相对于前两类医疗器械不良事件的报告程序,时间的紧急性在本程序中占有至关重要的位置(图8-4)。

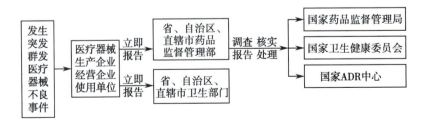

图8-4　突发、群发医疗器械不良事件报告程序

知识链接

医疗器械突发性群体不良事件的分级

一级事件：出现医疗器械群体不良事件的人数超过50人，且有特别严重不良事件（威胁生命，并有可能造成永久性伤残和对器官功能产生永久损伤）发生，或伴有滥用行为；出现3例以上死亡病例；国家食品药品监督管理总局认定的其他特别严重医疗器械群体不良事件。

二级事件：医疗器械群体不良事件发生率高于已知发生率2倍以上；发生人数超过30人，且有严重不良事件（威胁生命，并有可能造成永久性伤残和对器官功能产生永久损伤）发生，或伴有滥用行为；出现死亡病例；省级以上食品药品监督管理部门认定的其他严重医疗器械突发性群体不良事件。

在突发群发事件报告程序中，医疗器械生产企业、经营企业和使用单位有如下义务：

1. 发现突发、群发的医疗器械不良事件，应当立即向所在地省、自治区、直辖市药品监督管理部门、卫生主管部门和医疗器械不良事件监测技术机构报告。

2. 在24小时内填写并报送《可疑医疗器械不良事件报告表》。

3. 必要时，可以越级报告，但是应当及时告知被越过的所在地省、自治区、直辖市药品监督管理部门、卫生主管部门和医疗器械不良事件监测技术机构。

在突发群发事件报告程序中，医疗器械行政监管部门应该：

1. 获知发生突发、群发的医疗器械不良事件后，省、自治区、直辖市药品监督管理部门应当立即会同同级卫生主管部门组织调查、核实、处理，并向国家药品监督管理局、国家卫生健康委员会和国家药品不良反应监测中心报告。

2. 根据突发、群发事件的严重程度或者应急管理工作的有关规定，国家药品监督管理局可以会同国家卫生健康委员会直接组织或者协调对突发、群发的医疗器械不良事件进行调查、核实、处理。

（五）不良事件年度汇报

医疗器械不良事件年度汇报，是指为了掌握生产企业每年发生的医疗器械不良事件概况，监测管理部门要求医疗器械生产企业、经营企业和使用单位对自然年度内发生的不良事件监测情况进行汇总并予以报告的规定。它主要分成以下两类：

1. 第二类、第三类医疗器械生产企业应当在每年1月底前对上一年度医疗器械不良事件监测情况进行汇总分析，并填写《医疗器械不良事件年度汇总报告表》（表8-4），报所在地省、自治区、直辖市医疗器械不良事件监测技术机构。

省、自治区、直辖市医疗器械不良事件监测技术机构收到第二类、第三类医疗器械生产企业年度汇总报告后，应于每年2月底前进行汇总并提出分析评价意见，报省、自治区、直辖市药品监督管理部门。并于30个工作日内提出分析评价意见，报送国家药品不良反应监测中心。国家药品不良反应监测中心收到年度汇总报告后，于每年3月底前进行汇总并提出分析评价意见，报国家药品监督管理局，并抄送国家卫生健康委员会。总体来看，不良事件报告仍主要来源于使用单位，其次来源于经营企业。生产企业提交的报告所占比例不足2%，与其器械使用安全第一责任人的地位不符，其履行职责的自觉性有待提高。

2. 医疗器械经营企业、使用单位和第一类医疗器械生产企业应当在每年 1 月底之前对上一年度的医疗器械不良事件监测工作进行总结,并保存备查。

不良事件年度汇报具体流程见图 8-5。

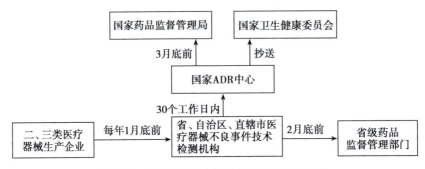

图 8-5　医疗器械不良事件年度汇总报告程序

《医疗器械不良事件企业汇总报告表》由医疗器械国内生产企业、进口产品境内代表处或境内代理企业填写。表内共有 14 项内容。其中,第 1 项至第 7 项为企业信息,包括生产企业的名称、地址、联系人、联系方式,企业应提供确切的联系方式和具体联系人员,如果有变更及时更改。第 8 项,填写汇总期间本企业生产、经营医疗器械的情况,需提供按医疗器械分类目录提供分类名称和相应医疗器械类型、商品名称、注册证号,其中器械类型是指一、二、三类医疗器械;第 9 项,如果产品使用说明、标准、参数、使用范围发生变更,需要提供产品发生变更的项目和变更内容;第 10 项,如果本企业生产、经营的医疗器械在境外发生医疗器械不良事件,需要警惕国内同类产品出现类似情况,需填写产品名称和事态发展、最可能发生的危害和最大能够发生的危害;第 10 项,医疗器械不良事件:选择有或无,选择有则填写第 11 项本企业生产经营医疗器械出现可疑医疗器械不良事件的情况汇总分析摘要。表格样式见表 8-4。

医疗器械不良事件监测技术机构在收到相关不良事件报告后,根据规定要及时进行不良事件的调查,收集信息,查清原因并作出调查结论。

绝大部分情况需要深入医疗器械使用单位、生产企业等场所进行现场调查,以便得到真实可靠的第一手资料。医疗器械不良事件监测技术机构在调查、核实、分析、评价不良事件报告时,需要组织专家论证或者委托医疗器械检测机构进行检测的,应当及时报告有关工作进展情况。同时,医疗器械不良事件监测技术机构应当提出关联性评价意见,分析事件发生的可能原因。医疗器械不良事件的调查分为由直接调查和委托调查两种方式。直接调查是指国家药品不良反应监测中心直接组织进行的调查。直接调查一般由国家药品不良反应监测中心人员带队,相关专家参加,组成调查组。委托调查是指国家药品不良反应监测中心委托事件发生地省级中心组织进行的调查。

医疗器械不良事件的调查需要遵循相应的程序,这对于调查的顺利进行、结论的科学准确都有重要意义。

知识链接

医疗器械不良事件调查工作的启动和调查内容

发生下列情况之一者国家药品不良反应监测中心可启动本程序：

（1）发生死亡可疑医疗器械不良事件1例以上（含）的。

（2）发生严重伤害可疑医疗器械不良事件同品种同批次3例以上（含）的。

（3）一定时期内同一产品连续发生多起严重伤害可疑医疗器械不良事件的。

（4）其他需要进行调查的。

在医疗器械不良事件调查工作中，调查的主要内容应该包括：

（1）不良事件本身，包括患者的原患疾病、治疗过程、预后情况、抢救过程、尸检报告，以及器械的基本情况、安装情况、维护保养情况、使用情况和辅助器械的使用情况等。

（2）器械的相关情况，主要包括器械的注册、生产、销售、运输、储藏、使用及既往发生不良事件情况。

点滴积累 ∨

1. 医疗器械生产企业是不良事件申报与管理的第一责任人。

2. 医疗器械不良事件的汇报要坚持可疑即报原则、濒临事件原则、免除报告原则等原则。

3. 医疗器械不良事件的调查分为由直接调查和委托调查两种方式。

第三节　医疗器械再评价与控制

医疗器械再评价，是指对获准上市的医疗器械的安全性、有效性进行重新评价，并实施相应措施的过程。医疗器械上市前研究具有局限性，临床观察时间和人数都有限。在有限的基础上掌握的医疗器械风险认知也是有限的，获得的风险属于阶段性可接受风险。一旦该医疗器械发生不良事件，则从某种程度上存在着风险扩大的危险，而这些不良事件是由于产品的安全缺陷引起的。因此，为消除其安全隐患，医疗器械生产企业应当及时分析产品的不良事件情况，对上市后医疗器械的安全性和有效性进行重新评价。

一、现行《条例》对再评价的规定

现行《条例》第五十一条规定了医疗器械再评价制度。对上市医疗器械实施再评价，既是产品上市后管理的重要内容之一，也是医疗器械上市前审批的重要补充。医疗器械再评价制度与不良事件监测制度同属上市后监管的重要制度，落实该制度，这里要把握以下几点：

第一，省级以上药品监督管理部门行使医疗器械再评价的启动权。这里的"省级以上"应该包括省级本身，换言之，我国31个省级药品监督管理部门和国家药品监督管理局均有组织医疗器械再评价的权力。

第二,注意该条规定的几项启动医疗器械再评价的事由。该条第一款规定了三种药品监督管理部门进行医疗器械再评价的事由,它们包括:①根据科学研究的发展,对医疗器械的安全、有效有认识上的改变的;②医疗器械不良事件监测、评估结果表明医疗器械可能存在缺陷的;③国务院药品监督管理部门规定的其他需要进行再评价的情形。

第三,再评价结果作为注销医疗器械注册证的依据。根据上面的分析,医疗器械再评价可作为强制落后产品退出医疗器械市场的法定手段。落后医疗器械的淘汰,借由市场的力量也能实现,但从行政管理上,强制性地要求安全有效性得不到保证的医疗器械退出市场更能实现监管目的。本条规定,再评价结果表明已注册的医疗器械不能保证安全、有效的,由原发证部门注销医疗器械注册证,并向社会公布,被注销医疗器械注册证的医疗器械不得继续生产、进口、经营、使用。值得注意的是,被注消医疗器械注册证的产品,并不是由于违法事由而被剥夺其在市场中的存在权利的,这与因违法事由而被撤销医疗器械注册证有本质的区别。

二、生产企业开展的再评价

医疗器械生产企业通过产品设计回顾性研究、质量体系自查结果、产品阶段性风险分析和有关医疗器械安全风险研究文献等获悉其医疗器械存在安全隐患的,应当开展医疗器械再评价。

医疗器械生产企业在开展医疗器械再评价的过程中,应当根据产品上市后获知和掌握的产品安全有效信息和使用经验,对在医疗器械注册时提交的技术数据和内容资料全面进行重新评价。开展医疗器械再评价涉及的相关数据及资料主要有:①原医疗器械注册资料中的安全风险分析报告;②产品技术报告;③适用的产品标准及说明;④临床试验报告、标签、说明书。

1. **再评价的启动**　医疗器械不良事件的发生,证明了上市的医疗器械并非都是绝对安全有效的。医疗器械生产企业应当及时分析其产品的不良事件情况,根据医疗器械产品的技术结构、质量体系等要求设定医疗器械再评价启动条件、评价程序和方法,开展医疗器械再评价。

2. **再评价中的报告义务**　医疗器械生产企业开展产品再评价,应当制定再评价方案,并将再评价方案、实施进展情况和再评价结果按照以下规定报告:

(1) 境内第三类医疗器械和境外医疗器械的生产企业,向国家药品监督管理局报告;境内第一类和第二类医疗器械生产企业,向所在地省、自治区、直辖市药品监督管理部门报告。

(2) 医疗器械生产企业应当在再评价方案开始实施前和结束后30个工作日内分别提交再评价方案和再评价结果报告。

(3) 再评价方案实施期限超过1年的,医疗器械生产企业应当报告年度进展情况。

3. **再评价后的处理**　医疗器械生产企业根据开展再评价的结论,必要时应当依据医疗器械注册相关规定履行注册手续。医疗器械生产企业根据再评价结论申请注销医疗器械注册证书的,原注册审批部门应当在办理完成后30个工作日内将情况逐级上报至国家药品监督管理局。

三、监管机构启动的再评价

医疗器械生产企业应当及时分析其产品的不良事件情况,开展医疗器械再评价,国家药品监督

管理局和省、自治区、直辖市药品监督管理部门对此进行监督,但在必要时也可以主动依职权开展再评价:

1. 在必要时,国家药品监督管理总局可以依职权主动对境内和境外医疗器械组织开展再评价。

2. 省、自治区、直辖市药品监督管理部门在必要时也可依职权主动对本行政区域内批准上市的第一类、第二类医疗器械组织开展再评价。

以上药品监督管理部门组织开展医疗器械再评价的,同级医疗器械不良事件监测技术机构负责制定再评价方案,承担组织实施的具体工作,并负责形成再评价报告。

对已经发生严重伤害或死亡不良事件,且对公众安全和健康产生威胁的医疗器械,国家药品监督管理局和省、自治区、直辖市药品监督管理部门应当会同同级卫生主管部门直接组织医疗器械不良事件监测技术机构、医疗器械生产企业、使用单位和相关技术机构、科研机构、有关专家开展再评价工作。

四、再评价中的控制措施

发生医疗器械不良事件后,生产企业应该根据不良事件危害的紧急程度,及时采取相关措施。针对所发生的医疗器械不良事件,生产企业采取的控制措施可能不足以有效防范有关医疗器械对公众安全和健康产生的威胁,那么主管部门必须及时采取有效措施控制危害的发展或者蔓延。在这过程中,医疗器械经营企业和使用单位应当配合医疗器械生产企业和主管部门对报告事件进行调查,提供相关资料并采取必要的控制措施(表 8-10)。

表 8-10　针对不良医疗器械采取的相关控制措施表

措施主体	对象	控 制 措 施
国家药品监督管理局省、自治区、直辖市药品监督管理部门	境内和境外医疗器械本行政区内审批的境内一、二类医疗器械	发出警示、公告、暂停销售、暂停使用、责令召回
生产企业	本企业生产的医疗器械	警示(利用媒介发布警示公告等)、检查、修理(针对个别非共性的可修复瑕疵)、重新标签、修改说明书(针对说明不当导致使用失误的情况采用)、软件升级、替换(针对器械软件老化过时的情况采用)、收回、销毁(针对重大设计、制造缺陷引起较大风险的情况采用)

出现突发、群发的医疗器械不良事件时,省级以上药品监督管理部门应当会同同级卫生主管部门和其他主管部门采取相应措施。

国家药品监督管理局定期通报或专项通报医疗器械不良事件监测和再评价结果,公布对有关医疗器械采取的控制措施。

五、再评价结论

医疗器械再评价是基于产品本身的安全隐患对人们生命、财产和环境已经或可能造成伤害的前提下开展的。医疗器械再评价与不良事件监测密不可分,往往作为医疗器械不良事件发生的后续行动。医疗器械再评价关系到不良器械在医疗器械市场上的存废,关系到不良器械是否能继续在病患中间使用,同时也涉及到医疗器械生产企业的市场声誉,因此,医疗器械再评价活动是医疗器械上市后监管的重要内容。

医疗器械生产企业对自己组织的再评价和国家各级药品监督管理部门组织的再评价得出的再评价结论至关重要,对发生不良事件的医疗器械的存废有十分重要的影响。因此,参与医疗器械再评价工作的单位都应对此保持足够的重视,慎重对待医疗器械再评价工作。再评价结论见表8-11。

表8-11　再评价结论

序号	情　　形	再评价管理部门	决　　定
1	安全有效但性能指标等事项发生变化	原医疗器械注册审批部门	责令生产企业修改医疗器械标签、说明书等事项
2	安全有效不能保证	原医疗器械注册审批部门	可以作出撤销医疗器械注册证书的决定
3	安全有效不能保证	国家药品监督管理局	可以作出淘汰医疗器械的决定

国家药品监督管理局和省、自治区、直辖市药品监督管理部门作出撤销医疗器械注册证书决定之前,应当告知医疗器械生产企业享有申请听证的权利。

国家药品监督管理局作出淘汰医疗器械决定之前,应当向社会公告,按照国家药品监督管理局听证规则举行听证。

点滴积累　∨

1. 医疗器械再评价,是指对获准上市的医疗器械的安全性、有效性进行重新评价,并实施相应措施的过程。

2. 开展医疗器械再评价涉及的相关数据及资料主要有:①原医疗器械注册资料中的安全风险分析报告;②产品技术报告;③适用的产品标准及说明;④临床试验报告、标签、说明书。

第四节　法律责任

一、监测管理部门的法律责任

医疗器械不良事件的监测和再评价,涉及到了众多主体,既有行政监管部门,又有技术机构。根据现行《条例》第七十二条的相关规定,在医疗器械不良事件监测和再评价过程中,医疗器械不良事件监测技术机构未依照本条例规定履行职责,致使审评、监测工作出现重大失误的,由县级以上人民政府药品监督管理部门责令改正,通报批评,给予警告;造成严重后果的,对直接负责的主管人员和其他直接责任人员,依法给予降级、撤职或者开除的处分。

二、相关企业的法律责任

药品监督管理部门组织开展医疗器械再评价的,由同级医疗器械不良事件监测技术机构制定再评价方案,组织实施,并形成再评价报告。

根据再评价结论,原医疗器械注册审批部门可以责令生产企业修改医疗器械标签、说明书等事项;对不能保证安全有效的医疗器械,原注册审批部门可以作出撤销医疗器械注册证书的决定。但是,国家药品监督管理局和省、自治区、直辖市药品监督管理部门作出撤销医疗器械注册证书决定之前,应当告知医疗器械生产企业享有申请听证的权利。

可见,生产企业生产的带有缺陷的医疗器械产品,如果经召回进行再评价后,最大的风险就是退市,失去继续在市场上生产、销售的机会。

国家药品监督管理局根据再评价结论,可以作出淘汰医疗器械的决定。国家药品监督管理局作出淘汰医疗器械决定之前,应当向社会公告,按照国家药品监督管理局听证规则举行听证。

药品监督管理部门及其有关工作人员在医疗器械不良事件监测管理工作中违反规定、延误不良事件报告、未采取有效措施控制严重医疗器械不良事件重复发生并造成严重后果的,依照有关规定给予行政处分。

目标检测

一、单选题

1. 承担全国医疗器械不良事件监测和再评价技术工作的部门是( )。

    A. 国家医疗器械检测中心　　　　　　B. 国家药品不良反应监测中心

    C. 国家药品监督管理局　　　　　　　D. 国家卫生健康委员会

2. 药品监督管理部门组织开展医疗器械再评价的,由( )医疗器械不良事件监测技术机构制定再评价方案,组织实施,并形成再评价报告。

    A. 上级　　　　　　　　　　　　　　B. 下级

    C. 同级　　　　　　　　　　　　　　D. 前面三项都不正确

3. 医疗器械生产企业应当在首次报告后的( )个工作日内,填写《医疗器械不良事件补充报告表》。

    A. 10　　　　　　B. 15　　　　　　C. 20　　　　　　D. 25

4. 医疗器械生产企业、经营企业和使用单位发现或者知悉应报告的医疗器械不良事件后,应当填写( )。

    A.《可疑医疗器械不良事件报告表》　　B.《可疑医疗器械不良事件补充报告表》

    C.《可疑医疗器械不良事件鉴定表》　　D.《可疑医疗器械不良事件年度汇总报告表》

5. 医疗器械生产企业、经营企业和使用单位发现( )医疗器械不良事件,应当立即向所在地省、自治区、直辖市药品监督管理部门、卫生主管部门和医疗器械不良事件监测技术机构报告,并在24小时内填写并报送《可疑医疗器械不良事件报告表》。

A. 导致死亡的   B. 突发、群发的

C. 发生严重危害的   D. 可能导致死亡、严重危害的

6. 由于产品的设计缺陷、已经注册审核的使用说明书不准确或不充分等原因造成的,但产品质量合格的事故属于( )。

A. 医疗器械质量事故   B. 医疗器械不良事件

C. 医疗事故   D. 意外事故

7. 医疗器械生产企业、经营企业和使用单位应当建立并保存医疗器械不良事件监测记录。记录应当保存至医疗器械标明的使用期后2年,但是记录保存期限应当不少于( )年。

A. 5   B. 10   C. 15   D. 20

8. 以下情形中,不属于医疗器械生产企业必须开展再评价情形是( )。

A. 通过产品设计回顾性研究发现其医疗器械存在安全隐患的

B. 通过质量体系自查结果发现其医疗器械存在安全隐患的

C. 通过产前风险分析发现其医疗器械存在安全隐患的

D. 通过有关医疗器械安全风险研究文献获悉其医疗器械存在安全隐患的

9. 对安全有效不能保证的医疗器械产品,原医疗器械注册审批部门可以作出( )医疗器械注册证书的决定。

A. 撤销   B. 注销   C. 吊销   D. 没收

10. 对启动再评价的境外医疗器械产品,由( )发出警示、公告、暂停销售、暂停使用、责令召回等控制措施。

A. 经营企业   B. 生产企业

C. 省级药监部门   D. 国家药品监督管理局

二、多选题

1. 负有医疗器械不良事件报告义务的主体有( )。

A. 医疗器械生产企业   B. 医疗器械经营企业

C. 医疗器械使用单位   D. 个人

2. 国家药品不良反应监测中心承担全国医疗器械不良事件监测和再评价技术工作,履行的主要职责有( )。

A. 负责全国医疗器械不良事件监测信息的收集、评价和反馈

B. 负责医疗器械再评价的有关技术工作

C. 负责对省、自治区、直辖市医疗器械不良事件监测技术机构进行技术指导

D. 承担国家医疗器械不良事件监测数据库和信息网络的建设、维护工作

3. ( )应当建立并保存医疗器械不良事件监测记录。记录应当保存至医疗器械标明的使用期后2年。

A. 医疗器械生产企业   B. 医疗器械经营企业

C. 医疗器械使用单位   D. 个人

4. 在医疗器械不良事件的报告程序中,要遵循的原则有(   )。

A. 可疑即报原则   B. 濒临事件原则

C. 免除报告原则   D. 直接报告原则

5. 在医疗器械不良事件检测与再评价中,省级医疗器械不良事件监测技术机构的职责主要有
(   )。

A. 负责本行政区域内医疗器械不良事件监测信息的收集、评价、反馈和报告工作

B. 通报全国医疗器械不良事件监测情况和再评价结果

C. 负责本行政区域内药品监督管理部门批准上市的境内第一、二类医疗器械再评价的有关
技术工作

D. 国家卫生健康委员会确定并发布医疗器械不良事件重点监测品种

6. 开展医疗器械再评价,涉及的相关数据及资料主要有(   )。

A. 原医疗器械注册资料中的安全风险分析报告

B. 产品技术报告

C. 适用的产品标准及说明

D. 临床试验报告、标签、说明书

三、简答题

1. 请简述我国医疗器械不良事件监测中生产企业的义务?

2. 医疗器械再评价如何启动,它对生产企业有何影响?

ER-08章习题

第九章

ER-09章PPT

医疗器械召回管理

导学情景 ∨

情景描述：

2017 年 7 月 28 日，原国家食品药品监督管理总局官网发布消息称，某外资医疗器械有限公司向监管部门报告，由于该公司代理的 X 射线计算机体层摄影设备由于扭矩扳手校准测试失败，可能导致 X 射线管安装紧固件扭矩错误，生产商 Philips Medical Systems（Cleveland），Inc. 对其生产的 X 射线计算机体层摄影设备（注册证编号：国械注进 2015330 ** 07）主动召回。召回级别为三级。《医疗器械召回事件报告表》记录了涉及产品的型号、规格及批次等详细信息。

学前导语：

1. 在什么情况下，需要召回医疗器械？

2. 医疗器械需要召回时，怎样对召回分类、分级？

第一节　概述

召回制度最早起源于美国。早在 20 世纪 70 年代初期，召回制度即被引入药品监管领域。产品召回（product recall）制度，是指产品的制造商、进口商或销售者在得知其生产、进口、销售的产品存在可能引发消费者健康、安全问题的缺陷时，依法向职能部门报告，及时通知消费者，设法从市场上或消费者手中收回缺陷产品并进行免费修理、更换、处理的制度。

一、医疗器械召回的定义

医疗器械召回，是指医疗器械生产企业按照规定的程序对其已上市销售的某一类别、型号或者批次的存在缺陷的医疗器械产品，采取警示、检查、修理、重新标签、修改并完善说明书、软件更新、替换、收回、销毁等方式进行处理的行为。所谓缺陷，是指医疗器械在正常使用情况下存在可能危及人体健康和生命安全的不合理的风险。

从"缺陷"的定义可以看出，掌握"正常使用"和"不合理风险"是医疗器械产品缺陷识别的关键。但是，在我国现行的医疗器械法规或标准中未给出"正常使用"的准确定义。在 IEC62366:2007《可用性工程在医疗器械中的应用》中，"正常使用"被定义为：操作，包括使用者进行的日常检查和调整以及按照使用说明进行操作，或对于没有使用说明的医疗器械按照通常可接受的习惯进行操作。另外,该定义还特别说明了以下两点:①使用错误可能在正常使用中发生;②没有使用说明而可以安全使用的医疗器械,需要由有权限的权威机构免除使用说明。

"不合理风险"的存在是缺陷医疗器械产品的构成要件,但如何判断"不合理风险"却并不容易。对于缺陷产品,欧美国家在召回实践中通常运用以下几种标准来认定:一是消费者期望标准。它是指以一般消费者的期待为标准来评价产品的安全性。就是说在判断缺陷时,要考虑是否具有作为消费者的买主所期待的性能、质量或指示、警告等。二是风险与效益分析标准。它是指通过对产品的有用性与危险性的比较,对产品危险规避的可能性、消费者的危险预防可能性、制造时或者预定使用时的技术发展程度、替代设计的可能性认定,检查是否采取了安全措施,以判断产品是否存在缺陷。三是"两分法"标准。即在判断产品是否存在缺陷时,同时考虑消费者期望标准和风险与效益分析标准。如果消费者以预计或可合理预见的方式使用产品而该产品的性能却未达到其期望的安全标准,或者,如果被设计产品效益在重要性上远不及该设计的产品内含的风险,则该产品即视为有缺陷。"消费者期望标准"较人性化,但也较主观。因此,在实际的医疗器械产品召回工作中很难把握。基于医疗器械产品的特殊性,我们认为"风险与效益分析标准"应是医疗器械产品"不合理风险"的主要衡量标准。

医疗器械作为近代科学技术的产品已经广泛应用于疾病的预防、诊断、治疗、保健和康复过程中,成为现代医学领域中的重要手段。但是,与药品一样,医疗器械也具有一定的风险。召回制度作为医疗器械上市后监管的重要措施,能显著消除或减少缺陷医疗器械的风险,减少或避免其对人体健康和生命安全造成的危害,保障医疗器械使用的安全、有效。目前,对缺陷医疗器械实行召回已经引起全社会的关注。

二、医疗器械召回的主体

境内医疗器械产品注册人或者备案人、进口医疗器械的境外制造厂商在中国境内指定的代理人是实施医疗器械召回的责任主体。

(一) 医疗器械生产企业

医疗器械生产企业是控制与消除产品缺陷的责任主体,应当主动对缺陷产品实施召回。医疗器械生产企业应当按照规定建立健全医疗器械召回管理制度,收集医疗器械安全相关信息,对可能的缺陷产品进行调查、评估,及时召回缺陷产品。

进口医疗器械的境外制造厂商在中国境内指定的代理人应当将仅在境外实施医疗器械召回的有关信息及时报告国家药品监督管理局;凡涉及在境内实施召回的,中国境内指定的代理人应当按照相关规定组织实施。

(二) 医疗器械经营企业、使用单位

医疗器械经营企业、使用单位发现其经营、使用的医疗器械可能为缺陷产品的,应当立即暂停销售或者使用该医疗器械,及时通知医疗器械生产企业或者供货商,并向所在地省、自治区、直辖市药品监督管理部门报告;使用单位为医疗机构的,还应当同时向所在地省、自治区、直辖市卫生行政部

门报告。

医疗器械经营企业、使用单位应当积极协助医疗器械生产企业对缺陷产品进行调查、评估,主动配合生产企业履行召回义务,按照召回计划及时传达、反馈医疗器械召回信息,控制和收回缺陷产品。

医疗器械经营企业、使用单位所在地省、自治区、直辖市药品监督管理部门收到报告后,应当及时通报医疗器械生产企业所在地省、自治区、直辖市药品监督管理部门。

(三) 召回监督

国家药品监督管理局监督全国医疗器械召回的管理工作。召回医疗器械的生产企业、进口医疗器械的境外制造厂商在中国境内指定的代理人所在地省、自治区、直辖市药品监督管理部门负责医疗器械召回的监督管理工作,其他省、自治区、直辖市药品监督管理部门应当配合、协助做好本辖区内医疗器械召回的有关工作。

国家药品监督管理局和省、自治区、直辖市药品监督管理部门应当建立医疗器械召回信息通报和公开制度,及时向同级卫生行政部门通报相关信息,采取有效途径向社会公布存在缺陷的医疗器械信息和医疗器械召回的情况。

三、医疗器械召回的法律依据

ER-9-1

医疗器械召回管理办法

2000 年版《条例》并没有对医疗器械的召回作出制度上的安排,从而使这一重要的医疗器械上市后监管制度成为了管理上的"短板"。2011 年,我国开始实施《医疗器械召回管理办法(试行)》(以下简称 2011 年版《召回管理办法》),首次对有缺陷的医疗器械产品要求召回。它的实施为及时控制上市后的医疗器械风险,保护公众用械安全提供了法律保障。医疗器械召回制度的施行,不仅是控制医疗器械风险、促进生产技术进步、完善产品设计的有效方法,也是推动生产企业提高产品质量意识,规范市场竞争秩序的重要措施。

为了进一步强化对医疗器械召回的管理,根据现行《条例》要求,在前期对国内外召回制度充分调研的基础上,结合我国国情和实践,对 2011 年版《召回管理办法》进行了修改,2017 年发布出台《医疗器械召回管理办法》(国家食品药品监督管理总局令第 29 号)(以下简称现行《召回管理办法》)。现行《召回管理办法》包括总则、医疗器械缺陷的调查与评估、主动召回、责令召回、法律责任、附则共六章三十七条内容。

现行《召回管理办法》保留了 2011 年版《召回管理办法》的框架和主要内容。依据现行《条例》,重点对召回的范围和个别操作程序作了补充和调整,强化了生产企业的主体责任和法律责任,加大了对违法违规行为的惩处力度。主要修改内容包括:

(1) 落实了医疗器械召回的责任主体。明确境内医疗器械产品注册人或者备案人、进口医疗器械的境外制造厂商在中国境内指定的代理人是实施医疗器械召回的主体。

(2) 明确了适用范围。2011 年版《召回管理办法》规定,"本办法适用于在中华人民共和国境内销售的医疗器械的召回及其监督管理",现行《召回管理办法》修改为"中华人民共和国境内已上市医疗器械的召回及其监督管理",明确了凡在我国注册的医疗器械产品,在境内或者境外发生召回的,都应当按照现行《召回管理办法》的要求实施或报告。

（3）调整缺陷产品的范围。2011年版《召回管理办法》规定"本办法所称医疗器械召回,是指医疗器械生产企业按照规定的程序对其已上市销售的存在缺陷的某一类别、型号或者批次的产品,采取警示、检查、修理、重新标签、修改并完善说明书、软件升级、替换、收回、销毁等方式消除缺陷的行为","本办法所称缺陷,是指医疗器械在正常使用情况下存在可能危及人体健康和生命安全的不合理的风险",即召回范围是在正常使用情况下存在可能危及人体健康和生命安全的不合理风险的医疗器械。现行《召回管理办法》根据现行《条例》,将缺陷产品的范围扩展为:①正常使用情况下存在可能危及人体健康和生命安全的不合理的风险的产品;②不符合强制性标准、经注册或者备案的产品技术要求的产品;③不符合医疗器械生产、流通质量管理有关规定导致可能存在不合理风险的产品;④其他需要召回的产品。

（4）增加了缺陷评估内容。对应扩大缺陷产品范围的修改,在对医疗器械缺陷进行评估的主要内容方面,增加了"产品是否符合强制性标准、经注册或者备案的产品技术要求"一项。

（5）调整了监督召回产品销毁的监管部门。2011年版《召回管理办法》中规定"需要销毁的,应当在销毁地药品监督管理部门监督下销毁"。但在实践中,此方式不利于实际操作。同时,在信息技术日新月异的当前,监督方式的多样化是大势所趋。因此,现行《召回管理办法》修改为"需要销毁的,应当在食品药品监督管理部门监督下销毁。"

（6）调整了召回信息通报的要求。2011年版《召回管理办法》规定"药品监督管理部门应当自收到总结报告之日起10日内对报告进行审查,并对召回效果进行评价。审查和评价结论应当以书面形式通知医疗器械生产企业并抄送同级卫生行政部门"。在实践中,审查和评价结论书面形式通知医疗器械生产企业并通报同级卫生行政部门的要求难以操作。因此,现行《召回管理办法》取消书面形式通知生产企业的要求,将向卫生行政部门的信息通报修改为"必要时向同级卫生行政部门通报相关信息"。

新旧《召回管理办法》内容变化见表9-1。

医疗器械作为一种特殊的商品,其本身可能具有的某些设计或质量缺陷在产品上市之初很难发现,只有在实际使用过程中对产品质量和不良事件进行不间断的、系统的监测和研究分析,才能逐渐发现这些缺陷并确定原因和伤害程度,然后采取适当的召回行为消除缺陷,从而提高医疗器械的质量,最大程度保证公众的安全和健康。因此,实行《召回管理办法》,从召回产品的界定、召回制度的分类与分级、召回处理方式、责任与监管主体、法律责任等关键点上进行了全面界定与规范,对保障公众用械安全起到了重要的作用。相对于政府监管机构,此次召回制度从根本上落实了医疗器械召回的责任主体,明确境内医疗器械产品注册人或者备案人、进口医疗器械的境外制造厂商在中国境内指定的代理人是实施医疗器械召回的主体。

表 9-1　新旧《召回管理办法》内容变化表

	2011 年版《召回管理办法》	现行《召回管理办法》
配合义务	医疗器械经营企业/使用单位有义务按照生产企业的召回计划传达、反馈信息,控制和收回医疗器械	医疗器械经营企业/使用单位有义务按照生产企业的召回计划传达、反馈信息,控制和收回医疗器械,此外,还应积极协助医疗器械生产企业对缺陷产品进行调查、评估、主动配合生产企业履行召回
公示义务	无	在主动召回过程中,医疗器械生产企业应同时向社会发布产品召回信息
报告义务	医疗器械生产企业做出医疗器械召回决定的,应当立即书面告知所在地省、自治区、直辖市药品监督管理部门,并且在 5 日内填写《医疗器械召回事件报告表》	医疗器械生产企业做出医疗器械召回决定的,应当立即向所在地省、自治区、直辖市药品监督管理部门和批准该产品注册或者办理备案的药品监督管理部门提交医疗器械召回事件报告表
记录保存	医疗器械生产企业对召回医疗器械的处理应当有详细的记录	对于有注册证的器械,记录应当保存至医疗器械注册证失效后 5 年,对于第一类医疗器械,召回的处理记录则应当保存 5 年
处罚力度	发现医疗器械存在缺陷而没有主动召回医疗器械的,责令召回医疗器械,并处应召回医疗器械货值金额 3 倍的罚款。医疗器械生产企业违反本办法第二十四条规定,拒绝召回医疗器械的,处应召回医疗器械货值金额 3 倍的罚款	医疗器械生产企业违反本法第二十四条规定,拒绝召回医疗器械的,最高可处货值金额 5 倍以上 10 倍以下罚款(《医疗器械监督管理条例》第六十六条)
监管人员追责	按照有关法律法规予以处理	有下列情形之一的,由监察机关或者任免机关根据情节轻重,对直接负责的主管人员和其他直接责任人员给予批评教育,或者依法给予警告、记过或者记大过的处分;造成严重后果的,给予降级、撤职或者开除的处分: (一)未按规定向社会发布召回信息的; (二)未按规定向相关部门报告或者通报有关召回信息的; (三)应当责令召回而未采取责令召回措施的; (四)违反本办法第二十三条和第二十七条第二款规定,未能督促医疗器械生产企业有效实施召回的

四、医疗器械召回的现状与发展

医疗器械产品本身种类繁多,涉及的学科也非常广泛,不少产品的使用风险较高。消费者与生产企业在产品质量、有效性等方面存在着信息不对称。与大多数国家的管理类似,我国政府对医疗器械产品实行上市前审批、上市后监督的管理政策。建立医疗器械产品召回制度是防止上市后产品造成人身伤害和健康损害非常有效的一种措施。该制度旨在保护消费者的健康和安全。它要求产品的制造商和提供者在其产品进入市场后仍需尽最大的注意义务,以避免给消费者和使用者甚至第三人造成身体损害和财产损失。而作为制造商和产品提供者承担这样的义务,并非基于契约关系或已产生的侵权责任,实际上更多的是基于公平与正义的要求。

现行《条例》第五十二条第一款规定:"医疗器械生产企业发现其生产的医疗器械不符合强制性标准、经注册或者备案的产品技术要求或者存在其他缺陷的,应当立即停止生产,通知相关生产经营企业、使用单位和消费者停止经营和使用,召回已经上市销售的医疗器械,采取补救、销毁等措施,记录相关情况,发布相关信息,并将医疗器械召回和处理情况向食品药品监督管理部门和卫生计生主管部门报告。"因此,该条规定确立了我国的医疗器械召回制度。该条第二款还规定:"医疗器械经营企业发现其经营的医疗器械存在前款规定情形的,应当立即停止经营,通知相关生产经营企业、使用单位、消费者,并记录停止经营和通知情况。"这款规定要求医疗器械经营企业履行医疗器械召回的辅助义务,一是要及时向生产企业等相关主体报告,二是要立即停止经营。医疗器械生产企业得到经营企业的相关报告后,认为需要召回的医疗器械,应当立即召回。2011 年版《召回管理办法》借鉴了美国、欧盟等国的做法,将需要召回的产品限定为缺陷医疗器械产品。现行《召回管理办法》进一步详细列举了医疗器械召回的范围,包括是:①正常使用情况下存在可能危及人体健康和生命安全的不合理风险的产品;②不符合强制性标准、经注册或者备案的产品技术要求的产品;③不符合医疗器械生产、经营质量管理有关规定导致可能存在不合理风险的产品;④其他需要召回的产品。

现行《召回管理办法》第四条第二项所述的"不符合强制性标准、经注册或备案的产品技术要求的产品",指的是不符合上市放行时有效的医疗器械强制性标准或经注册或备案的产品技术要求的医疗器械。由于安全性原因,标准实施通知中有特殊规定的除外。譬如:2010 年出厂放行销售并使用至今的某种医疗器械,于 2010 年出厂放行时符合当时有效的强制性国家标准。而后,该强制性国家标准进行了更新,于 2016 年颁布实施了新版强制性国家标准。在这种情况下,已上市销售并使用的该产品不属于需召回的范围,但在 2016 年新版强制性国家标准颁布实施后出厂放行的该产品应符合新版强制性国家标准的要求。

因此,在召回制度已经得以正式确立的前提上,我们首先应该借鉴国外医疗器械召回管理的经验,完善和健全覆盖全国范围的医疗器械不良事件监测体系,提高产品安全性信息监测和报告体系的灵敏性、特异性、有效性,建立和完善规范化的召回管理技术支撑体系,培养专业人才。其次,鼓励各级监测机构依据工作实际,积极开展医疗器械召回管理的课题研究,更好地实施召回提供理论依据。再次,引导企业本着对公众、社会负责的态度,建立产品不良事件日常监测制度,积极推动缺陷产品的召回。企业也可通过这种诚信行为来确保消费者使用的医疗器械更加安全、有效,从根本上保证企业的长久利益,树立企业的良好形象。最后,提高公众对召回的认知程度。对缺陷医疗器械的召回是国际惯例。对医疗器械产品实施召回并不代表产品的质量一定有问题,相反,召回的目的是为了不断提高产品的安全性和有效性。应选择恰当的载体、运用适宜的形式,大力宣传和普及召回知识,引导公众正确认识和关注缺陷医疗器械的召回。

由于国情的不同以及社会观念的差异,我国实施产品召回的文化基础并不深厚。尽管在食品、药品、汽车以及玩具等行业都实施了召回制度,但其实施效果均差强人意。背后的一个重要原因是生产企业在应该召回相关产品时顾虑重重,担心召回活动影响企业形象,累及企业股价以及收益。西方社会对缺陷产品召回习以为然,大都积极对待。其原因一是社会公众极大地包容缺陷产品的存在,认为出现缺陷一般只与人们认识上的局限有关,而与企业的诚信无关;二是生产企业视缺陷的曝光为改善技术的难得机会,借此实现了产品更新换代。而在我国,绝大部分公众都错误地认为缺陷出现就是由企业不诚信或水平低下导致的,对产品缺陷的口诛笔伐远多于理性探讨。社会大众对缺陷产品截然不同的态度,会直接影响生产企业对缺陷产品召回的积极性。据统计,2017 年上半年截至 7 月 14 日,原国家食品药品监督管理总局发布了 72 个医疗器械产品召回报告,共涉及 53 家医疗器械生产企业,94 个医疗器械产品,其中仅有 5 个产品是境内医疗器械产品。一级召回的产品有 7 个;二级召回的产品有 36 个,占总数的 38%;三级召回的产品有 30 个,有 21 个召回产品未在中国销售。可见,在我国占据医疗器械召回大半壁江山的仍是外资医疗器械企业,本土企业履行召回义务还远远没有到位。

点滴积累 ╲╱

1. 需要召回的医疗器械,从本质上讲不属于质量有问题的器械,核心原因是存在缺陷。
2. 医疗器械生产企业是医疗器械召回的最重要的责任主体。
3. 医疗器械召回产品的处理方式,生产企业不仅可以收回产品,还可以采取警示、检查、修理、重新标签、修改说明书、软件更新、替换等方式消除缺陷。

第二节　医疗器械缺陷的调查与评估

一、医疗器械缺陷调查

医疗器械生产企业应当按照规定建立健全医疗器械质量管理体系和医疗器械不良事件监测系统,收集、记录医疗器械的质量投诉信息和医疗器械不良事件信息,对收集的信息进行分析,对可能存在的缺陷进行调查和评估。

医疗器械经营企业、使用单位应当配合医疗器械生产企业对有关医疗器械缺陷进行调查,并提供有关资料。医疗器械生产企业应当按照规定及时将收集的医疗器械不良事件信息向药品监督管理部门报告,药品监督管理部门可以对医疗器械不良事件或者可能存在的缺陷进行分析和调查,医疗器械生产企业、经营企业、使用单位应当予以配合。

二、医疗器械缺陷评估

医疗器械缺陷分析是缺陷评估的前提。在医疗器械产品缺陷的判定过程中,应对下列问题进行分析:

(1) 医疗器械产品不合理的风险是以何种来源的信息(投诉、不良事件监测、临床研究)为基础进行识别和判断的?

（2）如果医疗器械产品具有缺陷,那么要明确以下问题:①是否确定了产品失效的机制?（如:短路、不良焊接）;②如果未确定产品失效的机制,是否确定了不合理风险的原因?（如:制造、标签）;③如果未确定产品不合理风险的原因,那么合理的解释是什么?

（3）是否确定在医疗器械产品寿命周期的哪一阶段产生了不合理风险?（设计、生产、流通、使用）

（4）医疗器械产品不合理风险是否会导致人体伤害或死亡?

（5）如果缺陷是由医疗器械产品的某一元器件或构件引起的,有必要确定以下问题:①确定同一生产企业其他具有这一元器件或构件的医疗器械产品是否也有类似的缺陷?②确定其他生产企业的医疗器械产品是否采用了同一元器件或构件?③某一元器件或构件的缺陷原因?④存在缺陷的元器件或构件是否有留样,并经过检测?

（6）如果缺陷是由医疗器械产品的标签引起的,有必要确定以下问题:①医疗器械产品的生产企业是否建立防止标签问题的质量管理过程?②标签或说明书的缺陷是由设计造成,还是印刷失误造成?

（7）如果医疗器械产品已上市销售一年以上,并且确定为设计缺陷,那么有必要确定以下问题:①为什么医疗器械产品缺陷目前才显现出来?②如果无法合理回答上一问题,那么需要确定生产企业是否研究了缺陷问题的其他原因?③如果缺陷是医疗器械产品原始设计的一部分,那么需要确定召回产品的时限是否从上市销售日期算起?④如果缺陷是医疗器械产品设计变换而来的,那么需要确定召回产品的生产企业是否建立了设计控制过程?以及确定召回产品的时限是否从设计变换日期算起?

在医疗器械缺陷分析的基础上开展医疗器械缺陷评估,作为对医疗器械实施召回的前提,对正确评估缺陷的大小、危害以及危险程度有着重要意义。对医疗器械缺陷进行评估的主要内容包括:①产品是否符合强制性标准、经注册或者备案的产品技术要求;②在使用医疗器械过程中是否发生过故障或者伤害;③在现有使用环境下是否会造成伤害,是否有科学文献、研究、相关试验或者验证能够解释伤害发生的原因;④伤害所涉及的地区范围和人群特点;⑤对人体健康造成的伤害程度;⑥伤害发生的概率;⑦发生伤害的短期和长期后果;⑧其他可能对人体造成伤害的因素。

点滴积累 ∨ ....

1. 建立健全医疗器械质量管理体系和医疗器械不良事件监测系统,收集、记录医疗器械的质量投诉信息和医疗器械不良事件信息是缺陷的调查与评估的重要工作。

2. 医疗器械经营企业、使用单位应当配合医疗器械生产企业对有关医疗器械缺陷进行调查,并提供有关资料。

3. 医疗器械缺陷分析是缺陷评估的前提。

第三节　医疗器械召回分级与分类

一、医疗器械召回分级

根据医疗器械缺陷的严重程度,医疗器械召回分为:①一级召回:使用该医疗器械可能或者已经引起严重健康危害的;②二级召回:使用该医疗器械可能或者已经引起暂时的或者可逆的健康危害的;③三级召回:使用该医疗器械引起危害的可能性较小但仍需要召回的。医疗器械生产企业应当根据具体情况确定召回级别并根据召回级别与医疗器械的销售和使用情况,科学设计召回计划并组织实施。

医疗器械缺陷程度所产生的风险大小,主要与应用部分同人体接触方式及预期作用、组件可靠性和功能、各种类型能量的应用和控制、产品的可用性等因素密切相关。因此,医疗器械产品召回深度需要依据可能造成人体伤害的程度、产品销售或使用的分布等情况来确定。医疗器械产品召回策略中需要细化产品销售链条的层次,比如:批发商、零售商、使用者。从医疗器械产品技术风险的角度,判断风险大小要注意:

（1）医疗器械应用部分接触人体的解剖部位以及医疗器械的功能作用是决定产品使用风险大小的重要因素,应用部分在人体内使用或功能作用为急救/生命支持的产品具有使用高风险的性质。

（2）医疗器械对各种能量的应用和控制问题应是产品技术风险的重要来源,主要表现为由于负能量（与实现预期用途无关的能量）的增加或正能量（实现预期用途的能量）的减少而产生的风险。

（3）医疗器械组件的可靠性与其功能作用以及应用环境的不匹配、不协调是组件失效导致风险事件的重要原因,器械功能单元的应用特性（如:生命支持、急救、连接或固定、无菌等）是组件失效风险大小的重要决定因素。

（4）医疗器械的可用性水平决定了使用错误发生的概率,显示接口、控制接口以及标签、说明书应是可用性分析和设计的重点。

二、医疗器械召回分类

（一）主动召回

1. 召回决定　医疗器械生产企业在日常质量体系检查和不良事件监测过程中进行调查评估后,发现医疗器械存在缺陷的,应当立即决定召回,同时向社会发布产品召回信息。

实施一级召回的,医疗器械召回公告应当在国家药品监督管理局网站和中央主要媒体上发布;实施二级、三级召回的,医疗器械召回公告应当在省、自治区、直辖市药品监督管理部门网站发布,省、自治区、直辖市药品监督管理部门网站发布的召回公告应当与国家药品监督管理局网站链接。

医疗器械生产企业作出医疗器械召回决定的,一级召回应当在1日内,二级召回应当在3日内,三级召回应当在 7 日内,通知到有关医疗器械经营企业、使用单位或者告知使用者。召回通知应当包括以下内容:①召回医疗器械名称、型号规格、批次等基本信息;②召回的原因;③召回的要求,如立即暂停销售和使用该产品、将召回通知转发到相关经营企业或者使用单位等;④召回医疗器械的处理方式。

2. 召回备案　医疗器械生产企业作出医疗器械召回决定的,应当立即向所在地省、自治区、直辖市药品监督管理部门和批准该产品注册或者办理备案的药品监督管理部门提交医疗器械召回事件报告表,并在 5 个工作日内将调查评估报告和召回计划提交至所在地省、自治区、直辖市药品监督管理部门和批准注册或者办理备案的药品监督管理部门备案。

医疗器械生产企业所在地省、自治区、直辖市药品监督管理部门应当在收到召回事件报告表 1 个工作日内将召回的有关情况报告国家药品监督管理局。

3. 召回评估与计划　在主动召回的过程中,医疗器械生产企业要将缺陷产品召回的调查评估情况形成调查评估报告。同时,要制定详细的召回计划以便实施召回。调查评估报告和召回计划应当提交给生产企业所在地的省级药监部门。医疗器械生产企业对上报的召回计划进行变更的,应当及时报药品监督管理部门备案。调查评估报告和召回计划应当包含的内容如表 9-2 所示。

表 9-2　召回评估与计划的内容

调查评估报告内容	召回计划内容
(1)召回医疗器械的具体情况,包括名称、批次等基本信息 (2)实施召回的原因 (3)调查评估结果 (4)召回分级	(1)医疗器械生产销售情况及拟召回的数量 (2)召回措施的具体内容,包括实施的组织、范围和时限等 (3)召回信息的公布途径与范围 (4)召回的预期效果 (5)医疗器械召回后的处理措施

医疗器械生产企业所在地省、自治区、直辖市药品监督管理部门可以对生产企业提交的召回计划进行评估,认为生产企业所采取的措施不能有效消除产品缺陷或者控制产品风险的,应当书面要求其采取提高召回等级、扩大召回范围、缩短召回时间或者改变召回产品的处理方式等更为有效的措施进行处理。医疗器械生产企业应当按照药品监督管理部门的要求修改召回计划并组织实施。

医疗器械生产企业对上报的召回计划进行变更的,应当及时报所在地省、自治区、直辖市药品监督管理部门备案。

4. 召回实施　医疗器械生产企业在实施召回的过程中,应当根据召回计划定期向所在地省、自治区、直辖市药品监督管理部门提交召回计划实施情况报告。

医疗器械生产企业对召回医疗器械的处理应当有详细的记录,并向医疗器械生产企业所在地省、自治区、直辖市药品监督管理部门报告,记录应当保存至医疗器械注册证失效后 5 年,第一类医疗器械召回的处理记录应当保存 5 年。对通过警示、检查、修理、重新标签、修改并完善说明书、软件更新、替换、销毁等方式能够消除产品缺陷的,可以在产品所在地完成上述行为。需要销毁的,应当在药品监督管理部门监督下销毁。

现行《召回管理办法》第三条对医疗器械的召回下定义的同时,实际还规定了召回实施的方式。在该定义中,提及了9种医疗器械产品召回方式。其中,警示、检查、修理、重新标签、修改并完善说明书、软件更新、替换属于产品纠正召回方式(correction);收回、销毁属于产品移除召回方式(removal)。因此,在医疗器械产品召回方式的确定过程中,需要对下列问题进行判断:①采取的召回方式是否能够解决当前最迫切的风险问题?②对准备采取的召回方式是否进行了验证和确认?③医疗器械产品生产企业能否负责任地确定召回行动的可执行性?④医疗器械生产企业采取了何种措施防止不合理风险重复发生?如:培训、加强监测等。⑤医疗器械产品不合理风险的信息是否已提供给可能发生产品伤害事件的相关方?⑥医疗器械生产企业能否确定不合理风险对其他医疗器械产品的影响?

5. 召回报告　医疗器械生产企业应当在召回完成后10个工作日内对召回效果进行评估,并向所在地省、自治区、直辖市药品监督管理部门提交医疗器械召回总结评估报告。

医疗器械生产企业所在地省、自治区、直辖市药品监督管理部门应当自收到总结评估报告之日起10个工作日内对报告进行审查,并对召回效果进行评估;认为召回尚未有效消除产品缺陷或者控制产品风险的,应当书面要求生产企业重新召回。医疗器械生产企业应当按照药品监督管理部门的要求进行重新召回。

(二) 责令召回

药品监督管理部门经过调查评估,认为医疗器械生产企业应当召回存在缺陷的医疗器械产品而未主动召回的,应当责令医疗器械生产企业召回医疗器械。

责令召回的决定可以由医疗器械生产企业所在地省、自治区、直辖市药品监督管理部门作出,也可以由批准该医疗器械注册或者办理备案的药品监督管理部门作出。作出该决定的药品监督管理部门,应当在其网站向社会公布责令召回信息。医疗器械生产企业应当按照药品监督管理部门的要求进行召回,并向社会公布产品召回信息。必要时,药品监督管理部门可以要求医疗器械生产企业、经营企业和使用单位立即暂停生产、销售和使用,并告知使用者立即暂停使用该缺陷产品。

药品监督管理部门作出责令召回决定,应当将责令召回通知书送达医疗器械生产企业,通知书包括以下内容:①召回医疗器械的具体情况,包括名称、型号规格、批次等基本信息;②实施召回的原因;③调查评估结果;④召回要求,包括范围和时限等。医疗器械生产企业收到责令召回通知书后,应当按照规定通知医疗器械经营企业和使用单位或者告知使用者,制定、提交召回计划,并组织实施。

在责令召回的过程中,医疗器械生产企业对上报的召回计划进行变更的,应当及时报所在地省、自治区、直辖市药品监督管理部门备案。同时,在实施召回的过程中,应当根据召回计划定期向所在地省、自治区、直辖市药品监督管理部门提交召回计划实施情况报告。

责令召回实施完毕后,药品监督管理部门应当按照规定对医疗器械生产企业提交的医疗器械召回总结评估报告进行审查,并对召回效果进行评价,必要时通报同级卫生行政部门。经过审查和评价,认为召回不彻底、尚未有效消除产品缺陷或者控制产品风险的,药品监督管理部门应当书面要求医疗器械生产企业重新召回。医疗器械生产企业应当按照药品监督管理部门的要求进行重新召回。

点滴积累 V

1. 根据医疗器械缺陷的严重程度,医疗器械召回可以分为:一级召回;二级召回;三级召回。
2. 医疗器械召回的类别可分为:主动召回与责令召回。
3. 医疗器械召回的措施不仅是召回产品,还包括维修、更换等其他措施。

第四节　法律责任

医疗器械生产企业因违反法律、法规、规章规定造成上市医疗器械存在缺陷,依法应当给予行政处罚,但该企业已经采取召回措施主动消除或者减轻危害后果的,药品监督管理部门依照《中华人民共和国行政处罚法》的规定给予从轻或者减轻处罚;违法行为轻微并及时纠正,没有造成危害后果的,不予处罚。医疗器械生产企业召回医疗器械的,不免除其依法应当承担的其他法律责任。

一、医疗器械生产企业的法律责任

(一)拒绝召回缺陷医疗器械的法律责任

现行《条例》规定,药品监督管理部门责令其依照规定实施召回或者停止经营后,仍拒不召回或者停止经营医疗器械的。由县级以上人民政府药品监督管理部门责令改正,没收违法生产、经营或者使用的医疗器械;违法生产、经营或者使用的医疗器械货值金额不足1万元的,并处2万元以上5万元以下罚款;货值金额1万元以上的,并处货值金额5倍以上10倍以下罚款;情节严重的,责令停产停业,直至由原发证部门吊销医疗器械注册证、医疗器械生产许可证、医疗器械经营许可证。

(二)其他相关法律责任

医疗器械生产企业有下列情形之一的,予以警告,责令限期改正,并处3万元以下罚款:①违反《召回管理办法》规定,未按照要求及时向社会发布产品召回信息的;②违反《召回管理办法》规定,未在规定时间内将召回医疗器械的决定通知到医疗器械经营企业、使用单位或者告知使用者的;③违反《召回管理办法》规定,未按照药品监督管理部门要求采取改正措施或者重新召回医疗器械的;④违反《召回管理办法》规定,未对召回医疗器械的处理作详细记录或者未向药品监督管理部门报告的。

医疗器械生产企业有下列情形之一的,予以警告,责令限期改正;逾期未改正的,处3万元以下罚款:①未按照《召回管理办法》规定建立医疗器械召回管理制度的;②拒绝配合药品监督管理部门开展调查的;③未按照《召回管理办法》规定提交医疗器械召回事件报告表、调查评估报告和召回计划、医疗器械召回计划实施情况和总结评估报告的;④变更召回计划,未报药品监督管理部门备案的。

二、医疗器械经营企业、使用单位的法律责任

医疗器械经营企业、使用单位违反《召回管理办法》第七条第一款规定的,责令停止销售、使用存在缺陷的医疗器械,并处 5000 元以上 3 万元以下罚款;造成严重后果的,由原发证部门吊销《医疗器械经营许可证》。

医疗器械经营企业、使用单位拒绝配合有关医疗器械缺陷调查、拒绝协助医疗器械生产企业召回医疗器械的,予以警告,责令限期改正;逾期拒不改正的,处 3 万元以下罚款。

药品监督管理部门及其工作人员不履行医疗器械监督管理职责或者滥用职权、玩忽职守,有下列情形之一的,由监察机关或者任免机关根据情节轻重,对直接负责的主管人员和其他直接责任人员给予批评教育,或者依法给予警告、记过或者记大过的处分;造成严重后果的,给予降级、撤职或者开除的处分:①未按规定向社会发布召回信息的;②未按规定向相关部门报告或者通报有关召回信息的;③应当责令召回而未采取责令召回措施的;④违反《召回管理办法》第二十三条和第二十七条第二款规定,未能督促医疗器械生产企业有效实施召回的。

目标检测

一、单选题

1. 我国第一部《医疗器械召回管理办法(试行)》于(　　)实施生效。

  A. 2011 年 5 月 20 日   B. 2011 年 7 月 20 日

  C. 2011 年 7 月 1 日   D. 2012 年 7 月 1 日

2. 医疗器械(　　)是控制与消除产品缺陷的主体,应当对其生产的产品安全负责。

  A. 生产企业   B. 经营企业

  C. 使用单位   D. 检验机构

3. 医疗器械生产企业在日常质量体系检查和不良事件监测过程中进行调查评估后,发现医疗器械存在缺陷的,应当立即决定召回。这种召回属于(　　)。

  A. 主动召回   B. 延迟召回

  C. 责令召回   D. 紧急召回

4. 医疗器械(　　)应当建立健全医疗器械质量管理体系和医疗器械不良事件监测系统,收集、记录医疗器械的质量问题与医疗器械不良事件信息,对收集的信息进行分析,对医疗器械可能存在的缺陷进行调查和评估。

  A. 生产企业   B. 经营企业

  C. 使用单位   D. 检验机构

5. 医疗器械生产企业做出医疗器械召回决定的,应当立即书面告知所在地省、自治区、直辖市

药品监督管理部门,并且在(　　)填写《医疗器械召回事件报告表》。

A. 3 日内　　　　　B. 5 日内　　　　　C. 7 日内　　　　　D. 9 日内

6. 对于医疗器械经营企业、使用单位拒绝配合有关医疗器械缺陷调查、拒绝协助医疗器械生产企业召回医疗器械的,错误的处罚是(　　)。

A. 予以警告　　　　　　　　　　　　　　B. 责令改正

C. 拒不改正的,处 3 万元以下罚款　　　　D. 没收相关医疗器械

7. 医疗器械生产企业在召回完成后,应当对召回效果进行评价,并在召回完成后(　　)内向药品监督管理部门提交医疗器械召回总结报告。

A. 5 日　　　　　　B. 10 日　　　　　C. 15 日　　　　　D. 20 日

8. 实施(　　)的医疗器械召回公告应当在国家药品监督管理局网站和中央主要媒体上发布。

A. 一级召回　　　　　　　　　　　　　　B. 二级召回

C. 主动召回　　　　　　　　　　　　　　D. 责令召回

9. 拒绝召回缺陷医疗器械的法律责任,错误的是(　　)。

A. 责令召回医疗器械

B. 处应召回医疗器械货值金额 10 倍以上的罚款

C. 造成严重后果的,由原发证部门吊销医疗器械产品注册证书

D. 没收违法生产、经营或者使用的医疗器械

10. 医疗器械经营企业、使用单位拒绝配合有关医疗器械缺陷调查、拒绝协助医疗器械生产企业召回医疗器械的,下列关于处罚措施的说法,错误的是(　　)。

A. 警告

B. 责令限期改正

C. 逾期拒不改正的,处 3 万元以下罚款

D. 情节严重的,责令停产停业,直至由原发证部门吊销医疗器械经营许可证

二、多选题

1. 对于缺陷产品,欧美国家在召回实践中通常运用以下(　　)来认定。

A. 消费者期望标准　　　　　　　　　　　B. 国际标准

C. 风险与效益分析标准　　　　　　　　　D. "两分法"标准

2. 根据现行《条例》的规定,医疗器械生产企业发现其生产的医疗器械不符合(　　),应当立即停止生产,通知相关生产经营企业、使用单位和消费者停止经营和使用,召回已经上市销售的医疗器械。

A. 强制性标准　　　　　　　　　　　　　B. 经注册或者备案的产品技术要求

C. 推荐性标准　　　　　　　　　　　　　D. 存在其他缺陷的

3. 根据医疗器械缺陷的严重程度及其危害后果的严重程度,可以将医疗器械召回分为(　　)。

A. 一级召回　　　　　　　　　　　　　　B. 二级召回

C. 三级召回　　　　　　　　　　　　　　D. 四级召回

4. 根据医疗器械生产企业在召回过程中的主动程度,可以把医疗器械召回分为(　　)。

A. 主动召回　　　　　　　　　　　　　　B. 延迟召回

C. 责令召回　　　　　　　　　　　　　　D. 紧急召回

5. 下列方式,哪些属于医疗器械产品召回方式(　　)。

A. 警示、检查　　　　　　　　　　　　　B. 修理、重新标签

C. 修改并完善说明书　　　　　　　　　　D. 软件更新

三、简答题

1. 简述医疗器械生产企业在医疗器械召回过程中的地位和作用?

2. 简述医疗器械生产企业拒不召回缺陷产品需要承担的法律责任?

3. 简述责令召回通知书主要包括的内容?

四、案例分析题

2007 年 3 月 27 日至 4 月 9 日,广东省某医院接连有 5 例心脏手术患者术后出现发热及肝功能异常情况。4 月 10 日,医院管理部门作出决定:①暂停所有体外循环手术;②积极救治患者;③医院内部组织排查。4 月 18 日,医院将此次不良事件上报广东省卫生厅医政处、广东省中医药管理局医政处、广东省食品药品监督管理局(广东省局)。广东中心将事件上报国家药品不良反应监测中心(国家中心)。4 月 19 日,广东省药监局及广东中心组织调查。调查初步意见为:本次事件属急性中毒事件,毒素来源考虑为体外循环管道的可能性较大。体外循环管道检测报告显示:管道中存在 1,2-二氯乙烷、四氯化碳、四氢呋喃三种有毒物质。珠海市药监局采取措施,在全市范围内停止该管道的使用。4 月 22 日,广东中心将检测结果、事件调查分析报告与详细病例上报国家中心。4 月 23 日,原国家食品药品监督管理总局医疗器械监管司牵头召开专家会议进行专题讨论。4 月 30 日,原国家食品药品监督管理总局正式发文暂停使用××医疗用品有限公司的体外循环管道产品。同时,建议企业召回产品。××医疗用品有限公司对其相关产品实施了主动召回。

请根据所学知识分析××医疗用品有限公司在召回过程中要采取的措施。

ER-09章习题

第十章

体外诊断试剂管理

ER-10章PPT

导学情景 ∨

情景描述：

2014 年初，某县药品监管执法人员在辖区一家医疗机构检查时发现，该医疗机构使用的甲肝体外诊断试剂外包装仅标有医疗器械生产许可证，未标示产品注册证号，也无药品批准文号，其外包装及说明书上均标有"仅用于研究、不用于临床诊断"字样。药监部门向厂家所在地药监局发函核查，证实该诊断试剂未取得注册证书。

调查得知，上述体外诊断试剂是该医院从某医疗器械公司购进的，用于对临床肝功能检测异常人群进行甲肝指标筛查，筛查结果为阳性的，医院会将其血样送至第三方进行进一步检查并出具检验报告，但是单独甲肝筛查一般不收取费用。执法人员对该医院上述行为的认定产生分歧。

学前导语：

1. 上述医院使用体外诊断试剂的行为是否违法?
2. 对体外诊断试剂的日常监管，有何特别之处?

第一节　概述

一、体外诊断试剂的分类命名

体外诊断试剂，是指按医疗器械管理的体外诊断试剂，包括在疾病的预测、预防、诊断、治疗监测、预后观察和健康状态评价的过程中，用于人体样本体外检测的试剂、试剂盒、校准品、质控品等产品。可以单独使用，也可以与仪器、器具、设备或者系统组合使用。

2007 年 4 月 19 日，原国家食品药品监督管理局曾颁布《体外诊断试剂注册管理办法（试行）》（国食药监械〔2007〕229 号），对体外诊断试剂进行规范管理。该《办法》对我国体外诊断试剂的管理发挥了重要作用。

2014 年 7 月 30 日，为规范体外诊断试剂的注册与备案管理，保证体外诊断试剂的安全、有效，原国家食品药品监督管理总局以局令第 5 号的形式发布了经修订的《体外诊断试剂注册管理办法》（以下简称《IVD 注册办法》），并自 2014 年 10 月 1 日起施行。该《IVD 注册办法》分总则、基本要求、产品的分类与命名、产品技术要求和注册检验、临床评价、产品注册、注册变更、延续注册、产品备案、监督管理、法律责任、附则共 12 章 90 条。在中华人民共和国境内销售、使用的体外诊断试剂,应当按照该《IVD 注册办法》的规定申请注册或者办理备案。按照药品管理的用于血源筛查的体外诊断试剂和采用放射性核素标记的体外诊断试剂,不属于该《IVD 注册办法》调整。2017 年 1 月 25 日,原国家食品药品监督管理总局公布了《体外诊断试剂注册管理办法修正案》,修改了《IVD 注册办法》第二十条第一款的内容。国家鼓励体外诊断试剂的研究与创新,对创新体外诊断试剂实行特别审批,促进体外诊断试剂新技术的推广与应用,推动医疗器械产业的发展。体外诊断试剂的应急审批和创新特别审批按照国家药品监督管理局制定的医疗器械应急审批程序和创新医疗器械特别审批程序执行。

(一) 体外诊断试剂产品分类

根据产品风险程度由低到高,体外诊断试剂分为第一类、第二类、第三类产品,具体见表 10-1。

表 10-1　体外诊断试剂分类表

第一类 IVD	第二类 IVD	第三类 IVD
(1)微生物培养基(不用于微生物鉴别和药敏试验)	(1)用于蛋白质检测的试剂	(1)与致病性病原体抗原、抗体以及核酸等检测相关的试剂
(2)样本处理用产品,如溶血剂、稀释液、染色液等	(2)用于糖类检测的试剂	(2)与血型、组织配型相关的试剂
	(3)用于激素检测的试剂	(3)与人类基因检测相关的试剂
	(4)用于酶类检测的试剂	(4)与遗传性疾病相关的试剂
	(5)用于酯类检测的试剂	(5)与麻醉药品、精神药品、医疗用毒性药品检测相关的试剂
	(6)用于维生素检测的试剂	(6)与治疗药物作用靶点检测相关的试剂
	(7)用于无机离子检测的试剂	(7)与肿瘤标志物检测相关的试剂
	(8)用于药物及药物代谢物检测的试剂	(8)与变态反应(过敏原)相关的试剂
	(9)用于自身抗体检测的试剂	
	(10)用于微生物鉴别或者药敏试验的试剂	
	(11)用于其他生理、生化或者免疫功能指标检测的试剂	

上表中第二类产品,如用于肿瘤的诊断、辅助诊断、治疗过程的监测,或者用于遗传性疾病的诊断、辅助诊断等,按第三类产品注册管理。用于药物及药物代谢物检测的试剂,如该药物属于麻醉药品、精神药品或者医疗用毒性药品范围的,按第三类产品注册管理。

国家药品监督管理局负责体外诊断试剂产品分类目录的制定和调整。对新研制的尚未列入体外诊断试剂分类目录的体外诊断试剂,申请人可以直接申请第三类体外诊断试剂产品注册,也可以依据分类规则判断产品类别向国家药品监督管理局申请类别确认后,申请产品注册或者办理产品备案。

直接申请第三类体外诊断试剂注册的,国家药品监督管理局按照风险程度确定类别。境内体外诊断试剂确定为第二类的,国家药品监督管理局将申报资料转申请人所在地省、自治区、直辖市药品监督管理部门审评审批;境内体外诊断试剂确定为第一类的,国家药品监督管理局将申报资料转申请人所在地设区的市级药品监督管理部门备案。

2014 年,原国家食品药品监督管理总局发布的《IVD 注册办法》,其中第十七条、第十八条、第十九条明确了体外诊断试剂分类规则,用于指导体外诊断试剂分类目录的制定和调整,以及确定新的体外诊断试剂的管理类别。2017 年 1 月 25 日,原国家食品药品监督管理总局公布了《体外诊断试剂注册管理办法修正案》(局令第 30 号),自公布之日起施行。该修正案将《IVD 注册办法》第二十条第一款,由原"国家食品药品监督管理总局负责体外诊断试剂产品分类目录的制定和调整",修改为:"本办法第十七条、第十八条、第十九条所述的体外诊断试剂分类规则,用于指导体外诊断试剂分类目录的制定和调整,以及确定新的体外诊断试剂的管理类别。国家食品药品监督管理总局可以根据体外诊断试剂的风险变化,对分类规则进行调整。"

近年来,随着体外诊断技术的发展、使用量的增加,按照《IVD 注册办法》第十七条、第十八条、第十九条对体外诊断试剂进行分类时,部分产品的分类与其风险不匹配,如对于肿瘤的诊断,免疫组化类体外诊断试剂检查结果只是为医生提供参考指标之一,医生还需要综合考虑其他大量诊断检测指标才能确诊,但按照上述条款,任何与肿瘤辅助诊断相关的体外诊断试剂均作为第三类医疗器械管理,分类不尽合理。由于上述条款内容缺少调整空间,使得相关产品类别调整与风险不匹配,不能适应医疗器械监管要求。

该修正案明确国家药品监督管理局可以根据体外诊断试剂的风险变化,对分类规则进行调整,为将来分类规则和目录调整留出了空间。今后,管理部门将严格按照《条例》的要求,以体外诊断试剂的风险为依据,在充分调研论证、公开征求意见的基础上,开展分类规则和目录的调整工作,使体外诊断试剂的管理类别划分更加科学、合理,进一步推进医疗器械审评审批改革,适应医疗器械产业发展需要以及临床使用和监管的要求。

(二)体外诊断试剂产品命名

体外诊断试剂的命名应当遵循以下原则,即体外诊断试剂的产品名称一般可以由三部分组成。第一部分:被测物质的名称;第二部分:用途,如诊断血清、测定试剂盒、质控品等;第三部分:方法或者原理,如酶联免疫吸附法、胶体金法等,本部分应当在括号中列出。

如果被测物组分较多或者有其他特殊情况,可以采用与产品相关的适应证名称或者其他替代名称。第一类产品和校准品、质控品,依据其预期用途进行命名。

二、体外诊断试剂的技术评价

(一)产品技术要求

体外诊断试剂注册申请人或者备案人应当在原材料质量和生产工艺稳定的前提下,根据产品研制、临床评价等结果,依据国家标准、行业标准及有关文献资料,拟订产品技术要求。产品技术要求主要包括体外诊断试剂成品的性能指标和检验方法,其中性能指标是指可进行客观判定的成品的功能性、安全性指标以及与质量控制相关的其他指标。

第三类体外诊断试剂的产品技术要求中应当以附录形式明确主要原材料、生产工艺及半成品要求。第一类体外诊断试剂的产品技术要求由备案人办理备案时提交药品监督管理部门。第二类、第三类体外诊断试剂的产品技术要求由药品监督管理部门在批准注册时予以核准。在中国上市的体外诊断试剂应当符合经注册核准或者备案的产品技术要求。

(二) 注册检验

申请第二类、第三类体外诊断试剂注册,应当进行注册检验;第三类产品应当进行连续 3 个生产批次样品的注册检验。医疗器械检验机构应当依据产品技术要求对相关产品进行检验。注册检验样品的生产应当符合医疗器械质量管理体系的相关要求,注册检验合格的方可进行临床试验或者申请注册。办理第一类体外诊断试剂备案的,备案人可以提交产品自检报告。

申请注册检验,申请人应当向检验机构提供注册检验所需要的有关技术资料、注册检验用样品、产品技术要求及标准品或者参考品。境内申请人的注册检验用样品由药品监督管理部门抽取。有国家标准品、参考品的产品应当使用国家标准品、参考品进行注册检验。中国食品药品检定研究院负责组织国家标准品、参考品的制备和标定工作。

医疗器械检验机构应当具有医疗器械检验资质,在其承检范围内进行检验,并对申请人提交的产品技术要求进行预评价。预评价意见随注册检验报告一同出具给申请人。尚未列入医疗器械检验机构承检范围的产品,由相应的注册审批部门指定有能力的检验机构进行检验。同一注册申请包括不同包装规格时,可以只进行一种包装规格产品的注册检验。

(三) 临床评价

体外诊断试剂临床评价是指申请人或者备案人通过临床文献资料、临床经验数据、临床试验等信息对产品是否满足使用要求或者预期用途进行确认的过程。临床评价资料是指申请人或者备案人进行临床评价所形成的文件。同一注册申请包括不同包装规格时,可以只采用一种包装规格的样品进行临床评价。

申请进口体外诊断试剂注册,需要提供境外的临床评价资料。申请人应当按照临床评价的要求,同时考虑不同国家或者地区的流行病学背景、不同病种的特性、不同种属人群所适用的阳性判断值或者参考区间等因素,在中国境内进行具有针对性的临床评价。由消费者个人自行使用的体外诊断试剂,在临床试验时,应当包含无医学背景的消费者对产品说明书认知能力的评价。

第二节 体外诊断试剂临床试验

体外诊断试剂的临床试验(包括与已上市产品进行的比较研究试验)是指在相应的临床环境中,对体外诊断试剂的临床性能进行的系统性研究。它是体外诊断试剂临床评价的主要方式。2014年 9 月 11 日,原国家食品药品监督管理总局发布了《关于发布体外诊断试剂临床试验技术指导原则的通告》(2014 年第 16 号),对体外诊断试剂的临床试验工作作出了指导,已自 2014 年 10 月 1 日起实施。原国家食品药品监督管理局发布的《体外诊断试剂临床研究技术指导原则》(国食药监械

〔2007〕240号）同时废止。

一、体外诊断试剂临床试验基本要求

（一）管理要求

1. 临床试验备案 开展体外诊断试剂临床试验,应当向申请人所在地省、自治区、直辖市药品监督管理部门备案。接受备案的药品监督管理部门应当将备案情况通报临床试验机构所在地的同级药品监督管理部门和卫生健康主管部门。国家药品监督管理局和省、自治区、直辖市药品监督管理部门根据需要对临床试验的实施情况进行监督检查。

2. 临床试验豁免 办理第一类体外诊断试剂备案,不需进行临床试验。申请第二类、第三类体外诊断试剂注册,应当进行临床试验。有下列情形之一的,可以免于进行临床试验:①反应原理明确、设计定型、生产工艺成熟,已上市的同品种体外诊断试剂临床应用多年且无严重不良事件记录,不改变常规用途,申请人能够提供与已上市产品等效性评价数据的;②通过对涵盖预期用途及干扰因素的临床样本的评价能够证明该体外诊断试剂安全、有效的。免于进行临床试验的体外诊断试剂目录由国家药品监督管理局制定、调整并公布。

无需进行临床试验的体外诊断试剂,申请人或者备案人应当通过对涵盖预期用途及干扰因素的临床样本的评估、综合文献资料等非临床试验的方式对体外诊断试剂的临床性能进行评价。申请人或者备案人应当保证评价所用的临床样本具有可追溯性。

3. 临床试验合同 申请人应当与临床试验机构签订临床试验合同,参考相关技术指导原则制定并完善临床试验方案,免费提供临床试验用样品,并承担临床试验费用。第三类产品申请人应当选定不少于3家(含3家)、第二类产品申请人应当选定不少于2家(含2家)取得资质的临床试验机构,按照有关规定开展临床试验。临床试验样品的生产应当符合医疗器械质量管理体系的相关要求。

4. 临床试验监督 申请人发现临床试验机构违反有关规定或者未执行临床试验方案的,应当督促其改正;情节严重的,可以要求暂停或者终止临床试验,并向临床试验机构所在地省、自治区、直辖市药品监督管理部门和国家药品监督管理局报告。

参加临床试验的机构及人员,对申请人违反有关规定或者要求改变试验数据、结论的,应当向申请人所在地省、自治区、直辖市药品监督管理部门和国家药品监督管理局报告。

（二）基本要求

体外诊断试剂临床试验的基本要求,一是必须符合赫尔辛基宣言的伦理学准则,必须获得临床试验机构伦理委员会的同意。研究者应考虑临床试验用样本,如血液、羊水、胸水、腹水、组织液、胸积液、组织切片、骨髓等的获得或试验结果对受试者的风险性,应提交伦理委员会的审查意见及受试者的知情同意书。对于例外情况,如客观上不可能获得受试者的知情同意或该临床试验对受试者几乎没有风险,可经伦理委员会审查和批准后免于受试者的知情同意。二是受试者的权益、安全和健康必须高于科学和社会利益。三是为受试者保密,尊重个人隐私。防止受试者因检测结果而受到歧视或伤害。四是临床前研究结果支持进行临床试验。

（三）临床试验机构及人员的要求

体外诊断试剂的临床试验机构应具备条件并经过管理部门的备案。申请人应根据产品特点及其预期用途,综合不同地区人种、流行病学背景、病原微生物的特性等因素选择临床试验机构。临床试验机构必须具有与试验用体外诊断试剂相适应的专业技术人员及仪器设备,并能够确保该项试验的实施。

申请人应当在临床试验前制定文件明确各方的职责分工,与各临床试验机构协商制定统一的临床试验方案,按照临床试验方案组织制定标准操作规程,并组织对参加试验的所有研究者进行临床试验方案和试验用体外诊断试剂使用的培训,以确保临床试验方案和试验用体外诊断试剂操作的一致性,并在临床试验过程中促进各研究者之间的沟通。在临床试验开始前,申请人应与临床试验工作人员进行临床试验的预试验,使其熟悉并掌握该产品所适用的仪器、操作方法、技术性能等,以最大限度地控制试验误差。在临床试验过程中,申请人应考虑吸收流行病学、统计学、临床医学、检验医学等方面专业人员(或知识),以保证临床试验科学、合理地开展。

二、体外诊断试剂临床试验设计原则

（一）临床试验方案

申请人应在符合要求的临床单位,在满足临床试验最低样本量要求的前提下,根据产品临床预期用途、相关疾病的流行率和统计学要求,制定能够证明其临床性能的临床试验方案,同时最大限度地控制试验误差、提高试验质量并对试验结果进行科学合理的分析。

开展体外诊断试剂临床试验,申请人应当按照试验用体外诊断试剂的类别、风险、预期用途等特性,组织制定科学、合理的临床试验方案。一般应当包括以下内容:①一般信息(包括产品信息、临床试验开展的时间和人员等相关信息、申请人相关信息等);②临床试验的背景资料;③试验目的;④试验设计;⑤评价方法;⑥统计方法;⑦对临床试验方案修正的规定;⑧临床试验涉及的伦理问题和说明、《知情同意书》文本(如有);⑨数据处理与记录保存;⑩其他需要说明的内容。

（二）临床试验方法

1. 新研制体外诊断试剂的临床试验　选择适当的受试者,采用试验用体外诊断试剂与诊断该疾病的"金标准"进行盲法同步比较。对用于早期诊断、疗效监测、预后判断等用途的体外诊断试剂,在进行与"金标准"的比较研究的同时,还必须对受试者进行跟踪研究。研究者应明确受试者的入选标准、随访标准和随访时间。

（1）"金标准"的确定:"金标准"是指在现有条件下,公认的、可靠的、权威的诊断方法。临床上常用的"金标准"有组织病理学检查、影像学检查、病原体分离培养鉴定、长期随访所得的结论及临床常用的其他确认方法等。

（2）受试者的选择:受试者应包括两组,一组是用"金标准"确定为有某病的病例组,另一组是经"金标准"确定或有临床证据证实无该病的患者或正常人群,作为对照组。病例组应包括该病种的不同病例,如症状典型和非典型的,病程早、中、晚期的,病情轻、中、重型的,不同性别、不同年龄层次的等,以便能反映该病的全部特征。对照组应包括确定无该病的患者,极易与本病相混淆疾病的病例。

（3）同步盲法测试:经"金标准"确定的病例组与对照组中的受试者样本同步接受试验用体外诊断试剂的检测,将检测结果与"金标准"判定的结果进行比较,计算试验用体外诊断试剂检测结果与"金标准"判断结果符合或差异程度的统计学指标,再根据这些指标对试验用体外诊断试剂进行评价。在试验操作的全过程和判定试验结果时,采用盲法(尽可能用双盲法)是保证临床试验结果真实可靠的关键。

2."已有同品种批准上市"产品的临床试验 应该选择已上市产品,采用试验用体外诊断试剂与已上市产品针对临床样本进行比较研究试验,证明试验用体外诊断试剂与已上市产品等效。在采用已上市产品作为对比试剂的前提下,选择目前临床普遍认为质量较好的产品。同时应充分了解所选择产品的技术信息,包括方法学、临床预期用途、主要性能指标、校准品的溯源情况、推荐的阳性判断值或参考区间等,以便对试验结果进行科学的分析。受试者的选择原则与新研制体外诊断试剂的临床试验中选择受试者的原则一致。对于比较研究试验中测定结果不符的样本,应采用"金标准"或其他合理的方法进行复核,以便对临床试验结果进行分析。如无需复核,应详细说明理由。

3. 变更申请中涉及的产品临床试验方法 应根据变更情况可能对产品性能带来的影响,采用变更后产品与变更前产品或者已上市同类产品进行对比试验,证明变更后产品与对比试验产品等效。

4. 进口注册产品临床试验方法 对于进口注册产品,由于目标人群种属和地域的改变,可能影响产品的某些主要技术指标和有效性。申请人或临床研究者应考虑不同国家或者地区的流行病学背景、不同病种的特性、不同种属人群所适用的阳性判断值或者参考区间等诸多因素,在中国境内进行具有针对性的临床试验。

（三）临床试验样本量

申请人或临床研究者应根据产品临床预期用途以及与该产品相关疾病的临床发生率确定临床试验的样本量和样本分布,在符合指导原则有关最低样本量要求的前提下,还应符合统计学要求。各临床试验机构样本量和样本分布应相对均衡。罕见病及用于突发公共卫生事件的体外诊断试剂可酌减样本量,但应说明理由,并满足评价的需要。

一般而言,对于第三类产品,临床试验的总样本数至少为 1000 例。对于第二类产品,临床试验的总样本数至少为 200 例。但是,对于一些体外诊断试剂,在临床试验总样本数有特殊要求:①对于采用核酸扩增方法用于病原体检测的体外诊断试剂,临床试验总样本数至少为 500 例;②与麻醉药品、精神药品、医疗用毒性药品检测相关的体外诊断试剂,临床试验总样本数至少为 500 例;③流式细胞仪配套用体外诊断试剂,临床试验总样本数至少为 500 例;④免疫组织化学抗体试剂及检测试剂盒,与临床治疗、用药密切相关的标志物及其他具有新的临床意义的全新标记物,临床试验总样本数至少为 1000 例;⑤临床使用多个指标综合诊治的标志物之一,与辅助诊断、鉴别诊断、病情监测、预后相关的标志物,临床试验总样本数至少为 500 例;⑥用于血型检测相关的体外诊断试剂,临床试验总样本数至少为 3000 例;⑦新研制体外诊断试剂产品的临床试验样本量要求同第三类产品;变更事项相关的临床试验,涉及产品检测条件优化、增加与原样本类型具有可比性的其他样本类型等变更事项,第三类产品临床试验总样本数至少为200例,第二类产品临床试验总样本数至少为100例,并在至少2家(含2家)临床试验机构开展临床试验;⑧变更抗原、抗体等主要原材料的供应商、阳性判断值或参考区间的变化及增加临床适应证等变更事项,应根据产品具体变更情况,酌情增加临床试验总样本数;⑨国家食品药品监督管理总局制定发布的体外诊断试剂指导原则对临床试验例数有规定的,应参照相应指导原则确定样本数。

临床试验病例数应当根据临床试验目的、统计学要求,并参照相关技术指导原则确定。用于罕见疾病以及应对突发公共卫生事件急需的体外诊断试剂,要求减少临床试验病例数或者免做临床试验的,申请人应当在提交注册申报资料的同时,提出减免临床试验的申请,并详细说明理由。药品监督管理部门技术审评机构对注册申报资料进行全面的技术审评后予以确定,需要补充临床试验的,以补正资料的方式通知申请人。

(四) 临床试验方案签章要求

由各承担临床试验的主要研究者(签名)、临床试验机构(签章)、统计学负责人签名及单位盖章、申请人盖章。

三、体外诊断试剂临床试验报告撰写

临床试验报告是对临床试验过程、结果的总结,是评价拟上市产品有效性和安全性的重要依据,是产品注册所需的重要文件之一。临床试验报告应该对试验的整体设计及其关键点给予清晰、完整的阐述,应该对试验实施过程进行条理分明的描述,应该包括必要的基础数据和统计分析方法。临床试验机构完成临床试验后,应当分别出具临床试验报告。申请人或临床试验牵头单位应对各临床试验机构的报告进行汇总,并完成临床试验总结报告。临床试验报告的格式及内容如下:

(一) 首篇

首篇是每份临床试验报告的第一部分,所有临床试验报告均应包含该部分内容。

(1) 封面标题:包括试验用体外诊断试剂的通用名称、试验开始日期、试验完成日期、主要研究者(签名)、临床试验机构(盖章)、统计学负责人签名及单位盖章、申请人(盖章)、申请人的联系人及联系方式、报告日期、原始资料保存地点。

(2) 目录:列出整个临床试验报告的内容目录和对应页码。

(3) 研究摘要:对临床试验情况进行简单的介绍。

(4) 试验研究人员:列出临床试验主要研究人员的姓名、单位、在研究中的职责及其简历(列于附件中),主要研究人员包括主要研究者及各单位的主要参加人员、统计学负责人、临床试验报告的撰写人。

(5) 缩略语:临床试验报告中所用的缩略语的全称。

(二) 正文内容和报告格式

体外诊断试剂临床试验报告的基本内容包括了引言、研究目的、试验管理、试验设计、临床试验结果及分析、讨论和结论等。

(1) 引言:介绍与临床试验产品有关的背景情况,包括①被测物的来源、生物及理化性质;②临

床预期使用目的,所针对的目标适应证人群,目前针对该适应证所采用的临床或实验室诊断方法等;③所采用的方法、原理、技术要求等;④国内外已批准上市产品的应用现状等。说明申请人和临床试验机构间的合作关系。

(2) 研究目的:说明本临床试验所要达到的目的。

(3) 试验管理:主要是对试验管理结构的描述。管理结构包括主要研究者、主要参加人员、实验室质量控制情况、统计/数据管理情况以及试验中发生的问题及其处理措施等。

(4) 试验设计:包括了试验总体设计及方案的描述和试验设计及试验方法选择两个部分。试验总体设计及方案的描述应清晰、简洁,必要时采用图表等直观的方式。试验进行时方案修改的情况和任何方案以外的信息来源也应详细叙述。对于试验设计及试验方法选择,试验设计中应包括以下内容:①样本量及样本量确定的依据;②样本选择依据、入选标准、排除标准和剔除标准;③样本采集、保存、运输方法等;④“金标准”或对比试剂的确立;⑤临床试验用所有产品的名称、规格、来源、批号、效期及保存条件,对比试剂的注册情况;⑥质量控制方法。对质量控制方法进行简要的阐述;⑦临床试验数据的统计分析方法;⑧试验过程中方案的修改。

一般情况下,临床试验方案不宜更改。试验过程中对方案的任何修改均应说明,对更改的时间、理由、更改过程及有无备案进行详细阐述并论证其对整个研究结果评价的影响。另外,体外诊断试剂临床试验报告中还有一些必要的附件,如临床试验中所采用的其他试验方法或其他诊断试剂产品的基本信息,如试验方法、诊断试剂产品来源、产品说明书及注册批准情况、主要参考文献、主要研究者简历、申请人需要说明的其他情况等。

点滴积累 ∨

1. 体外诊断试剂临床试验管理的依据主要是《体外诊断试剂临床试验技术指导原则》。用于血源筛查的体外诊断试剂和采用放射性核素标记的体外诊断试剂按照药品管理。

2. 《体外诊断试剂注册管理办法修正案》明确了现行《IVD管理办法》第十七条、第十八条、第十九条所述的体外诊断试剂分类规则,用于指导体外诊断试剂分类目录的制定和调整,以及确定新的体外诊断试剂的管理类别。

3. 临床试验“金标准”是指在现有条件下,公认的、可靠的、权威的诊断方法。

第三节　体外诊断试剂产品备案与注册

一、体外诊断试剂备案注册基本要求

体外诊断试剂备案是备案人向药品监督管理部门提交备案资料,药品监督管理部门对提交的备案资料存档备查。体外诊断试剂注册是药品监督管理部门根据注册申请人的申请,依照法定程序,对其拟上市体外诊断试剂的安全性、有效性研究及其结果进行系统评价,以决定是否同意其申请的过程。体外诊断试剂注册人、备案人以自己名义把产品推向市场,对产品负法律责任。体外诊断试

剂的注册或者备案单元应为单一试剂或者单一试剂盒,一个注册或者备案单元可以包括不同的包装规格。

体外诊断试剂注册与备案应当遵循公开、公平、公正的原则。药品监督管理部门依法及时公布体外诊断试剂注册、备案相关信息。申请人可以查询审批进度和结果,公众可以查阅审批结果。申请人或者备案人注册地或者生产地址所在国家(地区)未将该产品作为医疗器械管理的,申请人或者备案人需提供相关证明文件,包括注册地或者生产地址所在国家(地区)准许该产品上市销售的证明文件。

体外诊断试剂产品备案和注册要具备以下基本条件:

1. 产品研制　体外诊断试剂产品研制包括:主要原材料的选择、制备,产品生产工艺的确定,产品技术要求的拟订,产品稳定性研究,阳性判断值或者参考区间确定,产品分析性能评估,临床评价等相关工作。

申请人或者备案人可以参考相关技术指导原则进行产品研制,也可以采用不同的实验方法或者技术手段,但应当说明其合理性。

2. 质量体系　体外诊断试剂注册申请人和备案人应当建立与产品研制、生产有关的质量管理体系,并保持有效运行。按照创新医疗器械特别审批程序审批的境内体外诊断试剂申请注册时,样品委托其他企业生产的,应当委托具有相应生产范围的医疗器械生产企业;不属于按照创新医疗器械特别审批程序审批的境内体外诊断试剂申请注册时,样品不得委托其他企业生产。

3. 人员要求　办理体外诊断试剂注册或者备案事务的人员应当具有相应的专业知识,熟悉医疗器械注册或者备案管理的法律、法规、规章和技术要求。

4. 资料要求　申请人或者备案人申请注册或者办理备案,应当遵循体外诊断试剂安全有效的各项要求,保证研制过程规范,所有数据真实、完整和可溯源。申请注册或者办理备案的资料应当使用中文。根据外文资料翻译的,应当同时提供原文。引用未公开发表的文献资料时,应当提供资料所有者许可使用的证明文件。申请人、备案人对资料的真实性负责。进口体外诊断试剂申请注册或者办理备案,应当在申请人或者备案人注册地或者生产地址所在国家(地区)已获准上市销售。境外申请人或者备案人应当通过其在中国境内设立的代表机构或者指定中国境内的企业法人作为代理人,配合境外申请人或者备案人开展相关工作。代理人除办理体外诊断试剂注册或者备案事宜外,还应当承担以下责任:①与相应药品监督管理部门、境外申请人或者备案人的联络;②向申请人或者备案人如实、准确传达相关的法规和技术要求;③收集上市后体外诊断试剂不良事件信息并反馈境外注册人或者备案人,同时向相应的药品监督管理部门报告;④协调体外诊断试剂上市后的产品召回工作,并向相应的药品监督管理部门报告;⑤其他涉及产品质量和售后服务的连带责任。

二、体外诊断试剂产品备案

(一) 备案机关

根据《IVD注册办法》第六条规定:"第一类体外诊断试剂实行备案管理。境内第一类体外诊断试剂备案,备案人向设区的市级药品监督管理部门提交备案资料。进口第一类体外诊断试剂备案,备案人向国家药品监督管理局提交备案资料。香港、澳门、台湾地区体外诊断试剂的备案,参照进口体外诊断试剂办理。"

（二）备案流程

第一类体外诊断试剂生产前,应当办理产品备案。办理体外诊断试剂备案,备案人应当按照现行《条例》第九条的规定提交备案资料。备案资料符合要求的,药品监督管理部门应当当场备案;备案资料不齐全或者不符合规定形式的,应当一次告知需要补正的全部内容,由备案人补正后备案。

对备案的体外诊断试剂,药品监督管理部门应当按照相关要求的格式制作备案凭证,并将备案信息表中登载的信息在其网站上予以公布。

知识链接

第一类体外诊断试剂备案凭证编号的编排方式

医×1 械备 ××××2 ××××3 号。　其中:

×1 为备案部门所在地的简称:

进口第一类体外诊断试剂为"国"字;

境内第一类体外诊断试剂为备案部门所在地省、自治区、直辖市简称加所在地设区的市级行政区域的简称（无相应设区的市级行政区域时,仅为省、自治区、直辖市的简称）;

××××2 为备案年份;

××××3 为备案流水号。

（三）备案变更

已备案的体外诊断试剂,备案信息表中登载内容及备案的产品技术要求发生变化的,备案人应当提交变化情况的说明及相关证明文件,向原备案部门提出变更备案信息。备案资料符合形式要求的,药品监督管理部门应当将变更情况登载于变更信息中,将备案资料存档。

已备案的体外诊断试剂管理类别调整的,备案人应当主动向药品监督管理部门提出取消原备案;管理类别调整为第二类或者第三类体外诊断试剂的,按照《IVD 注册办法》规定申请注册。

三、体外诊断试剂产品注册

（一）注册申请与受理

校准品、质控品可以与配合使用的体外诊断试剂合并申请注册,也可以单独申请注册。与第一类体外诊断试剂配合使用的校准品、质控品,按第二类产品进行注册;与第二类、第三类体外诊断试剂配合使用的校准品、质控品单独申请注册时,按与试剂相同的类别进行注册;多项校准品、质控品,按其中的高类别进行注册。其他体外诊断试剂要划定好的类别申请注册。

1. 注册申请　根据《IVD 注册办法》第六条的规定,第二类、第三类体外诊断试剂实行注册管理。申请体外诊断试剂注册,申请人应当按照相关要求向药品监督管理部门报送申报资料。体外诊断试剂注册实行收费制度,注册收费项目、收费标准按照国务院财政、价格主管部门的有关规定执行。

2014 年 9 月 5 日,原国家食品药品监督管理总局公布了《关于公布体外诊断试剂注册申报资料要求和批准证明文件格式的公告》(2014 年第 44 号)。该公告对申请体外诊断试剂注册提交资料的格式作出了明确规定。具体资料类别见表 10-2。

表 10-2　体外诊断试剂注册申报资料要求

序号	申报资料	第三类产品	第二类产品
1	申请表	✓	✓
2	证明性文件	✓	✓
3	综述资料	✓	✓
4	主要原材料的研究资料	✓	△
5	主要生产工艺及反应体系的研究资料	✓	△
6	分析性能评估资料	✓	✓
7	阳性判断值或参考区间确定资料	✓	✓
8	稳定性研究资料	✓	✓
9	生产及自检记录	✓	✓
10	临床评价资料	✓	✓
11	产品风险分析资料	✓	✓
12	产品技术要求	✓	✓
13	产品注册检验报告	✓	✓
14	产品说明书	✓	✓
15	标签样稿	✓	✓
16	符合性声明	✓	✓

注:申请人应当根据产品类别按照上表要求提交申报资料。
✓:必须提供的资料。
△:注册申请时不需要提供,由申报单位保存,如技术审评需要时提供。

体外诊断试剂注册申请直接涉及申请人与他人之间重大利益关系的,药品监督管理部门应当告知申请人、利害关系人依照法律、法规以及国家药品监督管理局的有关规定享有申请听证的权利;对体外诊断试剂注册申请进行审查时,药品监督管理部门认为属于涉及公共利益的重大许可事项,应当向社会公告,并举行听证。

2. 注册受理　药品监督管理部门收到申请后对申报资料进行形式审查,并根据下列情况分别作出处理:

(1)申请事项属于本部门职权范围,申报资料齐全、符合形式审查要求的,予以受理。

（2）申报资料存在可以当场更正的错误的,应当允许申请人当场更正。

（3）申报资料不齐全或者不符合形式审查要求的,应当在 5 个工作日内一次告知申请人需要补正的全部内容,逾期不告知的,自收到申报资料之日起即为受理。

（4）申请事项不属于本部门职权范围的,应当即时告知申请人不予受理。

药品监督管理部门受理或者不予受理体外诊断试剂注册申请,应当出具加盖本部门专用印章并注明日期的受理或者不予受理的通知书。对于已受理的注册申请,申请人可以在行政许可决定作出前,向受理该申请的药品监督管理部门申请撤回注册申请及相关资料,并说明理由。

（二）注册审评与决定

1. 技术审评　受理注册申请的药品监督管理部门应当自受理之日起 3 个工作日内将申报资料转交技术审评机构。技术审评机构应当在 60 个工作日内完成第二类体外诊断试剂注册的技术审评工作,在 90 个工作日内完成第三类体外诊断试剂注册的技术审评工作。需要外聘专家审评的,所需时间不计算在内,技术审评机构应当将所需时间书面告知申请人。

技术审评过程中需要申请人补正资料的,技术审评机构应当一次告知需要补正的全部内容。申请人应当在 1 年内按照补正通知的要求一次提供补充资料;技术审评机构应当自收到补充资料之日起 60 个工作日内完成技术审评。申请人补充资料的时间不计算在审评时限内。

申请人对补正资料通知内容有异议的,可以向相应的技术审评机构提出书面意见,说明理由并提供相应的技术支持资料。申请人逾期未提交补充资料的,由技术审评机构终止技术审评,提出不予注册的建议,由药品监督管理部门核准后作出不予注册的决定。

2. 体系核查　药品监督管理部门在组织产品技术审评时可以调阅原始研究资料,并组织对申请人进行与产品研制、生产有关的质量管理体系核查。

境内第二类、第三类医疗器械注册质量管理体系核查,由省、自治区、直辖市药品监督管理部门开展,其中境内第三类医疗器械注册质量管理体系核查,由国家药品监督管理局技术审评机构通知相应省、自治区、直辖市药品监督管理部门开展核查,必要时参与核查。省、自治区、直辖市药品监督管理部门应当在 30 个工作日内根据相关要求完成体系核查。

国家药品监督管理局技术审评机构在对进口第二类、第三类体外诊断试剂开展技术审评时,认为有必要进行质量管理体系核查的,通知国家药品监督管理局质量管理体系检查技术机构根据相关要求开展核查,必要时技术审评机构参与核查。质量管理体系核查的时间不计算在审评时限内。

3. 注册决定　受理注册申请的药品监督管理部门应当在技术审评结束后 20 个工作日内作出决定。对符合安全、有效要求的,准予注册,自作出审批决定之日起 10 个工作日内发给医疗器械注册证,经过核准的产品技术要求和产品说明书以附件形式发给申请人。对不予注册的,应当书面说明理由,并同时告知申请人享有申请复审和依法申请行政复议或者提起行政诉讼的权利。医疗器械注册证有效期为 5 年。医疗器械注册证格式由国家药品监督管理局统一制定。

对用于罕见疾病以及应对突发公共卫生事件急需的体外诊断试剂,药品监督管理部门可以在批准该体外诊断试剂注册时要求申请人在产品上市后进一步完成相关工作,并将要求载明于医疗器械注册证中。

知识链接

怎样看懂体外诊断试剂注册证编号

体外诊断试剂注册证编号的编排方式为：×1 械注 ×2 ××××3 ×4 ××5 ××××6。其中：

×1 为注册审批部门所在地的简称：

境内第三类体外诊断试剂、进口第二类、第三类体外诊断试剂为"国"字；

境内第二类体外诊断试剂为注册审批部门所在地省、自治区、直辖市简称；

×2 为注册形式：

"准"字适用于境内体外诊断试剂；

"进"字适用于进口体外诊断试剂；

"许"字适用于香港、澳门、台湾地区的体外诊断试剂；

××××3 为首次注册年份；

×4 为产品管理类别；

××5 为产品分类编码；

××××6 为首次注册流水号。

延续注册的，××××3 和 ××××6 数字不变。产品管理类别调整的，应当重新编号。

境内第二类体外诊断试剂由省、自治区、直辖市药品监督管理部门审查,批准后发给医疗器械注册证。境内第三类体外诊断试剂由国家药品监督管理局审查,批准后发给医疗器械注册证。进口第二类、第三类体外诊断试剂由国家药品监督管理局审查,批准后发给医疗器械注册证。香港、澳门、台湾地区体外诊断试剂的注册,参照进口体外诊断试剂办理。根据工作需要,国家药品监督管理局可以委托省、自治区、直辖市药品监督管理部门或者技术机构、相关社会组织承担体外诊断试剂注册有关的具体工作。注册申请审查过程中及批准后发生专利权纠纷的,应当按照有关法律、法规的规定处理。体外诊断试剂注册(备案)机关一览表见表 10-3。

表 10-3　体外诊断试剂注册(备案)机关一览表

序号	注册(备案)机关	体外诊断试剂类别
1	设区的市级药品监督管理机构备案	境内第一类体外诊断试剂
2	国家药品监督管理局备案	(1)进口第一类体外诊断试剂 (2)台湾、香港、澳门地区第一类体外诊断试剂
3	省、自治区、直辖市药品监督管理部门注册审批	境内第二类体外诊断试剂
4	国家药品监督管理局注册审批	(1)境内第三类体外诊断试剂 (2)进口第二类体外诊断试剂 (3)进口第三类体外诊断试剂 (4)台湾、香港、澳门地区第二类体外诊断试剂 (5)台湾、香港、澳门地区第三类体外诊断试剂

医疗器械注册证遗失的,注册人应当立即在原发证机关指定的媒体上登载遗失声明。自登载遗失声明之日起满1个月后,向原发证机关申请补发,原发证机关在20个工作日内予以补发。

4. 不予注册 对于已受理的注册申请,有下列情形之一的,药品监督管理部门作出不予注册的决定,并告知申请人:①申请人对拟上市销售体外诊断试剂的安全性、有效性进行的研究及其结果无法证明产品安全、有效的;②注册申报资料虚假的;③注册申报资料内容混乱、矛盾的;④注册申报资料的内容与申报项目明显不符的;⑤不予注册的其他情形。

对于已受理的注册申请,有证据表明注册申报资料可能虚假的,药品监督管理部门可以中止审批。经核实后,根据核实结论继续审查或者作出不予注册的决定。

5. 注册救济 申请人对药品监督管理部门作出的不予注册决定有异议的,可以自收到不予注册决定通知之日起20个工作日内,向作出审批决定的药品监督管理部门提出复审申请。复审申请的内容仅限于原申请事项和原申报资料。药品监督管理部门应当自受理复审申请之日起30个工作日内作出复审决定,并书面通知申请人。维持原决定的,药品监督管理部门不再受理申请人再次提出的复审申请。

申请人对药品监督管理部门作出的不予注册的决定有异议,且已申请行政复议或者提起行政诉讼的,药品监督管理部门不受理其复审申请。

(三) 注册变更与延续

体外诊断试剂注册事项包括许可事项和登记事项。许可事项包括产品名称、包装规格、主要组成成分、预期用途、产品技术要求、产品说明书、产品有效期、进口体外诊断试剂的生产地址等;登记事项包括注册人名称和住所、代理人名称和住所、境内体外诊断试剂的生产地址等。已注册的第二类、第三类体外诊断试剂,医疗器械注册证及其附件载明的内容发生变化,注册人应当向原注册部门申请注册变更,并按照相关要求提交申报资料。医疗器械注册变更文件与原医疗器械注册证合并使用,其有效期与该注册证相同。取得注册变更文件后,注册人应当根据变更内容自行修改产品技术要求、说明书和标签。

1. 许可事项变更 注册证及附件载明内容发生以下变化的,申请人应当向原注册部门申请许可事项变更:①抗原、抗体等主要材料供应商变更的;②检测条件、阳性判断值或者参考区间变更的;③注册产品技术要求中所设定的项目、指标、试验方法变更的;④包装规格、适用机型变更的;⑤产品储存条件或者产品有效期变更的;⑥增加预期用途,如增加临床适应证、增加临床测定用样本类型的;⑦进口体外诊断试剂生产地址变更的;⑧可能影响产品安全性、有效性的其他变更。

对于许可事项变更,技术审评机构应当重点针对变化部分及其对产品性能的影响进行审评,对变化后产品是否安全、有效作出评价。受理许可事项变更申请的药品监督管理部门应当按照《IVD注册办法》第六章规定的时限组织技术审评。

2. 登记事项变更 注册人名称和住所、代理人名称和住所发生变化的,注册人应当向原注册部门申请登记事项变更;境内体外诊断试剂生产地址变更的,注册人应当在相应的生产许可变更后办理注册登记事项变更。

登记事项变更资料符合要求的,药品监督管理部门应当在10个工作日内发给医疗器械注册变更文件。登记事项变更资料不齐全或者不符合形式审查要求的,药品监督管理部门应当一次告知需要补正的全部内容。

3. 延续注册　医疗器械注册证有效期届满需要延续注册的,注册人应当在医疗器械注册证有效期届满 6 个月前,向药品监督管理部门申请延续注册,并按照相关要求提交申报资料。

除例外情形外,接到延续注册申请的药品监督管理部门应当在医疗器械注册证有效届满前作出准予延续的决定。逾期未作决定的,视为准予延续。

4. 不予延续　根据规定,不予延续注册情形有:①注册人未在规定期限内提出延续注册申请的;②体外诊断试剂强制性标准已经修订或者有新的国家标准品、参考品,该体外诊断试剂不能达到新要求的;③对用于罕见疾病以及应对突发公共卫生事件急需的体外诊断试剂,批准注册部门在批准上市时提出要求,注册人未在规定期限内完成医疗器械注册证载明事项的。

(四)　注册调整与监督

体外诊断试剂上市后,其产品技术要求和说明书应当与药品监督管理部门核准的内容一致。注册人或者备案人应当对上市后产品的安全性和有效性进行跟踪,必要时及时提出产品技术要求、说明书的变更申请。2014 年 9 月 11 日,原国家食品药品监督管理总局发布了《关于发布体外诊断试剂说明书编写指导原则的通告》(2014 年第 17 号),对体外诊断试剂说明书的编写作出了具体规定,已自 2014 年 10 月 1 日实施,原国家食品药品监督管理总局发布的《体外诊断试剂说明书编写指导原则》(国食药监械〔2007〕240 号)同时废止。

1. 重新注册　下列情形不属于变更申请事项,应当按照注册申请办理:①产品基本反应原理改变;②产品阳性判断值或者参考区间改变,并具有新的临床诊断意义;③其他影响产品性能的重大改变。

2. 注册调整　已注册的体外诊断试剂,其管理类别由高类别调整为低类别的,在有效期内的医疗器械注册证继续有效。如需延续的,注册人应当在医疗器械注册证有效期届满 6 个月前,按照改变后的类别向药品监督管理部门申请延续注册或者办理备案。

体外诊断试剂管理类别由低类别调整为高类别的,注册人应当依照规定,按照改变后的类别向药品监督管理部门申请注册。国家药品监督管理局在管理类别调整通知中应当对完成调整的时限作出规定。

3. 注册监督　国家药品监督管理局负责全国体外诊断试剂注册与备案的监督管理工作,对地方药品监督管理部门体外诊断试剂注册与备案工作进行监督和指导。省、自治区、直辖市药品监督管理部门负责本行政区域的体外诊断试剂注册与备案的监督管理工作,组织开展监督检查,并将有关情况及时报送国家药品监督管理局。省、自治区、直辖市药品监督管理部门按照属地管理原则,对进口体外诊断试剂代理人注册与备案相关工作实施日常监督管理。设区的市级药品监督管理部门应当定期对备案工作开展检查,并及时向省、自治区、直辖市药品监督管理部门报送相关信息。

已注册的体外诊断试剂有法律、法规规定应当注销的情形,或者注册证有效期未满但注册人主动提出注销的,药品监督管理部门应当依法注销,并向社会公布。省、自治区、直辖市药品监督管理部门违反规定实施体外诊断试剂注册的,由国家药品监督管理局责令限期改正;逾期不改正的,国家药品监督管理局可以直接公告撤销该医疗器械注册证。

药品监督管理部门、相关技术机构及其工作人员，对申请人或者备案人提交的试验数据和技术秘密负有保密义务。

点滴积累 ∨

1. 第一类体外诊断试剂实行备案管理。境内第一类体外诊断试剂备案，备案人向设区的市级食品药品监督管理部门提交备案资料。

2. 第二类、第三类体外诊断试剂实行注册管理，并实行收费制度。

3. 体外诊断试剂发生变化需要重新注册的情形有：①产品基本反应原理改变；②产品阳性判断值或者参考区间改变，并具有新的临床诊断意义；③其他影响产品性能的重大改变。

第四节　体外诊断试剂生产经营管理

一、体外诊断试剂的生产

为加强医疗器械生产监督管理，规范医疗器械生产质量管理，根据《条例》和《生产管理办法》，2015 年 7 月 10 日，原国家食品药品监督管理总局发布了《关于发布医疗器械生产质量管理规范附录体外诊断试剂的公告》（2015 年第 103 号），自 2015 年 10 月 1 日起施行。《医疗器械生产质量管理规范附录体外诊断试剂》是体外诊断试剂生产质量管理规范的特殊要求，体外诊断试剂生产质量管理体系应当符合《医疗器械生产质量管理规范》及附录的要求。

（一）术语

《医疗器械生产质量管理规范附录体外诊断试剂》中提及术语含义如下：

批号：用于识别一个特定批的具有唯一性的数字和（或）字母的组合。

物料：原料、辅料、包装材料、中间品等。

主要物料：试剂产品组成中在性能上起到主要作用的成分。

物料平衡：在适当考虑可允许的正常偏差的情况下，产品或物料的理论产量或理论用量与实际产量或用量之间持平。

洁净室（区）：需要对尘粒及微生物含量进行控制的房间（区域）。其建筑结构、装备及其作用均具有减少该房间（区域）内污染源的介入、产生和滞留的功能。

洁净度：洁净环境内单位体积空气中含大于或等于某一粒径的悬浮粒子和微生物最大允许统计数。

（二）对体外诊断试剂生产质量管理规范的特殊要求

1. 人员　体外诊断试剂生产、技术和质量管理人员应当具有医学、检验学、生物学、免疫学或药学等与所生产产品相关的专业知识,并具有相应的实践经验,以确保具备在生产、质量管理中履行职责的能力。凡在洁净室(区)工作的人员应当定期进行卫生和微生物学基础知识、洁净作业等方面培训。临时进入洁净室(区)的人员,应当对其进行指导和监督。从事体外诊断试剂生产的全体人员,包括清洁、维修等人员均应当根据其产品和所从事的生产操作进行专业和安全防护培训。

体外诊断试剂生产企业应当建立对人员的清洁要求,制定洁净室(区)工作人员卫生守则。人员进入洁净室(区)应当按照程序进行净化,并穿戴工作帽、口罩、洁净工作服、工作鞋。裸手接触产品的操作人员每隔一定时间应当对手再次进行消毒。裸手消毒剂的种类应当定期更换。另外,还应当制定人员健康要求,建立人员健康档案。直接接触物料和产品的操作人员每年至少体检一次。患有传染性和感染性疾病的人员不得从事直接接触产品的工作。

体外诊断试剂生产企业应当明确人员服装要求,制定洁净和无菌工作服的管理规定。工作服及其质量应当与生产操作的要求及操作区的洁净度级别相适应,其式样和穿着方式应当能够满足保护产品和人员的要求。洁净工作服和无菌工作服不得脱落纤维和颗粒性物质,无菌工作服应当能够包盖全部头发、胡须及脚部,并能阻留人体脱落物。

2. 厂房与设施　应当有整洁的生产环境。厂区的地面、路面周围环境及运输等不应对产品的生产造成污染。行政区、生活区和辅助区的总体布局合理,不得对生产区有不良影响。厂区应当远离有污染的空气和水等污染源的区域。

生产厂房应当设置防尘、防止昆虫和其他动物进入的设施。洁净室(区)的门、窗及安全门应当密闭,洁净室(区)的门应当向洁净度高的方向开启。应当根据体外诊断试剂的生产过程控制,确定在相应级别的洁净室(区)内进行生产的过程,避免生产中的污染。空气洁净级别不同的洁净室(区)之间的静压差应当大于 5 帕,洁净室(区)与室外大气的静压差应大于 10 帕,并应当有指示压差的装置。相同级别洁净室间的压差梯度应当合理。

酶联免疫吸附试验试剂、免疫荧光试剂、免疫发光试剂、聚合酶链反应(PCR)试剂、金标试剂、干化学法试剂、细胞培养基、校准品与质控品、酶类、抗原、抗体和其他活性类组分的配制及分装等产品的配液、包被、分装、点膜、干燥、切割、贴膜以及内包装等,生产区域应当不低于 100 000 级洁净度级别。

阴性或阳性血清、质粒或血液制品等的处理操作,生产区域应当不低于 10 000 级洁净度级别,并应当与相邻区域保持相对负压。无菌物料等分装处理操作,操作区域应当符合局部 100 级洁净度级别。普通类化学试剂的生产应当在清洁环境中进行。洁净室(区)空气洁净度级别应当符合表10-4 规定。

表 10-4　洁净室(区)空气洁净度级别

洁净度级别	尘粒最大允许数/m³		微生物最大允许数	
	≥0.5μm	≥5μm	浮游菌/m³	沉降菌/m³
100 级	3500	0	5	1
10 000 级	350 000	2000	100	3
100 000 级	3 500 000	20 000	500	10

洁净室(区)应当按照体外诊断试剂的生产工艺流程及所要求的空气洁净度级别进行合理布局,人流、物流走向应当合理。同一洁净室(区)内或相邻洁净室(区)间的生产操作不得互相交叉污染。

进入洁净室(区)的管道、进回风口布局应当合理,水、电、气输送线路与墙体接口处应当可靠密封,照明灯具不得悬吊。洁净室(区)的温度和相对湿度应当与产品生产工艺要求相适应。无特殊要求时,温度应当控制在18~28℃,相对湿度控制在45%~65%。洁净室(区)和非洁净室(区)之间应有缓冲设施。

洁净室(区)的内表面(墙面、地面、天棚、操作台等)应当平整光滑、无裂缝、接口严密、无颗粒物脱落,避免积尘,并便于清洁处理和消毒。洁净室(区)的空气如循环使用应当采取有效措施避免污染和交叉污染。洁净室(区)内的水池、地漏应安装防止倒灌的装置,避免对环境和物料造成污染。100级的洁净室(区)内不得设置地漏。产尘操作间应当保持相对负压或采取有效措施,防止粉尘扩散,避免交叉污染。对具有污染性、传染性和高生物活性的物料应当在受控条件下进行处理,避免造成传染、污染或泄漏等。生产激素类、操作有致病性病原体或芽孢菌制品的,应当使用单独的空气净化系统,与相邻区域保持负压,排出的空气不能循环使用。

进行危险度二级及以上的病原体操作应当配备生物安全柜,空气应当进行过滤处理后方可排出。应当对过滤器的性能进行定期检查以保证其有效性。使用病原体类检测试剂的阳性血清应当有相应的防护措施。对于特殊的高致病性病原体的采集、制备,应当按照有关部门颁布的行业标准,如人间传染病微生物名录、微生物和生物医学实验室生物安全通用准则、实验室生物安全通用要求等相关规定,配备相应的生物安全设施。

生产聚合酶链反应(PCR)试剂的,其生产和检验应当在独立的建筑物或空间内进行,保证空气不直接联通,防止扩增时形成的气溶胶造成交叉污染。其生产和质检的器具不得混用,用后应严格清洗和消毒。洁净室(区)内的人数应当与洁净室(区)面积相适应。对生产环境没有空气净化要求的体外诊断试剂,应当在清洁环境内进行生产。

清洁条件的基本要求包括:要有防尘、通风、防止昆虫或其他动物以及异物混入等措施;人流、物流分开,人员进入生产车间前应当有换鞋、更衣、佩戴口罩和帽子、洗手、手消毒等清洁措施;生产场地的地面应当便于清洁,墙、顶部应平整、光滑,无颗粒物脱落;操作台应当光滑、平整、无缝隙、耐腐蚀,便于清洗、消毒;应当对生产区域进行定期清洁、清洗和消毒;应当根据生产要求对生产车间的温湿度进行控制。

易燃、易爆、有毒、有害、具有污染性或传染性、具有生物活性或来源于生物体的物料的管理应当符合国家相关规定。所涉及的物料应当列出清单,专区存放、专人保管和发放,并制定相应的防护规程。动物室应当在隔离良好的建筑体内,与生产、质检区分开,不得对生产造成污染。

3. 设备　洁净室(区)空气净化系统应当经过确认并保持连续运行,维持相应的洁净度级别,并在一定周期后进行再确认。若停机后再次开启空气净化系统,应当进行必要的测试或验证,以确认仍能达到规定的洁净度级别要求。

体外诊断试剂生产企业应当确定所需要的工艺用水。当生产过程中使用工艺用水时,应当配备相应的制水设备,并有防止污染的措施,用量较大时应当通过管道输送至洁净室(区)的用水点。工艺用水应当满足产品质量的要求。应当制定工艺用水的管理文件,工艺用水的储罐和输送管道应当满足所生产的产品对于水质的要求,并定期清洗、消毒。

配料罐容器与设备连接的主要固定管道应当标明内存的物料名称、流向,定期清洗和维护,并标明设备运行状态。与物料或产品直接接触的设备、容器具及管道表面应当光洁、平整、无颗粒物质脱落、无毒、耐腐蚀,不与物料或产品发生化学反应和粘连,易于清洁处理和消毒或灭菌。需要冷藏、冷冻的原料、半成品、成品,应当配备相应的冷藏、冷冻储存设备,并按规定监测设备运行状况、记录储存温度。冷藏、冷冻体外诊断试剂应当配备符合其温度要求的运输设施设备。

4. **设计开发**　研制条件,包括配合使用的设备、仪器和试剂应当满足研究所需,研制所用的设备、仪器和试剂应当保存使用记录。研制过程中主要原料、中间体、重要辅料应当明确来源,其数量、使用量及其剩余量应当保存记录。工艺研究、技术要求/分析性能研究、稳定性研究、检验、临床试验/评价(包括预实验)研究、参考值研究等各个阶段的样品数量、贮存条件、留样、使用或销毁情况应当保存记录,样品试制量应当满足从事研究所需要的数量。

5. **采购**　外购的标准品、校准品、质控品、生产用或质控用血液的采购应满足可追溯要求。应当由企业或提供机构测定病原微生物及明确定值范围;应当对其来源地、定值范围、灭活状态、数量、保存、使用状态等信息有明确记录,并由专人负责。

6. **生产管理**　洁净室(区)内使用的压缩空气等工艺用气均应当经过净化处理。与产品使用表面直接接触的气体,其对产品的影响程度应当进行验证和控制,以适应所生产产品的要求。生产设备、容器具等应当符合洁净环境控制和工艺文件的要求。应当按照物料的性状和储存要求进行分类存放管理,应当明确规定中间品的储存条件和期限。

物料应当在规定的使用期限内,按照先进先出的原则使用。无规定使用期限的,应当根据物料的稳定性数据确定储存期限。储存期内发现储存条件变化且可能影响产品质量时,应及时进行复验。进入洁净室(区)的物品应当按程序进行净化处理。

在生产过程中,应当建立产品标识和生产状态标识控制程序,对现场各类物料和生产区域、设备、管路的状态进行识别和管理。应当对每批产品中关键物料进行物料平衡核查。如有显著差异,必须查明原因,在得出合理解释,确认无潜在质量事故后,方可按正常产品处理。体外诊断试剂生产企业应当制定批号管理制度,对主要物料、中间品和成品按规定进行批号管理,并保存和提供可追溯的记录。同一试剂盒内各组分批号不同时应当尽量将生产日期接近的组分进行组合,在每个组分的容器上均标明各自的批号和有效期。整个试剂盒的有效期应当以最先到有效期的组分的效期为准。

不同品种产品的生产应当做到有效隔离,以避免相互混淆和污染。有数条包装线同时进行包装时,应当采取隔离或其他有效防止混淆的措施。应当制定洁净室(区)的卫生管理文件,按照规定对洁净室(区)进行清洁处理和消毒,并做好记录。所用的消毒剂或消毒方法不得对设备、容器具、物料和产品造成污染。消毒剂品种应当定期更换,防止产生耐药菌株。

生产设备所用的润滑剂、清洗剂均不得对产品造成污染。体外诊断试剂生产企业应当建立清场的管理规定。前一道工艺结束后或前一种产品生产结束后必须进行清场,确认合格后才可以入场进行其他生产,并保存清场记录。相关的配制和分装器具必须专用,使用后进行清洗、干燥等洁净处理。

体外诊断试剂生产企业应当建立可追溯性程序并形成文件,应当规定可追溯的范围、程度、标识和记录。记录应当包括生产过程所用的原材料、生产过程、生产设备、操作人员和生产环境等内容。

生产一定周期后,应当对关键项目进行再验证。当影响产品质量的主要因素,如工艺、质量控制方法、主要原辅料、主要生产设备等需要开展重新验证的条件发生改变时,应当进行相关内容的重新验证。

体外诊断试剂生产企业应当根据不同产品特性提出验证的时间。生产车间连续停产一年以上的,重新组织生产前应当对生产环境及设施设备、主要原辅材料、关键工序、检验设备及质量控制方法等重新进行验证。连续停产不足一年的,如有必要,也应当重新对生产环境和设施设备进行验证。

应当对生产用需要灭活的血清或血浆建立灭活处理的操作规程,并按照操作规程的要求,对生产用灭活前后的血清或血浆状态进行明显的区分和标识。生产中的废液、废物等应当进行无害化处理,并符合相关的环保要求。

7. 质量控制　体外诊断试剂生产企业应当建立校准品、参考品量值溯源程序。对每批生产的校准品、参考品进行赋值。生产和检验用的菌毒种应当标明来源,验收、储存、保管、使用、销毁应执行国家有关医学微生物菌种保管的规定和病原微生物实验室生物安全管理条例。应当建立生产用菌毒种的原始种子批、主代种子批和工作种子批系统。

生产用细胞应当建立原始细胞库、主代细胞库、工作细胞库。应当建立细胞库档案资料和细胞操作日志。自行制备抗原或抗体,应当对所用原料的来源和性质有详细的记录并可追溯。

体外诊断试剂生产企业应当对检验过程中使用的标准品、校准品、质控品建立台账及使用记录。应当记录其来源、批号、效期、溯源途径、主要技术指标、保存状态等信息,按照规定进行复验并保存记录。

留样应当在规定条件下储存。应当建立留样台账,及时记录留样检验信息,留样检验报告应当注明留样批号、效期、检验日期、检验人、检验结果等。留样期满后应当对留样检验报告进行汇总、分析并归档。

二、体外诊断试剂说明书要求

为了指导体外诊断试剂说明书编写工作,根据《医疗器械说明书和标签管理规定》(国家食品药品监督管理总局令第 6 号),原国家食品药品监督管理总局组织制定了《体外诊断试剂说明书编写指导原则》,从 2014 年 10 月 1 日起开始适用。

体外诊断试剂说明书承载了产品预期用途、检验方法、对检验结果的解释、注意事项等重要信息,是指导使用者正确操作、临床医生准确理解和合理应用试验结果的重要技术性文件。由于体外诊断试剂产品专业跨度大、方法学多样、临床预期用途各异,产品的说明书内容不尽相同。申请人应根据产品特点及临床预期用途编写说明书,以便关注者获取准确信息。

知识链接

体外诊断试剂说明书格式

××××（产品通用名称）说明书

【产品名称】

【包装规格】

【预期用途】

【检验原理】

【主要组成成分】

【储存条件及有效期】

【适用仪器】

【样本要求】

【检验方法】

【阳性判断值或者参考区间】

【检验结果的解释】

【检验方法的局限性】

【产品性能指标】

【注意事项】

【标识的解释】

【参考文献】

【基本信息】

【医疗器械注册证编号/产品技术要求编号】（或者【医疗器械备案凭证编号/产品技术要求编号】）

【说明书核准及修改日期】

以上项目如对于某些产品不适用，说明书中可以缺省。

产品说明书内容原则上应全部使用中文进行表述；如含有国际通用或行业内普遍认可的英文缩写，可用括号在中文后标明；对于确实无适当中文表述的词语，可使用相应英文或其缩写表示。

1. **产品名称** 产品名称应该使用通用名称，通用名称应当按照《IVD注册办法》规定的命名原则进行命名，可适当参考相关"分类目录"和（或）国家标准及行业标准。除特殊用途产品可在通用名称中注明样本类型外，其余产品的通用名称中均不应当出现样本类型、定性/定量等内容。有产品英文名称的，可加上英文名称。

2. **包装规格** 注明可测试的样本数或装量，如××测试/盒、××人份/盒、××ml，除国际通用计量单位外，其余内容均应采用中文进行表述。如产品有不同组分，可以写明组分名称。如有货号，可增加货号信息。

3. **预期用途** 第一段内容详细说明产品的预期用途，如定性或定量检测、自测、确认等，样本类型和被测物等,具体表述形式根据产品特点做适当调整。若样本来源于特殊受试人群,如孕妇、新生儿等,应当予以注明。第二段内容说明与预期用途相关的临床适应证及背景情况,说明相关的临床或实验室诊断方法等。

4. **检验原理**　详细说明检验原理、方法,必要时可采用图示方法描述。

5. **主要组成成分**　对于产品中包含的试剂组分:①说明名称、数量及在反应体系中的比例或浓度,如果对于正确的操作很重要,应提供其生物学来源、活性及其他特性;②对于多组分试剂盒,明确说明不同批号试剂盒中各组分是否可以互换;③如盒中包含耗材,应列明耗材名称、数量等信息。如塑料滴管、封板膜、自封袋等。对于产品中不包含,但对该试验必需的试剂组分,说明书中应列出此类试剂的名称、纯度,提供稀释或混合方法及其他相关信息。对于校准品和质控品:①说明主要组成成分及其生物学来源;②注明校准品的定值及其溯源性;③注明质控品的靶值范围。如靶值范围为批特异,可注明批特异,并附单独的靶值单。

6. **储存条件及有效期**　说明产品的储存条件如:$2\sim8℃$、$-18℃$以下、避免/禁止冷冻等。其他影响稳定性的条件如:光线、湿度等也必须说明。如果打开包装后产品或组分的稳定性不同于原包装产品,则打开包装后产品或组分的储存条件也必须注明。对于有效期,要说明在储存条件下的有效期。如果打开包装后产品或组分的稳定性不同于原包装产品,打开包装后产品或组分的有效期也必须注明。如试剂盒各组分的稳定性不一致,则应对各组分的储存条件和有效期分别进行描述。

7. **适用仪器**　说明可适用的仪器及型号,并提供与仪器有关的信息以便用户能够正确选择使用。

8. **样本要求**　应在以下几方面进行说明:①适用的样本类型;②在样本收集过程中的特别注意事项;③为保证样本各组分稳定所必需的抗凝剂或保护剂等;④已知的干扰物;⑤能够保证样本稳定的储存、处理和运输方法。

9. **检验方法**　为保证试验的正确进行,应在以下几方面对试验的每一步进行详细说明:①试剂配制:各试剂组分的稀释、混合及其他必要的程序;②必须满足的试验条件:如pH、温度、每一步试验所需的时间、波长、最终反应产物的稳定性等。试验过程中必须注意的事项;③校准程序(如果需要):校准品的准备和使用,校准曲线的绘制方法;④质量控制程序:质控品的使用、质量控制方法;⑤试验结果的计算或读取,包括对每个系数及对每个计算步骤的解释。如果可能,应举例说明。

10. **阳性判断值或者参考区间**　说明阳性判断值或者参考区间,并简要说明阳性判断值或者参考区间的确定方法。

11. **检验结果的解释**　说明可能对试验结果产生影响的因素;说明在何种情况下需要进行确认试验。

12. **检验方法的局限性**　说明该检验方法的局限性。

13. **产品性能指标**　说明该产品的主要性能指标。

14. **注意事项**　注明必要的注意事项,如本品仅用于体外诊断等。如该产品含有人源或动物源性物质,应给出具有潜在感染性的警告。

15. **标识的解释**　如有图形或符号,请解释其代表的意义。

16. 参考文献　注明引用的参考文献。

17. 基本信息　对于境内体外诊断试剂,注册人(或者备案人)与生产企业为同一企业的,按以下格式标注基本信息:注册人(或者备案人)/生产企业名称、住所、联系方式、售后服务单位名称、联系方式、生产地址、生产许可证编号或者生产备案凭证编号。委托生产的按照以下格式标注基本信息:注册人(或者备案人)名称、住所、联系方式、售后服务单位名称、联系方式、受托企业的名称、住所、生产地址、生产许可证编号或者生产备案凭证编号。

对于进口体外诊断试剂,按照以下格式标注基本信息:注册人(或者备案人)/生产企业名称、住所、生产地址、联系方式、售后服务单位名称、联系方式、代理人的名称、住所、联系方式。

18. 医疗器械注册证编号/产品技术要求编号或者医疗器械备案凭证编号/产品技术要求编号　注明该产品的注册证编号或者备案凭证编号。

19. 说明书核准日期及修改日期　注明该产品说明书的核准日期。如曾进行过说明书的变更申请,还应该同时注明说明书的修改日期。

三、体外诊断试剂的经营

现行《条例》提出了医疗器械经营质量管理制度的要求,同时《医疗器械经营监督管理办法》第三十条也规定:"医疗器械经营企业应当按照医疗器械经营质量管理规范要求,建立覆盖质量管理全过程的经营管理制度,并做好相关记录,保证经营条件和经营行为持续符合要求。"

为加强医疗器械经营质量管理,规范医疗器械经营管理行为,保证医疗器械安全、有效,根据《医疗器械监督管理条例》和《医疗器械经营监督管理办法》等法律规章规定,原国家食品药品监督管理总局制定并于2014年12月12日发布了《医疗器械经营质量管理规范》。本规范是医疗器械经营质量管理的基本要求,适用于所有从事医疗器械经营活动的经营者。本规范自发布之日起施行。

《医疗器械经营质量管理规范》第十二条规定:"企业应当设置或者配备与经营范围和经营规模相适应的,并符合相关资格要求的质量管理、经营等关键岗位人员。第三类医疗器械经营企业从事质量管理工作的人员应当在职在岗。

从事体外诊断试剂的质量管理人员中,应当有1人为主管检验师,或具有检验学相关专业大学以上学历并从事检验相关工作3年以上工作经历。从事体外诊断试剂验收和售后服务工作的人员,应当具有检验学相关专业中专以上学历或者具有检验师初级以上技术职称。"

第十三条规定:"企业应当配备与经营范围和经营规模相适应的售后服务人员和售后服务条件,也可以约定由生产企业或者第三方提供售后服务支持。售后服务人员应当经过生产企业或者其他第三方的技术培训并取得企业售后服务上岗证。"

第十四条规定:"企业应当对质量负责人及各岗位人员进行与其职责和工作内容相关的岗前培训和继续培训,建立培训记录,并经考核合格后方可上岗。培训内容应当包括相关法律法规、医疗器械专业知识及技能、质量管理制度、职责及岗位操作规程等。"

四、医疗器械(体外诊断试剂)冷链管理

医疗器械冷链管理是指医疗器械在运输与贮存过程中需要按照说明书和标签标示要求进行冷

藏、冷冻管理,以保障产品质量。医疗器械经营企业应该按照原国家食品药品监督管理总局 2016 年
9 月 19 日发布的《医疗器械冷链(运输、贮存)管理指南》进行运输与贮存。

（一）基本要求

医疗器械生产企业和批发企业应根据生产、经营的品种和规模,配备相适应的冷库(冷藏库或
冷冻库)及冷藏车或冷藏箱(保温箱)等设施设备。医疗器械零售企业和使用单位应根据经营、使用
的品种和规模,配备相适应的冷库或冷藏设备(冷藏柜或冷藏箱等)。

1. 人员要求　从事冷链管理医疗器械的收货、验收、贮存、检查、出库、运输等工作的人员,应接
受冷藏、冷冻相关法律法规、专业知识、工作制度和标准操作规程的培训,经考核合格后,方可上岗。

2. 设施要求　用于贮存医疗器械的冷库应具有自动调控温度的功能,机组的制冷能力应与冷
库容积相适应。为保证制冷系统的连续供电,冷库应配备备用发电机组或双回路供电系统等。冷库
内应划分待验区、贮存区、退货区、包装材料预冷区(货位)等,并设有明显标示。用于医疗器械运输
的冷藏车应具备自动调控温度功能,车厢应防水、密闭,车厢内留有保证气流充分循环的空间。冷藏
箱(柜)应能自动调节箱体内温度;保温箱应配备蓄冷(热)剂及隔温装置,并符合产品说明书和标签
标示的储运要求。

用于医疗器械贮存和运输的冷库、冷藏车应配备温度自动监测系统(以下简称温测系统)监测
温度。温测系统应具备以下功能:①温测系统的测量范围、精度、分辨率等技术参数能够满足管理需
要,具有不间断监测、连续记录、数据存储、显示及报警功能;②冷库、冷藏车设备运行过程至少每隔
1 分钟更新一次测点温度数据,贮存过程至少每隔 30 分钟自动记录一次实时温度数据,运输过程至
少每隔 5 分钟自动记录一次实时温度数据;③当监测温度达到设定的临界值或者超出规定范围时,
温测系统能够实现声光报警,同时实现短信等通讯方式向至少 2 名指定人员即时发出报警信息。

每个(台)独立的冷库、冷藏车应根据验证结论设定、安装至少 2 个温度测点终端。温度测点终
端和温测设备每年应至少进行一次校准或者检定。冷藏箱、保温箱或其他冷藏设备应配备温度自动
记录和存储的仪器设备。

（二）冷链验证

冷库、冷藏车、冷藏箱、保温箱以及温测系统应进行使用前验证、定期验证及停用时间超过规定
时限情况下的验证。未经验证的设施设备,不得应用于冷链管理医疗器械的运输和贮存过程。①建
立并形成验证管理文件,文件内容包括验证方案、标准、报告、评价、偏差处理和预防措施等;②根据
验证对象确定合理的持续验证时间,以保证验证数据的充分、有效及连续;③验证使用的温测设备应
当经具有资质的计量机构校准或者检定,校准或者检定证书(复印件)应当作为验证报告的必要
附件,验证数据应真实、完整、有效及可追溯;④根据验证确定的参数及条件,正确、合理使用相关设
施及设备。

（三）收货与验收

在进行冷链管理医疗器械收货时,应核实运输方式、到货及在途温度、启运时间和到货时间并做
好记录;对销后退回的产品还应核实售出期间的温度记录。符合要求的,应及时移入冷库内待验区;
不符合温度要求的应当拒收,并做相应记录。使用冷库贮存的冷链管理医疗器械,应当在冷库内进

行验收。验收人员应当检查产品状态,并按《医疗器械经营质量管理规范》第三十八条、第三十九条或《医疗器械使用质量监督管理办法》的要求做好记录。

冷链管理医疗器械在库期间应按照产品说明书或标签标示的要求进行贮存和检查,应重点对贮存的冷链管理医疗器械的包装、标签、外观及温度状况等进行检查并记录。冷库内制冷机组出风口须避免遮挡,应根据冷库验证报告确定合理的贮存区域。

(四) 出库与运输

1. 出库管理　冷链管理医疗器械出库时,应当由专人负责出库复核、装箱封箱、装车码放工作。使用冷藏箱、保温箱运输冷链管理医疗器械的,应当根据验证确定的参数及条件,制定包装标准操作规程,装箱、封箱操作应符合以下要求:

(1) 装箱前应进行冷藏箱、保温箱预冷或预热。

(2) 在保温箱内合理配备与温度控制及运输时限相适应的蓄冷剂。

(3) 冷藏箱启动制冷功能和温测设备(保温箱启动温测设备),检查设备运行正常,并达到规定的温度后,将产品装箱。

(4) 根据对蓄冷剂和产品的温度控制验证结论,必要时装箱应使用隔温装置将产品与蓄冷剂等冷媒进行隔离。

(5) 冷链管理医疗器械的包装、装箱、封箱工作应在符合产品说明书和标签标示温度范围内的环境下完成。

2. 运输管理　运输冷链管理医疗器械的,应根据运输的产品数量、距离、时间以及温度要求、外部环境温度等情况,选择合理的运输工具和温控方式,确保运输过程中温度控制符合要求。使用冷藏车运输冷链管理医疗器械的,应符合以下要求:

(1) 提前启动制冷功能和温测设备,将车厢内预冷至规定的温度。

(2) 根据验证报告确定冷藏车厢内产品的码放方式及区域,码放高度不得超过制冷机组出风口下沿,确保气流正常循环和温度均匀分布。

(3) 冷链管理医疗器械装车完毕,及时关闭车厢门,检查厢门密闭情况。

(4) 检查温控设备和温测设备运行状况,运行正常方可启运。

(5) 冷链管理医疗器械在装卸过程中,应采取措施确保温度符合产品说明书和标签标示的要求。

3. 发货管理　冷链管理医疗器械发货时,应检查并记录冷藏车、冷藏箱、保温箱的温度。到货后,应向收货单位提供运输期间的全程温度记录。委托其他单位运输冷链管理医疗器械的,应当对承运方的资质及能力进行审核,签订委托运输协议,至少符合以下要求:

(1) 索要承运方的运输资质文件、运输设施设备和运输管理监测系统验证文件、承运人员资质证明、运输过程温度控制及监测系统验证文件等相关资料。

(2) 对承运方的运输设施设备、人员资质、质量保障能力、安全运输能力、风险控制能力等进行委托前和定期审核,审核报告存档备查。

(3) 委托运输协议内容应包括:承运方制定的运输标准操作规程、运输过程中温度控制和实时监测的要求、在途时限的要求以及运输过程中的质量安全责任。

（4）必要时根据承运方的资质和条件，委托方可对承运方的相关人员及运输设施设备进行审查和考核。

委托其他单位贮存冷链管理医疗器械的，受托企业应符合《医疗器械经营质量管理规范》第三十一条的要求。生产经营企业和使用单位应当制定冷链管理医疗器械在贮存、运输过程中温度控制的应急预案，并对应急预案进行验证。对贮存、运输过程中出现的断电、异常气候、设备故障、交通事故等意外或紧急情况，能够及时采取有效的应对措施，防止因异常突发情况造成的温度失控。

点滴积累 ∨ ....

> 1. 体外诊断试剂的生产监管过程涉及体外诊断试剂生产质量管理规范的特殊要求，这些特殊要求包括人员、厂房与设施、设备、设计开发、采购、生产管理和质量控制等 7 个部分内容。
>
> 2. 体外诊断试剂经营特别要符合医疗器械冷链规范的要求。

第五节　法律责任

一、非法获取与使用注册证的法律责任

提供虚假资料或者采取其他欺骗手段取得医疗器械注册证的，按照现行《条例》第六十四条第一款的规定予以处罚。由原发证部门撤销已经取得的许可证件，并处 5 万元以上 10 万元以下罚款，5 年内不受理相关责任人及企业提出的医疗器械许可申请。

备案时提供虚假资料的，按照现行《条例》第六十五条第二款的规定予以处罚。由县级以上人民政府药品监督管理部门向社会公告备案单位和产品名称；情节严重的，直接责任人员 5 年内不得从事医疗器械生产经营活动。

伪造、变造、买卖、出租、出借医疗器械注册证的，按照现行《条例》第六十四条第二款的规定予以处罚。可由原发证部门予以收缴或者吊销，没收违法所得；违法所得不足 1 万元的，处 1 万元以上 3 万元以下罚款；违法所得 1 万元以上的，处违法所得 3 倍以上 5 倍以下罚款；构成违反治安管理行为的，由公安机关依法予以治安管理处罚。

二、未办理备案和注册变更的法律责任

违反规定，未依法办理第一类体外诊断试剂变更备案或者第二类、第三类体外诊断试剂注册登记事项变更的，按照现行《条例》有关未备案的情形予以处罚。现行《条例》第六十五条规定，未依照规定备案的，由县级以上人民政府药品监督管理部门责令限期改正；逾期不改正的，向社会公告未备案单位和产品名称，可以处 1 万元以下罚款。

三、未依法办理注册许可的法律责任

体外诊断试剂注册证许可事项发生变化后,未依法办理体外诊断试剂注册许可事项变更的,按照现行《条例》有关未取得医疗器械注册证的情形予以处罚。继续生产、经营的,按生产、经营无医疗器械注册证产品进行定性处罚。现行《条例》第六十三条规定,生产、经营未取得医疗器械注册证的第二类、第三类医疗器械的,由县级以上人民政府药品监督管理部门没收违法所得、违法生产经营的医疗器械和用于违法生产经营的工具、设备、原材料等物品;违法生产经营的医疗器械货值金额不足 1 万元的,并处 5 万元以上 10 万元以下罚款;货值金额 1 万元以上的,并处货值金额 10 倍以上 20 倍以下罚款;情节严重的,5 年内不受理相关责任人及企业提出的医疗器械许可申请。情节严重的,由原发证部门吊销医疗器械生产许可证或者医疗器械经营许可证。

四、违法开展临床试验的法律责任

体外诊断试剂申请人未按照《条例》和《IVD 注册办法》规定开展临床试验的,由县级以上药品监督管理部门责令改正,可以处 3 万元以下罚款;情节严重的,应当立即停止临床试验。

点滴积累

1. 提供虚假资料骗取体外诊断试剂产品注册证,按照《条例》第六十四条的规定进行处罚。
2. 体外诊断试剂的经营环节,要符合《医疗器械冷链（运输、贮存）管理指南》的要求。
3. 体外诊断试剂的临床试验管理。

目标检测

一、单选题

1. 现行有效的《体外诊断试剂注册管理办法》发布的编号是(　　　)。

　　A. 局令第 12 号　　　　　　　　　　B. 总局令第 4 号

　　C. 局令第 16 号　　　　　　　　　　D. 总局令第 5 号

2. 《体外诊断试剂注册管理办法》不调整的产品是(　　　)。

　　A. 用于人体样本体外检测的试剂　　　B. 用于人体样本体外检测的试剂盒

　　C. 用于人体样本体外检测的校准品　　D. 用于血源筛查的体外诊断试剂

3. 第一类体外诊断试剂产品备案人向(　　)药品监督管理部门提交资料。

　　A. 设区的市级　　　　　　　　　　B. 县级

　　C. 省级　　　　　　　　　　　　　D. 国家

4. 下列(　　　)不属于体外诊断试剂注册登记事项。

　　A. 注册人名称和住所　　　　　　　B. 代理人名称和住所

　　C. 产品说明书　　　　　　　　　　D. 境内体外诊断试剂的生产地址

5. 受理体外诊断试剂注册申请的药品监督管理部门应当在技术审评结束后(　　　)工作日内做

出决定。

A. 10 个   B. 20 个

C. 30 个   D. 40 个

6. 技术审评机构应当在( )工作日内完成第三类体外诊断试剂注册的技术审评工作。

A. 30 个   B. 60 个

C. 90 个   D. 120 个

7. 下列( )属于第三类体外诊断试剂。

A. 用于激素检测的试剂   B. 与遗传性疾病相关的试剂

C. 用于自身抗体检测的试剂   D. 用于药物及药物代谢物检测的试剂

8. 开展体外诊断试剂临床试验,应当向申请人所在地( )药品监督管理部门备案。

A. 县级   B. 设区的市级

C. 省、自治区、直辖市   D. 国家

9. 生产车间连续停产( )以上的,重新组织生产前应当对生产环境及设施设备、主要原辅材料、关键工序、检验设备及质量控制方法等重新进行验证。

A. 半年   B. 1 年

C. 2 年   D. 3 年

10. 从事体外诊断试剂的质量管理人员中,应当有( )为主管检验师,或具有检验学相关专业大学以上学历并从事检验相关工作( )以上工作经历。

A. 1 人,3 年   B. 2 人,1 年

C. 1 人,1 年   D. 2 人,3 年

二、多选题

1. 体外诊断试剂注册许可事项包括( )、主要组成成分、产品说明书、产品有效期、进口体外诊断试剂的生产地址等。

A. 注册人名称   B. 包装规格

C. 预期用途   D. 产品名称

2. 对于已受理的注册申请,有下列( )情形之一的,药品监督管理部门做出不予注册的决定,并告知申请人。

A. 注册申报资料虚假的

B. 注册申报资料内容混乱、矛盾的

C. 注册申报资料的内容与申报项目明显不符的

D. 申请人对拟上市销售体外诊断试剂的安全性、有效性进行的研究及其结果无法证明产品安全、有效的

3. 下列( )属于第二类体外诊断试剂。

A. 用于蛋白质检测的试剂   B. 用于微生物检测的试剂

C. 微生物培养基　　　　　　　　　　　　D. 用于激素检测的试剂

4. 医疗器械使用单位有下列(　　)情形之一的,由县级以上药品监督管理部门责令限期改正,给予警告;拒不改正的,处 1 万元以下罚款。

A. 使用未备案的第一类医疗器械

B. 未按规定建立、执行医疗器械使用前质量检查制度的

C. 未按要求提供维护维修服务

D. 使用过期、失效的医疗器械

三、案例分析题

1. 2015 年 5 月 13 日,某市药品监督管理部门执法人员日常监督检查中,发现某集团医疗器械有限公司将 2 盒标示贮存条件为 2~8℃的 N 末端 B 型钠尿肽原定量检测试剂盒(荧光层析法),贮存在室内温度为 20℃的常温库中。该企业现场能够提供购进、验收及销售记录及厂家资质和注册证。

请问怎样对以上违法行为进行定性处罚?

2. 2016 年 4 月 8 日,某市药品监督管理部门执法人员对某诊所进行检查,发现诊所二楼检验科冰箱内存放有 4 种诊断试剂,共 4 盒。其中 3 种 3 盒诊断试剂,包括 URS-11 尿液分析试纸条、凝血酶时间测定试剂盒(凝固法)、活化部分凝血活酶时间(APTT)测定试剂盒(鞣花酸)已过期。以上 3 种诊断试剂均为二类医疗器械。药监部门依法该诊所立案查处。

请问怎样对以上违法行为进行定性处罚,并指出处罚依据。

ER-10章习题

第十一章

国际医疗器械监管法规与机构

导学情景 ∨

情景描述:

2013 年 6 月 13 日,国内某医疗器械企业宣布与美国超声诊断系统生产企业 ZONARE 医疗系统(ZONARE Medical Systems,Inc)达成最终协议,将以 1.05 亿美元对后者进行收购。美国 ZONARE 公司是一家在高端放射领域致力于超声技术开发并有 14 年的运营历史的超声设备产品领军企业,其独有的 ZONE-Sonography 核心图像技术,多年来在世界高端放射领域始终处于技术领先地位,由于其出色的图像质量和较好的销售网络,使得 ZONARE 公司长久以来一直排在美国高端放射超声领域前五位。此次收购成为该国内企业正式进军高端超声诊断市场里程碑式的动作,扩大了该企业在超声影像产品领域的覆盖,以及在新兴市场和中国区的推广。这项交易也是该企业成立至今的第 10 个收购案,同时也是其在美国的第二个收购案。

学前导语:

请问: 1. 当前,国际医疗器械监管法规交流出现了哪些新特征?

2. 中国医疗器械产品出口美国,需要满足哪些基本条件?

第一节　概述

全球医疗器械法规协调组织(GHTF)成立于 1992 年,其成员国为美国、欧盟、加拿大、澳大利亚和日本,目的在于促进国际医疗器械监管法规的协调与统一。GHTF 下设五个研究工作组,进行医疗器械监督管理方面的研究,包括:上市前的监督、上市后的监督、质量管理体系、审核与临床评价。2011 年 GHTF 解散,新成立的国际医疗器械监管者论坛(IMDRF)继承了 GHTF 的工作。这个由来自全球的医疗器械监管者自愿成立的组织,将加速国际医疗器械监管的协调和融合。IMDRF 加入了新的成员,分别是中国、俄罗斯、巴西。

2018 年 3 月 20 至 3 月 22 日,中国作为轮值主席国承办了国际医疗器械监管机构论坛(IMDRF)第 13 次管理委员会会议。在会上,我国提交的"医疗器械临床评价"新工作项目获得顺利立项。该项目致力于临床试验决策原则、等同性临床评价基本要求以及境外临床试验数据接受标准等方面开展国际合作研究。另外,我国提出的"更新 IMDRF 成员认可国际标准清单"新工作项目也获得一致通过,实现了我国从参与到主导医疗器械国际标准认可规则制定上的历史性突破,是我国持续和深入推广医疗器械标准管理经验的新进展。

中国是医疗器械生产大国,也是全球重要的医疗器械市场。为了更好地推动医疗器械行业的发展,中国还应更多地向外国发达国家学习。所以中国加入 IMDRF,有利于监管部门借鉴发达国家医疗器械监管经验,完善我国医疗器械监管体系,也将促进我国医疗器械行业提高产品出口竞争力。

本章简单介绍了 IMDRF 中美国、欧盟、澳大利亚、日本等成员国和地区的医疗器械监管法规框架及监管机构,在学习对比的同时,激发学习国际监管法规的兴趣,也能够增强对国内医疗器械监管的认识。

知识链接

国际医疗器械监管者论坛（IMDRF）

国际医疗器械监管者论坛（International Medical Device Regulators Forum，IMDRF）前身为成立于 1992 年的全球医疗器械法规协调组织（GHTF）。 在 GHTF 的基础上，2011 年 10 月多个国家和地区的医疗器械监管机构代表在渥太华召开会议，宣布成立国际医疗器械监管者论坛。 目前，该组织的主要成员有：美国、欧盟、日本、澳大利亚、加拿大、巴西、中国、俄罗斯以及新加坡。

IMDRF 将以论坛的形式讨论未来医疗器械监管协调的方向。 IMDRF 是一个在全球医疗器械法规协调组织（GHTF）的工作基础上，由来自全球的医疗器械监管者自愿成立的组织，该组织将加速国际医疗器械监管的协调和融合。 论坛使命是加速各国和地区之间的医疗器械法规靠拢，促进国际间建立高效的医疗器械监管模式，从而应对医疗器械领域的各种问题和挑战，最大限度地保护公众健康和安全。 目前，该论坛采纳和建立的相关标准，被全球公认为医疗器械领域的行业准则。 IMDRF 管理委员会由监管官员组成，将会提供论坛制定的关于策略、政策、方向、会员资格及活动方面的指南。 管理委员会每两年召开一次会议，会议议程包括了一次面向所有权股东，包括工业界、学术界、医疗健康专业人士及消费者和病人组织的公开会议。 IMDRF 的主席和秘书处采取年度轮换的方式。

2013 年 3 月，受论坛管理委员会邀请，中国正式宣布加入 IMDRF。

第二节　美国医疗器械监管法规与机构

一、美国医疗器械监管法规

（一）概述

美国最早开始对医疗器械进行管理,在 FDA 1938 年版的《食品、药品和化妆品法案》(Food Drug and Cosmetic Act,FDCA)中将其管理概念延伸到医疗器械;并在 1968 年制定的《控制放射卫生和安全法案》中规定了对放射性医疗器械的要求。1938 年美国国会通过的《食品、药品和化妆品法案》是美国历史上第一部涉及医疗器械监管的法律。1976 年美国国会正式通过了《食品、药品和化妆品法案》修正案,强化了对医疗器械进行监督管理的力度,并确立了对医疗器械实行分类管理的办法,提出了对医疗器械进行上市前和上市后监督管理。这是国际上第一个国家立法,并由政府行政部门对医疗器械进行监督管理,以促使工业界生产出安全有效、质量可靠的医疗器械法案。此后30年间,FDA又制定了一系列的法规、法案,并与FDCA中的第五章"医疗器械"部分配合以完善医疗器械法规体系,这些法规、法案分别为:

1. 《1990年医疗器械安全法案》(Safe Medical Devices Act of 1990,SMDA)　1990年,美国国会通过了《1990年医疗器械安全法案》,根据该法,养老院、医院以及其他使用医疗器械的机构都有义务向美国FDA报告由医疗器械引起的伤亡事件;医疗器械生产企业有义务针对永久性植入医疗器械建立跟踪和定位制度,对依赖该医疗器械生活的患者进行跟踪随访。此外,美国FDA还有权强制要求医疗器械生产企业召回不合格产品,并对其采取必要措施。

2. 《1992年医疗器械修订本》(Medical Device Amendments of 1992,MDA)　《1992年医疗器械修订本》对1990年SMDA的细节予以修正,增加人道用途器材的免除(humanitarian device exemption)规定,对使用病患4000人以下的特殊器材,可以不适用特别管制及PMA的审查,以鼓励制造商开发少数病患特用的医疗器材。

3. 《1997年食品和药品管理现代化法案》(Food and Drug Administration Modernization Act of 1997,FDAMA)　《1997年食品和药品管理现代化法案》要求美国FDA加快医疗器械审评工作,并赋予其对医疗器械产品新用途广告进行监管的职能。

4. 《2002年医疗器械使用费和现代化法案》(Medical Devices User Fee and Modernization Act of 2002,MDUFMA)　《2002年医疗器械使用费和现代化法案》在医疗器械监管方面赋予了美国FDA新的职能,其中包括上市前审批的用户收费、建立第三方检查机制、制定一次性使用器械毁形后再加工的规范等。

除此之外,美国还发布了《医疗器械申报费用稳定法案》(MDUFSA)、《乳腺X线设备质量标准法案》(MQSA)等法律法规。要求医疗器械生产企业到FDA注册并遵循相关的质量控制程序,普通产品必须符合相关标准才能上市,部分产品的上市必须经过FDA的特殊批准。

美国的《食品、药品和化妆品法案》(FDCA)是医疗器械管理体系的核心,特点在于广泛采用了严格的药品管理模式(pharmaceutical approach);突破性在于第一次同时提出了产品上市前和上市后的监管,并且建立了以产品风险作为依据的医疗器械分类和管理制度,将1700多类医疗器械分作三大类管理。FDA管理模式的特点可归纳如下:

(1) 建立在产品分类及审查原则数据库(datebank)的基础上。

(2) 提出了全面综合的医疗器械定义〔FDCA section 201(h)〕,对医疗器械的界定和药品/医疗器械的区分提出判断依据。

(3) 提出了基于风险的医疗器械分类制度(risk-based classification)和市场准入(market notification & approval)的理念。

(4) 监督医疗器械生产者对法规的执行情况。

(5) 要求生产者和使用者反馈医疗器械的使用情况。

(6) 采用了中央集权(centralized)和专家支持的方式对医疗器械进行管理。

根据《食品、药品和化妆品法案》《公平包装和标签法》《医疗器械安全法案》《医疗器械修正案》，FDA 制定了大量的技术法规，汇编于《美国联邦法规》(CFR) 第 21 篇的第 800 ~ 900 部分，其中 21CFR 862 ~ 892 法规给出了 16 大类医疗器械的一般描述、所属级别及市场要求等信息。技术法规见表 11-1。

表 11-1　FDA 技术法规

法规号	法规名称
21CFR 800	通则
21CFR 801	标签
21CFR 803	医疗器械通报
21CFR 806	医疗器械的校正和移动报告
21CFR 807	医疗器械生产商和初次进口商的企业注册及产品登记
21CFR 808	根据联邦政府优先购买州和地方医疗器械的要求豁免
21CFR 809	人用体外诊断试剂
21CFR 810	医疗器械的召回权
21CFR 812	器械研究的豁免
21CFR 813	（预留）
21CFR 814	医疗器械的上市前批准
21CFR 820	质量体系法规
21CFR 821	医疗器械的跟踪要求
21CFR 822	上市后监督
21CFR 860	医疗器械的分类程序
21CFR 861	医疗器械性能标准的制定程序
21CFR 862	临床化学和毒理学器械
21CFR 864	血液学和病理学器械
21CFR 866	免疫学和微生物学器械
21CFR 868	麻醉器械
21CFR 870	心血管器械
21CFR 872	牙科器械
21CFR 874	耳鼻喉科器械
21CFR 876	胃肠-泌尿科器械
21CFR 878	普通的和整形手术器械
21CFR 880	医院和个人用普通器械
21CFR 882	神经科器械
21CFR 884	妇产科器械
21CFR 886	眼科器械
21CFR 888	整形外科器械
21CFR 890	理疗器械
21CFR 892	放射医学器械
21CFR 895	取缔的医疗器械
21CFR 900	乳房 X 线照相仪

（二）美国医疗器械法规内容

1. 医疗器械的分类　《食品、药品和化妆品法案》基于风险将医疗器械分为Ⅰ、Ⅱ、Ⅲ类,共3个类别。

2. 上市前管理　医疗器械进入美国市场的途径分为:豁免、上市前通告[510(k)]、上市前批准(PMA)。

根据FDA的规定,大多数Ⅰ类产品都豁免上市前通告要求;Ⅱ类产品需要上市前通告[510(k)]的审查;Ⅲ类产品需要经过上市前批准(PMA)。

（1）上市前通告510(k):向美国FDA提交材料,证明该产品与目前已经合法上市的同类产品具有同样的安全性和有效性。美国上市前通告510(k)的本质就在于"实质等效性"。对于能够提供足够的信息,以比较或判断可以获得器械安全性和有效性的合理保证器械,其注册制度就是进行510(k)报告。其规定制造商进行510(k)报告时,申报注册器械需要与另一器械相比具有实质等效性。

（2）上市前审批(PMA):医疗器械产品制造商向美国FDA提交申请书和其他有关材料,证明医疗器械产品的安全性和有效性,美国FDA对材料进行审查后作出是否批准的决定。在《食品、药品和化妆品法案》第515条规定,申请第三类医疗器械上市的,都必须对完整的信息进行报告,包括公布的、申请者知道或应当知道的,以证明该器械安全有效;要有器械部件、成分、属性和操作原理的完整说明;器械在生产、加工及包装、安装的完整说明;要有性能标准信息;必要时要提供样品等。对申请者,FDA可以要求其补充,要求其撤销和中止申请,审批中可以咨询专家,可以要求修改标签和标识,可以进行重复性验证,也可以直接要求批准研究实验方案等。

3. 上市后管理　美国对医疗器械上市后的管理包括质量体系检查、不良事件监测和再评价以及对违规行为实施行政处罚等内容。

（1）医疗器械质量体系检查:FDA通过对企业进行产品质量体系检查以保证产品安全有效,通常对二、三类医疗器械的生产企业每2年进行一次质量体系检查,对一类医疗器械的生产企业每4年进行一次质量体系检查,对发现问题的企业,FDA随时进行检查以确保质量体系的有效运行。

（2）不良事件检测和再评价:根据FDA的规定,对由医疗器械产品引起、可能引起或促使的死亡、严重伤害事件,医疗器械用户、经销商、制造商都有义务尽快报告。报告的期限:医疗器械用户为10个工作日;经销商和制造商为30个工作日。

（3）对违规行为实施行政处罚,包括:警告、扣押产品、对违法公司提起诉讼、召回产品等。召回产品可由FDA律师向法院申请强制执行。

4. 质量体系　FDA在1987年颁布了《医疗器械生产质量管理规范》(GMP),随后又多次进行了修改和完善。在1997年公布了新的GMP规范,并更名为《医疗器械质量体系规范》(QSR),该规范与国际标准化组织ISO 9001系列标准更加接近,它要求所有生产企业建立并保持一个完整有效的质量管理体系。

二、美国医疗器械监管机构

1. 美国食品药品管理局（Food and Drug Administration，FDA）　FDA 是一个公共卫生科学监管机构，隶属于美国卫生和公共服务部。FDA 的主要职责是对药品、食品、化妆品、医疗器械、兽药等产品进行全面的监督管理。FDA 在美国乃至全球都有巨大影响，有美国人健康守护神之称。全世界的药品商和食品商对其又爱又怕，它的信誉和专业水准深得很多专家和民众的信赖。其严格的检测和评估在提供良好保障的同时也引起不少药商和食品商的非议，指责其束缚了发明创新，是阻挠民众获得特效药的最大障碍，并游说国会削减 FDA 的权限。

最初 FDA 是农业部下属的一个化学部门，承担科研任务；1901 年 7 月，更名为化学局；1906 年通过的《联邦食品和药品法》，使化学局又承担了监管职责；1927 年 7 月，更名为食品、药品和杀虫剂管理局，同时其非监管性的研究职能被转移到农业部的其他部门；1930 年 7 月，更名为食品药品管理局（FDA）；1940 年 6 月，FDA 从农业部划归联邦安全局；1953 年 4 月，FDA 划归卫生、教育和福利部（HEW）；1980 年 5 月，HEW 分为教育部、卫生和公共服务部，FDA 划归卫生和公共服务部。

美国 FDA 总部由食品安全和应用营养中心（CFSAN）、生物制品评估和研究中心（CBER）、器械和放射产品健康中心（CDRH）、药品评价和研究中心（CDER）、兽药中心（CVM）、国家毒理学研究中心（NCTR）、法规事务办公室、专员办公室等部门组成。其中负责医疗器械监督管理的是器械和放射产品健康中心（CDRH）。

2. 器械和放射产品健康中心（CDRH）　器械与放射产品健康中心是美国食品药品管理局负责对所有医疗设备进行上市前的审批工作以及监管这些设备的制造、工作性能和安全性的分支机构。在《食品、药品和化妆品法案》对"医疗设备"进行了定义，它包括从简单（如牙刷）到复杂（如可植入脑起搏器）的诸多器械。设备仪器与放射健康中心还负责对具有辐射性的非医疗器械的安全性能进行监管，这些设备包括手机、机场行李检测设备、电视接收器、微波炉、紫外线保健房和激光产品。器械和放射产品健康中心下设 6 个办公室，包括器械评价办公室（ODE）、科学和工程实验室办公室（OSEL）、体外诊断试剂评价和安全办公室（OIVDDES）、交流、教育和放射项目办公室（OCERP）、符合性办公室（OC）以及监督和生物统计办公室（OSB）。CDRH 的主要职责包括：

（1）制定和执行国家计划来确保医疗器械的安全、有效和标签的真实性。

（2）审查和评价医疗器械上市前批准（PMA）的申请、产品开发协议（PDP）、研究用器械豁免的豁免请求和上市前通知。

（3）制定、发布和强制执行医疗器械标准和质量体系规范（QSR）及生产质量管理规范（GMP）。

（4）参与有关促进美国与其他国家医疗器械贸易的法规协议的制定。

点滴积累 ∨

1. 美国医疗器械的分类是根据风险程度的高低，分为Ⅰ、Ⅱ、Ⅲ类。

2. 根据 FDA 的规定，大多数Ⅰ类产品都豁免上市前通告要求；Ⅱ类产品需要上市前通告〔510（k）〕的审查；Ⅲ类产品需要经过"上市前批准"（PMA）。

第三节　欧盟医疗器械监管法规与机构

一、欧盟医疗器械监管法规

（一）概述

欧洲联盟（European Union），简称欧盟（EU），是由欧洲共同体（European Communities）发展而来，是一个集政治实体和经济实体于一身、在世界上具有重要影响的区域一体化组织。1991 年 12 月，欧洲共同体马斯特里赫特首脑会议通过《欧洲联盟条约》，通称《马斯特里赫特条约》（简称《马约》）。1993 年 11 月 1 日，《马约》正式生效，欧盟正式诞生。欧盟的宗旨是"通过建立无内部边界的空间，加强经济、社会的协调发展和建立最终实行统一货币的经济货币联盟，促进成员国经济和社会的均衡发展"，"通过实行共同外交和安全政策，在国际舞台上弘扬联盟的个性"。目前欧盟有 27 个成员国（Member State），4 个自由贸易区域（European Free Trade Area）。

欧盟的主要组织机构有：

欧洲理事会（European Council），即首脑会议，由欧盟成员国国家元首或政府首脑及欧盟委员会主席组成，是欧盟的最高权力机构。理事会下设有总秘书处。

欧盟委员会（Commission of European Union），是欧盟的常设执行机构。负责实施欧盟条约和欧盟理事会做出的决定，处理日常事务，代表欧盟对外联系和进行贸易等方面的谈判。

欧洲议会（European Parliament），是欧洲联盟的执行监督、咨询机构，在某些领域有立法职能，并有部分预算决定权。欧洲议会可以 2/3 多数弹劾欧盟委员会，迫其集体辞职。

作为全球第二大医疗器械生产和消费者，欧盟对医疗器械的管理也有着不短的历史和值得借鉴的经验。在 20 世纪 90 年代初期，以英国、法国和德国为代表，初步形成了各自不同的医疗器械管理体系；如英国的生产企业注册制度（Manufacturers' Registration Scheme，MRS）、GMP 要求及不良事件报告制度，法国的临床试验要求和德国的药品法（German Drug Law）及医疗设备安全法规（the Regulation on the Safety of Medical Technical Equipment）。随着欧盟《统一市场条约》（Single Market Treaty）的颁布，统一协调后的《医疗器械指令》（Medical Devices Directive）在 1993 年正式发布，目的是在欧盟各成员国内消除贸易障碍、相互认可（mutual recognition）和技术协调（technical harmonization）。

指令（directive）是欧盟最重要的立法工具之一，目的是为了达到欧盟内法律的一致性，作为统一市场计划的一部分，欧盟为医疗器械的管理制定了一个统一的法律体系，主要有 3 个指令组成：

1.《有源植入医疗器械指令》（Active Implantable Medical Devices Directive 90/385/EEC）这一指令针对通过电源或其他能源起作用、器械在手术后全部或部分介入人体、留在体内的产品。该指令要求所有有源植入医疗器械，例如心脏起搏器、体内给药器械、除纤颤器等。自 1990 年 6 月 20 日开始认证，取得 CE 标志；在 1994 年 12 月 31 日以后没有 CE 标志的有源植入医疗器械不能在欧盟市场销售。

2.《医疗器械指令》（Medical Devices Directive 93/42/EEC）　该指令适用于除 90/385/EEC

指令和98/79/EC指令规定以外的一般医疗器械,于1995年1月1日生效,并于1998年6月14日强制实施。

3.《体外诊断试剂指令》(In Vitro Diagnostics Directive 98/79/EC)　该指令除有源植入物医疗器械和体外诊断器械外,几乎所有的医疗器械都属于该指令调整范围内,包括无源植入物、外科器械、电子器械等,于1998年12月7日生效,2003年12月7日强制实施。

上述指令是欧盟范围内统一执行的医疗器械管理法规,其法律地位相当于中国的《条例》和日本的药事法(The Pharmaceutical Affairs Law)。三个医疗器械指令虽然颁布的时间不同,但相互关联。《医疗器械指令》是在《有源植入医疗器械指令》的基础上制订的,二者又同为《体外诊断医疗器械指令》的编写基础。三个指令的格式、内容、基本要求大致相同,并针对医疗器械的不同特点而规定了特殊条款。当新颁布的指令对已有指令的基本要求进行修改时,已有指令同时进行相应修订。1993—2003年间,3个指令分别做了几次修正,2005年12月22日欧盟对这3个指令又发布了最新的修正指令。

其中,使用的最多的《医疗器械指令》由23项条款和12个附录组成,其主要内容为:

1. 定义和范围(Definitions,scope)

2. 上市与投入使用(Placing on the market and putting into service)　该条款中规定制造商需采取所有必要的措施,确保医疗器械在依照设计的目的安装、维护和使用时不会危及患者、使用者或相关人员的安全及健康。

3. 基本要求(Essential requirements)　该条款中规定医疗器械必须符合指令附录I中的基本要求。提出基本要求(essential requirements)作为确保医疗器械安全和性能的基本条件,并配合使用医疗器械标准细化产品的技术指标。

4. 自由流通和特殊用途的医疗器械(Free movement, devices intended for special purposes)该条款中规定各成员国不能对符合指令规定的临床研究用器械、定制器械和带有CE标记的医疗器械产品设置流通障碍。同时规定定制器械、参展器械和临床研究用器械在使用时可无需带有CE标记。

5. 参考的标准(Reference to standards)

6. 标准与技术法规委员会(Committee on Standards and Technical Regulations)　该条款规定依据83/189/EEC号指令第五条所设立的委员会应协助欧盟委员会工作。

7. 医疗器械委员会(Committee on Medical Devices)　该条款规定依据90/385/EEC号指令第六条第二项所设立的委员会应协助欧盟委员会工作。

8. 保护条款(Safeguard clause)　该条款中规定了成员国对被发现不符合指令要求的医疗器械产品的处理措施。旨在最大限度保护患者、使用者及相关人员的安全与健康。

9. 分类(Classification)　该条款中规定医疗器械划分为四类,具体分类标准参考附录IX中内容。该条款同时规定,当商与公告机构在管理类别上发生分歧时,由公告机构所属成员国的主管当局裁决。

10. 医疗器械上市后不良事件的通报(Information on incidents occurring following placing of devices on the market)

11. 符合性评估程序（Conformity assessment procedures）

12. 对已有 CE 标记的医疗器械产品进行组合、包装、灭菌的特殊规定（Particular procedure for systems and procedure packs and procedure for sterilisation）

13. 医疗器械分类问题的处理措施（Decisions with regard to classification and derogation clause）

14. 上市医疗器械相关责任人的注册（Registration of persons responsible for placing devices on the market）

15. 临床研究（Clinical investigation）　该条款中规定商在进行临床研究前,应将临床研究内容通知临床研究工作所在成员国的主管机构。经主管机构批准后方可实施。

16. 公告机构（Notified bodies）　由于欧盟由多个主权国家组成,为了在欧盟范围内统一审批方法、消除贸易壁垒,因此,欧盟从各成员国的第三方质量认证机构中统一认定了一批"公告机构"（NB）负责审查。欧盟要求所在国主管部门对公告机构进行监督,定期检查其审批情况和财务状况,以确保其秉公执法。

17. CE 标记（CE marking）　该条款中规定,除定制器械和临床研究用器械外,符合该指令第三项条款规定基本要求的医疗器械在上市时必须带有 CE 标记。

18. 不当使用 CE 标记的处理措施（Wrongly affixed CE marking）

19. 关于拒绝和限制某医疗器械上市、使用或临床研究的处理措施（Decision in respect of refusal or restriction）

20. 保密责任（Confidentiality）

21. 其他相关指令的修订与废止（Repeal and amendment of Directives）

22. 实施及过渡性条款（Implementation, transitional provisions）

23. "本指令通知所有会员国"。

附录Ⅰ　基本要求（Essential requirements）

附录Ⅱ～附录Ⅶ　为不同的符合性评估程序

附录Ⅷ　关于特殊用途器械的声明（Statement concerning devices for special purposes）
该附录中规定了生产者对用于临床研究和定制器械所出具的声明中所需的必要信息。

附录Ⅸ　分类标准（Classification criteria）

附录Ⅹ　临床评估（Clinical evaluation）

附录Ⅺ　公告机构的相关规定（Criteria to be met for the designation of notified bodies）

附录Ⅻ　EC 标志的格式（CE marking of conformity）

（二）欧盟医疗器械法规内容

2017 年 5 月 5 日,欧盟公报（OJEU）发布了欧盟新《医疗器械法规》（Medical Device Regulation, MDR）（EU 2017/745）和《体外诊断医疗器械法规》（IVD Regulation, IVDR）（EU 2017/746）。这两部新的医疗器械法规将很快取代现行的三部医疗器械指令:《医疗器械指令》（Medical Device Directive 93/42/EEC）、《有源植入医疗器械指令》《体外诊断医疗器械指令》（IVD Directive 98/79/EC）。其

中,MDR 将于 2020 年 5 月 26 日起施行,IVDR 将于 2022 年 5 月 26 日起施行。MDR 和 IVDR 新法规将会使医疗器械的安全性和性能提高到一个新的水平,同时新法规的出台反映了主管当局、患者和公众的强烈要求。MDR 和 IVDR 是由欧盟委员会拟议并经欧洲议会和理事会认可的法律,将从根本上改变 CE 标志的机制和欧盟监管 IVD 器械的方式。

> **知识链接**
>
> ### 欧盟医疗器械法规变更产生的影响
>
> **一、职责权限更合理**
>
> 旧指令只强调"制造商"的责任,2017 版的新法规引入了 ECONOMIC OPERATOR 的概念,在整个医疗器械供应链条里的利益相关方,包括进口商、分销商、制造商,甚至是制造商选择的欧盟代表,都要受到严格的监管,出现问题也要负担相应的责任。
>
> **二、覆盖范围更广泛**
>
> 新法规覆盖范围不仅仅是原 MDD 和 AIMDD 指令管辖的医疗器械,同时也包括了一部分高风险但并非医疗用途的美容产品,如美瞳、用于美容的植入物和减肥抽脂器械等。另外,科技进步导致新技术在医疗器械领域的应用,如纳米技术、远程医疗和软件诊断等。这些新生事物是 20 多年前的旧指令尚未涉及的,新法规把它们纳入了监管的范围,明确了其分类、监管和可供选择的符合性路径,以配合新技术在医疗器械领域的应用。
>
> **三、临床评估要求更严格**
>
> 这是对大多数制造商挑战最大的部分。旧指令对于"实质性等同"的器械按照文献评估途径证明满足指令要求是非常普遍的,而从新法规以及新颁布的 MEDDEV 2.7.1 第 4 版来看,证明"实质性等同"的难度大大提升了,器械必须要有临床、生物和技术 3 个方面的证据链,甚至一些技术文件和设计卷宗,才能够证明其"实质性等同"。这对于那些不是原创的制造商而言,将会变得非常困难。
>
> **四、高风险产品审批更困难**
>
> 新法规要求对部分Ⅲ类高风险产品和Ⅱb 类中等风险较高产品加入"特殊符合程序",主管当局对临床数据、产品安全性和有效性等组织专家复核。所以认证周期无疑将加长,难度也会增加。对于某些高风险医疗器械,MDR/IVDR 引入了审查机制,将对公告机构进行合格评估。公告机构将会通知主管机构,对高风险医疗器械颁发生产许可证书,以及基于合理的顾虑,对于任何医疗器械的安全和性能,主管机构(或欧盟委员会)可以向专家小组提出进一步科学咨询的要求。
>
> **五、可追溯性要求更高**
>
> 不具约束力的 2013/172/EU 号欧盟建议已经被纳入 MDR/IVDR。建议要求,唯一识别标识(UDI)必须与所有的医疗器械一起贴附并与之配套,使其可以识别并且可以通过供应链进行跟踪。包括分销商和进口商在内的每一个供应链参与者,都将拥有监管的责任。需要对协议进行评估与修订,以及在平行贸易中加强相关的竞争法合规工作。大量的 UDI 数据,如警惕和上市后监督,将被纳入欧洲医疗器械数据库(EUDAMED),并且大部分信息将向公众公开,以供利益攸关方更好地作出决策。
>
> 毫无疑问,新法规的重大变更,在欧盟的医疗器械历史上将具有"革命性"的意义。

1. 欧盟对医疗器械的定义 欧盟 2017 版 MDR 法规更新了医疗器械的定义。医疗器械,是指由制造商单独使用或组合用于人体的以下一种或多种特定医疗目的任何仪器、设备、器具、软件、植入物、试剂、材料或其他物品:①对疾病的诊断、预防、监护、预测、预后、治疗或缓解;②对损伤或残疾的诊断、监控、治疗、缓解、补偿、解剖、生理或病理过程或状态的研究、替代、调节;③通过对来自人体的样本(包括器官、血液、捐献的组织)进行体外检测来提供信息;④其效用主要通过物理等方式获得,不是通过药理学、免疫学或者代谢的方式获得,或者虽然有这些方式参与但是只起辅助作用;以下产品也应视为医疗器械;⑤具有控制或支持用途的器械;⑥专门用于器械的清洁、消毒或灭菌。"定制器械"是指根据国家法律授权的任何人员的书面处方,通过该人员的专业资格知识而专门制造的器械,具有特有的设计特性,计划专用于特定患者,并专门满足个人条件和需要。但需要通过调整以满足任何专业使用者特殊要求的大规模生产的器械,且根据经授权人员的书面处方通过工业生产过程大规模生产的器械不得视为定制器械。

对于体外诊断试剂,IVDR 给予的定义是这样的:体外诊断试剂,是指制造商预期用于体外检查从人体提取的样本,包括捐献的血液及组织,单独使用或组合使用的试剂、试剂产品、校准物品、控制材料、成套工具、仪器、器具、设备、软件或系统,其唯一目的或主要目的是提供以下信息:①有关生理学或病理学状态;②有关先天性异常;③有关健康状况或疾病的易感性;④确定安全性以及与可能接受治疗者的相容性;⑤预测治疗效果或反应;⑥明确或监控治疗措施。

2. 医疗器械的分类 欧盟将医疗器械分成Ⅰ、Ⅱa、Ⅱb、Ⅲ类,共 4 个类别。Ⅰ类为不会穿透人体表面又无能量释放(无源)的器械,这类产品约占全部医疗器械品种的23%;Ⅱa 类包括诊断设备、体液储存、输入器械,以及短暂使用(持续时间小于 1 小时)并有侵害性的外科器械;Ⅱb 类为短期使用(持续时间 1 小时至 30 天)并有侵害性的外科用机械、避孕用具和放射性器械,Ⅱa 和Ⅱb 类产品约占64%;Ⅲ类器械为与中枢神经系统、心脏接触的器械、在体内降解的器械、植入体内的器械和药物释放器械,以及长期使用(持续时间大于 30 天)并有侵害性的外科器械,这类产品约占13%。

3. 上市前审批 在欧盟,医疗器械产品上市前审批是统一的,生产商可以向公告机构提出申请,公告机构审查通过后,颁发认证证明和 CE 标志,该产品就可以上市了。欧盟规定,对不同类别的医疗器械产品采用不同的审查方法,见表11-2。

表 11-2 欧盟对医疗器械产品的审查

产品类别	审查方法
Ⅰ	产品质量由生产企业自行负责,保证产品的安全性和有效性,并在生产企业所在国主管部门备案
Ⅱa	由公告机构审查,其中产品设计由生产企业负责,公告机构主要审查其生产质量体系
Ⅱb	由公告机构审查,检查生产企业的质量体系,抽查产品样品,生产企业提交产品的设计文件
Ⅲ	由公告机构审查,检查生产企业的质量体系,抽查产品样品,并审查产品设计文件,特别是风险分析报告

4. 质量体系 在质量体系方面,欧共体制定的质量体系标准(EN 46000 系列)与 ISO 9000 以及

ISO 13485(医疗器械质量体系专用要求)是基本一致的。公告机构(第三方质量认证机构)按 EN 46000 系列标准对生产厂家生产体系进行审查。公告机构在对企业进行质量认证的同时,还要对高风险的产品在其实验室中进行检测。通过质量体系认证的,表明生产者符合了指令的要求,产品上就贴有 CE 标志,产品才可以在欧共体范围内自由销售。

5. 临床试验申请　在欧共体,医疗器械厂商应当按医疗器械临床试验管理规定在有资格的医疗单位进行临床试验。对于Ⅱa、Ⅱb 和Ⅲ类器械,在收到批准临床试验通知后的 60 天内开始进行临床试验。除非医疗机构考虑到试验同公共健康和政策不相符合的情况。除特殊提到的医疗器械外,成员国可以授权生产厂进行临床试验。临床试验应按照医疗器械试验规定法规进行监督。生产厂商或其代理商应保存试验记录并备案。法令规定医疗器械应有临床数据的支持。临床数据可以来自于已有的医学和非临床资料的评价,也可从临床试验中得到。

6. 上市后监管　2017 年欧盟新的 MDR 法规更新了"上市后监管"的定义,所谓上市后监管,是指制造商与其他经济运营商合作开展的所有活动,目的旨在建立并保持最新的系统化程序,以主动收集和总结从已投放市场、市场上可获得或投入使用的器械获得的经验,以确定是否需要立即采取任何必要的纠正或预防措施。目前欧盟医疗器械上市后监管还没有统一,仍由各国医疗器械主管部门负责,主要从以下两个方面进行上市后监管:

(1) 对企业进行质量体系检查:在企业取得 CE 标志后,公告机构每两年进行一次医疗器械生产质量体系检查,以确保生产企业生产的医疗器械产品安全有效。

(2) 建立医疗器械不良事件报告制度:要求医疗机构建立医疗器械不良事件报告制度和植入器械随访记录。生产企业必须建立产品不良事件档案,并作为医疗器械质量体系检查的重要内容。对发生的医疗器械不良事件,要求医疗机构在规定的时限内向主管部门和生产企业报告。

二、欧盟医疗器械监管机构

由于欧盟由多个主权国家组成,无法采用统一市场前由各国行政部门进行审批的方法,因此,欧盟对医疗器械的市场准入和上市后的监督是通过委托经认定的第三方认证机构——"公告机构"(NB)来实施的。首先由欧共体各成员国按照标准委任第三方认证机构,并根据该认证机构的认证能力确定其认证范围,然后由欧盟委员会在欧共体公报上公布已认定的第三方认证机构名单、识别编码和工作项目,并发给认证证明和 CE 标志。第三方认证机构,是指具有可靠的执行认证制度的必要能力,并在认证过程中能够客观、公正、独立地从事认证活动的机构。即认证机构是独立于制造商、销售商和使用者(消费者)的、具有独立的法人资格的第三方机构,故称之为第三方认证机构。

欧盟要求所在国主管部门对公告机构进行监督,定期检查其审批情况和财务状况,以确保其秉公执法。如果发现某第三方认证机构不符合提出的标准,认可该机构的成员国可撤销其资格,并立即告知其他成员国和欧盟委员会。目前,已认定了数十家认证机构,如 TUV——技术监督协会(德国)、BSI——英国标准学会、BVQI——法国国际检验局和 DNV——挪威船级社。

按照欧盟法规,欧盟委员会负责立法和向欧共体各成员国通告认证机构、经认证的企业和产品、不良事件或事故的处理;各成员国通过医疗器械上市后的信息反馈网络监督生产企业和认证机构;授权的第三方认证机构按照法规要求认证医疗器械企业和产品,并对市场企业的质量体系定期进行监督检查。因此,欧盟的这种生产、使用、认证机构、政府部门四方闭环式的监管模式,是按市场化模式运行的,政府的行政资源投入相对比较少,大量的技术审查和监督由第三方机构进行操作。

欧盟各成员国负责对上市后医疗器械产品的监督管理工作。如果成员国认定具有 CE 标志的市场厂家的产品发生了事故并造成了严重后果的,政府有权责令已获得 CE 标志的企业停止生产,也可通知第三方认证机构收回证书。针对医疗器械不良事件,欧盟各成员国都建立了医疗器械不良事件报告和反馈体系,要求医疗机构或医务人员将发生的不良事件通告给管辖部门、制造商和欧盟的授权代表。在事故经评估后,事故发生地的所在国应将所述事故、已经采取的或准备采取的措施等有关情况通告给欧盟委员会和其他成员国。

根据 2017 年欧盟新的 MDR/IVDR 法规规定,所有公告机构将会被重新指定,以及当公告机构对制造商,包括分包商和供应商,开展飞行检查时,所有公告机构将需要有规范的书面程序。欧盟法院还声明,公告机构不具有进行飞行检查的一般义务。对于某些高风险医疗器械,MDR/IVDR 引入了审查机制,将对公告机构进行合格评估。公告机构将会通知主管机构,对高风险医疗器械颁发生产许可证书,以及基于合理的顾虑,对于任何医疗器械的安全和性能,主管机构(或欧盟委员会)可以向专家小组提出进一步科学咨询的要求。

知识链接

出口企业如何通过欧盟 CE 认证?

1. 选择 NB（Notified Body）目录中的机构进行认证　何为 NB 机构:欧盟国家的第三方指定机构,承担按照标准进行检测、认证的任务,拥有唯一的 NB 号,在公共利益范围内代表第三方,可提供合格评定服务;其业务能力与行为会定期接受主管当局与认可机构组织的监督检查,出现问题便有可能被撤销资格,欧盟委员会定期在官方公报上发布并更新 NB 名录。

国内较知名的 NB 机构包括 TUV、SGS、BSI、INTERTEK 等,认证前可请机构先提供 NB 号,另外可登录欧盟委员会网站查询认证机构名录。

2. 预先了解产品分类,获得证书后进行真实性核查　企业首先确认认证产品的分类,CE 中的分类往往需要根据预期用途、使用方式、使用时间、风险等进行综合评估,而无法直接根据产品名称来认定分类,建议提前与认证机构进行详细沟通。

根据《医疗器械指令》(MDD 93/42/EEC),部分风险较低的产品可选择自我声明即可,该情况下无需选择 NB 机构,但应设置欧盟授权代表处(因代表处需设立在欧盟,对于首次走出国门的企业来说精力花费较大,因此可通过咨询机构寻找合作);对于风险较高的产品,需进行第三方检测、认证,该情况下的证书上必须有机构的署名和 NB 号,企业在获得证书后建议登录欧盟委员会网站进行真实性核查。

CE 标志可由制造商自己印制和使用;标志应用方式通常为印制在铭牌上,也可以为标签式;对于要求由指定机构进行检测的特定产品,CE 标志旁应有该机构的代码(即 NB 号)。

3. 欧盟的监管方式　欧盟各国监督方式不同，多数国家是派员到市场对产品贯彻指令情况进行监察，以及对投诉进行调查。 如干热灭菌柜的验证要求发现问题后会采用"问题产品召回制度"和经济惩罚制度。 赔偿要求最高可达 7 千万欧元。 市场抽查的检测费用和样品费用通常由政府管理机构负责，但是，一旦发现产品不符合要求，则这些费用将由有问题的制造商或欧洲授权代理机构负担。

佩带有 CE 标志的产品其质量问题首先应由制造商负责，如果制造商不属欧盟成员国，则由制造商在欧盟的授权代表机构负责；如果在欧盟既没有该产品的制造商，也没有代理商，则由当地的进口商承担责任。

由于产品使用 CE 标志是建立在制造商的自我声明制度上，政府只是颁布与欧共体指令一致的国家法律和授权机构在市场进行检查。 真正促进制造商在产品上佩带 CE 标志的是欧盟的进口商，他们不愿意承担因没有 CE 标志而引发的质量责任、法律责任和经济损失。

4. 认证的意义

（1） 有利境外市场开拓：CE 标记涉及欧洲市场 80% 工业和消费品，70% 欧盟进口产品。

（2） 简化贸易程序：统一技术规范。

（3） 增加消费者对产品的信任程度：产品通过安全认证、企业对消费者的承诺。

（4） 降低风险：被海关扣留和查处的风险、被市场监督机构查处的风险、被同行出于竞争目的的指控风险、一旦遭到欧盟国家的处罚，认证机构将与企业共同承担风险。

点滴积累 ∨

1. 2017 年 5 月 5 日，欧盟发布了最新的《医疗器械法规》（Medical Device Regulation，MDR）（EU 2017/745）和《体外诊断医疗器械法规》（IVD Regulation）（EU 2017/746）。

2. 欧盟将医疗器械分成Ⅰ、Ⅱa、Ⅱb、Ⅲ类，共 4 个类别。

第四节　澳大利亚医疗器械监管法规与机构

一、澳大利亚医疗器械监管法规

（一）概述

澳大利亚早在 1966 年就开始使用《医疗用品法案》对医疗用品（包括化学药品、医疗器械、草药制品、维生素及矿物质）进行管理。1987 年，澳大利亚正式开始管理医疗器械，1989 年通过《治疗品法案》（Therapeutic Goods Act），该法案将药品和医疗器械统称为治疗品。《治疗品法案》（1989）是目前澳大利亚对医疗用品进行管理的主要法案，为治疗品管理的法律依据。1998 年，澳大利亚与欧盟的相互认可协定使澳大利亚监管模式纳入了欧盟的法规要求，但不包括欧盟的第三方评价制度。

2002 年澳大利亚颁布了医疗器械管理方面的专门法规——《治疗品（医疗器械）法规 2002》

〔Therapeutic Goods（Medical Devices）Regulations 2002〕。该法规采用的管理框架与全球医疗器械法规协调组织（GHTF）的管理原则一致,于 2002 年 10 月执行。

（二）澳大利亚医疗器械法规内容

1. 医疗器械分类 澳大利亚按照医疗器械产品风险等级,由低到高将医疗器械分为 Ⅰ、Ⅱa、Ⅱb、Ⅲ、AIMD（有源植入医疗器械）5 个类别。

2. 上市前管理 医疗器械产品上市销售前必须得到澳大利亚政府的准许,符合医疗器械的基本要求,按照符合性审查程序进行审查。对于高风险的医疗器械,其产品质量、安全性、有效性须由医疗商品管理局评估并在上市前批准,批准后作为注册产品进入医疗用品注册系统,对其进行编号管理。而低风险的医疗器械,只要符合质量和安全条件即可进入市场,并进入医疗用品注册系统,进行编号管理。

3. 生产企业的许可 医疗器械生产企业必须获得生产许可。生产企业的生产过程必须符合GMP。生产许可的目的是保证医疗器械生产企业具有符合要求的生产条件,从而保证医疗器械产品的安全性和有效性。

对于进口医疗器械,治疗品管理局（TGA）认可其他国家的 GMP 认证作为 TGA 的等价认证,对于海外制造商有专门的指南文件——《海外制造商标准指南》。

4. 上市后管理 澳大利亚采取上市后警戒管理,对所有上市后的医疗器械采取不良事件的调查报告、上市产品的实验室检验和监测等措施,以保证其符合有关法规的规定。

二、澳大利亚医疗器械监管机构

1990 年,澳大利亚正式成立了治疗品管理局（Therapeutic Goods Administration,TGA）,直属联邦卫生和老龄部（Commonwealth Department of Health and Ageing）,负责药品、医疗器械以及其他治疗品的管理。《治疗用品法案》《医疗器械法规 2002》确定了对产品的监督管理工作,执行有关法律所赋予的医疗器械产品市场准入和市场监管的职责,并保证在澳大利亚上市的医疗器械符合有关标准,从而进一步提高澳大利亚的医疗水平并发展澳大利亚医疗器械工业。

TGA 通过开展一系列的评审和监督管理活动,确保澳大利亚可用的治疗品符合合适的标准,旨在保证澳大利亚社会的治疗水平在合理的时间内得到发展。TGA 下设事业管理组（Business Management Group）、行政支持组（Executive Support Unit）、辅助药品办公室（Office of Complementary）、器械、血液和组织办公室（Office of Devices,Blood and Tissues）、实验室和科学服务办公室（Office of Laboratories and Scientific Services）、制造质量办公室（Office of Manufacturing Quality）、药品安全监管办公室（Office of Medicines Safety Monitoring）、非处方药办公室（Office of Non Prescription Medicines）、处方药办公室（Office of Prescription Medicines）等 9 个部门。其中,由器械、血液和组织办公室（ODBT）通过上市前评价、发放生产许可证和上市后警戒控制医疗器械的管理。

澳大利亚还建立了医疗器械评价委员会（Medicines Devices Evaluation Committee,MDEC）、治疗品委员会（Therapeutic Goods Committee,TGC）和国家治疗品协调委员会（National Coordination Committee on Therapeutic Goods,NCCTG）等 3 个法定委员会,为治疗品监管提供咨询意见。

点滴积累　∨

1. 澳大利亚按照医疗器械产品风险等级，由低到高将医疗器械分为Ⅰ、Ⅱa、Ⅱb、Ⅲ、AIMD（有源植入医疗器械）5个类别。

2. 在澳大利亚，主要的医疗器械管理部门是治疗品管理局（Therapeutic Goods Administration，TGA）。

第五节　日本医疗器械监管法规与机构

一、日本医疗器械监管法规

（一）概述

1943年，日本颁布了《药事法》（Pharmaceutical Affairs Law），开始对医疗器械进行控制，1948年与化妆品等法规合并；1961年，对《药事法》进行了修订及颁布（法律编号为145号），一直使用到2005年。期间，对《药事法》进行了多次修改，1994年进行过一次大幅度的修改，最近一次修改于2002年7月进行，改正后的《药事法》于2005年4月1日开始实施（法律编号为102号），同时生效的相关配套法律法规主要有《药事法实施令政令第232号》（原昭和36年政令第11号）和《药事法实施规则厚令第101号》（原昭和36年厚生省令第1号）。在医疗器械监管方面，日本竭力确保医疗器械产品的质量、安全性和有效性。修订后的《药事法》在上市前管理和上市后监管方面发生重大变化，增加新型生物产品管理条例、对低危医疗器械的第三方认证体系以及厚生省评审高危医疗器械的优先权等。

（二）日本医疗器械法规内容

1. **医疗器械分类**　《药事法》将医疗器械分为四类，按照全球医疗器械法规协调组织（GHTF）的分类法而定。一类医疗器械称为一般医疗器械，二类医疗器械称为控制类医疗器械，三类和四类医疗器械称为严格控制类医疗器械。

2. **上市前管理**　《药事法》规定，生产医疗器械产品的企业须取得地方政府的生产或入市许可。一类医疗器械（一般医疗器械）不需要获得厚生省的入市批准，但须获得地方政府的入市销售许可。二类医疗器械（控制类医疗器械），须由第三方进行认证。三类和四类医疗器械（严格控制类医疗器械），采取严格的管理措施，须获得厚生省的入市批准。

3. **质量体系**　1989年，厚生省药务局颁布了《医疗用具质量体系》。质量体系检查是在药务局下设的医疗器械课和监督指导课的指导下，由都、道、府、县的药事监督员进行的。日本共有2700多名药事监督员，他们同时执行药品和医疗器械质量体系的检查。

4. **上市后管理**　要求获得生产批准和入市许可的公司须具有质量控制体系和售后安全控制体系，入市许可每5年更新一次。

根据2005版《药事法》，对初次获得批准的医疗器械，经一定时期后要进行重新审查。新设计的、结构新颖的或采用新原理的医疗器械，在获得初次批准后第4年，须接受再次审查。具有新效力、新用途或新性能的医疗器械,则在获得初次批准后第3年,须进行复审。

5. 临床试验　1988年,日本厚生省成立了"医疗器械临床研究规范研讨委员会"。要求从1993年开始实施《医疗器械临床研究规范》(Good Clinical Practice,GCP),1994年对该规范进行了修订和重新颁布。主要内容有:进行临床试验的场所必须是经认可的医疗机构;该医疗机构设有临床研究审查委员会;临床研究委托者必须与医疗机构签订书面合同;拟定临床研究计划书;在临床试验结束后,根据临床研究医师的报告,负责医师应完成临床研究(试验)报告书。

二、日本医疗器械监管机构

日本的医疗器械监督管理部门是日本厚生劳动省(Ministry of Health,Labour and Welfare,MHLW)下设机构药务局内设医疗器械课负责医疗器械行政管理,监督指导课负责医疗器械质量体系检查;国立卫生试验所下设治疗品部,对医疗器械监管提供技术支持。

知识链接

日本厚生劳动省

厚生劳动省隶属日本中央省厅的部门。 厚生省,原日本政府部门之一, 最早设置于1938年, 2001年(平成13年)1月6日, 根据厚生劳动省设置法(平成11年法律第97号)设立厚生劳动省(Ministry of Health, Labour and Welfare, MHLW), 并废除厚生省和劳动省。 但在新闻报道中, 仍将厚生劳动省简称为厚生省。

厚生劳动省是日本负责医疗卫生和社会保障的主要部门, 厚生劳动省设有11个局, 主要负责日本的国民健康、医疗保险、医疗服务提供、药品和食品安全、社会保险和社会保障、劳动就业、弱势群体社会救助等职责。

MHLW药品与食品安全局负责制定药品和医疗器械的管理政策。MHLW下属的药品和医疗器械审评中心(PMDEC)、日本医疗器械促进协会(JAAME)负责医疗器械的安全性和有效性评估。药品和医疗器械审评中心(PMDEC)成立于1997年7月,隶属于国家健康科学研究所,负责审查药品、准药品、化妆品及医疗器械的制造及进口审批。PMDEC第4分部负责评估所有新医疗器械产品及改进的医疗器械产品的批准申请及临床试验申请。日本医疗器械促进协会(JAAME)作为一个指定机构,负责所有未注册或仿造医疗器械产品申请中的等效性审查。2004年4月,PMDEC、JAAME与药品安全性和研究机构(OPSR)合并成立了药品与医疗器械审批机构(PMDA),统一管理药品、生物制品及医疗器械,负责收集并分析关于有缺陷医疗器械产品的相关报告、制定审查医疗器械产品标准以及为药品、生物制品、医疗器械产品公司在设计临床方案方面提供咨询服务。

根据医疗器械的分类,由经日本政府认可的合格的第三方组织(如TUVPS)对受控医疗器械进行审评。依据国际指导原则和标准,厚生劳动省建立了第三方的资格标准,并定期审核所有第三方组织。而所有高度受控医疗器械产品的上市前批准申请则由PMDA负责审查,旨在保障医疗器械产品的安全性、有效性和质量。

日本通产省下设有医疗用具技术研究开发调整室,其职责是执行国家的宏观经济政策,促使本国的医疗器械工业发展,并对国内外贸易进行指导。日本医疗器械关系团体协议会(JEMDA)包括有关的各个工业协会,负责在产业经济政策、监督管理等方面与政府有关部门联系,协调各自企业间的关系,以及生产企业之间的技术标准协调和标准研制。

点滴积累 ∨

1. 日本对医疗器械的管理规定主要集中在《药事法》。

2. 在日本,主要的医疗器械管理部门是厚生劳动省。

3. 日本《药事法》将医疗器械分为四类。

目标检测

一、单选题

1. 美国医疗器械最主要的监管部门是( )。

A. 商务部 B. 美国食品药品监督管理局

C. 医疗卫生工业制造商协会 D. 器械和放射产品健康中心

2. FDA 是美国人类和健康服务部( )的下设机构之一。

A. DHHS B. CBER C. CDER D. CDRH

3. 1938 年美国国会通过的( )是美国历史上第一部涉及医疗器械监管的法律。

A.《食品、药品和化妆品法》 B.《医疗器械安全法案》

C.《联邦食品、药品和化妆品法》 D.《美国联邦法规》

4. FDA 对医疗器械实行分类管理,根据风险等级和管理程度把医疗器械分成( )类进行上市前管理。

A. 1 B. 2 C. 3 D. 4

5. 美国联邦法规( )部分规定了不良事件报告制度。

A. 21CFR 801 B. 21CFR 802 C. 21CFR 803 D. 21CFR 804

6. 在欧盟,迄今公布了( )个与医疗器械有关的重要指令。

A. 2 B. 3 C. 5 D. 6

7. 欧盟关于医疗器械指令中有源植入医疗器械指令指的是( )。

A. AIMD B. MDD C. IVDD D. CEN

8. 欧盟将医疗器械分为( )类。

A. 2 B. 3 C. 5 D. 4

9. 欧盟医疗器械监督管理法规中适用范围最广的是( )。

A.《体外诊断医疗器械指令》 B.《有源植入医疗器械指令》

C.《医疗器械指令》 D.《联邦食品、药品和化妆品法》

10. 中国加入 IMDRF 的年份是(　　　)。

  A. 2008   B. 2009   C. 1992   D. 2011

二、多选题

1. 医疗器械获得在美国销售的途径有(　　　)。

  A. 豁免   B. 上市前通告 510(k)

  C. 上市前批准 PMA   D. 注册

2. 美国 FDA 器械和放射产品健康中心的组成部门是(　　　)。

  A. 医疗器械行业协会   B. 体外诊断试剂评价安全办公室

  C. 器械评价办公室   D. 科学及工程技术办公室

3. FDA 总部共由(　　　)等部门组成。

  A. DC   B. CDER   C. CDRH   D. CBER

4. 欧盟医疗器械指令有(　　　)。

  A. MMD   B. MDD   C. AIMD   D. IVDD

5. 澳大利亚医疗器械分类包括(　　　)。

  A. Ⅰ   B. Ⅱa,Ⅱb   C. Ⅲ   D. AIMD

三、简答题

1. 列举出国外三个国家的医疗器械分类方式。

2. 简单介绍下欧盟的第三方认证机构。

参考文献

［1］蒋海洪.最新《医疗器械监督管理条例》研究与解读.北京:中国法制出版社,2014.

［2］蒋海洪.医疗器械监管法规.上海:上海财经大学出版社,2015.

［3］蒋海洪.医疗器械法规汇编与案例精析.北京:中国法制出版社,2016.

［4］国家食品药品监督管理总局.医疗器械监督管理条例释义.北京:中国医药科技出版社,2016.

［5］岳伟.《医疗器械生产质量管理规范》的解析和应用.上海:上海社会科学院出版社,2015.

［6］国家食品药品监督管理总局高级研修学院.医疗器械经营监管实务.北京:中国人口出版社,2016.

［7］卫根学,刘双全,陈新蕾.医疗器械产品分类指南.北京:中国质检出版社,2015.

［8］蒋海洪.器械违法行为连续跨越新旧法规如何处理.中国医药报,2016-07-11(A03版).

［9］蒋海洪.图解跨省医械生产许可新政.中国医药报,2015-12-31(A02版).

［10］蒋海洪.跨省医械生产许可新政要点解析.中国医药报,2015-12-29(A03版).

［11］蒋海洪,李晓.医疗器械异地生产管理的问题与对策.中国医疗器械杂志,2015,39(6):445-448.

目标检测参考答案

第 一 章

一、单选题

1. C 2. A 3. A 4. A 5. A 6. B 7. B 8. A 9. D 10. A

二、多选题

1. ABCDE 2. ACDE 3. AB 4. BCD 5. ABCDE

三、案例分析题（略）

第 二 章

一、单选题

1. C 2. A 3. C 4. B 5. A 6. A 7. B 8. A 9. D 10. A

二、多选题

1. ACDE 2. BD 3. ABCD 4. ABCD 5. ABC

三、判断下列产品类别

1. Ⅱ

2. Ⅱ

3. Ⅱ

4. Ⅲ

5. Ⅰ

第 三 章

一、单选题

1. B 2. C 3. D 4. B 5. B 6. D 7. D 8. B 9. C 10. B

二、多选题

1. ABCD 2. ABC 3. ABCD 4. ABC 5. AD

第 四 章

一、单选题

1. B 2. B 3. D 4. B 5. A 6. C 7. C 8. B 9. A 10. D

二、多选题

1. ABC 2. ABCD 3. ABC 4. ABCD 5. ABD 6. ACD 7. ABD 8. AD 9. BC

10. ABC

三、案例分析题

1. 案例解析:该案中某医药公司的医用脱脂纱布产品的实际规格与产品标称规格不符,虽然产品的注册证在有效期内,但注册证中涉及到的产品型号、规格、结构及组成发生了变化,但该企业并未对产品进行注册变更,故该企业违反了现行《医疗器械注册管理办法》中的相关条款,相关药品监督管理部门应对该企业进行处罚。

违法条款:该企业违反了《医疗器械注册管理办法》第四十九条第二款规定,产品名称、型号、规格、结构及组成、适用范围、产品技术要求、进口医疗器械生产地址等发生变化的,注册人应当向原注册部门申请许可事项变更。

处罚条款:药品监督管理部门应依据《医疗器械注册管理办法》第七十二条规定,违反本办法规定,未依法办理医疗器械注册许可事项变更的,按照《医疗器械监督管理条例》有关未取得医疗器械注册证的情形予以处罚。实际处罚为由县级以上人民政府药品监督管理部门没收违法所得、违法生产经营的医疗器械和用于违法生产经营的工具、设备、原材料等物品;违法生产经营的医疗器械货值金额不足 1 万元的,并处 5 万元以上 10 万元以下罚款;货值金额 1 万元以上的,并处货值金额 10 倍以上 20 倍以下罚款;情节严重的,5 年内不受理相关责任人及企业提出的医疗器械许可申请。

2. 案例解析:该案中某光学有限公司在注册申报过程中提供伪造的临床试验报告,属于通过提供虚假材料骗取注册证书,违反了《医疗器械注册管理办法》中的相关条款,相关药品监督管理部门应对该企业进行处罚。

违法条款:该企业违反了《医疗器械注册管理办法》第六十九条的规定,提供虚假资料或者采取其他欺骗手段取得医疗器械注册证的,按照《医疗器械监督管理条例》第六十四条第一款的规定予以处罚。

处罚条款:由原发证部门撤销已经取得的许可证件,并处 5 万元以上 10 万元以下罚款,5 年内不受理相关责任人及企业提出的医疗器械许可申请。

第 五 章

一、单选题

1. D 2. B 3. D 4. C 5. D 6. B

二、多选题

1. ABCD 2. BD 3. ABCD 4. ACD 5. ABCD 6. ABCD

三、简答题

1. 2014 年 6 月 27 日,现行《医疗器械生产监督管理办法》(原国家食品药品监督管理总局令第 7 号)自 2014 年 10 月 1 日起施行,原版《医疗器械生产监督管理办法》(局令第 12 号)同时废止。另外,原国家食品药品监督管理总局还修订了《医疗器械生产质量管理规范》,新版医疗器械 GMP 规范自 2015 年 3 月 1 日实施。2014 年 9 月 30 日,原国家食品药品监督管理总局发布了《关于印发医疗器械生产企业分类分级监督管理规定的通知》(食药监械监〔2014〕234 号)。实施医疗器械生产企业分类分级监管。

2. 医疗器械生产许可制度,是指在我国从事第二类、第三类医疗器械生产活动的企业,应向企业所在地的省级药品监督管理部门申请生产许可,提交相关资料并证明自身具备从事相关医疗器械产品生产的条件,省级药品监督管理核实审批后,对符合条件的生产企业发给《医疗器械生产许可证》的行为。

3. 这些活动主要包括:①生产未取得医疗器械注册证的第二类、第三类医疗器械的;②未经许可从事第二类、第三类医疗器械生产活动的;③生产超出生产范围或者与医疗器械生产产品登记表载明生产产品不一致的第二类、第三类医疗器械的;④在未经许可的生产场地生产第二类、第三类医疗器械的;⑤第二类、第三类医疗器械委托生产终止后,受托方继续生产受托产品的;⑥《医疗器械生产许可证》有效期届满后,未依法办理延续,仍继续从事医疗器械生产的。

四、案例分析题

1. 现行《条例》第二十二条规定:"从事第二类、第三类医疗器械生产的,生产企业应当向所在地省、自治区、直辖市人民政府食品药品监督管理部门申请生产许可并提交其符合规定条件的证明资料以及所生产医疗器械的注册证。"因此该企业生产未取得医疗器械注册证的第二类、第三类医疗器械,该企业属于非法生产。

2. (1) 厂房与设施方面:净化车间一更(普通区)和二更(十万级净化区)之间压差计在两室连通后不能归零。不符合《规范》中洁净室(区)空气净化系统应当经过确认并保持连续运行,维持相应的洁净度级别,并在一定周期后进行再确认的要求。

(2) 设备方面:不能提供部分设备的维护保养规程及记录,部分设备锈蚀严重;制水级 RO 管破裂漏水;不能提供部分仪器的年度检定校准记录;生产现场部分仪表无编号,不能一一对应并提供相应的仪表检验校准报告;不符合《规范》中企业应当配备与所生产产品和规模相匹配的生产设备、工艺装备等,并确保有效运行;企业应当建立检验仪器和设备的使用记录,记录内容包括使用、校准、维护和维修等情况的要求。

(3) 文件管理方面:该企业主要原材料的物料编号与对应材料卡记录的物料编号不一致,中间品仓库中中间品的材料卡未记录批号,不符合《规范》中企业应当建立记录控制程序,包括记录的标识、保管、检索、保存期限和处置等的要求。

(4) 生产管理方面:该灭菌柜的维护保养记录未按照文件规定进行,内容频次均不一致;未对部分识别出的关键工序制定作业指导书,部分工艺文件未规定具体工艺参数;未按强制性标准要求对不同产品进行灭菌参数确认,环氧乙烷灭菌工艺参数发生变化,未对灭菌过程重新再确认不符合《规范》中企业应当编制生产工艺规程、作业指导书等,明确关键工序和特殊过程以及企业应当对生产的特殊过程进行确认,并保存记录,包括确认方案、确认方法、操作人员、结果评价、再确认等内容的要求。

(5) 质量控制方面:在生产现场未查见输液器检漏装置;检验室未配备"无氨水"制备所需的蒸

馏器具;制定的工艺用水检验规程与其依据的药典规定不一致,未见"无氨水"及其标准溶液的配制记录,不能证明以往检测"氨"项目所需"无氨水"的来源;内包装封口工序未确定为产品实现过程中的特殊过程,也未设置该工序的质量检验要求;未按最终产品检验规程进行检验。不符合《规范》中要求企业应当建立质量控制程序,规定产品检验部门、人员、操作等要求,并规定检验仪器和设备的使用、校准等要求。

第 六 章

一、单选题

1. C 2. D 3. C 4. B 5. B 6. C 7. A 8. C 9. C 10. D 11. C 12. C 13. A 14. B 15. C 16. B 17. B 18. D 19. B 20. D

二、多选题

1. ABC 2. ABCD 3. CD 4. ABCD 5. ABCD 6. ABCD 7. ABCD 8. ABCD 9. AD 10. ACD 11. ABC 12. ABCD 13. CD 14. ACD 15. ABC 16. ABCD

三、简答题(略)

四、案例分析题(略)

第 七 章

一、单选题

1. C 2. B 3. B 4. C 5. D 6. B 7. B 8. C 9. C 10. A

二、多选题

1. BC 2. ABCD 3. ABCD 4. ABCD 5. AB

三、简答题(略)

第 八 章

一、单选题

1. B 2. C 3. C 4. A 5. B 6. B 7. A 8. C 9. A 10. D

二、多选题

1. ABCD 2. ABCD 3. ABC 4. ABC 5. AC 6. ABCD

三、简答题(略)

第 九 章

一、单选题

1. C 2. A 3. A 4. A 5. B 6. D 7. B 8. A 9. B 10. D

二、多选题

1. ACD 2. ABD 3. ABC 4. AC 5. ABCD

三、简答题

1. 医疗器械生产企业是控制与消除产品缺陷的责任主体,应当主动对缺陷产品实施召回。

医疗器械生产企业应当依据《召回管理办法》的规定建立健全医疗器械召回管理制度,收集医疗器械安全相关信息,对可能的缺陷产品进行调查、评估,及时召回缺陷产品。

进口医疗器械的境外制造厂商在中国境内指定的代理人应当将仅在境外实施医疗器械召回的有关信息及时报告国家药品监督管理局;凡涉及在境内实施召回的,中国境内指定的代理人应当按照本办法的规定组织实施。

2. 现行《条例》规定,药品监督管理部门责令其依照规定实施召回或者停止经营后,仍拒不召回或者停止经营医疗器械的。由县级以上人民政府药品监督管理部门责令改正,没收违法生产、经营或者使用的医疗器械;违法生产、经营或者使用的医疗器械货值金额不足 1 万元的,并处 2 万元以上 5 万元以下罚款;货值金额 1 万元以上的,并处货值金额 5 倍以上 10 倍以下罚款;情节严重的,责令停产停业,直至由原发证部门吊销医疗器械注册证、医疗器械生产许可证、医疗器械经营许可证。

3. ①召回医疗器械的具体情况,包括名称、型号规格、批次等基本信息;②实施召回的原因;③调查评估结果;④召回要求,包括范围和时限等。

四、案例分析题(略)

第 十 章

一、单选题

1. D 2. D 3. A 4. C 5. B 6. C 7. B 8. C 9. B 10. A

二、多选题

1. BCD 2. ABCD 3. ABD 4. AB

三、案例分析题

1. 该集团违法行为在于未按试剂盒标签标示(2～8℃)要求贮存医疗器械(实际将其贮存在室温为20℃的常温库)。根据现行《医疗器械监督管理条例》第六十七条第二款的规定,未按照医疗器械说明书和标签标示要求运输、贮存医疗器械的,由县级以上人们政府食品药品监督管理部门责令改正,处 1 万元以上 3 万元以下罚款;情节严重的,责令停产停业,直至由原发证部门吊销医疗器械生产许可证、医疗器械经营许可证。

2. 某诊所检验科冰箱内存放的3盒诊断试剂包括 URS-11 尿液分析试纸条、凝血酶时间测定试剂盒(凝固法)、活化部分凝血活酶时间(APTT)测定试剂盒(鞣花酸)已过期,且这三种诊断试剂均为二类医疗器械,诊所是医疗器械产品的使用单位,因此该诊所的违法行为即是使用过期的医疗器械。按照《医疗器械使用质量监督管理办法》第二十七条第二款规定,使用过期的医疗器械,由县级以上药品监督管理部门按照《医疗器械监督管理条例》第六十六条的规定予以处罚:由县级以上人民政府药品监督管理部门责令改正,没收违法使用的医疗器械;违法使用的医疗器械货值金额不足 1 万元的,并处 2 万元以上 5 万元以下罚款;货值金额 1 万元以上的,并处货值金额 5 倍以上 10 倍以下罚款;情节严重的,责令停产停业,直至由原发证部门吊销医疗器械经营许可证。

第十一章

一、单选题

1. B 2. A 3. C 4. C 5. C 6. B 7. A 8. D 9. C 10. D

二、多选题

1. ABC 2. BCD 3. BCD 4. BCD 5. ABCD

三、简答题（略）

附　录

附录一　《医疗器械监督管理条例》（2017 年版）

中华人民共和国国务院令
第 680 号

现公布《国务院关于修改〈医疗器械监督管理条例〉的决定》，自公布之日起施行。

总理　李克强

2017 年 5 月 4 日

国务院关于修改《医疗器械监督管理条例》的决定

国务院决定对《医疗器械监督管理条例》作如下修改：

一、将第十八条修改为："开展医疗器械临床试验，应当按照医疗器械临床试验质量管理规范的要求，在具备相应条件的临床试验机构进行，并向临床试验提出者所在地省、自治区、直辖市人民政府食品药品监督管理部门备案。接受临床试验备案的食品药品监督管理部门应当将备案情况通报临床试验机构所在地的同级食品药品监督管理部门和卫生计生主管部门。

医疗器械临床试验机构实行备案管理。医疗器械临床试验机构应当具备的条件及备案管理办法和临床试验质量管理规范，由国务院食品药品监督管理部门会同国务院卫生计生主管部门制定并公布。"

二、将第三十四条第一款、第二款合并，作为第一款："医疗器械使用单位应当有与在用医疗器械品种、数量相适应的贮存场所和条件。医疗器械使用单位应当加强对工作人员的技术培训，按照产品说明书、技术操作规范等要求使用医疗器械。"

增加一款，作为第二款："医疗器械使用单位配置大型医用设备，应当符合国务院卫生计生主管部门制定的大型医用设备配置规划，与其功能定位、临床服务需求相适应，具有相应的技术条件、配套设施和具备相应资质、能力的专业技术人员，并经省级以上人民政府卫生计生主管部门批准，取得大型医用设备配置许可证。"

增加一款，作为第三款："大型医用设备配置管理办法由国务院卫生计生主管部门会同国务院有关部门制定。大型医用设备目录由国务院卫生计生主管部门商国务院有关部门提出，报国务院批准后执行。"

三、将第五十六条第一款、第二款合并，作为第一款："食品药品监督管理部门应当加强对医疗器械生产经营企业和使用单位生产、经营、使用的医疗器械的抽查检验。抽查检验不得收取检验费和其他任何费用,所需费用纳入本级政府预算。省级以上人民政府食品药品监督管理部门应当根据抽查检验结论及时发布医疗器械质量公告。"

增加一款,作为第二款:"卫生计生主管部门应当对大型医用设备的使用状况进行监督和评估;发现违规使用以及与大型医用设备相关的过度检查、过度治疗等情形的,应当立即纠正,依法予以处理。"

四、第六十三条增加一款,作为第三款:"未经许可擅自配置使用大型医用设备的,由县级以上人民政府卫生计生主管部门责令停止使用,给予警告,没收违法所得;违法所得不足1万元的,并处1万元以上5万元以下罚款;违法所得1万元以上的,并处违法所得5倍以上10倍以下罚款;情节严重的,5年内不受理相关责任人及单位提出的大型医用设备配置许可申请。"

五、将第六十四条第一款修改为:"提供虚假资料或者采取其他欺骗手段取得医疗器械注册证、医疗器械生产许可证、医疗器械经营许可证、大型医用设备配置许可证、广告批准文件等许可证件的,由原发证部门撤销已经取得的许可证件,并处5万元以上10万元以下罚款,5年内不受理相关责任人及单位提出的医疗器械许可申请。"

六、第六十六条增加一款,作为第二款:"医疗器械经营企业、使用单位履行了本条例规定的进货查验等义务,有充分证据证明其不知道所经营、使用的医疗器械为前款第一项、第三项规定情形的医疗器械,并能如实说明其进货来源的,可以免予处罚,但应当依法没收其经营、使用的不符合法定要求的医疗器械。"

七、第六十八条增加一项,作为第九项:"(九)医疗器械使用单位违规使用大型医用设备,不能保障医疗质量安全的",并将原第九项改为第十项。

八、将第六十九条修改为:"违反本条例规定开展医疗器械临床试验的,由县级以上人民政府食品药品监督管理部门责令改正或者立即停止临床试验,可以处5万元以下罚款;造成严重后果的,依法对直接负责的主管人员和其他直接责任人员给予降级、撤职或者开除的处分;该机构5年内不得开展相关专业医疗器械临床试验。

医疗器械临床试验机构出具虚假报告的,由县级以上人民政府食品药品监督管理部门处5万元以上10万元以下罚款;有违法所得的,没收违法所得;对直接负责的主管人员和其他直接责任人员,依法给予撤职或者开除的处分;该机构10年内不得开展相关专业医疗器械临床试验。"

九、将第七十三条修改为:"食品药品监督管理部门、卫生计生主管部门及其工作人员应当严格依照本条例规定的处罚种类和幅度,根据违法行为的性质和具体情节行使行政处罚权,具体办法由国务院食品药品监督管理部门、卫生计生主管部门依据各自职责制定。"

十、第七十六条增加规定:"大型医用设备,是指使用技术复杂、资金投入量大、运行成本高、对医疗费用影响大且纳入目录管理的大型医疗器械。"

本决定自公布之日起施行。

《医疗器械监督管理条例》根据本决定作相应修改,重新公布。

医疗器械监督管理条例

(2000年1月4日中华人民共和国国务院令第276号公布　2014年2月12日国务院第39次常

务会议修订通过　根据 2017 年 5 月 4 日《国务院关于修改〈医疗器械监督管理条例〉的决定》修订)

第一章　总　　则

第一条　为了保证医疗器械的安全、有效,保障人体健康和生命安全,制定本条例。

第二条　在中华人民共和国境内从事医疗器械的研制、生产、经营、使用活动及其监督管理,应当遵守本条例。

第三条　国务院食品药品监督管理部门负责全国医疗器械监督管理工作。国务院有关部门在各自的职责范围内负责与医疗器械有关的监督管理工作。

县级以上地方人民政府食品药品监督管理部门负责本行政区域的医疗器械监督管理工作。县级以上地方人民政府有关部门在各自的职责范围内负责与医疗器械有关的监督管理工作。

国务院食品药品监督管理部门应当配合国务院有关部门,贯彻实施国家医疗器械产业规划和政策。

第四条　国家对医疗器械按照风险程度实行分类管理。

第一类是风险程度低,实行常规管理可以保证其安全、有效的医疗器械。

第二类是具有中度风险,需要严格控制管理以保证其安全、有效的医疗器械。

第三类是具有较高风险,需要采取特别措施严格控制管理以保证其安全、有效的医疗器械。

评价医疗器械风险程度,应当考虑医疗器械的预期目的、结构特征、使用方法等因素。

国务院食品药品监督管理部门负责制定医疗器械的分类规则和分类目录,并根据医疗器械生产、经营、使用情况,及时对医疗器械的风险变化进行分析、评价,对分类目录进行调整。制定、调整分类目录,应当充分听取医疗器械生产经营企业以及使用单位、行业组织的意见,并参考国际医疗器械分类实践。医疗器械分类目录应当向社会公布。

第五条　医疗器械的研制应当遵循安全、有效和节约的原则。国家鼓励医疗器械的研究与创新,发挥市场机制的作用,促进医疗器械新技术的推广和应用,推动医疗器械产业的发展。

第六条　医疗器械产品应当符合医疗器械强制性国家标准;尚无强制性国家标准的,应当符合医疗器械强制性行业标准。

一次性使用的医疗器械目录由国务院食品药品监督管理部门会同国务院卫生计生主管部门制定、调整并公布。重复使用可以保证安全、有效的医疗器械,不列入一次性使用的医疗器械目录。对因设计、生产工艺、消毒灭菌技术等改进后重复使用可以保证安全、有效的医疗器械,应当调整出一次性使用的医疗器械目录。

第七条　医疗器械行业组织应当加强行业自律,推进诚信体系建设,督促企业依法开展生产经营活动,引导企业诚实守信。

第二章　医疗器械产品注册与备案

第八条　第一类医疗器械实行产品备案管理,第二类、第三类医疗器械实行产品注册管理。

第九条　第一类医疗器械产品备案和申请第二类、第三类医疗器械产品注册,应当提交下列资料:

(一)产品风险分析资料;

（二）产品技术要求；

（三）产品检验报告；

（四）临床评价资料；

（五）产品说明书及标签样稿；

（六）与产品研制、生产有关的质量管理体系文件；

（七）证明产品安全、有效所需的其他资料。

医疗器械注册申请人、备案人应当对所提交资料的真实性负责。

第十条　第一类医疗器械产品备案，由备案人向所在地设区的市级人民政府食品药品监督管理部门提交备案资料。其中，产品检验报告可以是备案人的自检报告；临床评价资料不包括临床试验报告，可以是通过文献、同类产品临床使用获得的数据证明该医疗器械安全、有效的资料。

向我国境内出口第一类医疗器械的境外生产企业，由其在我国境内设立的代表机构或者指定我国境内的企业法人作为代理人，向国务院食品药品监督管理部门提交备案资料和备案人所在国（地区）主管部门准许该医疗器械上市销售的证明文件。

备案资料载明的事项发生变化的，应当向原备案部门变更备案。

第十一条　申请第二类医疗器械产品注册，注册申请人应当向所在地省、自治区、直辖市人民政府食品药品监督管理部门提交注册申请资料。申请第三类医疗器械产品注册，注册申请人应当向国务院食品药品监督管理部门提交注册申请资料。

向我国境内出口第二类、第三类医疗器械的境外生产企业，应当由其在我国境内设立的代表机构或者指定我国境内的企业法人作为代理人，向国务院食品药品监督管理部门提交注册申请资料和注册申请人所在国（地区）主管部门准许该医疗器械上市销售的证明文件。

第二类、第三类医疗器械产品注册申请资料中的产品检验报告应当是医疗器械检验机构出具的检验报告；临床评价资料应当包括临床试验报告，但依照本条例第十七条的规定免于进行临床试验的医疗器械除外。

第十二条　受理注册申请的食品药品监督管理部门应当自受理之日起 3 个工作日内将注册申请资料转交技术审评机构。技术审评机构应当在完成技术审评后向食品药品监督管理部门提交审评意见。

第十三条　受理注册申请的食品药品监督管理部门应当自收到审评意见之日起 20 个工作日内作出决定。对符合安全、有效要求的，准予注册并发给医疗器械注册证；对不符合要求的，不予注册并书面说明理由。

国务院食品药品监督管理部门在组织对进口医疗器械的技术审评时认为有必要对质量管理体系进行核查的，应当组织质量管理体系检查技术机构开展质量管理体系核查。

第十四条　已注册的第二类、第三类医疗器械产品，其设计、原材料、生产工艺、适用范围、使用方法等发生实质性变化，有可能影响该医疗器械安全、有效的，注册人应当向原注册部门申请办理变更注册手续；发生非实质性变化，不影响该医疗器械安全、有效的，应当将变化情况向原注册部门备案。

第十五条　医疗器械注册证有效期为5年。有效期届满需要延续注册的,应当在有效期届满6个月前向原注册部门提出延续注册的申请。

除有本条第三款规定情形外,接到延续注册申请的食品药品监督管理部门应当在医疗器械注册证有效期届满前作出准予延续的决定。逾期未作决定的,视为准予延续。

有下列情形之一的,不予延续注册:

(一)注册人未在规定期限内提出延续注册申请的;

(二)医疗器械强制性标准已经修订,申请延续注册的医疗器械不能达到新要求的;

(三)对用于治疗罕见疾病以及应对突发公共卫生事件急需的医疗器械,未在规定期限内完成医疗器械注册证载明事项的。

第十六条　对新研制的尚未列入分类目录的医疗器械,申请人可以依照本条例有关第三类医疗器械产品注册的规定直接申请产品注册,也可以依据分类规则判断产品类别并向国务院食品药品监督管理部门申请类别确认后依照本条例的规定申请注册或者进行产品备案。

直接申请第三类医疗器械产品注册的,国务院食品药品监督管理部门应当按照风险程度确定类别,对准予注册的医疗器械及时纳入分类目录。申请类别确认的,国务院食品药品监督管理部门应当自受理申请之日起20个工作日内对该医疗器械的类别进行判定并告知申请人。

第十七条　第一类医疗器械产品备案,不需要进行临床试验。申请第二类、第三类医疗器械产品注册,应当进行临床试验;但是,有下列情形之一的,可以免于进行临床试验:

(一)工作机理明确、设计定型,生产工艺成熟,已上市的同品种医疗器械临床应用多年且无严重不良事件记录,不改变常规用途的;

(二)通过非临床评价能够证明该医疗器械安全、有效的;

(三)通过对同品种医疗器械临床试验或者临床使用获得的数据进行分析评价,能够证明该医疗器械安全、有效的。

免于进行临床试验的医疗器械目录由国务院食品药品监督管理部门制定、调整并公布。

第十八条　开展医疗器械临床试验,应当按照医疗器械临床试验质量管理规范的要求,在具备相应条件的临床试验机构进行,并向临床试验提出者所在地省、自治区、直辖市人民政府食品药品监督管理部门备案。接受临床试验备案的食品药品监督管理部门应当将备案情况通报临床试验机构所在地的同级食品药品监督管理部门和卫生计生主管部门。

医疗器械临床试验机构实行备案管理。医疗器械临床试验机构应当具备的条件及备案管理办法和临床试验质量管理规范,由国务院食品药品监督管理部门会同国务院卫生计生主管部门制定并公布。

第十九条　第三类医疗器械进行临床试验对人体具有较高风险的,应当经国务院食品药品监督管理部门批准。临床试验对人体具有较高风险的第三类医疗器械目录由国务院食品药品监督管理部门制定、调整并公布。

国务院食品药品监督管理部门审批临床试验,应当对拟承担医疗器械临床试验的机构的设备、专业人员等条件,该医疗器械的风险程度,临床试验实施方案,临床受益与风险对比分析报告等进行综合分析。准予开展临床试验的,应当通报临床试验提出者以及临床试验机构所在地省、自治区、直辖市人民政府食品药品监督管理部门和卫生计生主管部门。

第三章　医疗器械生产

第二十条　从事医疗器械生产活动,应当具备下列条件:

（一）有与生产的医疗器械相适应的生产场地、环境条件、生产设备以及专业技术人员;

（二）有对生产的医疗器械进行质量检验的机构或者专职检验人员以及检验设备;

（三）有保证医疗器械质量的管理制度;

（四）有与生产的医疗器械相适应的售后服务能力;

（五）产品研制、生产工艺文件规定的要求。

第二十一条　从事第一类医疗器械生产的,由生产企业向所在地设区的市级人民政府食品药品监督管理部门备案并提交其符合本条例第二十条规定条件的证明资料。

第二十二条　从事第二类、第三类医疗器械生产的,生产企业应当向所在地省、自治区、直辖市人民政府食品药品监督管理部门申请生产许可并提交其符合本条例第二十条规定条件的证明资料以及所生产医疗器械的注册证。

受理生产许可申请的食品药品监督管理部门应当自受理之日起30个工作日内对申请资料进行审核,按照国务院食品药品监督管理部门制定的医疗器械生产质量管理规范的要求进行核查。对符合规定条件的,准予许可并发给医疗器械生产许可证;对不符合规定条件的,不予许可并书面说明理由。

医疗器械生产许可证有效期为5年。有效期届满需要延续的,依照有关行政许可的法律规定办理延续手续。

第二十三条　医疗器械生产质量管理规范应当对医疗器械的设计开发、生产设备条件、原材料采购、生产过程控制、企业的机构设置和人员配备等影响医疗器械安全、有效的事项作出明确规定。

第二十四条　医疗器械生产企业应当按照医疗器械生产质量管理规范的要求,建立健全与所生产医疗器械相适应的质量管理体系并保证其有效运行;严格按照经注册或者备案的产品技术要求组织生产,保证出厂的医疗器械符合强制性标准以及经注册或者备案的产品技术要求。

医疗器械生产企业应当定期对质量管理体系的运行情况进行自查,并向所在地省、自治区、直辖市人民政府食品药品监督管理部门提交自查报告。

第二十五条　医疗器械生产企业的生产条件发生变化,不再符合医疗器械质量管理体系要求的,医疗器械生产企业应当立即采取整改措施;可能影响医疗器械安全、有效的,应当立即停止生产活动,并向所在地县级人民政府食品药品监督管理部门报告。

第二十六条　医疗器械应当使用通用名称。通用名称应当符合国务院食品药品监督管理部门制定的医疗器械命名规则。

第二十七条　医疗器械应当有说明书、标签。说明书、标签的内容应当与经注册或者备案的相关内容一致。

医疗器械的说明书、标签应当标明下列事项:

（一）通用名称、型号、规格；

（二）生产企业的名称和住所、生产地址及联系方式；

（三）产品技术要求的编号；

（四）生产日期和使用期限或者失效日期；

（五）产品性能、主要结构、适用范围；

（六）禁忌症、注意事项以及其他需要警示或者提示的内容；

（七）安装和使用说明或者图示；

（八）维护和保养方法，特殊储存条件、方法；

（九）产品技术要求规定应当标明的其他内容。

第二类、第三类医疗器械还应当标明医疗器械注册证编号和医疗器械注册人的名称、地址及联系方式。

由消费者个人自行使用的医疗器械还应当具有安全使用的特别说明。

第二十八条　委托生产医疗器械，由委托方对所委托生产的医疗器械质量负责。受托方应当是符合本条例规定、具备相应生产条件的医疗器械生产企业。委托方应当加强对受托方生产行为的管理，保证其按照法定要求进行生产。

具有高风险的植入性医疗器械不得委托生产，具体目录由国务院食品药品监督管理部门制定、调整并公布。

第四章　医疗器械经营与使用

第二十九条　从事医疗器械经营活动，应当有与经营规模和经营范围相适应的经营场所和贮存条件，以及与经营的医疗器械相适应的质量管理制度和质量管理机构或者人员。

第三十条　从事第二类医疗器械经营的，由经营企业向所在地设区的市级人民政府食品药品监督管理部门备案并提交其符合本条例第二十九条规定条件的证明资料。

第三十一条　从事第三类医疗器械经营的，经营企业应当向所在地设区的市级人民政府食品药品监督管理部门申请经营许可并提交其符合本条例第二十九条规定条件的证明资料。

受理经营许可申请的食品药品监督管理部门应当自受理之日起30个工作日内进行审查，必要时组织核查。对符合规定条件的，准予许可并发给医疗器械经营许可证；对不符合规定条件的，不予许可并书面说明理由。

医疗器械经营许可证有效期为5年。有效期届满需要延续的，依照有关行政许可的法律规定办理延续手续。

第三十二条　医疗器械经营企业、使用单位购进医疗器械，应当查验供货者的资质和医疗器械的合格证明文件，建立进货查验记录制度。从事第二类、第三类医疗器械批发业务以及第三类医疗器械零售业务的经营企业，还应当建立销售记录制度。

记录事项包括：

（一）医疗器械的名称、型号、规格、数量；

（二）医疗器械的生产批号、有效期、销售日期；

（三）生产企业的名称；

（四）供货者或者购货者的名称、地址及联系方式；

（五）相关许可证明文件编号等。

进货查验记录和销售记录应当真实，并按照国务院食品药品监督管理部门规定的期限予以保存。国家鼓励采用先进技术手段进行记录。

第三十三条　运输、贮存医疗器械，应当符合医疗器械说明书和标签标示的要求；对温度、湿度等环境条件有特殊要求的，应当采取相应措施，保证医疗器械的安全、有效。

第三十四条　医疗器械使用单位应当有与在用医疗器械品种、数量相适应的贮存场所和条件。医疗器械使用单位应当加强对工作人员的技术培训，按照产品说明书、技术操作规范等要求使用医疗器械。

医疗器械使用单位配置大型医用设备，应当符合国务院卫生计生主管部门制定的大型医用设备配置规划，与其功能定位、临床服务需求相适应，具有相应的技术条件、配套设施和具备相应资质、能力的专业技术人员，并经省级以上人民政府卫生计生主管部门批准，取得大型医用设备配置许可证。

大型医用设备配置管理办法由国务院卫生计生主管部门会同国务院有关部门制定。大型医用设备目录由国务院卫生计生主管部门商国务院有关部门提出，报国务院批准后执行。

第三十五条　医疗器械使用单位对重复使用的医疗器械，应当按照国务院卫生计生主管部门制定的消毒和管理的规定进行处理。

一次性使用的医疗器械不得重复使用，对使用过的应当按照国家有关规定销毁并记录。

第三十六条　医疗器械使用单位对需要定期检查、检验、校准、保养、维护的医疗器械，应当按照产品说明书的要求进行检查、检验、校准、保养、维护并予以记录，及时进行分析、评估，确保医疗器械处于良好状态，保障使用质量；对使用期限长的大型医疗器械，应当逐台建立使用档案，记录其使用、维护、转让、实际使用时间等事项。记录保存期限不得少于医疗器械规定使用期限终止后5年。

第三十七条　医疗器械使用单位应当妥善保存购入第三类医疗器械的原始资料，并确保信息具有可追溯性。

使用大型医疗器械以及植入和介入类医疗器械的，应当将医疗器械的名称、关键性技术参数等信息以及与使用质量安全密切相关的必要信息记载到病历等相关记录中。

第三十八条　发现使用的医疗器械存在安全隐患的，医疗器械使用单位应当立即停止使用，并通知生产企业或者其他负责产品质量的机构进行检修；经检修仍不能达到使用安全标准的医疗器械，不得继续使用。

第三十九条　食品药品监督管理部门和卫生计生主管部门依据各自职责，分别对使用环节的医疗器械质量和医疗器械使用行为进行监督管理。

第四十条　医疗器械经营企业、使用单位不得经营、使用未依法注册、无合格证明文件以及过期、失效、淘汰的医疗器械。

第四十一条　医疗器械使用单位之间转让在用医疗器械，转让方应当确保所转让的医疗器械安全、有效，不得转让过期、失效、淘汰以及检验不合格的医疗器械。

第四十二条　进口的医疗器械应当是依照本条例第二章的规定已注册或者已备案的医疗器械。

进口的医疗器械应当有中文说明书、中文标签。说明书、标签应当符合本条例规定以及相关强制性标准的要求，并在说明书中载明医疗器械的原产地以及代理人的名称、地址、联系方式。没有中文说明书、中文标签或者说明书、标签不符合本条规定的，不得进口。

第四十三条　出入境检验检疫机构依法对进口的医疗器械实施检验；检验不合格的，不得进口。

国务院食品药品监督管理部门应当及时向国家出入境检验检疫部门通报进口医疗器械的注册和备案情况。进口口岸所在地出入境检验检疫机构应当及时向所在地设区的市级人民政府食品药品监督管理部门通报进口医疗器械的通关情况。

第四十四条　出口医疗器械的企业应当保证其出口的医疗器械符合进口国（地区）的要求。

第四十五条　医疗器械广告应当真实合法，不得含有虚假、夸大、误导性的内容。

医疗器械广告应当经医疗器械生产企业或者进口医疗器械代理人所在地省、自治区、直辖市人民政府食品药品监督管理部门审查批准，并取得医疗器械广告批准文件。广告发布者发布医疗器械广告，应当事先核查广告的批准文件及其真实性；不得发布未取得批准文件、批准文件的真实性未经核实或者广告内容与批准文件不一致的医疗器械广告。省、自治区、直辖市人民政府食品药品监督管理部门应当公布并及时更新已经批准的医疗器械广告目录以及批准的广告内容。

省级以上人民政府食品药品监督管理部门责令暂停生产、销售、进口和使用的医疗器械，在暂停期间不得发布涉及该医疗器械的广告。

医疗器械广告的审查办法由国务院食品药品监督管理部门会同国务院工商行政管理部门制定。

第五章　不良事件的处理与医疗器械的召回

第四十六条　国家建立医疗器械不良事件监测制度，对医疗器械不良事件及时进行收集、分析、评价、控制。

第四十七条　医疗器械生产经营企业、使用单位应当对所生产经营或者使用的医疗器械开展不良事件监测；发现医疗器械不良事件或者可疑不良事件，应当按照国务院食品药品监督管理部门的规定，向医疗器械不良事件监测技术机构报告。

任何单位和个人发现医疗器械不良事件或者可疑不良事件，有权向食品药品监督管理部门或者医疗器械不良事件监测技术机构报告。

第四十八条　国务院食品药品监督管理部门应当加强医疗器械不良事件监测信息网络建设。

医疗器械不良事件监测技术机构应当加强医疗器械不良事件信息监测，主动收集不良事件信息；发现不良事件或者接到不良事件报告的，应当及时进行核实、调查、分析，对不良事件进行评估，并向食品药品监督管理部门和卫生计生主管部门提出处理建议。

医疗器械不良事件监测技术机构应当公布联系方式，方便医疗器械生产经营企业、使用单位等报告医疗器械不良事件。

第四十九条　食品药品监督管理部门应当根据医疗器械不良事件评估结果及时采取发布警示信息以及责令暂停生产、销售、进口和使用等控制措施。

省级以上人民政府食品药品监督管理部门应当会同同级卫生计生主管部门和相关部门组织对

引起突发、群发的严重伤害或者死亡的医疗器械不良事件及时进行调查和处理,并组织对同类医疗器械加强监测。

第五十条　医疗器械生产经营企业、使用单位应当对医疗器械不良事件监测技术机构、食品药品监督管理部门开展的医疗器械不良事件调查予以配合。

第五十一条　有下列情形之一的,省级以上人民政府食品药品监督管理部门应当对已注册的医疗器械组织开展再评价:

（一）根据科学研究的发展,对医疗器械的安全、有效有认识上的改变的;

（二）医疗器械不良事件监测、评估结果表明医疗器械可能存在缺陷的;

（三）国务院食品药品监督管理部门规定的其他需要进行再评价的情形。

再评价结果表明已注册的医疗器械不能保证安全、有效的,由原发证部门注销医疗器械注册证,并向社会公布。被注销医疗器械注册证的医疗器械不得生产、进口、经营、使用。

第五十二条　医疗器械生产企业发现其生产的医疗器械不符合强制性标准、经注册或者备案的产品技术要求或者存在其他缺陷的,应当立即停止生产,通知相关生产经营企业、使用单位和消费者停止经营和使用,召回已经上市销售的医疗器械,采取补救、销毁等措施,记录相关情况,发布相关信息,并将医疗器械召回和处理情况向食品药品监督管理部门和卫生计生主管部门报告。

医疗器械经营企业发现其经营的医疗器械存在前款规定情形的,应当立即停止经营,通知相关生产经营企业、使用单位、消费者,并记录停止经营和通知情况。医疗器械生产企业认为属于依照前款规定需要召回的医疗器械,应当立即召回。

医疗器械生产经营企业未依照本条规定实施召回或者停止经营的,食品药品监督管理部门可以责令其召回或者停止经营。

第六章　监　督　检　查

第五十三条　食品药品监督管理部门应当对医疗器械的注册、备案、生产、经营、使用活动加强监督检查,并对下列事项进行重点监督检查:

（一）医疗器械生产企业是否按照经注册或者备案的产品技术要求组织生产;

（二）医疗器械生产企业的质量管理体系是否保持有效运行;

（三）医疗器械生产经营企业的生产经营条件是否持续符合法定要求。

第五十四条　食品药品监督管理部门在监督检查中有下列职权:

（一）进入现场实施检查、抽取样品;

（二）查阅、复制、查封、扣押有关合同、票据、账簿以及其他有关资料;

（三）查封、扣押不符合法定要求的医疗器械,违法使用的零配件、原材料以及用于违法生产医疗器械的工具、设备;

（四）查封违反本条例规定从事医疗器械生产经营活动的场所。

食品药品监督管理部门进行监督检查,应当出示执法证件,保守被检查单位的商业秘密。

有关单位和个人应当对食品药品监督管理部门的监督检查予以配合,不得隐瞒有关情况。

第五十五条　对人体造成伤害或者有证据证明可能危害人体健康的医疗器械,食品药品监督管理部门可以采取暂停生产、进口、经营、使用的紧急控制措施。

第五十六条　食品药品监督管理部门应当加强对医疗器械生产经营企业和使用单位生产、经营、使用的医疗器械的抽查检验。抽查检验不得收取检验费和其他任何费用,所需费用纳入本级政府预算。省级以上人民政府食品药品监督管理部门应当根据抽查检验结论及时发布医疗器械质量公告。

卫生计生主管部门应当对大型医用设备的使用状况进行监督和评估;发现违规使用以及与大型医用设备相关的过度检查、过度治疗等情形的,应当立即纠正,依法予以处理。

第五十七条　医疗器械检验机构资质认定工作按照国家有关规定实行统一管理。经国务院认证认可监督管理部门会同国务院食品药品监督管理部门认定的检验机构,方可对医疗器械实施检验。

食品药品监督管理部门在执法工作中需要对医疗器械进行检验的,应当委托有资质的医疗器械检验机构进行,并支付相关费用。

当事人对检验结论有异议的,可以自收到检验结论之日起7个工作日内选择有资质的医疗器械检验机构进行复检。承担复检工作的医疗器械检验机构应当在国务院食品药品监督管理部门规定的时间内作出复检结论。复检结论为最终检验结论。

第五十八条　对可能存在有害物质或者擅自改变医疗器械设计、原材料和生产工艺并存在安全隐患的医疗器械,按照医疗器械国家标准、行业标准规定的检验项目和检验方法无法检验的,医疗器械检验机构可以补充检验项目和检验方法进行检验;使用补充检验项目、检验方法得出的检验结论,经国务院食品药品监督管理部门批准,可以作为食品药品监督管理部门认定医疗器械质量的依据。

第五十九条　设区的市级和县级人民政府食品药品监督管理部门应当加强对医疗器械广告的监督检查;发现未经批准、篡改经批准的广告内容的医疗器械广告,应当向所在地省、自治区、直辖市人民政府食品药品监督管理部门报告,由其向社会公告。

工商行政管理部门应当依照有关广告管理的法律、行政法规的规定,对医疗器械广告进行监督检查,查处违法行为。食品药品监督管理部门发现医疗器械广告违法发布行为,应当提出处理建议并按照有关程序移交所在地同级工商行政管理部门。

第六十条　国务院食品药品监督管理部门建立统一的医疗器械监督管理信息平台。食品药品监督管理部门应当通过信息平台依法及时公布医疗器械许可、备案、抽查检验、违法行为查处情况等日常监督管理信息。但是,不得泄露当事人的商业秘密。

食品药品监督管理部门对医疗器械注册人和备案人、生产经营企业、使用单位建立信用档案,对有不良信用记录的增加监督检查频次。

第六十一条　食品药品监督管理等部门应当公布本单位的联系方式,接受咨询、投诉、举报。食品药品监督管理等部门接到与医疗器械监督管理有关的咨询,应当及时答复;接到投诉、举报,应当及时核实、处理、答复。对咨询、投诉、举报情况及其答复、核实、处理情况,应当予以记录、保存。

有关医疗器械研制、生产、经营、使用行为的举报经调查属实的,食品药品监督管理等部门对举报人应当给予奖励。

第六十二条　国务院食品药品监督管理部门制定、调整、修改本条例规定的目录以及与医疗器械监督管理有关的规范,应当公开征求意见;采取听证会、论证会等形式,听取专家、医疗器械生产经营企业和使用单位、消费者以及相关组织等方面的意见。

第七章　法　律　责　任

第六十三条　有下列情形之一的,由县级以上人民政府食品药品监督管理部门没收违法所得、违法生产经营的医疗器械和用于违法生产经营的工具、设备、原材料等物品;违法生产经营的医疗器械货值金额不足1万元的,并处5万元以上10万元以下罚款;货值金额1万元以上的,并处货值金额10倍以上20倍以下罚款;情节严重的,5年内不受理相关责任人及企业提出的医疗器械许可申请:

（一）生产、经营未取得医疗器械注册证的第二类、第三类医疗器械的;

（二）未经许可从事第二类、第三类医疗器械生产活动的;

（三）未经许可从事第三类医疗器械经营活动的。

有前款第一项情形、情节严重的,由原发证部门吊销医疗器械生产许可证或者医疗器械经营许可证。

未经许可擅自配置使用大型医用设备的,由县级以上人民政府卫生计生主管部门责令停止使用,给予警告,没收违法所得;违法所得不足1万元的,并处1万元以上5万元以下罚款;违法所得1万元以上的,并处违法所得5倍以上10倍以下罚款;情节严重的,5年内不受理相关责任人及单位提出的大型医用设备配置许可申请。

第六十四条　提供虚假资料或者采取其他欺骗手段取得医疗器械注册证、医疗器械生产许可证、医疗器械经营许可证、大型医用设备配置许可证、广告批准文件等许可证件的,由原发证部门撤销已经取得的许可证件,并处5万元以上10万元以下罚款,5年内不受理相关责任人及单位提出的医疗器械许可申请。

伪造、变造、买卖、出租、出借相关医疗器械许可证件的,由原发证部门予以收缴或者吊销,没收违法所得;违法所得不足1万元的,处1万元以上3万元以下罚款;违法所得1万元以上的,处违法所得3倍以上5倍以下罚款;构成违反治安管理行为的,由公安机关依法予以治安管理处罚。

第六十五条　未依照本条例规定备案的,由县级以上人民政府食品药品监督管理部门责令限期改正;逾期不改正的,向社会公告未备案单位和产品名称,可以处1万元以下罚款。

备案时提供虚假资料的,由县级以上人民政府食品药品监督管理部门向社会公告备案单位和产品名称;情节严重的,直接责任人员5年内不得从事医疗器械生产经营活动。

第六十六条　有下列情形之一的,由县级以上人民政府食品药品监督管理部门责令改正,没收违法生产、经营或者使用的医疗器械;违法生产、经营或者使用的医疗器械货值金额不足1万元的,并处2万元以上5万元以下罚款;货值金额1万元以上的,并处货值金额5倍以上10倍以下罚款;情节严重的,责令停产停业,直至由原发证部门吊销医疗器械注册证、医疗器械生产许可证、医疗器械经营许可证:

（一）生产、经营、使用不符合强制性标准或者不符合经注册或者备案的产品技术要求的医疗器械的；

（二）医疗器械生产企业未按照经注册或者备案的产品技术要求组织生产，或者未依照本条例规定建立质量管理体系并保持有效运行的；

（三）经营、使用无合格证明文件、过期、失效、淘汰的医疗器械，或者使用未依法注册的医疗器械的；

（四）食品药品监督管理部门责令其依照本条例规定实施召回或者停止经营后，仍拒不召回或者停止经营医疗器械的；

（五）委托不具备本条例规定条件的企业生产医疗器械，或者未对受托方的生产行为进行管理的。

医疗器械经营企业、使用单位履行了本条例规定的进货查验等义务，有充分证据证明其不知道所经营、使用的医疗器械为前款第一项、第三项规定情形的医疗器械，并能如实说明其进货来源的，可以免予处罚，但应当依法没收其经营、使用的不符合法定要求的医疗器械。

第六十七条　有下列情形之一的，由县级以上人民政府食品药品监督管理部门责令改正，处1万元以上3万元以下罚款；情节严重的，责令停产停业，直至由原发证部门吊销医疗器械生产许可证、医疗器械经营许可证：

（一）医疗器械生产企业的生产条件发生变化、不再符合医疗器械质量管理体系要求，未依照本条例规定整改、停止生产、报告的；

（二）生产、经营说明书、标签不符合本条例规定的医疗器械的；

（三）未按照医疗器械说明书和标签标示要求运输、贮存医疗器械的；

（四）转让过期、失效、淘汰或者检验不合格的在用医疗器械的。

第六十八条　有下列情形之一的，由县级以上人民政府食品药品监督管理部门和卫生计生主管部门依据各自职责责令改正，给予警告；拒不改正的，处5000元以上2万元以下罚款；情节严重的，责令停产停业，直至由原发证部门吊销医疗器械生产许可证、医疗器械经营许可证：

（一）医疗器械生产企业未按照要求提交质量管理体系自查报告的；

（二）医疗器械经营企业、使用单位未依照本条例规定建立并执行医疗器械进货查验记录制度的；

（三）从事第二类、第三类医疗器械批发业务以及第三类医疗器械零售业务的经营企业未依照本条例规定建立并执行销售记录制度的；

（四）对重复使用的医疗器械，医疗器械使用单位未按照消毒和管理的规定进行处理的；

（五）医疗器械使用单位重复使用一次性使用的医疗器械，或者未按照规定销毁使用过的一次性使用的医疗器械的；

（六）对需要定期检查、检验、校准、保养、维护的医疗器械，医疗器械使用单位未按照产品说明书要求检查、检验、校准、保养、维护并予以记录，及时进行分析、评估，确保医疗器械处于良好状态的；

（七）医疗器械使用单位未妥善保存购入第三类医疗器械的原始资料,或者未按照规定将大型医疗器械以及植入和介入类医疗器械的信息记载到病历等相关记录中的;

（八）医疗器械使用单位发现使用的医疗器械存在安全隐患未立即停止使用、通知检修,或者继续使用经检修仍不能达到使用安全标准的医疗器械的;

（九）医疗器械使用单位违规使用大型医用设备,不能保障医疗质量安全的;

（十）医疗器械生产经营企业、使用单位未依照本条例规定开展医疗器械不良事件监测,未按照要求报告不良事件,或者对医疗器械不良事件监测技术机构、食品药品监督管理部门开展的不良事件调查不予配合的。

第六十九条　违反本条例规定开展医疗器械临床试验的,由县级以上人民政府食品药品监督管理部门责令改正或者立即停止临床试验,可以处5万元以下罚款;造成严重后果的,依法对直接负责的主管人员和其他直接责任人员给予降级、撤职或者开除的处分;该机构5年内不得开展相关专业医疗器械临床试验。

医疗器械临床试验机构出具虚假报告的,由县级以上人民政府食品药品监督管理部门处5万元以上10万元以下罚款;有违法所得的,没收违法所得;对直接负责的主管人员和其他直接责任人员,依法给予撤职或者开除的处分;该机构10年内不得开展相关专业医疗器械临床试验。

第七十条　医疗器械检验机构出具虚假检验报告的,由授予其资质的主管部门撤销检验资质,10年内不受理其资质认定申请;处5万元以上10万元以下罚款;有违法所得的,没收违法所得;对直接负责的主管人员和其他直接责任人员,依法给予撤职或者开除的处分;受到开除处分的,自处分决定作出之日起10年内不得从事医疗器械检验工作。

第七十一条　违反本条例规定,发布未取得批准文件的医疗器械广告,未事先核实批准文件的真实性即发布医疗器械广告,或者发布广告内容与批准文件不一致的医疗器械广告的,由工商行政管理部门依照有关广告管理的法律、行政法规的规定给予处罚。

篡改经批准的医疗器械广告内容的,由原发证部门撤销该医疗器械的广告批准文件,2年内不受理其广告审批申请。

发布虚假医疗器械广告的,由省级以上人民政府食品药品监督管理部门决定暂停销售该医疗器械,并向社会公布;仍然销售该医疗器械的,由县级以上人民政府食品药品监督管理部门没收违法销售的医疗器械,并处2万元以上5万元以下罚款。

第七十二条　医疗器械技术审评机构、医疗器械不良事件监测技术机构未依照本条例规定履行职责,致使审评、监测工作出现重大失误的,由县级以上人民政府食品药品监督管理部门责令改正,通报批评,给予警告;造成严重后果的,对直接负责的主管人员和其他直接责任人员,依法给予降级、撤职或者开除的处分。

第七十三条　食品药品监督管理部门、卫生计生主管部门及其工作人员应当严格依照本条例规定的处罚种类和幅度,根据违法行为的性质和具体情节行使行政处罚权,具体办法由国务院食品药品监督管理部门、卫生计生主管部门依据各自职责制定。

第七十四条　违反本条例规定,县级以上人民政府食品药品监督管理部门或者其他有关部门不履行医疗器械监督管理职责或者滥用职权、玩忽职守、徇私舞弊的,由监察机关或者任免机关对直接负责的主管人员和其他直接责任人员依法给予警告、记过或者记大过的处分;造成严重后果的,给予降级、撤职或者开除的处分。

第七十五条　违反本条例规定,构成犯罪的,依法追究刑事责任;造成人身、财产或者其他损害的,依法承担赔偿责任。

第八章　附　则

第七十六条　本条例下列用语的含义:

医疗器械,是指直接或者间接用于人体的仪器、设备、器具、体外诊断试剂及校准物、材料以及其他类似或者相关的物品,包括所需要的计算机软件;其效用主要通过物理等方式获得,不是通过药理学、免疫学或者代谢的方式获得,或者虽然有这些方式参与但是只起辅助作用;其目的是:

(一) 疾病的诊断、预防、监护、治疗或者缓解;

(二) 损伤的诊断、监护、治疗、缓解或者功能补偿;

(三) 生理结构或者生理过程的检验、替代、调节或者支持;

(四) 生命的支持或者维持;

(五) 妊娠控制;

(六) 通过对来自人体的样本进行检查,为医疗或者诊断目的提供信息。

医疗器械使用单位,是指使用医疗器械为他人提供医疗等技术服务的机构,包括取得医疗机构执业许可证的医疗机构,取得计划生育技术服务机构执业许可证的计划生育技术服务机构,以及依法不需要取得医疗机构执业许可证的血站、单采血浆站、康复辅助器具适配机构等。

大型医用设备,是指使用技术复杂、资金投入量大、运行成本高、对医疗费用影响大且纳入目录管理的大型医疗器械。

第七十七条　医疗器械产品注册可以收取费用。具体收费项目、标准分别由国务院财政、价格主管部门按照国家有关规定制定。

第七十八条　非营利的避孕医疗器械管理办法以及医疗卫生机构为应对突发公共卫生事件而研制的医疗器械的管理办法,由国务院食品药品监督管理部门会同国务院卫生计生主管部门制定。

中医医疗器械的管理办法,由国务院食品药品监督管理部门会同国务院中医药管理部门依据本条例的规定制定;康复辅助器具类医疗器械的范围及其管理办法,由国务院食品药品监督管理部门会同国务院民政部门依据本条例的规定制定。

第七十九条　军队医疗器械使用的监督管理,由军队卫生主管部门依据本条例和军队有关规定组织实施。

第八十条　本条例自 2014 年 6 月 1 日起施行。

附录二　医疗器械法律规范性文件一览表

一、中央文件（共1项）

序号	名称	文件编号	生效日期
1	中共中央办公厅 国务院办公厅印发《关于深化审评审批制度改革鼓励药品医疗器械创新的意见》	厅字〔2017〕42号	2017-10-08

二、 司法解释（共1项）

序号	名称	文件编号	生效日期
2	最高人民法院最高人民检察院关于办理药品、医疗器械注册申请材料造假刑事案件适用法律若干问题的解释	法释〔2017〕15号	2017-09-01

三、 行政法规

序号	名称	文件编号	生效日期
3	医疗器械监督管理条例	国务院令第650号	2014.06.01
4	国务院关于修改《医疗器械监督管理条例》的决定	国务院令第680号	2017.05.04

四、 部门规章

序号	名称	文件编号	生效日期
5	医疗器械注册管理办法	CFDA令第4号	2014.10.01
6	体外诊断试剂注册管理办法	CFDA令第5号	2014.10.01
7	医疗器械说明书和标签管理规定	CFDA令第6号	2014.10.01
8	医疗器械生产监督管理办法	CFDA令第7号	2014.10.01
9	医疗器械经营监督管理办法	CFDA令第8号	2014.10.01
10	药品医疗器械飞行检查办法	CFDA令第14号	2015.09.01
11	医疗器械分类规则	CFDA令第15号	2016.01.01
12	医疗器械使用质量监督管理办法	CFDA令第18号	2016.02.01
13	医疗器械通用名称命名规则	CFDA令第19号	2016.04.01
14	医疗器械临床试验质量管理规范	CFDA令第25号	2016.06.01
15	体外诊断试剂注册管理办法修正案	CFDA令第30号	2017.01.25
16	医疗器械召回管理办法	CFDA令第29号	2017.05.01

序号	名称	文件编号	生效日期
17	关于调整部分医疗器械行政审批事项审批程序的决定	CFDA 令第 32 号	2017.07.01
18	医疗器械标准管理办法	CFDA 令第 33 号	2017.07.01
19	医疗器械网络销售监督管理办法	CFDA 令第 38 号	2018.03.01

五、　重要公告

序号	名称	文件编号	发布日期
20	关于公布医疗器械注册申报资料要求和批准证明文件格式的公告	2014 年第 43 号	2014.09.05
21	关于公布体外诊断试剂注册申报资料要求和批准证明文件格式的公告	2014 年第 44 号	2014.09.05
22	关于实施医疗器械经营质量管理规范的公告	2014 年第 58 号	2014.12.12
23	关于发布医疗器械生产质量管理规范的公告	2014 年第 64 号	2014.12.29
24	关于批准发布 YY 0065-2016《眼科仪器 裂隙灯显微镜》等 93 项医疗器械行业标准和 1 项修改单的公告	2016 年第 25 号	2016.02.01
25	关于批准发布 YY 0053-2016《血液透析及相关治疗 血液透析器、血液透析滤过器、血液滤过器和血液浓缩器》等 93 项医疗器械行业标准的公告	2016 年第 74 号	2016.04.29
26	关于批准发布 YY 0017-2016《骨接合植入物 金属接骨板》等 64 项医疗器械行业标准的公告	2016 年第 129 号	2016.08.03
27	关于药包材药用辅料与药品关联审评审批有关事项的公告	2016 年第 134 号	2016.08.10
28	关于 4 个医疗器械注册申请项目临床试验监督抽查有关情况的公告	2016 年第 147 号	2016.09.07
29	关于公布 51 家企业撤回 101 个医疗器械注册申请项目的公告	2016 年第 146 号	2016.09.07
30	关于对部分首次注册医疗器械申报资料加收一套纸质复印件及一套电子文件的公告	2016 年第 178 号	2016.09.20
31	关于发布医疗器械冷链(运输、贮存)管理指南的公告	2016 年第 154 号	2016.09.22
32	关于医疗器械延续注册申请有关事宜的公告	2016 年第 179 号	2016.09.26
33	关于发布医疗器械优先审批程序的公告	2016 年第 168 号	2016.10.26
34	关于医疗器械注册申请表填写临床试验机构信息的公告	2016 年第 179 号	2016.10.28
35	关于 3 个医疗器械注册申请项目临床试验监督抽查有关情况的公告	2016 年第 191 号	2016.12.16
36	关于批准发布《接触性创面敷料试验方法第 5 部分：阻菌性》等 10 项医疗器械行业标准的公告	2017 年第 25 号	2017.03.03
37	关于批准发布《口腔医疗器械生物学评价 第 7 部分：牙髓牙本质应用试验》等 40 项医疗器械行业标准的公告	2017 年第 38 号	2017.04.01

续表

序号	名称	文件编号	发布日期
38	关于批准发布《一次性使用离心式血浆分离器》等28项医疗器械行业标准的公告	2017年第49号	2017.05.05
39	关于贯彻实施《国务院关于修改〈医疗器械监督管理条例〉的决定》有关事项的公告	2017年第78号	2017.06.22
40	关于贯彻实施《国务院关于修改〈医疗器械监督管理条例〉的决定》有关事项的公告	2017年第78号	2017.06.22
41	关于批准发布《血管内导管 一次性使用无菌导管 第1部分:通用要求》等8项医疗器械行业标准和1项修改单的公告	2017年第84号	2017.07.21
42	关于发布医疗器械分类目录的公告	2017年第104号	2017.09.04
43	关于批准发布YY/T 0661—2017《外科植入物 半结晶型聚丙交酯聚合物和共聚物树脂》等7项医疗器械行业标准的公告	2017年第118号	2017.09.28
44	国家食品药品监督管理 国家卫生和计划生育委员会关于发布医疗器械临床试验机构条件和备案管理办法的公告	2017年第145号	2017.11.24
45	关于批准发布YY/T 0588—2017《流式细胞仪》等6项医疗器械行业标准的公告	2017年第151号	2017.12.11
46	关于公布169家企业撤回261个医疗器械注册申请项目的公告	2017年第174号	2018.01.02
47	关于上海市食品药品监督管理局开展医疗器械注册人制度试点工作的公告	2018年第1号	2018.01.09
48	关于批准发布YY 0645—2018《连续性血液净化设备》等9项医疗器械行业标准的公告	2018年第8号	2018.01.24
49	关于批准发布YY 0285.5—2018《血管内导管 一次性使用无菌导管 第5部分:套针外周导管》等16项医疗器械行业标准的公告	2018年第27号	2018.02.28

六、 重要通告

序号	名称	文件编号	发布日期
50	关于发布第一类医疗器械产品目录的通告	2014年第8号	2014.05.30
51	关于发布医疗器械产品技术要求编写指导原则的通告	2014年第9号	2014.05.30
52	关于发布免于进行临床试验的第二类医疗器械目录的通告	2014年第12号	2014.08.21
53	关于发布免于进行临床试验的第三类医疗器械目录的通告	2014年第13号	2014.08.21
54	关于发布需进行临床试验审批的第三类医疗器械目录的通告	2014年第14号	2014.08.25
55	关于医疗器械生产质量管理规范执行有关事宜的通告	2014年第15号	2014.09.05

续表

序号	名称	文件编号	发布日期
56	关于发布体外诊断试剂临床试验技术指导原则的通告	2014 年第 16 号	2014.09.11
57	关于发布体外诊断试剂说明书编写指导原则的通告	2014 年第 17 号	2014.09.11
58	关于发布禁止委托生产医疗器械目录的通告	2014 年第 18 号	2014.09.26
59	关于发布质子/碳离子治疗系统等 3 个医疗器械技术审查指导原则的通告	2015 年第 112 号	2016.01.12
60	关于发布一次性使用膜式氧合器和 α-氰基丙烯酸酯类医用粘合剂注册技术审查指导原则的通告	2016 年第 6 号	2016.01.27
61	关于发布医疗器械工艺用水质量管理指南的通告	2016 年第 14 号	2016.01.29
62	关于发布高频手术设备等 6 个医疗器械注册技术审查指导原则的通告	2016 年第 21 号	2016.02.18
63	关于开展医疗器械临床试验监督抽查工作的通告	2016 年第 98 号	2016.06.08
64	关于发布 2016 年第一批医疗器械临床试验监督抽查项目的通告	2016 年第 105 号	2016.07.08
65	关于发布第二批免于进行临床试验医疗器械目录的通告	2016 年第 133 号	2016.09.30
66	关于发布 2016 年第二批医疗器械临床试验监督抽查项目的通告	2016 年第 143 号	2016.10.26
67	关于发布一次性使用血液透析管路注册技术审查指导原则的通告	2016 年第 146 号	2016.11.07
68	关于发布医用磁共振成像系统临床评价等 4 项医疗器械注册技术审查指导原则的通告	2017 年第 6 号	2017.01.16
69	医疗器械网络安全注册技术审查指导原则	2017 年第 13 号	2017.01.24
70	关于发布钙磷/硅类骨填充材料等 3 项注册技术审查指导原则的通告	2017 年第 14 号	2017.02.10
71	关于发布人工颈椎间盘假体和髋关节假体系统等 2 项注册技术审查指导原则的通告	2017 年第 23 号	2017.02.16
72	关于发布医疗器械优先审批申报资料编写指南(试行)的通告	2017 年第 28 号	2017.02.16
73	关于发布电动病床等 3 项注册技术审查指导原则的通告	2017 年第 30 号	2017.02.28
74	关于发布人工耳蜗植入系统注册技术审查指导原则的通告	2017 年第 35 号	2017.03.02
75	关于发布可见光谱治疗仪等 3 项注册技术审查指导原则的通告	2017 年第 40 号	2017.03.16
76	关于发布注射泵等 4 项注册技术审查指导原则的通告	2017 年第 41 号	2017.03.16
77	关于发布腔镜用吻合器等 3 项医疗器械产品注册技术审查指导原则的通告	2017 年第 44 号	2017.03.22
78	关于发布超声多普勒胎儿心率仪等 4 项注册技术审查指导原则的通告	2017 年第 60 号	2017.04.27
79	关于发布无源植入性医疗器械货架有效期注册申报资料指导原则(2017 年修订版)的通告	2017 年第 75 号	2017.05.26

续表

序号	名称	文件编号	发布日期
80	关于发布牙科种植机注册技术审查指导原则的通告	2017 年第 124 号	2017.08.09
81	关于实施《医疗器械分类目录》有关事项的通告	2017 年第 143 号	2017.09.04
82	关于发布红外乳腺检查仪等 3 项注册技术审查指导原则的通告	2017 年第 146 号	2017.09.13
83	关于发布酶标仪等 5 项注册技术审查指导原则的通告	2017 年第 154 号	2017.10.09
84	关于发布第三批免于进行临床试验医疗器械目录的通告	2017 年第 170 号	2017.10.31
85	关于发布免于进行临床试验的体外诊断试剂临床评价资料基本要求（试行）的通告	2017 年第 179 号	2017.11.08
86	关于发布红外线治疗设备等 5 项注册技术审查指导原则的通告	2017 年第 177 号	2017.11.14
87	关于需审批的医疗器械临床试验申请沟通交流有关事项的通告	2017 年第 184 号	2017.11.14
88	关于发布超声多普勒胎儿监护仪等 5 项注册技术审查指导原则的通告	2017 年第 178 号	2017.11.15
89	关于发布超声骨密度仪等 5 项注册技术审查指导原则的通告	2017 年第 180 号	2017.11.15
90	关于发布医疗器械注册单元划分指导原则的通告	2017 年第 187 号	2017.11.23
91	关于发布小型蒸汽灭菌器等 5 项注册技术审查指导原则的通告	2017 年第 198 号	2017.12.12
92	关于发布紫外治疗设备等 5 项注册技术审查指导原则的通告	2017 年第 199 号	2017.12.12
93	关于发布全自动血型分析仪等 4 项注册技术审查指导原则的通告	2017 年第 209 号	2017.12.22
94	关于发布移动医疗器械注册技术审查指导原则的通告	2017 年第 222 号	2017.12.29
95	关于发布动物源性医疗器械注册技术审查指导原则（2017 年修订版）的通告	2017 年第 224 号	2018.01.05
96	关于发布医疗器械临床试验设计指导原则的通告	2018 年第 6 号	2018.01.08
97	关于发布接受医疗器械境外临床试验数据技术指导原则的通告	2018 年第 13 号	2018.01.11
98	关于发布丙氨酸氨基转移酶测定试剂等 5 项注册技术审查指导原则的通告	2018 年第 8 号	2018.01.16
99	关于发布 X 射线计算机体层摄影设备注册技术审查指导原则的通告	2018 年第 26 号	2018.02.09
100	关于发布人表皮生长因子受体（EGFR）突变基因检测试剂等 4 项注册技术审查指导原则的通告	2018 年第 36 号	2018.02.24
101	关于发布超声软组织切割止血系统注册技术审查指导原则的通告	2018 年第 37 号	2018.02.24
102	关于发布眼科光学相干断层扫描仪注册技术审查指导原则的通告	2018 年第 44 号	2018.03.02
103	关于发布眼科飞秒激光治疗机注册技术审查指导原则的通告	2018 年第 53 号	2018.03.20

序号	名称	文件编号	发布日期
104	关于发布眼科超声诊断设备注册技术审查指导原则的通告	2018年第55号	2018.03.20
105	关于发布持续葡萄糖监测系统注册技术审查指导原则的通告	2018年第56号	2018.03.21
106	关于发布结核分枝杆菌特异性细胞免疫反应检测试剂注册技术审查指导原则的通告	2018年第57号	2018.03.21
107	关于发布硬性光学内窥镜(有创类)注册技术审查指导原则的通告	2018年第54号	2018.03.27

七、　重要通知

序号	名称	文件编号	发布日期
108	关于印发创新医疗器械特别审批程序(试行)的通知	食药监械管〔2014〕13号	2014.02.07
109	关于印发医疗器械生产企业分类分级监督管理规定的通知	食药监械监〔2014〕234号	2014.09.30
110	关于印发国家重点监管医疗器械目录的通知	食药监械监〔2014〕235号	2014.09.30
111	关于印发医疗器械检验机构开展医疗器械产品技术要求预评价工作规定的通知	食药监械管〔2014〕192号	2014.08.21
112	境内第三类和进口医疗器械注册审批操作规范	食药监械管〔2014〕208号	2014.09.11
113	境内第二类医疗器械注册审批操作规范	食药监械管〔2014〕209号	2014.09.11
114	关于切实做好第三类医疗器械生产企业实施医疗器械生产质量管理规范有关工作的通知	食药监办械监〔2016〕12号	2016.02.05
115	关于实施《医疗器械通用名称命名规则》有关事项的通知	食药监械管〔2016〕35号	2016.03.30
116	关于印发一次性使用无菌注射器等25种医疗器械生产环节风险清单和检查要点的通知	食药监械监〔2016〕37号	2016.04.13
117	关于再次征求医疗器械临床试验现场检查要点等意见的通知	食药监械管便函〔2016〕28号	2016.05.18
118	办公厅关于及时公开第二类医疗器械注册信息和第一类医疗器械产品备案信息的通知	食药监办械管〔2016〕65号	2016.05.19
119	办公厅关于体外诊断试剂说明书文字性变更有关问题的通知	食药监办械管〔2016〕117号	2016.08.05
120	关于印发医疗器械生产质量管理规范定制式义齿现场检查指导原则的通知	食药监械监〔2016〕165号	2016.12.21
121	关于印发国家食品药品监督管理医疗器械分类技术委员会工作规则的通知	食药监办械管〔2017〕56号	2017.04.14

序号	名称	文件编号	发布日期
122	关于第一类、第二类医疗器械生产企业实施医疗器械生产质量管理规范有关工作的通知	食药监办械监〔2017〕120号	2017.09.01
123	关于规范医疗器械产品分类有关工作的通知	食药监办械管〔2017〕127号	2017.09.26
124	关于加强互联网药品医疗器械交易监管工作的通知	食药监办法〔2017〕144号	2017.11.02
125	关于印发《医疗器械标准规划(2018—2020年)》的通知	食药监科〔2018〕9号	2018.01.29
126	关于印发医疗器械标准化技术委员会考核评估方案的通知	食药监办科〔2018〕38号	2018.03.21

注:以上法律规范性文件截至2018年3月30日。

其他附录

《医疗器械临床试验质量管理规范》

《药品医疗器械飞行检查办法》

医疗器械管理与法规课程标准

（供医疗器械类专业用）